考前充分準備　臨場沉穩作答

千華公職資訊網
http://www.chienhua.com.tw
每日即時考情資訊 網路書店購書不出門

千華公職證照粉絲團 f
https://www.facebook.com/chienhuafan
優惠活動搶先曝光

千華 Line@ 專人諮詢服務

☑ 有疑問想要諮詢嗎？
　歡迎加入千華 LINE @！

☑ 無論是考試日期、教材推薦、
　勘誤問題等，都能得到滿意的服務。

☑ 我們提供專人諮詢互動，
　更能時時掌握考訊及優惠活動！

經濟部所屬事業機構
新進職員甄試

一、報名方式：一律採「網路報名」。

二、學歷資格：教育部認可之國內外公私立專科以上學校畢
業，並符合各甄試類別所訂之學歷科系者，學歷證書載有
輔系者得依輔系報考。

完整考試資訊

https://reurl.cc/bX0Qz6

三、應試資訊：

(一)甄試類別：各類別考試科目及錄取名額：

類別	專業科目A(30%)	專業科目B(50%)
企管	企業概論 法學緒論	管理學 經濟學
人資	企業概論 法學緒論	人力資源管理 勞工法令
財會	政府採購法規 會計審計法規	中級會計學 財務管理
資訊	計算機原理 網路概論	資訊管理 程式設計
統計資訊	統計學 巨量資料概論	資料庫及資料探勘 程式設計
政風	政府採購法規 民法	刑法 刑事訴訟法
法務	商事法 行政法	民法 民事訴訟法
地政	政府採購法規 民法	土地法規與土地登記 土地利用
土地開發	政府採購法規 環境規劃與都市設計	土地使用計畫及管制 土地開發及利用

類別	專業科目A(30%)	專業科目B(50%)
土木	應用力學 材料力學	大地工程學 結構設計
建築	建築結構、構造與施工 建築環境控制	營建法規與實務 建築計畫與設計
機械	應用力學 材料力學	熱力學與熱機學 流體力學與流體機械
電機(一)	電路學 電子學	電力系統與電機機械 電磁學
電機(二)	電路學 電子學	電力系統 電機機械
儀電	電路學 電子學	計算機概論 自動控制
環工	環化及環微 廢棄物清理工程	環境管理與空污防制 水處理技術
職業安全衛生	職業安全衛生法規 職業安全衛生管理	風險評估與管理 人因工程
畜牧獸醫	家畜各論(豬學) 豬病學	家畜解剖生理學 免疫學
農業	植物生理學 作物學	農場經營管理學 土壤學
化學	普通化學 無機化學	分析化學 儀器分析
化工製程	化工熱力學 化學反應工程學	單元操作 輸送現象
地質	普通地質學 地球物理概論	石油地質學 沉積學

(二)初(筆)試科目：

　　1.共同科目：分國文、英文2科(合併1節考試)，國文為論文寫作，英文採測驗式試題，各占初(筆)試成績10%，合計20%。

　　2.專業科目：占初(筆)試成績80%。除法務類之專業科目A及專業科目B均採非測驗式試題外，其餘各類別之專業科目A採測驗式試題，專業科目B採非測驗式試題。

　　3.測驗式試題均為選擇題（單選題，答錯不倒扣）；非測驗式試題可為問答、計算、申論或其他非屬選擇題或是非題之試題。

(三)複試(含查驗證件、複評測試、現場測試、口試)。

四、待遇：人員到職後起薪及晉薪依各所用人之機構規定辦理，目前各機構起薪約為新臺幣3萬6仟元至3萬9仟元間。本甄試進用人員如有兼任車輛駕駛及初級保養者，屬業務上、職務上之所需，不另支給兼任司機加給。

※詳細資訊請以正式簡章為準！

 千華數位文化股份有限公司 　■新北市中和區中山路三段136巷10弄17號
　■TEL: 02-22289070　FAX: 02-22289076

關務人員考試應試科目

完整考試資訊

https://goo.gl/ggQNU7

壹、本表所設類科，仍需配合當年任用需求予以設置。

貳、三、四等考試各類科普通科目均為：

◎一、國文（作文與測驗）。占分比重為作文占百分之八十，測驗占百分之二十，考試時間為二小時。

※二、法學知識（包括中華民國憲法、法學緒論）。採測驗式試題，占分比重各占百分之五十，考試時間為一小時。

參、五等考試各類科普通科目均為：

※一、國文，採測驗式試題，考試時間為一小時。

※二、英文。採測驗式試題，考試時間為一小時。

肆、本項考試各等類專業科目試題題型與考試時間：

一、三等考試：科目前端有「◎」符號者採申論式與測驗式之混合式試題（占分比重各占百分之五十）；其餘均採申論式試題。考試時間均為二小時。

二、四等考試：科目前端有「※」符號者採測驗式試題，考試時間為一小時。其餘均採申論式試題，考試時間為一小時三十分。

三、五等考試：均採測驗題試題，考試時間均為一小時。

等別	類別	科別	應試科目
三等考試	關務類	財稅行政	◎三、英文　四、行政法　五、財政學　六、民法　七、國際貿易實務
		關稅法務	◎三、英文　四、行政法　五、民法　六、關稅法規　七、民事訴訟法與強制執行法
		關稅會計	◎三、英文　四、中級會計學　五、審計學　六、政府會計　七、成本與管理會計
		關稅統計	◎三、英文　四、統計學　五、經濟學　六、抽樣方法　七、統計實務(以實例命題)
	技術類	資訊處理	◎三、英文　四、資料結構　五、資料庫應用　六、資訊管理　七、資料通訊
		機械工程	◎三、英文　四、熱工學　五、機械製造學（包括機械材料）　六、工程力學（包括靜力學、動力學與材料力學）　七、自動控制
		電機工程	◎三、英文　四、計算機概論　五、電子學與電路學　六、電機機械　七、電力系統
		化學工程	◎三、英文　四、化學程序工業（包括質能均衡）　五、儀器分析　六、物理化學（包括化工熱力學）　七、有機化學
		紡織工程	◎三、英文　四、紡織機械學（包括應用原理、設備流程）　五、紡織品檢驗學　六、人造纖維與絲線加工學　七、紡紗學與織布學（包括不織布學）
		輻射安全技術工程	◎三、英文　四、放射物理與輻射安全　五、原子能法規（包括原子能法及其施行細則、游離輻射防護安全標準、放射性物質安全運送規則、非醫用游離輻射防護與檢查）　六、可發生游離輻射設備　七、密封放射性物質（包括非容封放射性物質）

等別	類別	科別	應試科目
三等考試	技術類	藥事	◎三、英文　四、藥理學與藥物化學　五、藥物分析與生藥學（包括中藥學）　六、藥劑學（包括生物藥劑學）　七、藥事行政與法規
		船舶駕駛	◎三、英文　四、航海學　五、船藝學　六、船舶操作與船舶通訊　七、船舶管理與安全（包括避碰規則）
四等考試	關務類	一般行政	※三、英文　四、行政法概要　※五、經濟學概要
		關稅會計	※三、英文　四、會計學概要　※五、會計審計法規概要（包括預算法、會計法、決算法與審計法）
		關稅統計	※三、英文　四、統計學概要　五、統計實務概要
	技術類	資訊處理	※三、英文　※四、計算機概要　五、程式語言概要
		機械工程	※三、英文　四、機械力學概要　五、機械原理概要
		電機工程	※三、英文　四、電工機械概要　五、基本電學
		化學工程	※三、英文　四、有機化學概要　五、分析化學概要
		紡織工程	※三、英文　四、紡織纖維學概要　五、織物組合與分析
五等考試	技術類	船舶駕駛	※三、航行當值大意　※四、航海船藝大意
		輪機工程	※三、輪機當值大意　※四、輪機工程大意（包括柴油機大意與輔機大意）

千華數位文化股份有限公司

新北市中和區中山路三段136巷10弄17號

TEL: 02-22289070　FAX: 02-22289076

中華郵政從業人員筆試科目一覽表

依據中華郵政於109年6月9日最新修正公告內容，節錄如下。

完整考試資訊 https://reurl.cc/arjkqG

一、營運職

甄選類科		專業科目	共同科目
金融外匯		1.會計學及貨幣銀行學　　2.外匯業務及票據法	1.國文(含作文與公文寫作)
金融保險		1.保險學及保險法規　　2.民法及強制執行法	2.英文(含中翻英、英翻中及閱讀測驗)
投資管理		1.投資學及財務分析 2.經濟學及衍生性金融商品理論與實務	3.郵政三法(含郵政法、郵政儲金匯兌法、簡易人壽保險法)及金融科技知識
系統分析		1.資訊系統開發設計(含系統分析、程式設計、開發程序、資料庫系統、網際網路服務及應用) 2.問題解析及處理(問題分析與解決、邏輯推理能力)	
機械工程		1.工程力學與材料力學　　2.機械設計與機動學	
電機工程		1.電力系統與控制系統　　2.電路學與電子學	
郵儲業務	甲	1.管理個案分析及行銷管理　2.民法及經濟學	
	乙	1.金融法規(含票據法、保險及公司法)及民事訴訟法與強制執行法 2.民法及行政法	
	丙	1.會計學及經濟學　　2.民法及票據法	
	丁	1.資訊系統開發(含系統分析、程式設計、開發程序、程式語言) 2.資訊規劃與管理(含作業系統、資料庫系統、網際網路服務及應用、資訊安全)(資訊處)	

二、專業職(一)

甄選類科	專業科目	共同科目
電子商務 (網頁設計)	1.電子商務與網路行銷 2.多媒體概論與設計實務	1.國文(含短文寫作與閱讀測驗)及英文
電子商務 (企劃行銷)	1.電子商務 2.行銷學	2.郵政三法概要(含郵政法、郵政儲金匯兌法、簡易人壽保險法)及金融科技知識
一般金融	1.會計學概要及貨幣銀行學概要 2.票據法概要	
儲壽法規	1.金融法規概要(含郵政儲金匯兌法、保險法)及洗錢防制法概要 2.民法概要及強制執行法概要	

甄選類科	專業科目		共同科目
壽險核保	1.人身保險概論	2.人身保險核保理論與實務	1.國文(含短文寫作與閱讀測驗)及英文
金融投資	1.經濟學概要	2.投資學概要	
程式設計	1.邏輯推理 2.資訊系統開發與維護概要(含程式設計、開發程序、資料分析及資料庫設計)		2.郵政三法概要(含郵政法、郵政儲金匯兌法、簡易人壽保險法)及金融科技知識
電力工程	1.輸配電學概要	2.基本電學	
營建工程	1.營建法規與施工估價概要 2.建築設計與圖學概要		
房地管理	1.民法概要 2.土地法規概要(包括土地法、土地稅法、土地登記規則)		

三、專業職(二)

甄選類科	專業科目	共同科目
內勤－櫃台業務	1.企業管理大意及洗錢防制法大意 2.郵政三法大意(含郵政法、郵政儲金匯兌法、簡易人壽保險法)及金融科技知識	國文(含短文寫作與閱讀測驗)及英文
內勤－外匯櫃台		
內勤－郵務處理		
外勤－郵遞業務	1.臺灣自然及人文地理 2.郵政法規大意(含郵政法及郵件處理規則)及交通安全常識(含道路交通安全規則第四章、道路交通管理處罰條例及道路交通事故處理辦法)	國文(單選題與閱讀測驗)及英文
外勤－運輸業務		

~以上資訊僅供參考，詳情請參閱甄試簡章~

千華數位文化股份有限公司

· 新北市中和區中山路三段136巷10弄17號 · 千華公職資訊網 http//www.chienhua.com.tw
· TEL：02-22289070、02-23923558 · FAX：02-22289076

公務人員
「高等考試三級」應試類科及科目表

高普考專業輔考小組◎整理

完整考試資訊

http://goo.gl/LaOCq4

⭐普通科目
1. 國文◎（作文80%、測驗20%）
2. 法學知識與英文※（中華民國憲法30%、法學緒論30%、英文40%）

⭐專業科目

一般行政	一、行政法◎　　　二、行政學◎　　　三、政治學 四、公共政策
一般民政	一、行政法◎　　　二、行政學◎　　　三、政治學 四、地方政府與政治
社會行政	一、行政法◎　　　二、社會福利服務　　三、社會學 四、社會政策與社會立法　五、社會研究法　六、社會工作
人事行政	一、行政法◎　　　二、行政學◎　　　三、現行考銓制度 四、公共人力資源管理
勞工行政	一、行政法◎　　　二、勞資關係　　　三、就業安全制度 四、勞工行政與勞工立法
戶　　政	一、行政法◎ 二、國籍與戶政法規（包括國籍法、戶籍法、姓名條例及涉外民事法律適用法） 三、民法總則、親屬與繼承編 四、人口政策與人口統計
教育行政	一、行政法◎　　　二、教育行政學　　三、教育心理學 四、教育哲學　　　五、比較教育　　　六、教育測驗與統計
財稅行政	一、財政學◎　　　二、會計學◎　　　三、稅務法規◎ 四、民法◎
金融保險	一、會計學◎　　　二、經濟學◎　　　三、貨幣銀行學 四、保險學　　　　五、財務管理與投資學
統　　計	一、統計學　　　二、經濟學◎　　　　三、資料處理 四、抽樣方法與迴歸分析
會　　計	一、財政學◎　　　二、會計審計法規◎　三、中級會計學◎ 四、政府會計◎
法　　制	一、民法◎　　　二、立法程序與技術　三、行政法◎ 四、刑法　　　　五、民事訴訟法與刑事訴訟法

法律廉政	一、行政法◎　　二、行政學◎ 三、公務員法（包括任用、服務、保障、考績、懲戒、交代、行政中立、利益衝突迴避與財產申報） 四、刑法與刑事訴訟法		
財經廉政	一、行政法◎　　二、經濟學與財政學概論◎ 三、公務員法（包括任用、服務、保障、考績、懲戒、交代、行政中立、利益衝突迴避與財產申報） 四、心理學		
交通行政	一、運輸規劃學　　二、運輸學 四、交通政策與交通行政		三、運輸經濟學
土木工程	一、材料力學　　二、土壤力學 四、結構學　　五、鋼筋混凝土學與設計 六、營建管理與工程材料		三、測量學
水利工程	一、流體力學　　二、水文學 四、水利工程　　五、土壤力學		三、渠道水力學
水土保持工程	一、坡地保育規劃與設計（包括沖蝕原理） 二、集水區經營與水文學 三、水土保持工程（包括植生工法） 四、坡地穩定與崩塌地治理工程		
文化行政	一、文化行政與文化法規 三、藝術概論 四、文化人類學		二、本國文學概論
機械工程	一、熱力學　　二、流體力學與工程力學 四、機械製造學		三、機械設計

註：應試科目後加註◎者採申論式與測驗式之混合式試題（占分比重各占50%），應試科目後加註※者採測驗式試題，其餘採申論式試題。

各項考試資訊，以考選部正式公告為準。

千華數位文化股份有限公司
新北市中和區中山路三段136巷10弄17號
TEL: 02-22289070　FAX: 02-22289076

公務人員
「普通考試」應試類科及科目表

高普考專業輔考小組◎整理　完整考試資訊

http://goo.gl/7X4ebR

✪普通科目
1.國文◎（作文80%、測驗20%）
2.法學知識與英文※（中華民國憲法30%、法學緒論30%、英文40%）

✪專業科目

一般行政	一、行政法概要※ 三、政治學概要◎	二、行政學概要※
一般民政	一、行政法概要※ 三、地方自治概要◎	二、行政學概要※
教育行政	一、行政法概要※ 三、教育行政學概要	二、教育概要
社會行政	一、行政法概要※ 三、社會政策與社會立法概要◎	二、社會工作概要◎
人事行政	一、行政法概要※ 三、公共人力資源管理	二、行政學概要※
戶　　政	一、行政法概要※ 二、國籍與戶政法規概要◎（包括國籍法、戶籍法、姓名條例及涉外民事法律適用法） 三、民法總則、親屬與繼承編概要	
財稅行政	一、財政學概要◎ 三、民法概要◎	二、稅務法規概要◎
會　　計	一、會計學概要◎ 三、政府會計概要◎	二、會計法規概要◎
交通行政	一、運輸經濟學概要 三、交通，政策與行政概要	二、運輸學概要
土木工程	一、材料力學概要 三、土木施工學概要	二、測量學概要 四、結構學概要與鋼筋混凝土學概要
水利工程	一、水文學概要 三、水利工程概要	二、流體力學概要

水土保持工程	一、水土保持（包括植生工法）概要 二、集水區經營與水文學概要 三、坡地保育（包括沖蝕原理）概要
文化行政	一、本國文學概要　　　　　二、文化行政概要 三、藝術概要
機械工程	一、機械力學概要　　　　　二、機械設計概要 三、機械製造學概要
法律廉政	一、行政法概要※ 二、公務員法概要（包括任用、服務、保障、考績、懲戒、交代、行政中立、利益衝突迴避與財產申報） 三、刑法與刑事訴訟法概要
財經廉政	一、行政法概要※ 二、公務員法概要（包括任用、服務、保障、考績、懲戒、交代、行政中立、利益衝突迴避與財產申報） 三、財政學與經濟學概要

註：應試科目後加註◎者採申論式與測驗式之混合式試題(占分比重各占50%)，
　　應試科目後加註※者採測驗式試題，其餘採申論式試題。

各項考試資訊，以考選部正式公告為準。

 千華數位文化股份有限公司
新北市中和區中山路三段136巷10弄17號
TEL: 02-22289070　FAX: 02-22289076

目 次

前言 ....(9)

📖 第一章　需求、供給與價格
第一節　需求理論 1
第二節　需求與所得關係 7
第三節　需求與其他財貨價格之關係 9
第四節　供給理論 10
第五節　價格理論 13
第六節　政府政策 16
第七節　消費者剩餘（C.S）與生產者剩餘（P.S）......................... 21

📖 第二章　消費者理論—計數效用分析
第一節　總效用與邊際效用 24
第二節　消費者均衡 26
第三節　鑽石與水的矛盾 28

📖 第三章　消費者理論—序列分析法
第一節　無異曲線 29
第二節　預算線 35
第三節　PCC 與 ICC 37
第四節　價格效果、所得效果、替代效果 42
第五節　無異曲線之應用 46

📖 第四章　生產理論
第一節　生產函數 49
第二節　總產量、平均產量、邊際產量 50
第三節　生產三階段 53
第四節　等產量曲線 53

第五節　最適要素僱用量 ………………………………………… 55
第六節　常見的生產函數 ………………………………………… 60
第七節　技術進步 ………………………………………………… 64

📖 第五章　成本理論

第一節　成本與利潤 ……………………………………………… 65
第二節　短期成本 ………………………………………………… 67
第三節　長期成本 ………………………………………………… 71
第四節　規模經濟與規模不經濟 ………………………………… 72
第五節　要素需求函數的種類 …………………………………… 74

📖 第六章　廠商理論─完全競爭

第一節　完全競爭的基本條件 …………………………………… 76
第二節　個別廠商之收益結構 …………………………………… 77
第三節　完全競爭廠商之短期均衡分析 ………………………… 79
第四節　完全競爭廠商之長期均衡分析 ………………………… 84
第五節　廠商之短期供給曲線 …………………………………… 84
第六節　產業長期供給線 ………………………………………… 85

📖 第七章　廠商理論─獨占

第一節　獨占的基本條件 ………………………………………… 87
第二節　個別廠商的收益結構 …………………………………… 88
第三節　獨占廠商之短期均衡分析 ……………………………… 89
第四節　獨占廠商之長期均衡分析 ……………………………… 90
第五節　自然獨占的價格管制 …………………………………… 91
第六節　差別取價（或價格歧視） ……………………………… 93
第七節　多工廠與卡特爾 ………………………………………… 95
第八節　獨占與完全競爭之比較 ………………………………… 97
第九節　獨占力的測度 …………………………………………… 99

📖 第八章　廠商理論─寡占市場

第一節　寡占市場之基本條件 100
第二節　寡占市場猜測變量模型 102
第三節　史威茲（Sweezy）模型（拗折的需求曲線）............ 105
第四節　包墨爾（Baumol）的最大銷售額模型 106
第五節　價格領導模型 106

📖 第九章　廠商理論─獨占性競爭

第一節　獨占性競爭的基本條件 109
第二節　個別廠商之收益結構 110
第三節　獨占性競爭廠商之短期均衡分析 110
第四節　獨占性競爭之長期均衡分析 111
第五節　獨占性競爭和完全競爭市場比較 112

📖 第十章　賽局理論

第一節　概論 113
第二節　充分訊息的靜態賽局（Static games of complete information）.............. 116
第三節　動態的完全訊息（Dynamic games of complete information）................. 118

📖 第十一章　生產要素市場理論

第一節　收益面之變數 120
第二節　成本面之變數 121
第三節　廠商追求利潤最大下之要素雇用量 123
第四節　廠商之要素需求曲線之導出 127
第五節　雙邊獨占（Bilateral Monopoly）............................ 128

📖 第十二章　因素之分配理論

第一節　地租 131
第二節　利潤 134
第三節　利息 135
第四節　工資 137

📖 第十三章　不確定性分析

第一節　預期效用（expected utility）.....................................139
第二節　聖彼得堡（S.t Petersburg）矛盾..................................141
第三節　風險趨避...142
第四節　風險趨避的測度..144
第五節　資訊不對稱...145

📖 第十四章　福利經濟

第一節　柏拉圖最適境界（Pareto optimality）..........................148
第二節　交易效率...149
第三節　生產效率...150
第四節　交易與生產效率..152

📖 第十五章　市場失靈

第一節　市場失靈的原因..153
第二節　獨占..154
第三節　外部性...154
第四節　公共財...159

📖 第十六章　國民所得

第一節　國民生產毛額（GNP）與國內生產毛額（GDP）...............162
第二節　GNP 之計算...165
第三節　物價指數與通貨膨脹率..169
第四節　國民所得做為經濟福利指標的問題..............................172
第五節　家戶所得分配...173

📖 第十七章　古典模型

第一節　古典學派...176
第二節　勞動市場與生產函數..178
第三節　商品市場之供給面與需求面.......................................179
第四節　貨幣市場...181
第五節　債券市場...183

📖 第十八章　簡單的凱因斯模型（45 度線模型）

第一節　消費、儲蓄和可支配所得的關係 184
第二節　事前（預擬）、事後（實現）之概念 186
第三節　均衡所得的決定 188
第四節　乘數理論 188
第五節　緊縮缺口與膨脹缺口 194
第六節　平衡預算乘數 195
第七節　節儉的矛盾 198
第八節　自動穩定機能 200

📖 第十九章　IS-LM 模型（修正的凱因斯模型）

第一節　IS-LM 模型之假設條件 201
第二節　IS 曲線 201
第三節　LM 曲線 203
第四節　IS-LM 模型均衡與調整 204
第五節　IS-LM 模型之乘數效果 207
第六節　財政政策與貨幣政策之工具 208
第七節　排擠效果 211
第八節　財政政策與貨幣政策之效果 212
第九節　政府負債 214

📖 第二十章　總供給與總需求

第一節　總需求曲線 216
第二節　總需求曲線之移動 219
第三節　總合供給曲線（AS） 221
第四節　總合供給曲線之移動 223
第五節　總合供需模型之均衡分析 225

📖 第二十一章　經濟成長理論

第一節　梭羅成長模型 231
第二節　黃金法則 236
第三節　內生成長理論（Endogenous growth Model） 238

📖 第二十二章　總體經濟理論之發展

第一節　古典學派 239

第二節　凱因斯學派 240

第三節　貨幣學派 241

第四節　新興古典學派（理性預期學派）................................241

第五節　新興的凱因斯學派 245

第六節　實質景氣循環理論（簡稱 RBC）...............................246

第七節　供給面學派 248

📖 第二十三章　權衡與法則

第一節　政策應該主動或被動 249

第二節　法則政策或權衡政策 250

📖 第二十四章　物價膨脹與失業

第一節　物價膨脹 251

第二節　失業 255

第三節　菲力蒲曲線 257

第四節　停滯性物價膨脹（stagflation）...................................260

📖 第二十五章　國際貿易

第一節　國際貿易理論 263

第二節　貿易與福利 268

第三節　國際貿易政策 270

📖 第二十六章　國際金融

第一節　外匯市場 272

第二節　匯率制度 277

第三節　國際收支 278

第四節　國際收支平衡曲線（BP 線）......................................280

第五節　Mundell Flemming 模型 281

📖 第二十七章　消費、投資理論

第一節　凱因斯的消費函數 289

第二節　賽門・顧志耐（Simon Kuznets）的實證 291

第三節　生命循環假說 292

第四節　恆常所得假說 294

第五節　投資 296

第六節　決定投資的準則 297

第七節　投資存量調整模型 301

第八節　杜賓（Tobin）的 q 理論 302

第九節　加速原理（accelevator Model）............................ 303

第十節　新古典投資模型 303

第十一節　影響投資需求之因素 305

📖 第二十八章　貨幣需求與貨幣供給

第一節　貨幣需求 306

第二節　貨幣供給 313

📖 第二十九章　近年試題及解析

106 年　關務四等 320

106 年　高考三級（勞工行政）... 333

106 年　高考三級（財經廉政）... 341

106 年　普考（金融保險）... 348

106 年　普考（財經廉政）... 362

106 年　地特三等（勞工行政）... 369

106 年　地特四等（經建行政）... 379

107 年　關務四等 391

107 年　高考三級（勞工行政）... 403

107 年　普考（經建行政）... 411

107 年　地特三等 423

107 年　地特四等 433

108 年　關務四等 446

108 年　高考三級（勞工行政）..458

108 年　普考（經建行政）..468

108 年　中華郵政甄試營運職 480

108 年　經濟部所屬事業機構甄試（企管類）..484

109 年　桃園國際機場新進從業人員 489

109 年　經濟部所屬事業機構甄試（企管類）..499

109 年　關務四等 502

110 年　中華郵政甄試營運職／郵儲業務甲 516

110 年　中華郵政甄試專業職（一）／郵儲業務丙 519

110 年　經濟部所屬事業機構甄試（企管類）..521

110 年　關務四等 525

111 年　中華郵政甄試營運職／郵儲業務甲 540

111 年　中華郵政甄試專業職（一）／郵儲業務甲 542

111 年　經濟部所屬事業機構甄試（企管類）..544

111 年　關務四等 546

112 年　關務四等 559

前 言

 ## 如何準備經濟學？

　　目前的考題趨勢，已完全脫離過去那種記憶式的考法，取而代之的是數理的推導、圖形的分析。這種命題完整且清晰的觀念，千萬不要斷章取義的死背。

 ## 本書的特色

1. 按每章每節做有系統且連貫的整理，在考慮讀者研讀之時間成本及對經濟學有完整的架構下極力精簡本書的內容，使讀者們能在最短及最有效的時間內達成得高分之目的。

2. 在每一節內容的段落，馬上引入該節的選擇題，作為觀念的釐清，使讀者真正瞭解重點所在。這是本書精心設計的地方。

3. 為了鑑往知來，在本書末列上近年內具代表性的各等級試題，並加以難題解析。因過去的考題，其類似題出現的頻率甚高，所以瞭解出題的軌跡是絕對必要的。

本書的使用方法

1. 若基本觀念已建立的讀者，可以在每節的例題直接測試自己是否確實瞭解本節的重點。若做對了，則可跳過該節的重點內容研讀，直接往下一章前進。如此可節省大量的閱讀時間，並快速且有效率地吸收本書的精華。

2. 若基本觀念尚未建立，或對某一節的內容尚不十分熟悉者，可先研讀該節的重點內容，並立即以例題測試。按部就班即可達成預期的目標──得高分。

3. 最後，本書收錄相關試題，必須每一題都要徹底瞭解清楚。因為考過的類似題型絕對每年會重複的。這一點，請讀者們切勿遺漏。

第一章　需求、供給與價格

第一節　需求理論

一、需求

即其他情況不變下，消費者對某一特定財貨，在各種可能不同價格下，所願意且能夠購買的數量。

二、需求量

即其他情況不變下，消費者對某一特定財貨，在某一特定價格下，所願意且能夠購買之數量。

三、需求與需求量之變動

(一)需求量變動（A→B）

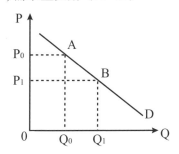

(二)需求變動（D→D'）

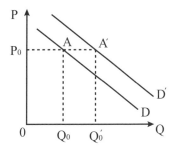

四、需求法則

即其他情況不變下，價格與需求量成反向變動。

違反需求法則之財貨：即其他情況不變下，價格與需求量成正向變動。

(一)炫耀財：價格愈高，消費量愈高。如珠寶。

(二)季芬財：一種財貨的劣等性極高，具支出又佔所得極大的比重。十九世紀時，英國的經濟學者季芬（Robert Giffen），發現低收入的窮人階級，在馬鈴薯價格上漲時，反而消費更多的馬鈴薯數量，具有這種現象的物品，謂之季芬財。

即時演練

1. 所謂"需求量"是指下列何者？　(A)在某一定價格下，購買者願意而且有能力購買的數量　(B)能使購買者獲得最大滿足的數量　(C)購買者在市場上所能買到的數量　(D)市場上所有可供出售的數量。（普考）

答：(A)

2. 市場上有二位消費者，需求函數分別為 $P_1^d = 13 - Q$ ，$P_2^d = 4 - 0.5Q$。當市場價格為 6，市場的需求量為：　(A)3　(B)7　(C)14　(D)22。（97普）

答：(B)

當 $P = 6$ 時，只有第一位消費者有需求，將 $P = 6$ 代入
$P_1^d = 13 - Q$，得 $Q = 7$。第二位消費者最高的需求價格為 4，
故 $P = 6$ 時，第二位消費者沒有需求。

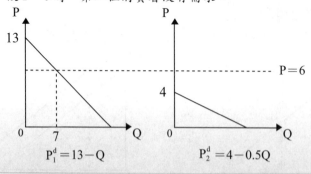

要 五、需求價格彈性

即在一定期間內，財貨本身價格變動百分之一時，引起需求量變動的百分比。

(一) $E_d = \dfrac{-\partial \ell nQ}{\partial \ell nP} = \dfrac{-dQ/Q}{dP/P} = \dfrac{-dQ}{dP} \cdot \dfrac{P}{Q} = \dfrac{-1}{斜率} \cdot \dfrac{P}{Q}$

(二) E_d 與下列二者有關：

1. 斜率的大小。

（點相同（P_0，Q_0），斜率愈小，彈性愈大）

$E_d^A (D) < E_d^A (d)$

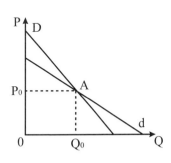

2. 點的位置。

（同一曲線，斜率均相等，點位置愈高，彈性愈大）

$E_d^A > E_d^B$

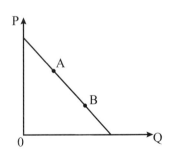

(三) 需求彈性係數的大小種類：

1. $E_d = 9$：絕對有彈性（Perfect elastic）

由 $E_d = \dfrac{-\partial \ell nQ}{\partial \ell nP} = \dfrac{-dQ/Q}{dP/P} = \infty$ ，

可能是 $dP/P = 0$，表示 P 是固定的，

所以微分等於 0。因此需求線為水平線。

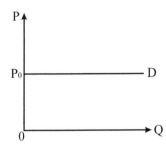

2. $E_d > 1$：高彈性需求（Elastic）

3. $E_d = 1$：單一彈性（Unitary elasticity）

如果需求線為雙曲線，即 $P \cdot Q = k$（常數），求 E_d，可先取對數再全微分。

$\ell nP + \ell nQ$

$= \ell nk \Rightarrow d\ell nP + d\ell nQ$

$= 0 \Rightarrow d\ell nP$

$= -d\ell nQ \Rightarrow 1$

$= \dfrac{-d\ell nQ}{d\ell nP} = E_d$。

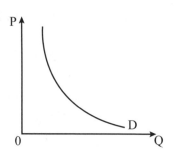

4. $E_d < 1$：低需求彈性（Inelastic）

5. $E_d < 0$：絕對無彈性（Perfect inelastic）

由 $E_d = -\dfrac{\partial \ell nQ}{\partial \ell nP} = \dfrac{-dQ / Q}{dP / P} = 0$，

可能是 $dQ / Q = 0$，表示 Q 是固定的，所以微分等於0。因此需求線為垂直線。

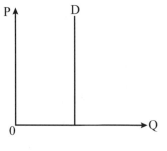

即時演練 ⬇

1. 需要曲線的斜率和需要彈性的關係是：　(A)斜率愈大，彈性愈大　(B)斜率愈大，彈性愈小　(C)斜率愈大，彈性愈大，但只限於兩需要曲線相交的鄰近點　(D)斜率愈大，彈性愈小，但只限於兩需要曲線相交的鄰近點。（普考）

答：(D)

2. 假設某產品的價格曲 5 元上漲至 5.5 元導致需求量由 200 單位滑落至 160 單位，由以上所述可以得知在 5 元至 5.5 元的範圍內，該產品需求的價格彈性為：　(A)較無彈性（Inelastic）　(B)等於 1　(C)較有彈性（Elastic）　(D)遞減。（普考）

答：(C)。$E_d = \dfrac{-\partial \ell nQ}{\partial \ell nP} = \dfrac{-dQ / Q}{dP / P} = \dfrac{\dfrac{-(160-200)}{200}}{\dfrac{5.5-5}{5}} = 2 > 1$

(四)點彈性與總支出的關係

　　TR：表總收入

　　TE：表總支出

　　TR恆等於TE

$$由\ \frac{dTR}{dP}=\frac{d（P×Q）}{dP}=\frac{dP}{dP}\cdot Q+\frac{dQ}{dP}\cdot P=Q\left(1+\frac{dQ}{dP}\cdot\frac{P}{Q}\right)$$

$$=Q（1-E_d）$$

$$當\ E_d>1\Rightarrow\frac{dTR}{dP}<0（P與TR或TE成反向變動）$$

$$E_d<1\Rightarrow\frac{dTR}{dP}>0（P與TR或TE成正向變動）$$

$$E_d=1\Rightarrow\frac{dTR}{dP}=0（P與TR或TE無關）$$

即時演練

1. 下列情況的發生對於一物之銷售者的收益有何影響：

(1)價格下降，需要彈性小於一　　(2)價格上漲，需要彈性大於一

(3)價格上漲，需要彈性小於一　　(4)價格上漲，供給彈性大於一。

答：(1)$E_d<1\Rightarrow\frac{dTR}{dP}=Q（1-E_d）>0$，如果P↓則TR↓。

(2)$E_d>1\Rightarrow\frac{dTR}{dP}=Q（1-E_d）<0$，如果P↑則TR↓。

(3)$E_d<1\Rightarrow\frac{dTR}{dP}=Q（1-E_d）>0$，如果P↑則TR↑。

(4)無法判斷。

2. 穀賤傷農的原因：　(A)稻穀收成不好　(B)農夫的所得太低　(C)生產農作物的成本太高　(D)稻穀的需要彈性小，價格下跌，收益減少。

答：(D)。"穀賤"表示穀價下跌，"傷農"即農人收益減少

$$\frac{dTR}{dP}=Q（1-E_d）>0\Rightarrow（1-E_d）>0\Rightarrow E_d<1$$

3. 稻米的需要彈性比較小。米價上漲，農民的所得是否一定增加？試說明之。

答：由$\frac{dTR}{dP}=Q（1-E_d）$，如果$E_d<1$，則$\frac{dTR}{dP}>0$，表示米價上漲，農民的所得會增加。

(五)影響需求彈性大小之因素：

　　1. 替代品之寡：愈多，彈性愈大。

　　2. 消費支出占所得之比例：比例愈大，彈性愈大。

　　3. 時間長短：愈長，彈性愈大。

　　4. 商品性質：必需品彈性較小，奢侈品彈性較大。

即時演練

1. 開放小轎車進口。國人對裕隆小轎車的價格需求彈性有何影響？為什麼？
（高考）

　答：開放小轎車進口，將使國人對裕隆小轎車的替代品增加，則造成國人對裕隆小轎車的價格需求彈性愈大。

2. 若需求函數為 $Q=2/P$，則下列敘述何者正確？　(A)需求線的斜率等於2　(B)需求線為一條直線　(C)線上每一點的彈性都相同　(D)線上每一點的彈性不一定一樣。（100普）

　答：(C)。 $Q=\dfrac{2}{P}$，即 $PQ=2$，則需求線為一曲線，如圖：

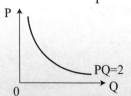

需求彈性為：$PQ=2$，取自然對數，再令微分，
得 $\ell nP+\ell nQ=\ell n2$，　$d\ell nP+d\ell nQ=d\ell n2$
$d\ell nP+d\ell nQ=0$，即 $d\ell nP=-d\ell nQ$，
得 $\dfrac{d\ell nQ}{d\ell nP}=-1$（線上每一點的彈性皆為 -1）

六、市場需求

（即各消費者之需求線水平加總）

A：$Q_A=20-P \Rightarrow P=20-Q_A$　　　　　　　B：$Q_B=30-P \Rightarrow P=30-Q_B$

市場 $Q=Q_A+Q_B$

　　　　$P\geq20$，$Q=30-P$（AB線段）　　　　$P\leq20$，$Q=50-2P$（BC線段）

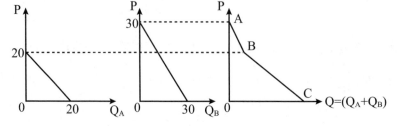

第二節　需求與所得關係

一、恩格爾曲線（Engel Curve）

指表示所得與需求量之關係的曲線。

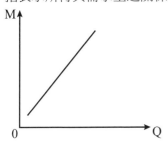

二、需求所得彈性（Income elasticity of demand）

指在一定期間內，所得變動百分之一時，引起需求量變動的百分比。

$$E_I = \frac{\partial \ell nQ}{\partial \ell nM} = \frac{\Delta Q / Q}{\Delta M / M} = \frac{\Delta Q}{Q} \cdot \frac{M}{\Delta M} = \frac{\Delta Q}{\Delta M} \cdot \frac{M}{Q}$$

求中 $\dfrac{M}{Q} > 0$，$\begin{cases} \dfrac{\Delta Q}{\Delta M} > 0 \text{，表示Q為正常財，則} E_I > 0 \\[2mm] \dfrac{\Delta Q}{\Delta M} < 0 \text{，表示Q為劣等財，則} E_I < 0 \\[2mm] \dfrac{\Delta Q}{\Delta M} = 0 \text{，表示Q為中立財，則} E_I = 0 \end{cases}$

$E_I \begin{cases} E_I > 0 & \text{正常財} \begin{cases} 0 < E_I < 1 & \text{必需品} \\ E_I > 1 & \text{奢侈品} \end{cases} \\ E_I < 0 & \text{劣等財} \\ E_I = 0 & \text{中立財} \end{cases}$

三、恩格爾法則（Engel's Law）

當家庭所得增加時：

(一)糧食的支出佔所得的比例會減少（即糧食的所得彈性小於 1）

(二)家庭一般費用維持在所得的一固定比例（即其所得彈性均等於 1）

(三)儲蓄與其他支出占所得比例會提高（即其彈性大於 1）

即時演練 ⬇

1. 消費者對葡萄之需求函數為：$Q = 1,000 - 150P + 20I$，P 為每公斤之葡萄價格（以新臺幣元計），Q 為每星期之葡萄需求量（公斤）。假設每人可支配所得 I 為 900 元。當葡萄價格 40 元時之需求所得彈性為多少？依所得彈性判斷財貨之性質為何？

(A)-0.46；劣等財　　　　　　(B)1.38；正常財
(C)-1.38；劣等財　　　　　　(D)2.00；正常財。（99高）

答：(B)。$Q = 100 - 150P + 20I$，已知 $I = 900$，$P = 40$
　　代入得 $Q = 1000 - 150 \times 40 + 20 \times 900 = 13,000$
　　所得彈性為 $E_I = \dfrac{\Delta Q}{Q} \cdot \dfrac{I}{\Delta I} = \dfrac{I}{Q} \cdot \dfrac{\Delta Q}{\Delta I} = \dfrac{900}{13,000} \cdot \dfrac{20}{1} = \dfrac{18}{13} = 1.38 > 0$
　　所得彈性大於零，故為正常財。

2. 假如商品A為正常財，則當其價格下跌時，所得效果將迫使消費者購買A的數量：

(A)增加　　　　　　　　　　　(B)不變
(C)減少　　　　　　　　　　　(D)以上均可能。（普考）

答：(A)

3. 電扇的所得彈性若大於零但小於一，則電扇為：

(A)劣等品　　　　　　　　　　(B)奢侈品
(C)正常品　　　　　　　　　　(D)中立品。（普考）

答：(C)。$E_I < 1$ 為正常財且為必需品。

4. 一物品的支出佔所得的比例愈大：

(A)表示此一物品為必需品　　　(B)表示此一物品為正常品
(C)則此一物品的需要彈性愈大　(D)則此一物品的需要彈性愈小。

答：(C)

第三節 需求與其他財貨價格之關係

重要 **需求交叉彈性（Cross elasticity of demand）偏彈性**

指在一定期間內，某種財貨 y 價格變動百分之一時，另一種財貨 x 需求量變動的百分比。

$$E_{xy} = \frac{\partial \ell nx}{\partial \ell nP_y} = \frac{\Delta x / x}{\Delta P_y / P_y} = \frac{\Delta x}{\Delta P_y} \cdot \frac{P_y}{x}$$

式中 $\frac{P_y}{x} > 0$，
$$\begin{cases} \frac{\Delta x}{\Delta P_y} > 0，表示P_y 上升（即y↓）且x上升，故x與y互為替代品。則E_{xy} > 0。\\[2mm] \frac{\Delta x}{\Delta P_y} < 0，表示P_y 上升（即y↓）且x下降，故x與y互為互補品。則E_{xy} < 0。\\[2mm] \frac{\Delta x}{\Delta P_y} = 0，表示P_y 上升（即y↓）且x不變，故x與y互為獨立品。則E_{xy} = 0。 \end{cases}$$

即時演練

1. 牛肉的價格上漲，豬肉的需要增加，則兩者為： (A)代替品 (B)互補品 (C)正常品 (D)劣等品。（普考）

答：(A)

2. 已知需要函數為 $Q_x^d = 100 - 3P_x + 0.05Y + 0.5P_y$，$P_x$，$P_y$ 代表商品價格，Y 為所得，Q_x^d 為 X 物品的需要量，由此可知： (A) X 為劣等品 (B) X 和 Y 為代替品 (C) X 和 Y 為互補品 (D)需要彈性等於三。（普考）

答：(B)。(A) $\frac{\Delta Q_x^d}{\Delta Y} = 0.05 > 0$，X為正常財。(B) $\frac{\Delta Q_x^d}{\Delta P_y} = 0.5 > 0$，X，Y 互為替代品。

3. 石油價格上升，則汽車的需求：　(A)不變　(B)增加　(C)減少　(D)增加
的可能性較大。（普考）

　　答：(C)。石油與汽車互為互補品。若石油價格上升，造成石油需求量減
　　　　少，則汽車之需求量亦減少。

4. 商品 X 的需求函數為 $Q_X = 100 - 2P_X - P_Y$，則商品 Y 與商品 X 的關係是：
(A) 替代品　(B) 互補品　(C) 劣等品　(D) 正常品。（98 普）

　　答：(B)。對 $Q_X = 100 - 2P_X - P_Y$ 以 P_Y 偏微分得 $\dfrac{\partial Q_X}{\partial P_Y} = -1 < 0$，表示 P_Y 和 Q_X
　　　　呈反向關係，即 Q_Y 與 Q_X 互為互補品。

5. 若財貨 M 之價格提高會使對財貨 N 之需求減少，代表此 2 種財貨為：　(A)
不相關品　(B) 劣等財　(C) 替代品　(D) 互補品。（99 台電）

　　答：(D)。M 的價格提高，對 M 的需求量減少，而對 N 的需求也減少，所以
　　　　M 和 N 兩者互為互補品。

第四節　供給理論

一、供給（Supply）

即其他情況不變下，生產者在各可能不同價格下，所願意且能夠提供市場
銷售的數量。

二、供給量（Quantity supply）

在其他情況不變下，生產者在特定價格下，所願意且有能力提供的數量。

三、供給與供給量變動

(一)供給量變動（A→B）

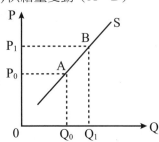

(二)供給變動（S→S'）

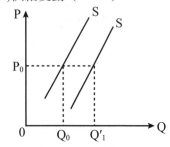

即時演練

1. 請列舉決定供給的主要因素。

答：(1)生產者偏好或技術提高，供給線向右移。

(2)政府租稅政策是減稅，供給線向右移。

(3)對未來財貨價格的預期看漲，供給線向右移。

(4)替代品價格下跌，供給線向右移。

(5)互補品價格上升，供給線向右移。

(6)要素價格下降，供給線向右移。

(7)供給人數增加，供給線向右移。

2. 下列何者對"斜率為正的供給曲線"提供最佳的解釋？ (A)更高的價格將提供賣方更大誘因去生產及銷售該商品 (B)更高的價格是因為生產成本及所得增加的緣故 (C)當價格上升則供給量必定會增加 (D)當價格增加時供給量會下降。（普考）

答：(A)

四、供給法則（Law of supply）

即其他情況不變下，價格愈高，供給量愈多，反之價格愈低供給量愈少，亦即價格與供給量成正向關係。

五、供給彈性（Elasticity of supply）

即在一定時間內，財貨本身價格變動百分之一時，引起供給量變動的百分比。

$$E_s = \frac{\partial \ell nQ}{\partial \ell nP} = \frac{\Delta Q / Q}{\Delta P / P} = \frac{\Delta Q}{Q} \cdot \frac{P}{\Delta P} = \frac{\Delta Q}{\Delta P} \cdot \frac{P}{Q}$$

六、供給彈性的種類

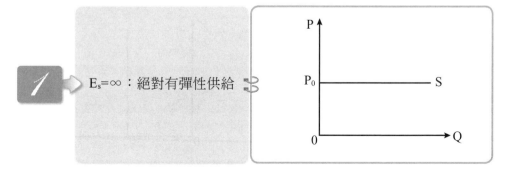

1 ➤ $E_s = \infty$：絕對有彈性供給

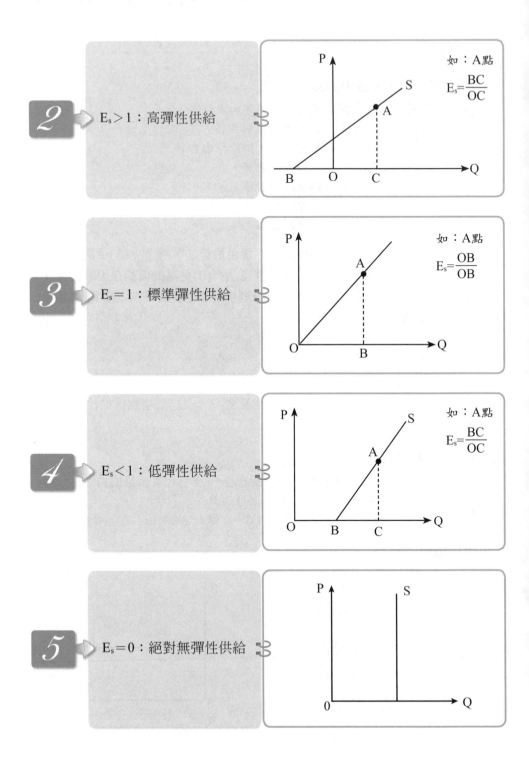

第五節　價格理論

一、均衡（Equilibrium）

是一種不會自發性地改變
之狀態。換言之，均衡一
旦達成，則在其他情況不
變下，其狀況會繼續持續
下去。

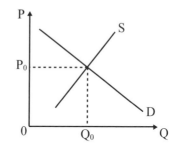

二、均衡價格及均衡交易量之變動

(一)需求增加：$P_0 \uparrow$，$Q_0 \uparrow$

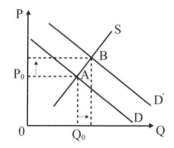

(二)需求減少：$P_0 \downarrow$，$Q_0 \downarrow$

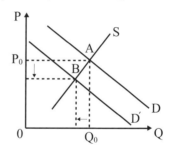

(三)供給增加：$P_0 \downarrow$，$Q_0 \uparrow$

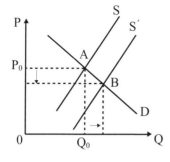

(四)供給減少：$P_0 \uparrow$，$Q_0 \downarrow$

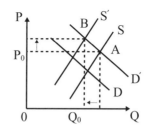

(五)供需都增加：P₀ 不確定，Q₀↑

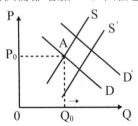

(六)供需都減少：P₀ 不確定，Q₀↓

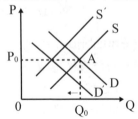

(七)供給增加，需求減少：
P₀↓，Q₀ 不確定

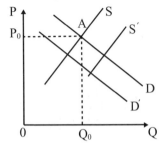

(八)供給減少，需求增加：
P₀↑，Q₀ 不確定

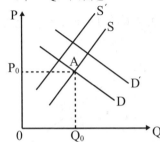

即時演練

1. 需要增加供給減少，則： (A)價格上漲，交易量不變　(B)價格上漲，交易量減少　(C)價格上漲，交易量不一定增加　(D)價格上漲，交易量增加。（普考）

答：(C)

2. 根據需求法則，一物之價格上漲，市場需求量會減少，價格下跌，市場需求量會增加，但實際上吾人卻發現，在市場上某物價格上漲時，需求量反而增加，價格下跌時，需求量反而減少，如國內之黃金即有此一現象，這一情況應如何解釋？

答：違反需求法則的情況，有奢侈品及季芬品。以黃金為例，乃價格愈高，需求量愈高。因乃身份地位的表徵。

3. 在其他情況不變的條件之下，試說明下列的變化對於柳丁的價格與供給有何影響：

(1)種植柳丁的技術進步了。　　(2)柳丁果園面積增加了。

(3)橘子價格上漲了。　　(4)柳丁價格下降了。

答：(1)技術進步，造成 S 右移，價格下降，供給量上升。

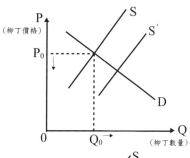

(2)柳丁果園面積增加，使生產成本下降，造成 S 右移，價格下降，供給量上升。

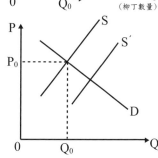

(3)橘子價格上漲，使橘子需求量減少，若橘子與柳丁互為替代品，將使柳丁之需求增加，造成 D 右移，價格上升，供給量增加。

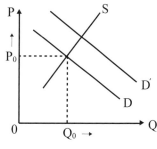

(4)柳丁價格下跌，柳丁供給量減少。

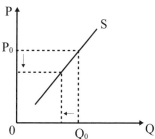

4. 在其他情況不變的條件下，試以圖或文字說明下列的變化可能發生的影響：

(1)所得增加對於低級貨物之需要的影響。

(2)牛肉跌價對於豬肉之需要的影響。

(3)所得減少對於正常貨物之需要的影響。

(4)錄影機價格上漲對於錄影帶之需求的影響。

答：(1) 所得增加，低級貨物之需求減少。即 $\dfrac{\Delta Q}{\Delta M}<0$。

　　(2)牛肉與豬肉互為替代品，則牛肉跌價，牛肉需求量增加，則豬肉的需求減少。

　　(3)所得減少，對正常貨物之需要減少。即 $\dfrac{\Delta Q}{\Delta M}>0$。

　　(4)錄影機與錄影帶互為互補品，則錄影機價格上漲，錄影機需求量減少，則錄影帶的需求量亦減少。

第六節　政府政策

一、價格管理

(一)價格上限（Ceiling price）

指政府為了維持經濟穩定，或限制獨占者之壟斷，往往採用價格上限，結果易形成超額需求，交易流入黑市，一般採用配給制度，以防止經濟秩序之混亂。

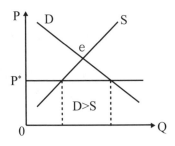

重要 (二)價格下限（Floor price）

指政府為了保障某一階層人民之所得，而採用保證價格。如稻米之最低保證價格制度即是，但容易形成超額供給。

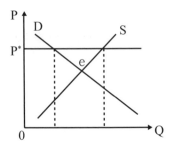

即時演練

1. 若需求函數與供給函數分別是P＝10－Q與P＝2＋3Q。則當P＝5時，市場上有：　(A)超額需求3單位　(B)超額需求4單位　(C)超額供給3單位　(D)超額供給4單位。（97普）

答：(B)。市場均衡的數值為10－Q＝2＋Q，Q^*＝2，將Q^*＝2代入P＝10－Q得P^*＝8，當P＝5時，代入需求函數P＝10－Q，得Q^d＝5，代入供給函數P＝2＋3Q，得Q^s＝1，故超額需求為Q^d－Q^s＝5－1＝4。

2. 假如政府為了保障農民的收益，制定價格下限（price floor），則會：(A)增加消費者的福利　(B)降低消費者的福利　(C)增加所有人的福利　(D)增加經濟效率。（98地四）

答：(B)。未設定價格下限時，消費者剩餘為CAP^*，設定價格下限為$\overline{P}$時，消費者剩餘為$CB\overline{P}$，故消費者剩餘減少$\overline{P}BAP^*$。

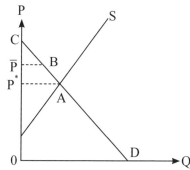

3. 假定米酒的價格上限（price ceiling）是60元，當市場需求為P＝100－2Q，而市場供給為P＝30＋3Q時，市場的無謂損失（deadweight loss）將是：　(A)10　(B)40　(C)80　(D)490。（100普）

答：(B)。將P＝60代入P＝100－2Q，得60＝100－2Q，即Q^d＝20
將P＝60代入P＝30＋3Q，得60＝30＋3Q，即Q^s＝10
$\begin{cases} P=100-2Q.....(1) \\ P=30+3Q......(2) \end{cases}$　得P＝72，Q＝14，
將Q^s＝10代入P＝100－2Q，得P＝80
Q^d－Q^s＝14－10＝4，ΔP＝80－60＝20，無謂損失$20 \times 4 \times \dfrac{1}{2}$＝40

4. 假設稻米保證價格收購制度規定的價格下限（price floor）是45元，當稻米市場需求為P＝75－3Q，而市場供給為P＝15＋2Q時，此時市場將會出現何種現象？　(A)超額需求5單位　(B)超額需求15單位　(C)超額供給5單位　(D)超額供給15單位。（97地四）

答：(C)。均衡時，市場需求＝市場供給即 75－3Q＝15＋2Q，得 Q＝12，P＝39，而價格下限為 45，高於均衡價格 27 所以市場有超額供給，將 P＝45 分別代入 P＝75－3Q，得 Q＝10，P＝15＋2Q，得 Q＝15，即 Q＝15－10＝5（單位）。

5. 假設某商品價格（P）與市場需求量（Q^D）及市場供給量（Q^S）之間的關係是：$Q^D＝500－50P$，$Q^S＝50＋25P$，則：

(1)市場均衡價格是多少？

(2)市場均衡交易量是多少？

(3)市場均衡時的需求價格彈性是多少？此時是有彈性的（Elastic）還是無彈性的（In-elastic）需求？

(4)假設政府採取價格下限政策，規定市場交易價格不得低於＄8，則市場的交易價格與交易量分別是多少？

(5)假設政府改採取限量政策，規定市場交易量不得多於150單位，則市場上願付價格與願受價格的價差是多少？

答：(1)$Q^D＝Q^S$，$500－50P＝50＋25P$，$P＝6$

(2)將P＝6代入$Q^D＝500－50P$，得Q＝200

(3)需求彈性 $\dfrac{-\dfrac{\Delta Q}{Q}}{\dfrac{\Delta P}{P}}＝\dfrac{P}{Q}\cdot\dfrac{-\Delta Q}{\Delta P}＝\dfrac{6}{200}\cdot 50＝\dfrac{3}{2}>1$（有彈性）

(4)將P＝8代入$Q^D＝500－50P$，得$Q^D＝100$，將P＝8代入$Q^S＝50＋25P$，得$Q^S＝250$，$Q^D＝100<Q^S＝250$，所以當市場交易價格為8時，交易數量為100。

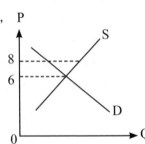

(5)將Q＝150，代入$Q^D＝500－50P$，
　　得P＝7（願意支付的價格）
　　將Q＝150，代入$Q^S＝50＋25P$，
　　得P＝4（願意接受的價格）
　　因此，價差為7－4＝3

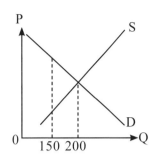

6. 試述政府限制最高價格，對消費者剩餘（C.S），生產者剩餘（P.S）和社會福利（S.W）的影響。

答：政策目的：政府為了照顧生產者而訂定最低保護價格$\tilde{P}$＞市場價格P^*。

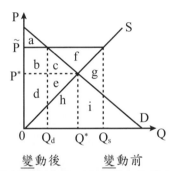

消費者剩餘＝a－（a＋b＋c）

＋）生產者剩餘＝（b＋c＋d＋e＋f）－（d＋e）
　　　　　　　＝＋f

政府收購支出＝－（c＋f＋e＋g＋h＋i）

＋）政府收購產品之福利價值＝（c＋e＋h＋i）
　　社會福利＝－g

二、課稅的影響（以從量稅為例）

(一)課t單位之稅。

(二)均衡價格P_0↑→P_1，均衡交易量Q_0↓→Q_1。

(三)消費者付P_1，生產者收P_2，政府稅收□P_2ABP_1。

(四)消費者負擔P_0P_1稅，生產者負擔P_0P_2稅。

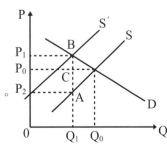

三、E_s與E_d之大小對稅額負擔之影響

(一) $E_s = \infty$，稅全由消費者負擔。

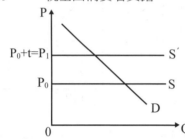

(二) $E_s = 0$，稅全由生產者負擔。

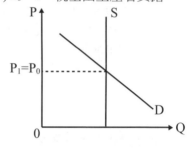

(三) $E_d = \infty$，稅全由生產得負擔。

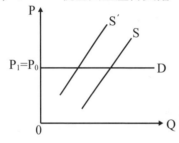

(四) $E_d = 0$，稅全由消費者負擔。

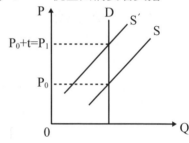

由上述的討論可知，彈性大，稅負擔愈少。反之，彈性小，稅負擔愈大。

即時演練

➡ 已知需要函數為$P = 100 - 2Q$，供給函數為$P = -10 + 4Q$，當政府徵收20（元）的從量稅時，交易量減少：　(A)20　(B)20／6　(C)10　(D)35／3。

答：(B)。稅前之均衡由$P = 100 - 2Q$，$P = -10 + 4Q$聯立求解，$Q = \dfrac{110}{6}$

稅後之均衡由$P = 100 - 2Q$，$P = -10 + 4Q + 20$（從量稅）聯立求解，$Q = \dfrac{90}{6}$，即$\dfrac{110}{6} - \dfrac{90}{6} = \dfrac{20}{6}$。

第七節　消費者剩餘(C.S)與生產者剩餘(P.S)

一、消費者剩餘（Consumer surplus）

消費者心中所願支付最高金額減去實際支付之金額。

$C.S = 0ABQ_0 - 0P_0BQ_0 = ABP_0$

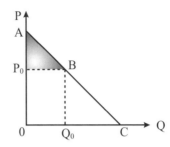

二、生產者剩餘（producer's surplus）

生產者的收入減去所要求的最低報酬。

$P.S = 0P_0BQ_0 - 0ABQ_0 = AP_0B$

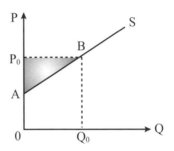

即時演練

1. 李太太到台北縣三峽鎮遊玩，她看到愛不釋手的藍染手巾。假設她購買 1 到 5 條藍染手巾所願意支付的最高價格依序是 20、16、10、4、0，而賣方出售 1 到 5 條藍染手巾的最低要求價格依序是 4、8、10、16、24。當均衡達成時，雙方得到的總剩餘應該是多少？　(A)0　(B)8　(C)16　(D)24。（97普）

   答：(D)。到第三條毛巾時，市場價格為 10（即雙方都可以接受的價格），消費者願意支付的價格為 20＋16＋10＝46。生產者願意接受的價格為 4＋8＋10＝22 雙方的總剩餘為 46－22＝24。

2. 假定需要不變，供給增加，則：　(A)消費者剩餘減少　(B)消費者剩餘增加　(C)生產者剩餘不變　(D)社會福利減少。（普考）

   答：(B)

3. 需求函數D：$P=50-Q$，供給函數S：$P=10+Q$，Q表示數量，P表示價格。

   (1)當$P=40$時，消費者剩餘為何？

   (2)當$P=20$時，生產者剩餘為何？

   (3)若政府對每一單位商品的需求，課$t=10$的消費稅，則在均衡情況之下，社會的無謂損失為多少？

   (4)在(3)題中政府稅收，消費者及生產者各負擔多少稅？

   答：(1)將$P=40$，代入D：$P=50-Q$，得$Q=10$

   　　　C.S$=10\times10\div2=50$

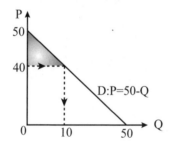

   　　(2)將$P=20$，代入S：$P=10+Q$，得$Q=10$

   　　　P.S$=10\times10\div2=50$

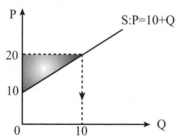

(3)政府對每一單位商品的需求課t＝10之消費稅，將使D：P＝50－Q

變成D'：P＝（50－10）－Q＝40－Q

稅前均衡P＝50－Q，P＝10＋Q聯立求解P_0＝30，Q_0＝20

稅後均衡P＝40－Q，P＝10＋Q聯立求解P_1＝25，Q_1＝15

將Q_1＝15代入D：P＝50－Q，得P_1'＝35

$\triangle ABC$＝（35－25）×（20－15）×$\frac{1}{2}$＝25（無謂損失）

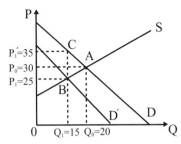

(4)政府稅收＝$P_1 P_1'$CB＝（35－25）×15＝150

消費者稅負＝$P_0 P_1'$CE＝（35－30）×15＝75

生產者稅負＝$P_1 P_0$EB＝（30－25）×15＝75

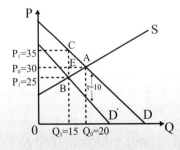

第二章　消費者理論─計數效用分析

重點叮嚀

第二節消費者均衡的計算為重要考點，可專攻這部分的「即時演練」。
其餘較不是命題重點。

第一節　總效用與邊際效用

一、效用（Utility）

消費者消費財貨或勞務所獲得的滿足感。

二、總效用（Tatal utility TU）

在一定期間內，消費者使用某一數量之財貨，所獲得之效用總和。

三、邊際效用（Marginal utility MU）

在一定期間內，消費者每增加一單位財貨
消費所導致，總效用的增量。$MU = \dfrac{dTU}{dQ}$

四、邊際效用遞減法則（Law of diminishing marginal utility）

即 $\dfrac{dMU}{dQ} < 0$。

五、總效用與邊際效用之關係

(一)TU上升時，$\dfrac{dTU}{dQ}=MU>0$

　　（如，$MU_A>0$）

(二)TU最大時，$\dfrac{dTU}{dQ}=MU=0$

　　（如，$MU_C=0$）

(三)TU下降時，$\dfrac{dTU}{dQ}=MU<0$

　　（如，$MU_B<0$）

(四)$Q\uparrow\rightarrow MU\downarrow\Rightarrow\dfrac{dMU}{dQ}<0$

　　（如右圖所示）

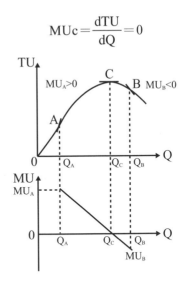

$MUc=\dfrac{dTU}{dQ}=0$

即時演練

1. 假設某一商品的邊際效用為正值，則下列何者為正確？　(A)此商品的總效用仍在增加　(B)此商品的總效用為負值　(C)此商品的總效用為最大　(D)此商品的總效用在遞減階段。（普考）

　答：(A)

2. 簡單解釋下列經濟定律（或稱法則）的意義。邊際替換遞減法則。

　答：在一定時間內，其他情況不變之下，邊際效用隨著財貨使用量的增加，而有遞減的趨勢。

3. 假設某一商品的邊際效用為零，則下列何者為正確：　(A)此商品的總效用在遞增階段　(B)消費者的所得等於支出　(C)此商品的總效用為最大　(D)消費者的剩餘為零。（普考）

　答：(C)

第二節　消費者均衡

指消費者偏好，所得，財貨價格一定之下，消費者最後每花一元在各種財貨上獲得之邊際效用皆相同。

重要

假設僅有 x、y 財貨，則
$$\begin{cases} \dfrac{MU_x}{P_x} = \dfrac{MU_y}{P_y} = MU_m \\ P_xX + P_yY = M \end{cases}$$

當 $\dfrac{MU_x}{P_x} > \dfrac{MU_y}{P_y} \Rightarrow x\uparrow$，$y\downarrow$　$\dfrac{MU_x}{P_x} < \dfrac{MU_y}{P_y} \Rightarrow x\downarrow$，$y\uparrow$

即時演練

1. 商品X的價格為15元，商品Y的價格為10元。假設消費者認為商品Y的邊際效用為30單位，他購買X，Y均衡組合時的X商品邊際效用應為：(A)30單位　(B)45單位　(C)15單位　(D)無法知道。（普考）

答：(B)。均衡時 $\dfrac{MU_x}{P_x} = \dfrac{MU_y}{P_y} \Rightarrow \dfrac{MU_x}{15} = \dfrac{30}{10} \Rightarrow MU_x = 45$

2. 黃先生看電影得到的每元邊際效用為2，他想買包零食同時享用，零食的價格為50元且邊際效用為120單位。若他看電影和吃零食的邊際效用都呈現遞減，此時他應該：　(A)多買一些零食　(B)少買一些零食　(C)不必改變零食的購買數量　(D)多看一場電影。（97地四）

答：(A)。均衡時，$\dfrac{零食邊際效用}{零食價格} = \dfrac{電影邊際效用}{電影價格}$

已知零食價格為50元，零食邊際效用為120，$\dfrac{零食邊際效用}{電影價格} = 2$，

故 $\dfrac{120}{50} > 2$，所以應該多消費零食。

3. 原子筆（X）的價格為20元，便條紙的價格為10元。若買便條紙得到邊際效用2單位，此時原子筆的總效用函數為TU＝10X－X^2，則應該購買多少支原子筆？ (A)2支 (B)3支 (C)4支 (D)5支。（97普）

答：(B)。 由$\dfrac{MU_X}{P_X}=\dfrac{MU_Y}{P_Y}$，已知$P_X=20$、$P_Y=10$、$MU_Y=2$

$MU_X=\dfrac{\Delta U}{\Delta X}=10-2X$，代入$\dfrac{MU_X}{P_X}=\dfrac{MU_Y}{P_Y}$內，

即$\dfrac{10-2X}{20}=\dfrac{2}{10}$，$X=3$（支）

4. 劉太太上市場買豬肉和青菜（Y），豬肉的價格為120，青菜的價格為20。她買豬肉得到的邊際效用是24，而此時青菜的總效用函數為TU＝12Y－2Y^2，她這時如果是效用最大，應該購買多少青菜？ (A)1單位 (B)2單位 (C)4單位 (D)5單位。（98普）

答：(B)。令豬肉消費量為x單位，由$\dfrac{MU_x}{P_x}=\dfrac{MU_y}{P_y}$，

當$MU_x=24$，$P_x=120$，$P_y=20$，

而$MU_y=\dfrac{\Delta TU}{\Delta y}=12-4Y$，代入得$\dfrac{24}{120}=\dfrac{12-4Y}{20}$，$Y=2$（單位）

5. 小明僅購買礦泉水與可口可樂兩種飲料，就目前的消費數量，小明由多一瓶礦泉水所獲得的邊際效用為多一瓶可口可樂的 2 倍，已知可口可樂的價格為 20 元，且小明在飲料的消費上達到效用極大，則可推論礦泉水價格為： (A)10 元 (B)20 元 (C)30 元 (D)40 元。（100 高）

答：(D)。令可口可樂的邊際效用為MU_x，可口可樂的價格為P_x

令礦泉水的邊際效用為MU_y，礦泉水的價格為P_y

已知$MU_y=2MU_x$，效用極大之條件為$\dfrac{MU_x}{P_x}=\dfrac{MU_y}{P_y}$

已知，$P_x=20$（元），即$\dfrac{MU_x}{20}=\dfrac{2MU_x}{P_y}$，得$P_y=40$（元）。

第三節　鑽石與水的矛盾

指水對人類用處很大，但它的價格卻很低，而鑽石對人類的用處很小，但其價格卻非常高，這豈不是價值的矛盾？

✅ 解析

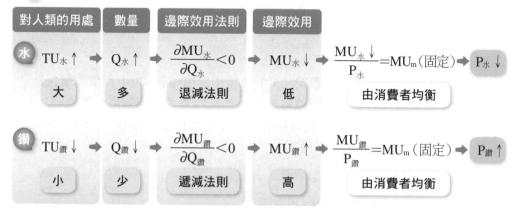

所以造成矛盾的理由在於價格是由邊際效用（MU）所決定的，而不是總效用（TU）所決定的。

✅ 圖形

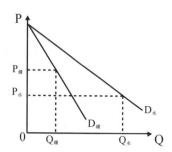

即時演練 ⬇

➡ 何謂消費者剩餘？請以消費者剩餘的觀念解釋何以有些物品的使用價值高但其交易價值卻很低。（高考）

答：(1)消費者剩餘：消費者心中所願支付最高金額減去實際支付之金額。

　　(2)以鑽石與水為例，水相對於鑽石使用價值高，但交易價值卻很低，因為交易價格決定於 MU 而不是 TU，因水的供給量多，消費者剩餘大，但邊際效用卻小，故其價格相對亦低。而鑽石的數量少，消費者剩餘小，邊際效用卻大，故價格高。

第三章 消費者理論─序列分析法

第一節　無異曲線

一、無異曲線（又稱為等效用曲線）

（Indifference Curve）

即維持消費者滿足程度不變，兩種財貨x、y之各種可能組合的軌跡。

⇒A 組合為（x_0，y_0），B 組合（x_1，y_1）其效用均相同U_0。

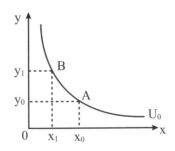

二、邊際替換率：MRS

（Marginal Rate of Substitution）

即維持滿足程度不變，消費者為了多使用一單位的 x，所願意放棄 y 的數量。即無異曲線之斜率。$MRS = \dfrac{-\Delta y}{\Delta x}\Big|_{U_0} = \dfrac{MU_x}{MU_y}$。

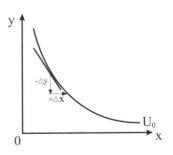

三、邊際替換率遞減法則

即MRS將隨x之增加而減少。$\dfrac{\Delta MRS}{\Delta x}<0$。

表示無異曲線凸向原點。

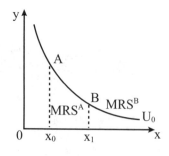

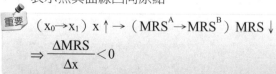

重要　$(x_0 \to x_1)$ x↑ → $(MRS^A \to MRS^B)$ MRS↓

$\Rightarrow \dfrac{\Delta MRS}{\Delta x}<0$

四、無異曲線的特性

(一)負斜率。

(二)凸向原點。

(三)愈遠離原點，效用愈大。

(四)任意二條無異曲線不得相交。

即時演練 ⬇

1. 無異曲線凸向原點，它表示邊際替代率為：　(A)遞增　(B)遞減　(C)固定不變　(D)零。（普考）

答：(B)

2. 若無異曲線上的邊際替代率為遞減時，則表示無異曲線的形狀為：　(A)凹向原點　(B)凸向原點　(C)不一定　(D)通過兩軸的直線。

答：(B)

3. 假設效用函數是 $U=xy^2$，x＞0，y＞0，則下列敘述何者正確？　(A) x 與 y 的邊際效用都遞減　(B) x 愈大，邊際替代率愈大　(C)無異曲線凹向原點　(D)消費者偏好多樣性的消費。（97地三）

答：(D)。 (A)$MU_x=\dfrac{dU}{dx}=y^2$，$MU_y=\dfrac{dU}{dy}=2xy$，$\dfrac{dMU_x}{dx}=\dfrac{dy^2}{dx}=0$，$\dfrac{dMU_y}{dy}=\dfrac{d2xy}{dy}=2x>0$，故 x 的邊際效用隨 x 的增加而不變，y 的邊際效用隨 y 的增加而增加。

(B)$MRS_{xy} = \dfrac{-dy}{dx} = \dfrac{MU_x}{MU_y} = \dfrac{y^2}{2xy} = \dfrac{y}{2x} = \dfrac{y}{2} \cdot x^{-1}$

$\dfrac{dMRS_{xy}}{dx} = -1 \times \dfrac{y}{2} x^{-2} < 0$，表示隨著 x 增加，$MRS_{xy}$ 下降。

(C)無異曲線凸向原點，即 $\dfrac{dMRS_{xy}}{dx} < 0$，式中 $\dfrac{dMRS_{xy}}{dx} = -\dfrac{y}{2} x^{-2} < 0$，故

該無異曲線乃凸向原點。

4. 某人對於消費x_1與x_2兩物的效用可以函數 $u(x_1, x_2) = 4x_1^{1/2} + x_2$ 表示。若目前某人消費49單位的x_1與20單位的x_2，則其最多願意放棄多少單位的x_2以換取額外15單位的x_1？　(A)2　(B)4　(C)6　(D)8。（100高）

答：(B)。由 $MRS_{x_1, x_2} = \dfrac{-\Delta x_2}{\Delta x_1} = \dfrac{MU_{x_1}}{MU_{x_2}}$ ，而 $MU_{x_1} = \dfrac{\Delta U}{\Delta x_1} = 2x_1^{-\frac{1}{2}}$

$MU_{x_2} = \dfrac{\Delta U}{\Delta x_2} = 1$ ，已知 $x_1 = 49$，$x_2 = 20$ ，則 $\dfrac{-\Delta x_2}{15} = \dfrac{2x_1^{-\frac{1}{2}}}{1}$ ，

故 $-\Delta x_2 = 15 \cdot (2)(49)^{-\frac{1}{2}} \fallingdotseq 4$（單位）。

5. 下列效用函數，何者的無異曲線不是凸性？　(A)$U(x,y) = xy$　(B)$U(x,y) = (x^2 + y^2)^{\frac{1}{2}}$　(C)$U(x,y) = x^2 + y$　(D)$U(x,y) = \ln x + \ln y$。（98地三）

答：(B)。$U(x,y) = (x^2 + y^2)^{\frac{1}{2}}$，$MU_x = \dfrac{dU}{dx} = \dfrac{1}{2}(x^2 + y^2)^{-\frac{1}{2}} \cdot 2x$ ，

$MU_y = \dfrac{dU}{dy} = \dfrac{1}{2}(x^2 + y^2)^{-\frac{1}{2}} \cdot 2y$ ，

$MRS_{xy} = \dfrac{MU_x}{MU_y} = \dfrac{\frac{1}{2}(x^2 + y^2)^{\frac{1}{2}} \cdot 2x}{\frac{1}{2}(x^2 + y^2)^{-\frac{1}{2}} \cdot 2y} = \dfrac{x}{y} = x \cdot y^{-1}$

$\dfrac{dMRS_{xy}}{dx} = y^{-1} = \dfrac{1}{y} > 0$ ，故該效用函數不具凸性。

6. 兩財貨是完全替代，則某財貨之邊際替代率隨其數量增加而：　(A)遞減　(B)遞增　(C)不變　(D)不一定。（99普）

答：(C)。當X、Y兩財貨是完全替代，則無異曲線為線性的，其邊際替代率皆為固定常數，故隨著X的增加，邊際替代率仍是維持固定不變。

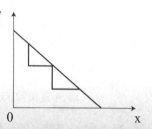

重要 **五、無異曲線的形狀**

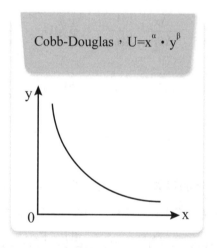

Cobb-Douglas，$U=x^{\alpha} \cdot y^{\beta}$

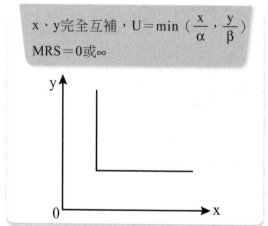

x、y完全互補，$U=\min\left(\dfrac{x}{\alpha}, \dfrac{y}{\beta}\right)$　MRS＝0或∞

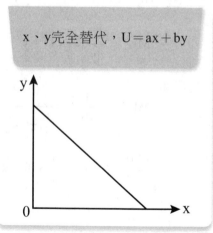

x、y完全替代，$U＝ax＋by$

$$MU_x = 0 \text{，或 } MU_y = 0$$

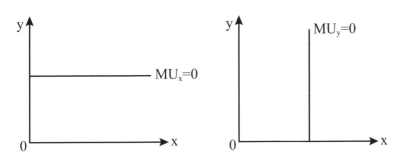

＋：表喜好財（MU＞0），－：表厭惡財（MU＜0）
飽和點（又稱至善點）為效用最大之組合點

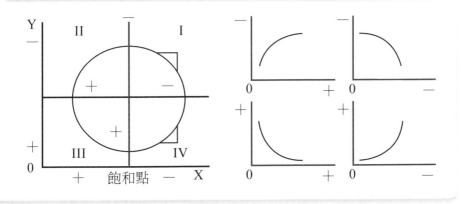

例題：繪出下列各情況的無異曲線圖，並指出滿足程度增加方向。

(1)若沒有火柴，那香煙有何用

$U_1 > U_0$

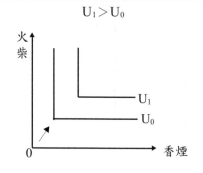

(2)既然依官定匯率計算，則給我臺幣或美金都行

$U_1 > U_0$

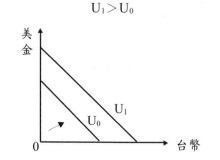

(3)俗語說：「自掃門前雪，莫管他人瓦上霜」

$U_0 > U_1$

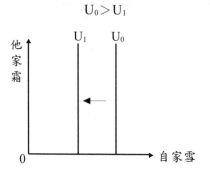

(4)某甲在投資股票時，要考慮風險與預期報酬率

$U_1 > U_0$

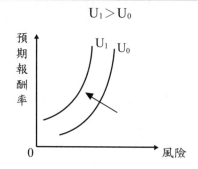

第二節　預算線

一、預算線（或消費可能曲線，價格線）

$P_x x + P_y y = M$

令 $x = 0$ 則 $y = \dfrac{M}{P_y}$（A 點）表示不買 x，將 M
全部買 y 的數量。

$y = 0$ 則 $x = \dfrac{M}{P_x}$（B 點）表示不買 y，將 M 全
部買 x 的數量。

$\Delta 0AB$ 內皆為購買組合，而 AB 是將 M 花光
之組合。

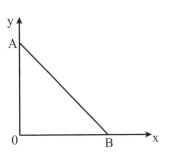

二、預算線的變化

(一) P_x 變動，P_y，M 不變
　　若 $P_x^0 \downarrow \to P_x^1$

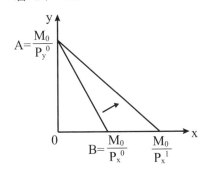

(二) P_y 變動，P_x，M 不變
　　若 $P_y^0 \downarrow \to P_y^1$

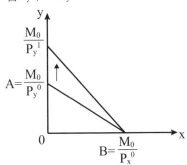

(三) M 變動，P_x，P_y 不變
　　若 $M_0 \uparrow \to M_1$

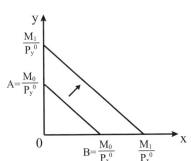

(四) P_x、P_y 皆變動，M 不變
　　若 $P_x^0 \uparrow \to P_x^2$，$P_y^0 \downarrow \to P_y^1$

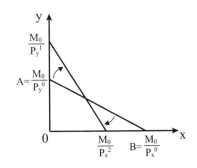

(五)贈送時
若送一單位x

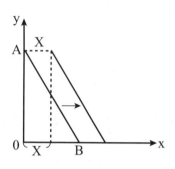

(六)大量購買某一數量後,有折扣
若超過x_0有折扣則AB為原來之預算線,ADC為新的預算線。

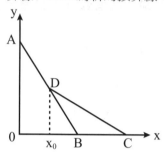

(七)加入會員,再享折扣
加入會員,要先交會員費,故所得減少。預算線為CD,而入會後若購買x財有折扣,則預算線為CE。

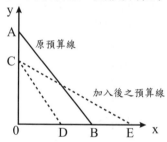

(八)從價稅
若對 x 單位課從價稅,
如同 x 財之價格提高一般。

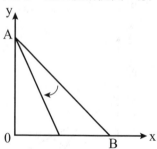

(九)定額稅
如同所得減少一般。

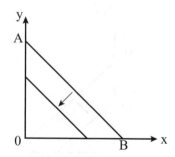

第三節　PCC 與 ICC

一、價格消費曲線（P.C.C）

指其他條件不變下，某種財貨 x 之價格，作連續變動，各均衡點移動之軌跡。

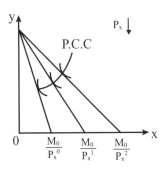

二、由P.C.C判斷E^d之大小

(一) $P_x \downarrow \to TE_x \downarrow$，$E^d < 1$則P.C.C為正斜率。

由 $\dfrac{dTE}{dP} = Q(1-E^d)$，

若 $P_x \downarrow \to TE_x \downarrow$（如右圖）

表示 $\dfrac{dTE}{dP} = Q(1-E^d) > 0$

$\Rightarrow (1-E^d) > 1 \Rightarrow E^d < 1$

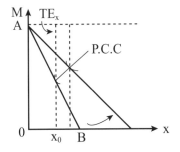

(二) $P_x \downarrow \to \widetilde{TE_x}$，$E^d = 1$，則 P.C.C 為水平線。

由 $\dfrac{dTE}{dP} = Q(1-E^d)$，若$P_x \downarrow \to \widetilde{TE_x}$

（如右圖）

表示$\dfrac{dTE}{dP} = Q(1-E^d) = 0$

$\Rightarrow 1-E^d = 0 \Rightarrow E^d = 1$

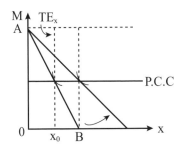

(三) $P_x \downarrow \to TE_x \uparrow$，$E^d > 1$則P.C.C為負斜率。

由$\dfrac{dTE}{dP} = Q(1-E^d)$，若 $P_x \downarrow \to TE_x \uparrow$

（如右圖）

表示 $\dfrac{dTE}{dP} = Q(1-E^d) < 0$

$\Rightarrow (1-E^d) < 1 \Rightarrow E^d > 1$

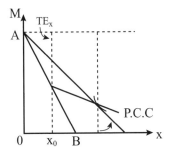

三、由 P.C.C 導出普通需求曲線

若 $P_x^0 \downarrow \rightarrow P_x^1$

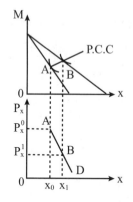

四、所得消費曲線（ICC：Income-Con-sumption Curve）

指財貨價格不變，曲於所得作連續變動時，各均衡點移動的軌跡。

$M_2 > M_1 > M_0$

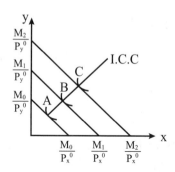

五、由 I.C.C 判斷財貨性質

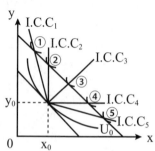

(一) ICC_1 為負斜率：x 為劣性財，y 為正常財。

(二) ICC_2 為垂直線：x 為中性財，y 為正常財。

(三) ICC_3 為正斜率：x 為正常財，y 為正常財。

(四) ICC_4 為水平線：x 為正常財，y 為中性財。

(五) ICC_5 為負斜率：x 為正常財，y 為劣等財。

六、由 I.C.C 導出恩格爾曲線（Engel Curve）

x 為正常財，恩格爾曲線為正斜率。

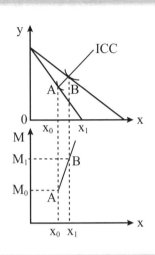

x 為劣等財，恩格爾曲線為負斜率。

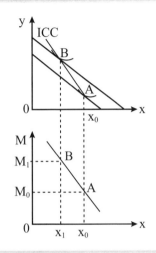

x 為中性財，恩格爾曲線為垂直線。

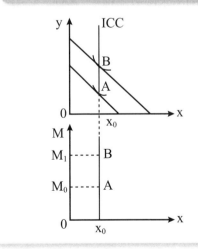

即時演練 ⬇

1. 已知某一消費者的效用函數為 $U=\log x^2 y^3$，已知兩種財貨的價格為 P_x，P_y，消費者用於購買此兩種財貨的支出為 E，試引申出消費者對此兩種財貨的需求函數。（高考）

答：由 $\begin{cases} \dfrac{MU_x}{P_x}=\dfrac{MU_y}{P_y} & \cdots\cdots ① \\ P_x x+P_y y=E & \cdots\cdots ② \end{cases}$

在 P_x，P_y，E，已知情況下，$U=\log x^2 y^3=2\log x+3\log y$

$MU_x=\dfrac{\partial U}{\partial x}=\dfrac{2}{x}$，$MU_y=\dfrac{\partial U}{\partial y}=\dfrac{3}{y}$

$\begin{cases} \dfrac{\dfrac{2}{x}}{P_x}=\dfrac{\dfrac{3}{y}}{P_y} & \cdots\cdots ① \\ P_x x+P_y y=E & \cdots\cdots ② \end{cases}$

$x^*=\dfrac{2E}{5P_x}$，$y^*=\dfrac{3E}{5P_y}$

2. 假設效用函數是 $U(x,y)=30x^{1/3}y^{2/3}$，令 P_x 與 P_y 分別代表 x 與 y 的價格，M 是所得，則 x 的需求函數為何？ (A)$\dfrac{M}{3P_x}$ (B)$\dfrac{2M}{3P_x}$ (C)$\dfrac{M}{3(P_x+P_y)}$ (D)$\dfrac{P_y M}{P_x+2P_y}$。（97 地三）

答：(A)。 由 $\begin{cases} \dfrac{MU_x}{P_x}=\dfrac{MU_y}{P_y} & \cdots\cdots(1) \\ P_x x+P_y y=M & \cdots\cdots(2) \end{cases}$

$MU_x=30y^{\frac{2}{3}}\cdot\dfrac{1}{3}x^{\frac{1}{3}-1}=10y^{\frac{2}{3}}x^{-\frac{2}{3}}$

$MU_y=30x^{\frac{1}{3}}\cdot\dfrac{2}{3}y^{\frac{2}{3}-1}=20x^{\frac{1}{3}}y^{-\frac{1}{3}}$

$\dfrac{MU_x}{MU_y}=\dfrac{P_x}{P_y}\Rightarrow\dfrac{10y^{\frac{2}{3}}x^{-\frac{2}{3}}}{20x^{\frac{1}{3}}y^{-\frac{1}{3}}}=\dfrac{P_x}{P_y}$ 得 $\dfrac{y}{2x}=\dfrac{P_x}{P_y}$

即 $y=\dfrac{2P_x x}{P_y}$，將 $y=\dfrac{2P_x x}{P_y}$ 代入 $P_x x+P_b y=M$ 內

得 $P_x x+P_y\dfrac{2P_x x}{P_y}=M$ 即 $3P_x x=M$，故 $x=\dfrac{M}{3P_x}$

3. 某甲有所得300，對豆漿（B）與燒餅（C）的消費維持2：3的固定比例，則下列敘述，何者錯誤？ (A)如果豆漿與燒餅的價格都是20，某甲的消費選擇是(6B,9C) (B)如果豆漿的價格下跌為15，則豆漿與燒餅的消費量均增加 (C)如果豆漿的價格下跌為15，則豆漿消費量的增加，所得效果等於1/3 (D)豆漿的補償需求曲線是一條垂直線。（97高）

答：(C)。

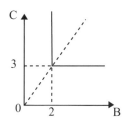

B：C＝2：3
即2C＝3B，
代入預算線
20B＋20C＝300，
得B＝6，C＝9

若B的價格下降為15，

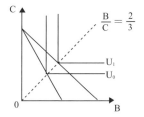

預算線為15B＋20C＝300
將2C＝3B代入上式，
得$B=\frac{20}{3}$，$C=\frac{20}{2}=10$

故B的價格下降後，
B和C的消費量都增加。
所得效果為$\frac{20}{3}-6=\frac{20}{3}-\frac{18}{3}=\frac{2}{3}$。

4. 某甲喜歡喝可樂（C）與吃漢堡（H），假設其效用函數是$U(C,H)=(CH)^{1/2}$。今某甲購買9罐可樂與4個漢堡，下列何種組合與目前的組合在同一條無異曲線上？ (A)7罐可樂與6個漢堡 (B)6罐可樂與6個漢堡 (C)5罐可樂與8個漢堡 (D)8罐可樂與6個漢堡。（99地三）

答：(B)。將C＝9，H＝4代入$U(C,H)=(CH)^{\frac{1}{2}}$，得$U(C,H)=(9\times4)^{\frac{1}{2}}=6$，

將C＝6，H＝6代入$U(C,H)=(CH)^{\frac{1}{2}}$，得$U(C,H)=(6\times6)^{\frac{1}{2}}=6$。

所以C＝9，H＝4的組合與C＝6，H＝6的組合同在一條無異曲線上。

5. 某人消費財貨X、Y之效用函數為U(X，Y)＝3X＋2Y，若此人有150元可用於消費財貨X、Y，當每單位X價格為10元，每單位Y價格為5元時，為求效用最大，此人會購買多少單位X？ (A)0 (B)10 (C)15 (D)30。
（99台電）

答：(A)。已知 $P_x = 10$，$P_y = 5$，$M = 150$，故

$P_xX + P_yY = M$，為$10X + 5Y = 150$，斜率$\frac{\Delta Y}{\Delta X} = -2$

$U(X,Y) = 3X + 2Y$，令$U(X,Y) = U_0$，即$U_0 = 3X + 2Y$

斜率$\frac{\Delta Y}{\Delta X} = -\frac{3}{2}$，預算線斜率$|-2|$大於效用函數斜率$\left|1-\frac{3}{2}\right|$

如圖：

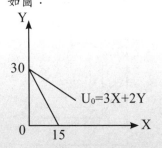

所以該消費者會將所有的所得全數購買 Y(Y=30)，而對 X 的消費數量為零。

第四節　價格效果、所得效果、替代效果

一、價格效果（PE：Price effect）

指其他條件不變（如：P_y，M 不變），由於某種財貨x之價格發生變動，而引起需求量的變動。如圖 x_1x_3 所示。

價格效果＝所得效果＋替代效果

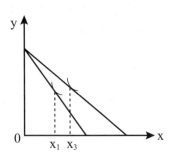

二、所得效果（IE：Income effect）

指財貨價格不變，由於所得的變動，而引起需求量的變動。如圖 x_2x_3 所示。

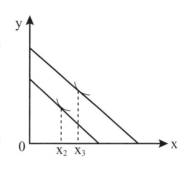

三、替代效果（SE：Substitution effect）

指維持實質所得不變，純粹由於價格比例變動，而引起需求量的變動。如圖 x_1x_2 所示。

實質所得不變：1.Hicks的定義：維持原來的效用不變。2.Slutsky的定義：維持原來的購買組合不變。

(一)Hicks：Px↓，x，y 為正常財　　　　　　(二)Slutsky：Px↓，x，y 為正常財

（維持原來的效用不變）　　　　　　　　　（維持原來的購買組合不變）

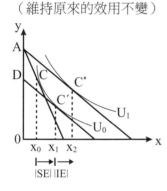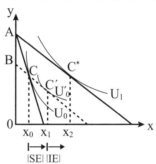

四、正常財，劣等財，季芬財與需求曲線

若以P_x↓，且以Hicks所定義的實質所得不變來分析各種不同的財貨，與該財貨所對應的需求曲線（即稱為普通需求曲線）之形狀。

(一)x 為正常財，P_x↓（P_0↓→P_1）

1.D_H：Hicks 的受補償需求曲線為負斜率。

2.D_M：Marshall 的普通需求曲線為負斜率。但 D_H 之斜率大於 D_M 之斜率。

3.所得增加，消費數量由x_0'↑→x_1，

即$\frac{\partial x}{\partial I}$>0，故 x 為正常財。

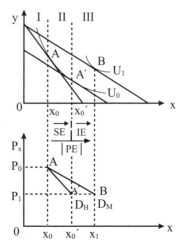

(二) x 為中性財，$P_x\downarrow$（$P_0\downarrow\to P_1$）

1. D_H：Hicks的受補償需求曲線為負斜率。
2. D_M：Marshall的普通需求曲線為負斜率，且$D_H=D_M$。
3. 所得增加，消費數量仍維持在 x_0'，即$\dfrac{\partial x}{\partial I}=0$，故x為中性財。

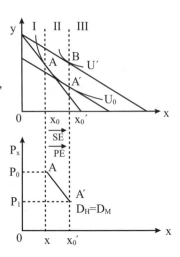

(三) x 為劣等財，$P_x\downarrow$（$P_0\downarrow\to P_1$）

1. D_H：Hicks的受補償需求曲線為負斜率。
2. D_M：Marshall的普通需求曲線為負斜率，但D_M之斜率大於D_H之斜率。
3. 所得增加，消費數量由$x_0'\downarrow\to x_2$，即$\dfrac{\partial x}{\partial I}<0$，故x為劣等財。

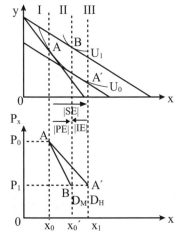

(四) x 為劣等財，$P_x\downarrow$（$P_0\downarrow\to P_1$）

1. D_H：Hicks的受補償需求曲線為負斜率。
2. D_M：Marshall的普通需求曲線為垂直線。
3. 所得增加，消費數量由 $x_0'\downarrow\to x_0$，即$\dfrac{\partial x}{\partial I}<0$，故x為劣等財。

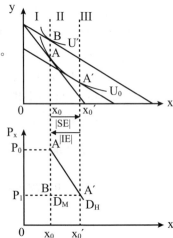

(五) x 為劣等財且季芬財，$P_x\downarrow$（$P_0\downarrow\rightarrow P_1$）

1. D_H：Hicks的受補償需求曲線為負斜率。

2. D_M：Marshall的普通需求曲線為正斜率。

3. 所得增加，消費數量由$x_0'\downarrow\rightarrow x_3$，

即$\dfrac{\partial x}{\partial I}<0$，故x為劣等財。而$P_x\downarrow$

反而$x_0\downarrow\rightarrow x_3$，即$\dfrac{\partial x}{\partial P_x}>0$，

故x違反需求法則，亦為季芬財。

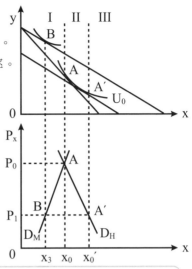

即時演練

1. 吉芬財（Giffen good）為：　(A)正常品　(B)劣等品　(C)奢侈品　(D)炫耀性物品。（普考）

答：(B)

2. 某甲的效用函數是$U(x,y)=x+y^{1/2}$，所得40。原來x與y的價格分別是4與1，今y的價格上漲為2，則欲維持價格變動前的效用，甲的所得必須增加多少？　(A)2　(B)4　(C)8　(D)12。（99地三）

答：(A)。首先在 $P_x=4$，$P_y=1$，最適商品組合為 $x=9$，$y=4$，

代入 $U=x+y^{\frac{1}{2}}$，得 $U=9+4^{\frac{1}{2}}=11$，即 $U=x+y^{\frac{1}{2}}=11$，

分解商品組合須滿足 $U=x+y^{\frac{1}{2}}=11$，以及 $\dfrac{MU_x}{P_x}=\dfrac{MU_y}{P_y}$，

即 $\dfrac{1}{4}=\dfrac{\frac{1}{2}y^{-\frac{1}{2}}}{2}$，得y＝1和x＝10，在$P_x=4$，$P_y=2$時，

所得為 $P_x x+P_y y=4\times10+2\times1=42$，

補償變量＝新所得－原所得＝42－40＝2（需增加的所得）

第五節 無異曲線之應用

一、從量稅（消量稅）與定額稅（所得稅）之效果

即時演練

➡ 試比較說明在消費者選擇理論中，課徵貨物稅與課徵所得稅，對消費者而言，何者較優？（政大統研所）

答：(1)設原預算線為AB，效用為U_0。

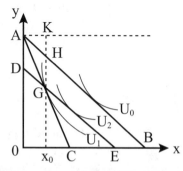

(2)課徵貨物稅時，如圖x財的價格上升一般，預算線將由AB在移到AC，效用為U_1。就原來的效用U_0而言，在預算線AB時，消費x_0數量，而支出為KH。而在預算線AC，同樣消費x_0數量，支出為GK，較課稅前多支出了GH，即GH乃政府對每單位數量，課徵的稅額。

(3)在每單位的稅額切為GH情況下，當政府課徵所得稅時，預算線由AB平行移到DE（通過G點），效用為U_2。

(4)由於$U_2 > U_1$，故同樣的稅額，課徵所得稅的效用，高於貨物稅的效用。

二、從量補貼（間接津貼）與定額補貼（直接津貼）及實物補貼之效果

即時演練

➡ 在政府負擔相同情況，政府對軍人的三種福利措施： (A)直接發給實務補貼（如米，油） (B)設立軍人福利中心，提供較市價便宜的民生必需品 (C)調整軍人薪資所得，何種作法對軍人的福利提升最多。（政大科管所）

答：(C)

(1)設原預算線AB，效用為U_0。

(2)當提供較便宜之價格時(B)法，預算線移至AC，效用變為U_2，此時政府補貼HG之金額。

(3)在補貼金額一定之下，若採調薪(C)法，則預算線由AB平移到DE（其中AD＝HG），效用變為U_3。

(4)若以實務補貼，則預算線由AB變為AFE，均衡點落在F點。此時效用為U_1。

(5)由圖可知$U_3 > U_1 > U_2$，故(C)法對軍人的福利提升最多。

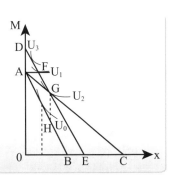

三、勞動供給曲線之導出

重要

假設勞動者追求效用極大，$\therefore MaxU = U（Y，R）$，Y表示所得，R表示休閒。受限制於$Y＝（24-R）W$，W表示工資率。

(一)當$W = W_0$時，$R = R_1$

(二)當$W_0 \uparrow \rightarrow W_1$，且休閒為正常財時，$U = U_1$，$R = R_2$，所得效果（$R'_1 R_2$）>替代效果（$R_1 R'_1$）。

(三)當$W_0 \uparrow \rightarrow W_1$，且休閒為正等財時，$U = U_2$，$R = R_3$，所得效果（$R'_1 R_3$）<替代效果（$R'_1 R_1$）。

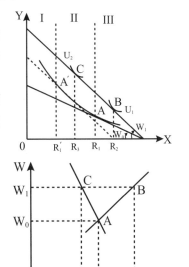

將上述的結果以右圖形表示，休閒時間與工資率的關係：(1)休閒為正常財，且所得效果大於替代效果，為AB線。(2)休閒為正等財，且所得效果小於替代交果，為AC線。

再將上圖，轉換成工資率與工作時間的關係，可知當休閒為正常財，且所得效果大於替代效果時，勞動的供給曲線為負斜率（即後彎）。圖形的AB為負斜率的勞動供給曲線。AC為正斜率的勞動供給曲線。

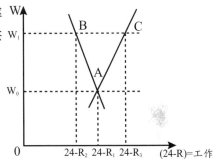

即時演練

1. 就後彎的勞動供給曲線而言，下列可者為真？　(A)工資率上漲的所得效果等於其替代交果　(B)工資率上漲的所得效果小於其替代效果　(C)工資率上漲的所得效果大於其替代效果　(D)勞動者對金錢的重視遠超過休閒生活。

答：(C)

2. 臺北市政府發行之愛心彩券，其目的乃照顧低所得者，彩券收入可專款專用於社會福利事業，現將彩券收入成立社會福利基金，有二方案：

(1)將現金補貼給殘障人士。

(2)招待殘障人士環島旅遊。

試問那一種方法對殘障人士有較大滿足。

答：本題的作答方式可從量補貼（間接津貼）與定額津貼（直接津貼）來做說明。若以殘障人士的立場而言，當然以方法(1)效用最大。

(1)將現金補貼給殘障人士，乃直接津貼。

(2)招待殘障人士環島旅遊乃間接津貼。

3. 一個失業者只靠政府提供的救濟生活。請問：是4,000元的救濟金之效用較高呢？或提供市價2,000元之X物品，加上市價2,000元Y物品（均不能轉售）之效用較高？假設人們只有X與Y物品可以買，請以無異曲線分析之。（高考）

答：直接給4,000元的救濟金為現金津貼，而提供市價2,000元之X再加上市價2,000元之Y為實物津貼。

假設Z為另外一種財貨，若採提供市價2,000元之X再加上市價2,000元之Y，這種實物津貼的方式。則預算線將由原來的AB變動成AFE。而$U_0 \uparrow \to U_1$。若採現金津貼的方式，即直接給4,000元的救濟金，則預算線將由AB變動成DE，而$U_0 \uparrow \to U_2$。$U_2 > U_1$，所以就失業者立場而言，以直接給4,000元之救濟金，效用較高。

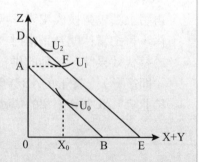

第四章 生產理論

重點叮嚀

第二節邊際產量的計算，以及TPP_L與MPP_L，APP_L之關係，幾乎是每年都考。第五節生產函數和等成本線計算生產者均衡，尤其是特殊的生產函數例如 $Q = \min\left\{\dfrac{L}{\alpha}, \dfrac{K}{\beta}\right\}$ 的形式，最易被命題。第六節常見的生產函數中的Cobb—Douglas函數，計算它的技術進步率，資本報酬占總產出的比率，勞動報酬占總產出的比率，在這幾年的各項考試也經常被命題，請確實做完這部分的「即時演練」。

第一節 生產函數

一、生產函數定義

即在一定技術水準下，表示產量與生產因素之投入量間的函數關係稱之。

以方程式表示為：

Q＝F（土地，勞動，資本，企業組織，技術……）。

↑
產量 ⏟ 生產因素

即時演練 ⬇

➡ 生產函數是指任何 A，B，C 投入的組合所能生產出來的： (A)最大產出 (B)所有產出的組合 (C)某一定額產出 (D)平均產出。（普考）

答：(A)

二、期間的概念

(一)極短期：即生產因素及產量皆固定不變的期間。

(二)短期：即無法變動所有生產因素以配合所擬生產之產量的期間稱之。
（即該期間至少有一生產因素不變。）

(三)長期：即能夠變動所有的生產因素，以配合所擬生產之產量的期間
稱之。

(四)極長期：不但所有的生產因素都可改變，甚至連技術水準也可以改變
的期間謂之。

即時演練 ⬇

1. 生產期限的短期是指： (A)所有生產投入均不能變動數量 (B)有一部份
的生產投入不能變動數量 (C)所有生產投入均能變動數量 (D)依時間而
定。（普考）

答：(B)

2. 10單位的A投入，20單位的B投入與30單位的C投入總產出為100單位，
則此一生產函數的關係代表： (A)長期 (B)短期 (C)中期 (D)無法知
道。（基丙）

答：(D)

第二節 │ 總產量、平均產量、邊際產量

一、總產量

指其他情況不變，使用一定量的生產因素（勞動），所能生產產品的總
數量。

$TPP_L = Q = f(L, K) = f(L)$，式中$TPP_L$稱為勞動實物產量。

二、平均產量

指平均每一單位勞動所能生產的數量。

$APP_L = \dfrac{TPP_L}{L} = \dfrac{Q}{L}$，（即$TPP_L$到原點之連線斜率），式中$APP_L$：稱為勞動的
平均產量。

三、邊際產量

指勞動量增加一單位時，總實物產量的增量。

$$MPP_L = \frac{\Delta TPP_L}{\Delta L} = \frac{\Delta Q}{\Delta L}，（即TPP_L之切線斜率）$$

 ### 四、TPP_L與MPP_L，APP_L之關係

(一)A點為反曲點，為MPP_L之最高點，
　　C點為TPP_L最大，即$MPP_L = 0$。

(二)B點切線斜為APP_L之最高點。
　　且$APP_L = MPP_L$。

(三)$L_0 \uparrow \rightarrow L_2$，則$MPP_L \downarrow$

　　即$\frac{\Delta MPP_L}{\Delta L} < 0$謂之報酬遞減法則。

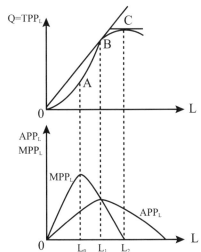

即時演練

1. 下列何者等於邊際產量？ (A)生產函數的斜率 (B)固定成本曲線的斜率 (C)平均產量曲線的斜率 (D)生產可能曲線（production possibilities curve）的斜率。（普考）

答：(A)

2. 當邊際產量達到極大時，平均產量將會如何？ (A)低於邊際產量 (B)等於邊際產量 (C)高於邊際產量 (D)與邊際產量的關係不一定。（98地三）

答：(A)。當MP_L達到極大，如A點，AP_L是上升的，但MP_L仍大於AP_L。

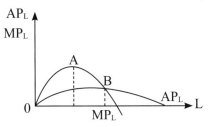

3. 當產出為最大時，下列何者為正確： (A)邊際產量為零 (B)邊際產量小於平均產量 (C)邊際產量大於平均產量 (D)邊際產量為最大。（普考）

答：(A)。即TPP_L之最高點，其切線斜率$MPP_L=0$。

4. 僱用50位員工可生產1,800單位產出，僱用60位員工可生產2,100單位產出，則勞動的邊際產出為： (A)3 (B)30 (C)36 (D)300。（100普）

答：(B)。由 $MPP_L=\dfrac{\Delta Q}{\Delta L}=\dfrac{2100-1800}{60-50}=\dfrac{300}{10}=30$。

5. 下列何者為報酬遞減的意義？ (A)總成本曲線的斜率為正且隨總成本增加而遞增 (B)總成本曲線的斜率為正但隨總成本增加而遞減 (C)總成本曲線最終會變成水平的 (D)不論產量為何，總成本曲線的斜率為負。（普考）

答：(A)

6. MP為邊際產量，AP為平均產量，則當AP在下降時，下列情況何者為正確： (A)AP＞MP (B)AP＜MP (C)AP＝MP (D)以上皆非。（普考）

答：(A)

7. 設MP為邊際產量，AP為平均產量，則當MP＜AP時，AP是在： (A)上升階段 (B)下降階段 (C)最大值 (D)固定不變。（普考）

答：(B)

8. 某廠商生產10單位產量時，平均收益為15；生產11單位產量時，平均收益為14，則生產第11單位產量之邊際收益為： (A)－1 (B)4 (C)14 (D)15。（99台電）

答：(B)。當Q＝10時，AR＝15。而TR＝15×10＝150
當Q＝11時，AR＝14。而TR＝14×11＝154
第11單位的MR＝$\dfrac{\Delta TR}{\Delta Q}=\dfrac{154-150}{11-10}=4$

第三節 生產三階段

第 I 階段：$MPP_L > 0$，$MPP_k < 0$

第 III 階段：$MPP_L < 0$，$MPP_k > 0$

第 I、III的MPP有一項小於0，表示要素投入，產量減少，故切為生產人不合理階段。

第 II 階段：$MPP_k > 0$，$MPP_L > 0$，故為生產合理階段。該階段由APP_L最高點至$MPP_L = 0$之MPP_L線段。

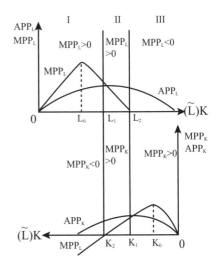

第四節 等產量曲線

一、等產量曲線之意義

產量水準固定下，二種要素不同投入組合之軌跡。

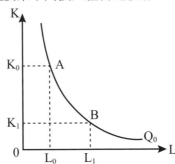

二、邊際技術替代率（MRTS_LK）

產量水準固定下，每增加一單位勞動可以
取代的資本量，為等產量曲線的斜率。

$$MRTS_{LK} = \frac{-\Delta K}{\Delta L} = \frac{MPP_L}{MPP_K}$$

　　　　　＝等產量曲線之斜率

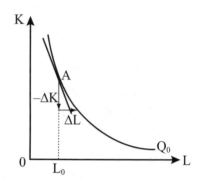

三、邊際技術替代率遞減法則

(一)A 點之 $MRTS_{LK}^{A}$，對應 $L=L_0$，B 點之
$MRTS_{LK}^{B}$，對應 $L=L_1$。

(二)$L_0 \uparrow \rightarrow L_1$，則 $MRTS_{LK}^{A} \downarrow \rightarrow$
$MRTS_{LK}^{B}$，即 $\frac{\Delta MRTS_{LK}}{\Delta L} < 0$，謂之。

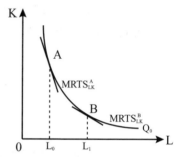

即時演練 ⬇

1. 邊際替代率遞減成立的前提是：(A)擁有愈多的某種財貨，即可以愈少
的其他財貨來替代該財貨　(B)擁有愈多的某種財貨，則增加其他財貨所
產生的價值將愈低　(C)擁有愈多的任何一種財貨，即其替代效果將減低
(D)當擁有的財貨總量增加，則所得價值將愈低。（普考）

答：(A)

2. 光碟片製作時，以勞力替代資本之邊際技術替代為 $\frac{1}{2}$，且其勞力的邊際產
量為60，則資本的邊際產量為何？　(A)12　(B)30　(C)60　(D)120。（98
地三）

答：(D)。由 $MRTS_{LK} = \frac{-\Delta K}{\Delta L} = \frac{MP_L}{MP_K}$，當 $MRTS_{LK} = \frac{1}{2}$，$MP_L=60$，

代入得 $\frac{1}{2} = \frac{60}{MP_K}$，即 $MP_K=120$。

第五節　最適要素僱用量

一、成本一定下，求產量最大

Max　$Q=f（L，K）$ ……目標函數

s.t　$P_LL+P_KK=C_0$　……限制條件

式中P_L，P_K，C_0為已知。

如何求L^*，K^*？

重要

由 $\begin{cases} \dfrac{MPP_L}{P_L}=\dfrac{MPP_K}{P_K} ……① \\ P_LL+P_KK=C_0 ……② \end{cases}$　求解

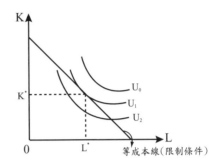

等成本線(限制條件)

即時演練

1. $Q=LK$，$P_L=10$，$P_K=10$，在$C=100$下，求L，K之僱用量？

答：$\dfrac{MP_L}{P_L}=\dfrac{MP_K}{P_K}$　……①

$10L+10K=100$ ……②

$\Rightarrow \dfrac{K}{10}=\dfrac{L}{10}$

$10L+10K=100$

$\Rightarrow 20L=100$

$\Rightarrow L=5$，$K=5$

Q_0(限制條件)

2. 若生產函數為$Q=10\min\{L,10K\}$，而等成本線（isocost line）為$C=L+10K$，勞力僱用量$L=10$時，最小成本下的勞動生產力為多少？　(A)10 (B)20　(C)30　(D)100。（97地三）

答：(A)

均衡時，$L=10K$，即$Q=10\times L$或$Q=10\times 10K$，若$L=10$時，$Q=10\times 10=100$，則$AP_L=\dfrac{Q}{L}=\dfrac{100}{10}=10$。

3. 假設某廠商使用的生產技術，其勞動對資本的邊際技術替代率為 $\frac{2}{5}$，若每單位勞動的價格是90元，每單位資本的價格是150元，則下列何者正確？ (A)廠商的生產函數為 $Q = \min\{2L, 5K\}$　(B)廠商會選擇多使用資本　(C)廠商會選擇多使用勞動　(D)廠商使用的勞動與資本比例為2:5。（99高）

答：(B)。生產均衡為 $\frac{P_K}{P_L} = MRTS_{LK}$ 或 $\frac{P_K}{P_L} = \frac{MP_K}{MP_L}$，即 $\frac{MP_L}{P_L} = \frac{MP_K}{P_K}$，

等成本線斜率為 $\frac{P_K}{P_L} = \frac{150}{90} = \frac{5}{3}$，大於等產量曲

線的斜率 $\frac{2}{5}$，因此廠商會完全使用資本，如圖

等產量曲線為AC，等成本線為AB。

4. 若 MP_L、MP_K 分別為要素L、K之邊際產出，P_L、P_K 分別為要素L、K之價格，則當 $\frac{MP_L}{MP_K} > \frac{P_L}{P_K}$ 時，同產量下為降低成本，廠商應：　(A)同時增加L、K的使用量　(B)同時減少L、K的使用量　(C)增加使用L，減少使用K　(D)增加使用K，減少使用L。（99台電）

答：(C)。當 $\frac{MP_L}{MP_K} > \frac{P_L}{P_K}$，即 $\frac{MP_L}{P_L} > \frac{MP_K}{P_K}$，表示應該增加 L，

減少K，一直到 $\frac{MP_L}{P_L} = \frac{MP_K}{P_K}$ 為止。

二、產量一定下，求成本最小

min　$PL_L + PK_K$　……目標函數

s.t　$Q_0 = f(L, K)$　……限制條件

式中 P_L，P_K，Q_0 為已知，如何求 L^*，K^*？

由 $\begin{cases} \dfrac{MPP_L}{P_L} = \dfrac{MPP_K}{P_K} & \text{……①} \\ Q_0 = f(L, K) & \text{……②} \end{cases}$　求解

即時演練

1. Q＝LK，P_L＝10，P_K＝10，在Q＝100下，求L，K之僱用量？

答：$\begin{cases} \dfrac{MP_L}{P_L}=\dfrac{MP_X}{P_X} \\ 100=LK \end{cases}$

$\Rightarrow \begin{cases} \dfrac{K}{10}=\dfrac{L}{10} \\ 100=LK \end{cases}$

$\Rightarrow L^2=100$

$\Rightarrow L=10$，K＝10

2. 假設效用函數是齊序的（homothetic），則下列敘述，何者錯誤？ (A) 效用函數是一階齊次函數的單調轉換函數 (B) 邊際替代率是二商品消費比例的函數 (C) 價格消費線是一條由原點出發的直線 (D) 所得消費線是一條由原點出發的直線。（99地三）

答：(C)。齊次函數的所有等產量曲線上斜率相同。

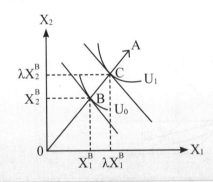

設效用函數 U = U(X_1,X_2)，為 n 階齊次函數，則任何發自原點的直線（如 0A）與各無異曲線的交點（如 B，C）其斜率相同。

三、擴張線（Expansion line）

指維持生產因素價格不變，由於產量（或成本）作連續變動，各均衡點變動之軌跡。

(一)生產因素價格不變，則等成本線的斜率不變。

(二)若是成本連續變動，將造成等成本線平行向左或向右移動。

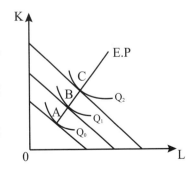

(三)A、B、C點均是生產點均衡，均符合$\frac{MPP_L}{P_L}=\frac{MPP_K}{P_K}$，若將A、B、C三點連接起來，即為擴張線。所以擴張線的方程式為$\frac{MPP_L}{P_L}=\frac{MPP_K}{P_K}$

即時演練

➡ 設生產函數為：$Q=100L^{1/2}K^{1/4}$，r及w分別為資本報酬率及工資率，則Expansion path 之方程式形態為何？

答：Expansion path（擴張線）線上任何一點一定滿足$\frac{MP_L}{MP_K}=\frac{w}{r}$

∴此生產函數之擴展成為$\frac{50L^{-1/2}K^{1/4}}{25L^{1/2}K^{-3/4}}=\frac{w}{r}$

∴$K=\frac{w}{2r}L$

四、擴張線之應用

判斷要素為正常，劣等，或中性。

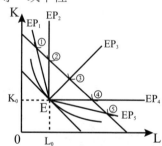

均衡點	擴張線	要素分類
⑤	EP₅	L 為正常要素，K 為劣等要素
④	EP₄	L 為正常要素，K 為中性要素
③	EP₃	L 為正常要素，K 為正常要素
②	EP₂	L 為中性要素，K 為正常要素
①	EP₁	L 為劣等要素，K 為正常要素

五、規模報酬

(一)規模報酬固定：當所有投入要素增加λ倍，則產出亦同時增加λ。

$$\Rightarrow \partial Q = f(\lambda L，\lambda K)，\partial = \lambda$$

(二)規模報酬遞減增：當所有投入要素增加λ倍，則產出增加會大於λ。

$$\Rightarrow \partial Q = f(\lambda L，\lambda K)，\partial > \lambda$$

(三)規模報酬遞減：當所有投入要素增加λ倍，則產出增加少於λ倍。

$$\Rightarrow \partial Q = f(\lambda L，\lambda K)，\partial < \lambda$$

六、產量彈性

指維持其他生產因素因定不變，某種生產因素，變動百分之一時，引起產量變動的百分比。

$$E_L = \frac{d\ell nQ}{d\ell nL} = \frac{dQ/Q}{dL/L} \quad （勞動的產量彈性）$$

$$E_K = \frac{d\ell nQ}{d\ell nK} = \frac{dQ/Q}{dK/K} \quad （資本的產量彈性）$$

七、生產力彈性

指所有生產因素皆變動百分之一時，引起產量變動的百分比。

$$E_\lambda = \frac{\partial \ell nQ}{d\ell n\lambda} = E_L + E_K \quad （生產力彈性＝勞動的產量彈性＋資本的產量彈性）$$

即時演練

➡ 試求 $Q = AL^\alpha K^\beta$ 之生產力彈性？

答：對 $Q = AL^\alpha K^\beta$ 取自然對數

$\Rightarrow \ell nQ = \ell nA + \alpha \ell NL + \beta \ell nK$ 再全微分

$\Rightarrow d\ell nQ = D\ell nA + \alpha d\ell nL + \beta d\ell nK$

$\Rightarrow d\ell nQ = 0 + \alpha d\ell nL + \beta d\ell nK$（$\ell nA$ 為常數，故 $d\ell nA = 0$）

由 $E_\lambda = E_L + E_K$，所以 $E_L = \frac{d\ell nQ}{d\ell nL} = \alpha$，$E_K = \frac{d\ell nQ}{d\ell nK} = \beta$

故 $E_\lambda = E_L + E_K = \alpha + \beta$

八、替代彈性

指邊際技術替代率變動百分之一時，引起生產因素比例變動的百分比。

$$\sigma = \frac{d\ell n\left(\frac{K}{L}\right)}{d\ell n(MRTS)} = \frac{d\left(\frac{K}{L}\right)/\left(\frac{K}{L}\right)}{d(MRTS)/(MRTS)}$$

第六節　常見的生產函數

一、型式：$Q=aK+bL$

(一) MRTS：$\dfrac{MPP_L}{MPP_K}=\dfrac{b}{a}$（常數）

(二) $\sigma=\dfrac{d\,(K/L)}{d\,(MRTS)}\cdot\dfrac{MRTS}{K/L}=\dfrac{d\,(K/L)}{d\,\left(\dfrac{b}{a}\right)}\cdot\dfrac{MRTS}{K/L}$

　　$=\dfrac{d\,(K/L)}{0}\cdot\left(\dfrac{MRTS}{K/L}\right)=\infty$

(三) 均衡解：

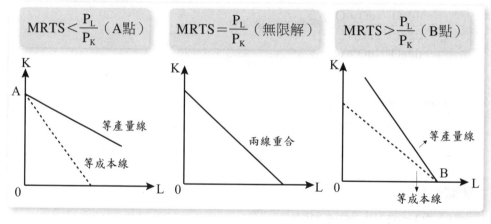

| $MRTS<\dfrac{P_L}{P_K}$（A點） | $MRTS=\dfrac{P_L}{P_K}$（無限解） | $MRTS>\dfrac{P_L}{P_K}$（B點） |

等產量線　等成本線　兩線重合　等產量線　B　等成本線

(四) 齊次：

　　$a\,(\lambda K)+b\,(\lambda L)=\lambda aK+\lambda bL=\lambda\,(aK+bL)=\lambda Q$ 為一階齊次

二、型式：$Q=AK^{\alpha}L^{\beta}$，（A是規模參數，α、β 為正常數）

(一) MRTS：$\dfrac{MPP_L}{MPP_K}=\dfrac{\beta AK^{\alpha}L^{\beta-1}}{\alpha AK^{\alpha-1}L^{\beta}}=\dfrac{\beta}{\alpha}\left(\dfrac{K}{L}\right)$

(二) $\sigma=\dfrac{d\,(K/L)}{d\,(MRTS)}\dfrac{MRTS}{(K/L)}=\dfrac{d\,(K/L)}{\dfrac{\alpha}{\beta}\,d\left(\dfrac{K}{L}\right)}\dfrac{\dfrac{\beta}{\alpha}\dfrac{K}{L}}{(K/L)}=1$

(三)均衡解：

A點：$MRTS = \dfrac{P_L}{P_K}$

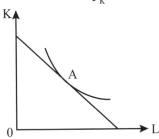

(四)齊次：

$A(\lambda K)^{\alpha}(\lambda L)^{b} = A\lambda^{\alpha}K^{\alpha}\lambda^{\beta}L^{\beta} = \lambda^{\alpha+\beta}AL^{\beta}K^{\alpha} = \lambda^{\alpha+\beta}Q$ 為 $\alpha+\beta$ 階齊次

三、型式：$Q = \min\{\dfrac{L}{\alpha}, \dfrac{K}{\beta}\}$（α、β為正數）

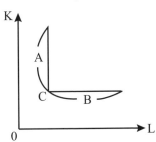

(一)MRTS：

A 範圍中 MRTS＝∞

B 範圍中 MRTS＝0

C 點，則 MRTS 無法確定。

(二)均衡解：

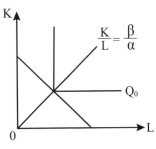

均衡時 $\dfrac{L}{\alpha} = \dfrac{K}{\beta} = Q$，故 $\dfrac{K}{L} = \dfrac{\beta}{\alpha}$。

(三)$\sigma = \dfrac{d(K/L)}{dMRTS} \dfrac{MRTS}{(K/L)}$

$= \dfrac{d(\frac{\beta}{\alpha})}{d(MRTS)} \dfrac{MRTS}{(\frac{\alpha}{\beta})} = \dfrac{0}{dMRTS} \dfrac{MRTS}{(\frac{\beta}{\alpha})} = 0$

(四)齊次：

如果 $\dfrac{L}{\alpha} \geq \dfrac{K}{\beta}$，則 $Q = \dfrac{K}{\beta}$，當 $(\dfrac{\lambda K}{\beta}) = \lambda(\dfrac{K}{\beta}) = \lambda Q$，

如果 $\dfrac{L}{\alpha} < \dfrac{K}{\beta}$，則 $Q = \dfrac{L}{\alpha}$，當 $(\dfrac{\lambda L}{\alpha}) = \lambda(\dfrac{L}{\alpha}) = \lambda Q$，故為一階齊次。

四、型式：$Q=r\left[\delta K^{-\sigma}+(1-\delta)L^{-\sigma}\right]^{-\frac{1}{\rho}}$

(一)MRTS：

1. $MPP_L=(-\frac{1}{\rho})r\left[\cdots\right]^{-\frac{1}{\rho}-1}\cdot(1-\delta)(-\rho)L^{-\rho-1}$

$=(1-\delta)r\left[\cdots\right]^{-\frac{1}{\rho}}\cdot\left[\cdots\right]^{-1}\cdot L^{-(1+\rho)}$

$=(1-\delta)Q\{r\left[\cdots\right]^{-\frac{1}{\rho}}\}^{\rho}\cdot r^{-\rho}L^{-(1+\rho)}$

$=(1-\delta)Q^{1+\rho}r^{-\rho}L^{-(1+\rho)}$

$=\dfrac{1-\delta}{r^{\rho}}(\dfrac{Q}{L})^{1+\rho}$

$MPP_K=\dfrac{\delta}{r^{\sigma}}(\dfrac{Q}{K})^{1+\rho}$

2. $MRTS=\dfrac{MPP_L}{MPP_K}=\dfrac{1-\delta}{\delta}(\dfrac{K}{L})^{1+\rho}$

(二)$\sigma=\dfrac{d(\dfrac{K}{L})}{dMRTS}\cdot\dfrac{MRTS}{(\dfrac{K}{L})}$

$MRTS=\dfrac{1-\delta}{\delta}(\dfrac{K}{L})^{1+\rho}$

$\dfrac{dMRTS}{d(\dfrac{K}{L})}=\dfrac{1-\delta}{\delta}(1-\rho)(\dfrac{K}{L})^{\rho}$

$\dfrac{dMRTS}{d(\dfrac{K}{L})}\dfrac{\dfrac{K}{L}}{MRTS}=\dfrac{1-\delta}{\delta}(1+\rho)(\dfrac{K}{L})^{\rho}\dfrac{(\dfrac{K}{L})}{\dfrac{1-\delta}{\delta}-\dfrac{K}{L}^{(1+\rho)}}=1+\rho$

(三)齊次：

$r\left[\delta(\lambda K)^{-\rho}+(1-\delta)(\lambda L)^{-\rho}\right]^{-\frac{1}{\rho}}=r\left[\delta\lambda^{-\rho}K^{-\rho}+(1-\delta)\right.$

$\left.(\lambda^{-\rho})L^{-\rho}\right]^{-\frac{1}{\rho}}=r\lambda^{-\rho\cdot\frac{1}{\rho}}\cdot\left[\delta K^{-\rho}+(1-\delta)L^{-\rho}\right]^{-\frac{1}{\rho}}=\lambda\cdot Q$

故為一階齊次。

即時演練

1. 當生產函數為 Q = min{L, 2K} 時，擴展路線（expansion path）的型態為何？ (A) 上凸（concave）曲線 (B) 上凹（convex）曲線 (C) 正斜率直線 (D) 負斜率直線。（99 地三）

答：(C)。U = min{L,2k}

均衡發生在L=2k之處，即$\dfrac{K}{L}=\dfrac{1}{2}$，因此，擴張路線為一正斜率直線。

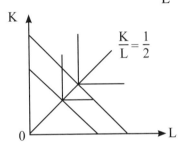

2. 若市場為完全競爭，且總合生產函數為$AK^{0.5}L^{0.5}$，其中A為生產技術、K為資本而L為勞動。則技術進步將會導致資本報酬占總產出的比率： (A)提高 (B)降低 (C)不變 (D)不確定。（100高）

答：(C)。由 $Y = AK^{0.5}L^{0.5}$ 全微分 $dY = 0.5AL^{0.5}K^{-0.5}dK + 0.5AK^{0.5}L^{-0.5}dL$

$$dY = \frac{0.5AL^{0.5}K^{-0.5}K}{1}\times\frac{dK}{K}+\frac{0.5AK^{0.5}L^{-0.5}L}{1}\times\frac{dL}{L}$$

$$\frac{dY}{Y}=\frac{0.5AL^{0.5}K^{0.5}}{Y}\times\frac{dK}{K}+\frac{0.5AK^{0.5}L^{0.5}}{Y}\times\frac{dL}{L}$$

$0.5AL^{0.5}K^{0.5}$是資本的總報酬，

$\dfrac{0.5AL^{0.5}K^{0.5}}{Y}$ 是資本報酬占總產出的比率，

或$\dfrac{0.5AL^{0.5}K^{0.5}}{AL^{0.5}K^{0.5}}$，當技術進步(A)上升時，

資本報酬占總產出的比率不變。

3. A國的生產函數為Cobb-Douglas函數$Y = AK^\beta L^{1-\beta}$，每年產出成長率為5%，每年資本成長率為5%，勞動投入成長率為5%，則每年技術進步率為何？　(A)0　(B)5%　(C)10%　(D)15%。（98地四）

答：(A)。$Y = AK^\beta L^{1-\beta}$ 取自然對數全微分，即

$$\ln Y = AK^\beta L^{1-\beta}$$

$$\ln Y = \ln A + \beta nk + (1-\beta)\ln L$$

$$d\ln Y = d\ln A + \beta d\ln k + (1-\beta)d\ln L（全微分）$$

$$\hat{Y} = \hat{A} + \beta\hat{K} + (1-\beta)\hat{L}$$

$$5\% = \hat{A} + \beta 5\% + (1-\beta)5\%$$

$\hat{A} = 0$，故每年技術進步率為零。

第七節　技術進步

一、表示方式

　　(一)同樣要素可生產更多之產量。

　　(二)同樣的產量可用較少之要素。

二、類型

　　在 $MRTS_{LK}$ 不變的情況下，以同樣的產量（Q=1），可用較少的要素。

K／L 不變時，表法為中性技術進步。	K／L 下降時，表法為勞動多用型的技術進步。	K／L 上升時，表示為資本多用型的技術進步。
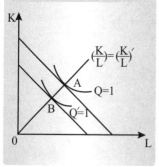	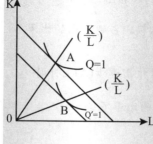	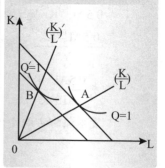

第五章　成本理論

重點叮嚀

第一節機會成本的計算，「即時演練」請讀者們讀熟即可。

第二節MC，AC，AVC之關係，配合圖形研讀較容易準備，而且每年必考，準備方法為熟記圖形來回答問題，不要死記過程。

其餘的章節較少被命題，不需花太多時間，記住專有名詞就可以。

第一節　成本與利潤

一、外顯成本

指廠商僱用生產要素，所支付的成本如員工薪水、水電費等。

二、內含成本（正常利潤）

指廠商使用自有的生產因素，雖不須支付報酬，但實際上應負擔的成本。

三、機會成本

機會成本＝外顯成本＋內含成本，又可定義成：為獲取某一物，所須放棄其他機會中最高代價者。或是多生產一單位財貨，所須放棄另一財貨之數量。

即時演練

➡ 某甲目前失業，乙公司決定僱用他月薪 10,000 元，則：　(A)機會成本為 10,000　(B)機會成本為零　(C)機會成本為 5,000 元　(D)按此說明無法表現出機會成本。（普考）

答：(B)。失業，則某甲完全沒有收入。所以，某甲失業之機會成本為零。

四、會計利潤

收益（TR）－外顯成本

五、經濟利潤

＝TR－（機會成本）＝會計利潤－（內含成本）

＝TR－（外顯成本＋內含成本）

即時演練

1. 下列利潤的概念，何者為正確？ (A)正常利潤＝經濟利潤 (B)經濟利潤
＝隱藏成本 (C)隱藏成本＝會計利潤 (D)會計利潤＝經濟利潤＋隱藏成
本。（普考）

答：(D)。經濟利潤＝會計利潤－內含成本⇒會計利潤＝經濟利潤＋內含
成本。

2. 張先生原有工作年薪40萬元，預估這兩年都不會調薪。今年他考研究所並
決定放棄工作，預估兩年求學將增加支出20萬元。請問他選擇就讀研究所
的經濟成本是多少？ (A)20萬元 (B)40萬元 (C)60萬元 (D)100萬元。
（97高）

答：(D)。經濟成本＝會計成本＋內含成本＝20＋40×2=100（萬）。
其中會計成本是求學增加的支出，內含成本是放棄原有的二年工作
年薪。

六、超額利潤，正常利潤，損失

(一)$\pi > 0$（即 TR－TC＞0） 超額利潤（經濟利潤）

(二)$\pi = 0$（即 TR－TC＝0） 正常利潤

(三)$\pi < 0$（即 TR－TC＜0） 經濟損失

即時演練

1. 志明週六固定擺3.5小時的地攤，可淨賺3,500元，這週六志明陪女朋友看
「王者之聲」，剛好把擺地攤的3.5小時用掉，還花了計程車費250元，
電影票580元。志明的隱藏成本為多少？ (A)4,330 (B)3,500 (C)830
(D)3,750。（100經濟部財會）

答：(B)。花掉3.5小時，原先可用來擺地攤，可淨賺3,500元，此為看「王者之聲」的電影所花費的隱藏成本，而計程車費250元，電影票580元，皆為會計成本。

2. 下列利潤的概念，何者為正確？　(A)正常利潤＝隱藏成本　(B)正常利潤＝經濟利潤　(C)經濟利潤＝會計利潤　(D)會計利潤＝收益－機會成本。（普考）

答：(A)

第二節　短期成本

一、短期內由於有些要素可變，有些要素不可變，故形成變動成本與固定成本之概念。

$$STC = TVC + TFC$$
$$= \tilde{P}_L L + \tilde{P}_K \tilde{K}$$

(一) $TVC = \tilde{P}_L L$ 　　　　(二) $AVC = \dfrac{TVC}{Q}$

(三) $MC = \dfrac{dSTC}{dQ} = \dfrac{dTVC}{dQ} = \dfrac{dTFC}{dQ} = \dfrac{dTVC}{dQ}$ 　(四) $AFC = \dfrac{TFC}{Q}$

二、MC，AVC，AFC，STC 之圖形導出

(一) A點為STC之反曲點，乃MC之最低點A點，過原點作STC之切線於B點，可得AC之最低點B′點。

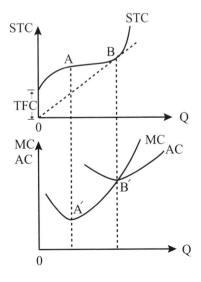

(二)$AFC = \dfrac{TFC}{Q} = \dfrac{\widetilde{P}_K \widetilde{K}}{Q}$，當$Q \uparrow$
時，$AFC \downarrow$，所以AFC之圖
形為一雙曲線。

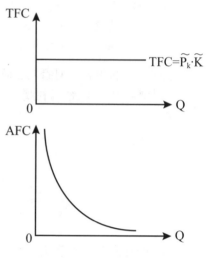

(三)C點為過原點作TVC切線之
切點，乃AVC之最低點C′
點。

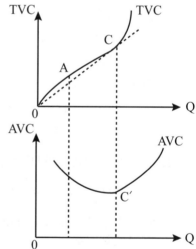

三、AFC，AVC，MC，AC 之關係

(一)若$MC > AC \Rightarrow Q \uparrow \rightarrow AC \uparrow$

(二)若$MC = AC \Rightarrow AC$正在最低點上

(三)若$MC < AC \Rightarrow Q \uparrow \rightarrow AC \downarrow$

由1.2.3.可知MC必須過AC之最低點，
同理亦可說明MC通過AVC之最低點。

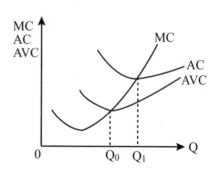

即時演練

1. 對於大部份的廠商而言，下列何者為真？　(A)總固定成本隨產量增加而下降　(B)平均成本在某個產量之前隨產量增加而遞減，過後則遞增　(C)平均成本在某個產量之前隨產量增加而遞增，過後則遞減　(D)不管產量為多少，平均成本永遠大於邊際成本。（普考）

答：(B)

2. 設MC為邊際成本，AVC為平均變動成本，則MC與AVC相交於：　(A)AVC的最低點　(B)MC的最低點　(C)AVC上升的部分　(D)AVC下降的部分。

答：(A)

3. 設MC為邊際成本，而AC為平均成本，則當AC在下降時，下列情況何者正確？　(A)AC>MC　(B)AC<MC　(C)AC=MC　(D)以上皆非。

答：(A)

4. 下列何者為真？　(A)在邊際成本最小時，平均變動成本會等於邊際成本　(B)不論產量為何，平均變動成本均等於邊際成本　(C)在固定成本等於零時，邊際成本會等於固定成本　(D)在最小平均成本點時，邊際成本會等於平均成本。（普考）

答：(D)

5. 當產量為10單位時，總固定成本為300，總成本為700；當產量為11單位時，總變動成本為430，則邊際成本為：　(A)30　(B)43　(C)270　(D)400。（99地四）

答：(A)。 $MC = \dfrac{\Delta TC}{\Delta Q} = \dfrac{\Delta TVC}{\Delta Q} = \dfrac{430 - (700 - 300)}{11 - 10} = \dfrac{30}{1} = 30$ 。

6. 下列有關廠商成本的敘述，何者正確？　(A)邊際成本＝（產出數量變動）／（總成本變動）　(B)平均總成本＝總成本／產出數量　(C)總成本＝變動成本＋邊際成本　(D)平均變動成本＝平均總成本－邊際成本。（97地四）

答：(B)。(A)邊際成本＝$\dfrac{總成本的變動}{總產量的變動}$

(C)總成本＝總變動成本＋總固定成本

(D)平均變動成本＝總成本/總產量

7. 下列關於短期生產中，平均成本AC，平均變動成本AVC與邊際成本MC
之間關係的描述，何者正確？（假設邊際成本MC隨產量增加先下降再
上升）
(A)AC一定比AVC與MC高
(B)AC等於AVC加MC
(C)當MC隨產量增加而遞增時，AVC也隨產量增加而遞增
(D)MC與AVC的最低點相交。（99普）
答：(D)。

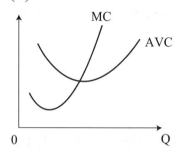

如圖： MC和AVC相交且MC將通過
AVC的最低點。

8. 當平均變動成本遞增時，下列何者為真？
(A)邊際成本大於平均變動成本
(B)平均總成本曲線也一定處於遞增階段
(C)平均總成本曲線也一定處於遞減階段
(D)平均固定成本曲線也一定處於遞增階段。（99台電）
答：(A)。

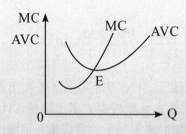

當AVC上升時，MC仍
高於（大於）AVC。

第三節 長期成本

　　所有的投入都是可以改變的，所以長短期成本的主要差別是，短期有固定成本，長期則沒有。

一、STC與LTC之關係

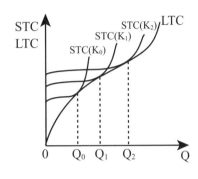

　　式中$K_2>K_1>K_0$

　　(一)LTC為STC的包絡線。

　　(二)LTC為在產量固定下。求成本極小，

　　　　故LTC線上均滿足$\frac{MPP_L}{P_L}=\frac{MPP_K}{P_K}$，

　　　　而STC僅與LTC相切之點才滿足

　　　　$\frac{MPP_L}{P_L}=\frac{MPP_K}{P_K}$。

二、SAC與LAC之關係

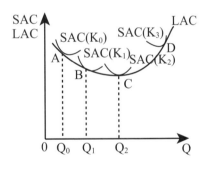

　　式中$K_3>K_2>K_1>K_0$

　　(一)LAC為SAC之包絡線。

　　(二)LAC下降時恰好連結在SAC下降

　　　　之位置，如A、B點。

　　　　LAC上升時恰好連結在SAC上升

　　　　之位置，如D點。

　　　　LAC最低點時，SAC也恰好在最

　　　　低點，如C點。

　　(三)LAC為在產量固定下，求成本極小，故LAC線上均滿足$\frac{MPP_L}{P_L}=\frac{MPP_K}{P_K}$，

　　　　而SAC僅與LAC相切之點才滿足$\frac{MPP_L}{P_L}=\frac{MPP_K}{P_K}$。

三、LMC 之導出

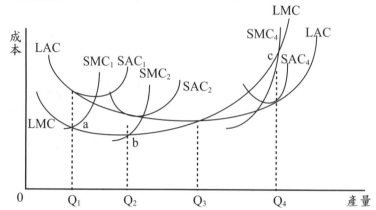

(一)除了在LAC最低點（Q_3）外，SAC與LAC的相切點並非SAC的最低
　　點。在Q_3左方，SAC是在下降的地方與LAC相切（因為切點是負斜率
　　的），Q_3右方則在SAC上升之處相切。

(二)LAC上各點，均代表生產對應產量之所有各種規模中，平均成本最低者。

(三)長期的邊際成本線，是由各切點對應的SMC所構成，即為abc之連線。

(四)LMC不是SMC的包絡線。

第四節　規模經濟與規模不經濟

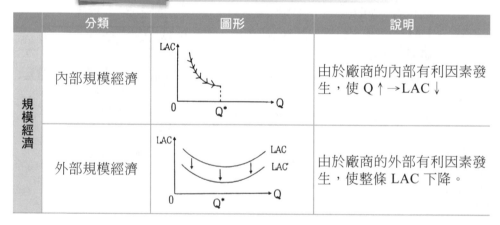

	分類	圖形	說明
規模經濟	內部規模經濟		由於廠商的內部有利因素發生，使 Q↑→LAC↓
	外部規模經濟		由於廠商的外部有利因素發生，使整條 LAC 下降。

分類	圖形	說明
規模不經濟　內部規模不經濟	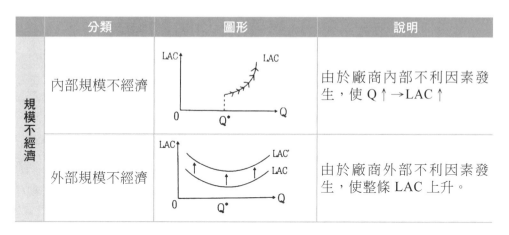	由於廠商內部不利因素發生，使 Q↑→LAC↑
外部規模不經濟		由於廠商外部不利因素發生，使整條 LAC 上升。

一、造成規模經濟之原因

(一)規模報酬遞增。　　　　　　(二)產業化與分工。

(三)副產品加工利用。　　　　　(四)卓越企業家的僱用。

即時演練

1. 廠商的長期平均成本曲線與橫軸平行時，是反應那一種現象？　(A)遞增規模報酬　(B)遞減規模報酬　(C)固定規模報酬　(D)以上皆非。（普考）
   答：(C)

2. 廠商的長期平均成本曲線在下降時是反應那一種現象：　(A)規模報酬遞增(B)規模報酬遞減　(C)規模報酬不變　(D)以上皆非。（普考）
   答：(A)

3. 當某一產業在擴張時，其廠商的單位成本有時反而會下跌，這是因為那一現象而引起：　(A)外在經濟　(B)外在不經濟　(C)報酬遞增　(D)報酬遞減。
   答：(A)

第五節 要素需求函數的種類

一、在成本固定下，求產量最大之要素僱用量

Max　$Q=f(L，K)$ ……目標函數

s.t　$C_0=P_LL+P_KK$ ……限制條件

$£(L，K，\lambda)=f(L，K)+\lambda(C_0-P_LL-P_KK)$

$\left.\begin{array}{l}\dfrac{d£}{dL}=\dfrac{df(L，K)}{dL}+\dfrac{\lambda d(-P_LL)}{dL}=0\Rightarrow MPP_L-\lambda P_L=0\Rightarrow\lambda=\dfrac{MPP_L}{P_L}\\[4mm]\dfrac{d£}{dK}=\dfrac{df(L，K)}{dK}+\dfrac{\lambda d(-P_KK)}{dK}=0\Rightarrow MPP_K-\lambda P_k=0\Rightarrow\lambda=\dfrac{MPP_K}{P_K}\end{array}\right\}$

$\lambda=\dfrac{MPP_L}{P_L}=\dfrac{MPP_K}{P_K}$ ……①

$\dfrac{d£}{d\lambda}=C_0-P_LL-P_KK=0$

$\Rightarrow C_0-P_LL-P_KK=0$

$\Rightarrow C_0=P_LL+P_KK$……②

解①②可得$L^*=f(P_L，P_K，C_0)$

$K^*=f(P_L，P_K，C_0)$

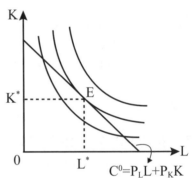

二、在產量固定下，求成本最小之要素僱用量

Min　P_LL+P_KK　　……目標函數

s.t　　$Q_0=f(L，K)$ ……限制條件

$d(L，K，\lambda)=P_LL+P_KK+\lambda(Q_0-f(L，K))$

$\left.\begin{array}{l}\dfrac{d£}{dL}=P_L+\lambda\left(\dfrac{-df(L，K)}{dL}\right)=0\Rightarrow P_L-\lambda MPP_L=0\Rightarrow\lambda=\dfrac{P_L}{MPP_L}\\[4mm]\dfrac{d£}{dK}=P_K+\lambda\left(\dfrac{-df(L，K)}{dK}\right)=0\Rightarrow P_K-\lambda MPP_K=0\Rightarrow\lambda=\dfrac{P_K}{MPP_K}\end{array}\right\}$

$$\lambda = \frac{P_L}{MPP_L} = \frac{P_K}{MPP_K} \cdots\cdots ① \quad (\lambda = MC)$$

$$\frac{d\pounds}{d\lambda} = Q_0 - f(L \cdot K) = 0$$

$$\Rightarrow Q_0 - f(L \cdot K) = 0$$

$$\Rightarrow Q_0 = f(L \cdot K) \cdots\cdots ②$$

解①②可得 $L = f(P_L \cdot P_K \cdot Q_0)$

$\qquad\qquad K^* = f(P_L \cdot P_K \cdot Q_0)$

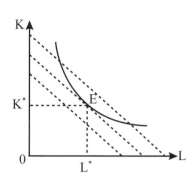

三、利潤最大時之要素僱用量

$\pi = TR(Q) - TC(Q)$ 或 $\pi = TR(L \cdot K) - (P_L L + P_K K)$ 式中 $Q = f(L \cdot K)$

$$\frac{d\pi}{dQ} = \frac{dTR(Q)}{dQ} - \frac{dTC(Q)}{dQ} = 0 \text{，即} MR - MC = 0 \Rightarrow MR = MC \cdots\cdots ①$$

$$\frac{d\pi}{dL} = \frac{dTR}{dL} - \frac{dTC}{dL} = 0 \text{，} \frac{dTR}{dQ}\frac{dQ}{dL} - \frac{d(P_L L + P_K K)}{dL} = 0 \Rightarrow MR \cdot MPP_L - P_L = 0$$

$$\Rightarrow MR = \frac{P_L}{MPP_L} \cdots\cdots ②$$

$$\frac{d\pi}{dK} = \frac{dTR}{dK} - \frac{dTC}{dK} = 0 \text{，} \frac{dTR}{dQ}\frac{dQ}{dK} - \frac{d(P_L L + P_K K)}{dK} = 0 \Rightarrow MR \cdot MPP_K - P_K = 0$$

$$\Rightarrow MR = \frac{P_K}{MPP_K} \cdots\cdots ③$$

將①②③聯立可得 $MC = MR = \dfrac{P_L}{MPP_L} = \dfrac{P_K}{MPP_K}$。

由②③可解出利潤最大時之 $L^* \cdot K^*$。

即時演練

➡ 假設廠商所有投入的邊際產出與其投入價格之比值均相等，則下列何者為正確： (A)最大利潤產出與最低成本組合　(B)邊際產出為最大　(C)投入的邊際產值等於投入的價格　(D)最低成本的組合。（普考）

答：(A)。最大利潤產出之要素僱用條件為 $MR = MC = \dfrac{P_L}{MPP_L} = \dfrac{P_K}{MPP_K}$，最低成本組合之要素僱用條件為 $MC = \dfrac{P_L}{MPP_L} = \dfrac{P_K}{MPP_K}$。兩者共同的條件均為 $\dfrac{P_L}{MPP_L} = \dfrac{P_K}{MPP_K}$。

第六章／廠商理論—完全競爭

重點叮嚀

第三節在短期成本函數已知的情況下，求解個別廠商的均衡產量。考試題型只要熟練本節的「即時演練」即可。

第四節在長期成本函數且市場需求函數已知的情況下，求市場達成均衡時廠商的家數。這些都是每年常考的題型，請讀者們準備時要特別注意。

第一節　完全競爭的基本條件

買方人數	眾多。
賣方人數	眾多，且為價格之接受者。
產品性質	同質。
要素移動	自由。
獲取利潤	廠商可自由的加入或退出，所以長期僅有正常利潤。
市場訊息	完全流通。

即時演練

1. 「在完全競爭市場中，由於產品的品質劃一，故生產者無須應用商標，也無須進行廣告宣傳」，以上之說法是否正確？　(A)正確　(B)不正確　(C)須依情況而定　(D)不正確的可能性大。

   答：(A)

2. 在完全競爭市場中，有關買者與賣者的假設是：　(A)賣者間彼此是獨立的，但買者間彼此卻不獨立　(B)買者間彼此是獨立的，但賣者間彼此卻不獨立　(C)買者間與賣者間彼此均是獨立的　(D)買者間與賣者間彼此均不獨立。（普考）

答：(C)

3. 如果某廠商是價格的接受者，則：　(A)此廠商無法控制其產品價格　(B)此廠商有能力提昇部分產品的價格　(C)此廠商僅有一些控制價格的能力　(D)此廠商生產與其他廠商不同的產品。（普考）

答：(A)

第二節　個別廠商之收益結構

一、TR＝PQ

由於P為市場決定，
所以可視為固定已知數。
式中 $P_1 > P_0$

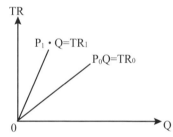

二、$AR = \dfrac{TR}{Q} = \dfrac{PQ}{Q} = P$（已知），且為完全競爭廠商，所面臨的需求曲線。

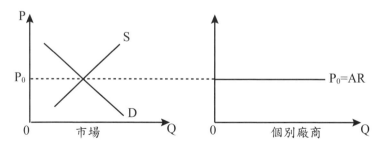

即時演練 ⬇

1. 完全競爭市場中的廠商，其所面臨的需求曲線是： (A)符合需求法則的曲線　(B)正斜率曲線　(C)水平線　(D)可能正斜率也可能負斜率曲線。（普考）

答：(C)

2. 完全競爭市場中，個別廠商的邊際收益： (A)高於產品價格　(B)等於產品價格　(C)低於產品價格　(D)和產品價格無關。（98普）

答：(B)。 完全競爭市場個別廠商是價格的接受者，所以其收益函數為 $TR = \bar{P} \cdot Q$，$MR = \dfrac{\Delta TR}{\Delta Q} = \bar{P}$。

三、$MR = \dfrac{dTR}{dQ} = \dfrac{dPQ}{dQ} = P\dfrac{dQ}{dQ} = P$（已知），由上述討論可知$P = AR = MR$。

即時演練 ⬇

1. 下列各項有關完全競爭市場的敘述，何者為真？ (A)個別生產者為求增加銷售，可降低價格　(B)其邊際收益可能小於邊際成本　(C)其邊際收益可能小於平均收益　(D)其總收益為一直線。（83普考）

答：(D)

2. 為何完全競爭市場中收益曲線為一直線？ (A)完全競爭廠商無法控制其產出水準　(B)價格和邊際收益之差為一常數　(C)邊際收益等於總收益　(D)價格等於邊際收益。（普考）

答：(D)

3. 茲給予下列資料，試求出產量為8時之邊際收益：「產量為7時，平均收益為16，產量為8時，平均收益為15」？ (A)15　(B)15.5　(C)16　(D)8。（普考）

答：(D)。

$AR = \dfrac{TR}{Q} = 16$　當Q＝7時，則TR＝16×7＝112

$AR = \dfrac{TR}{Q} = 15$　當Q＝8時，則TR＝15×8＝120

產量為8時之MR為120－112＝8

第三節 完全競爭廠商之短期均衡分析

一、TR—TC 法

(一) A、B 兩點 TR=TC，表示損益兩平點。

(二) AB 範圍內的區域謂之利潤區，最大的距離，乃利潤最大之處，例如 π^*，而所對應的產量 Q^* 為利潤最大時之產量。

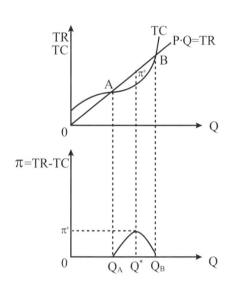

二、MR=MC 法

(一) MR＝MC 必要條件

(二) MR′＜MC′ 充分條件

(三) P≧AVC（若 P＝AVC，謂之歇業點，若 P＜AVC，則廠商將退出此行業）。

即時演練 ⬇

1. 某完全競爭廠商的短期總成本函數為 $STC = q^3 - 6q^2 + 12q + 12$，則當價格為 48 時，其均衡產量為何？ (A)0 (B)2 (C)6 (D)12。（97 地三）

   答：(C)。 由 $P=MC$，$STC = q^3 - 6q^2 + 12q + 2$，

   $MC = \dfrac{dSTC}{dq} = 3q^2 - 12q + 12$

   $48 = 3q^2 - 12q + 12$

   $3(q-6)(q+2) = 0$，即 $q=6$ 或 $q=-2$（不合）

2. 假設 P 為價格，MC 為邊際成本，AFC 為平均固定成本，AC 為平均成本，AVC 為平均變動成本，則廠商最大利潤條件為： (A) P>MC=AVC (B) P>MC=AC (C) P=MC (D) P=MC>AVC。（普考）

   答：(D)

3. 已知完全競爭廠商的邊際成本函數為$SMC = 3q^2 - 24q + 60$，平均變動成本函數為$AVC = q^2 - 12q + 60$，當價格為15時，此一廠商利潤極大的產量為何？ (A)0 (B)3 (C)5 (D)6。（98地四）

答：(A)。$\dfrac{dAVC}{dq} = 2q - 12 = 0$，得 $q = 6$，

將$q = 6$代入 $AVC = q^2 - 12q + 60 = (6)^2 - 12(6) + 60 = 24$

而$P = 15$，故$P < AVC$，則廠商將不會繼續生產，即產量為零。

4. 如果邊際收益大於邊際成本，則： (A)利潤到達最高點 (B)廠商生產了太多的產品 (C)廠商可藉著增產來增加利潤或減少損失 (D)廠商已承受損失。（普考）

答：(C)。$MR > MC \Rightarrow \dfrac{dTR}{dQ} > \dfrac{TC}{dQ} \Rightarrow \pi = TR - TC \Rightarrow \dfrac{d\pi}{dQ} = \dfrac{dTR}{dQ} - \dfrac{dTC}{dQ}$，

若 $\dfrac{dTR}{dQ} > \dfrac{dTC}{dQ}$，則 $\dfrac{d\pi}{dQ} > 0$，所以$Q\uparrow$將使$\pi\uparrow$。

5. 已知一完全競爭市場中，每一家廠商長期平均成本函數皆為 $LAC = q^2 - 10q + 100$，市場總需求函數為 $Q^d = 10000 - 100P$，則市場長期均衡時之廠商家數為： (A)100 (B)500 (C)1,000 (D)2,500。（99台電）

答：(B)。$\dfrac{dLAC}{dq} = 0$，即 $2q - 10 = 0$，故 $q = 5$，

將$q = 5$代入$LAC = q^2 - 10q + 100$，得$LAC = 5^2 - 10 \times 5 + 100 = 75$，

即$P = 75$，再將$P = 75$代入市場總需求函數$Q^d = 10000 - 100P$，

得$Q^d = 2500$，$N = \dfrac{Q^d}{q} = \dfrac{2500}{5} = 500$（家）

6. 一個在完全競爭下的廠商每天生產200單位，每單位賣7元，而其平均成本為4.99元。若現在每天生產201單位，而其平均成本為5.00元，則其邊際成本為： (A)4元 (B)5元 (C)6元 (D)7元。（普考）

答：(D)。$AC = \dfrac{TC}{Q} = \dfrac{TC}{200} = 4.99$（第200單位的平均成本）

則$TC = 200 \times 4.99$（第200單位總成本）

$AC = \dfrac{TC}{Q} = \dfrac{TC}{201} = 5.00$（第201單位的平均成本）

則$TC = 201 \times 5$（第201單位的總成本）

第201單位的邊際成本為$MC = \dfrac{dTC}{dQ} = \dfrac{201 \times 5 - 200 \times 4.99}{201 - 200} = 7$

7. 假設在一成本不變之完全競爭產業中,每一家廠商長期成本函數皆相同。當市場總需求函數為 Q = 3,000 − 20P 時,產業長期均衡價格為 30,共有 200 家廠商。若市場總需求函數變成 Q = 3,600 − 20P,則達到產業長期均衡時共有幾家廠商? (A)220 (B)240 (C)250 (D)300。(99 地四)

答:(C)。

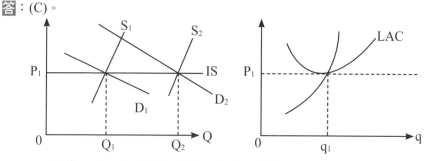

p=30時,代入 Q=3000−20p,得 Q_1=2400

$\dfrac{2400}{200}=12=q_1$（個別廠商的產量）

當需求曲線為 Q=3600−20p 時,將 p=30 代入,得 Q_2=3000,但均衡時個別廠商的產量仍是 q_1=12,所以廠商的數目為 $\dfrac{3000}{12}=250$（家）

8. 如果在完全競爭市場中,均衡價格為 7.50,產量為 100,平均成本為 8,平均變動成本為 7,則廠商會: (A)開門大吉 (B)短期內繼續營業 (C)先停工一陣子 (D)因虧損而破產。

答:(B)。P≥AVC,短期完全競爭廠商會繼續營業。
P=7.5>AVC=7,所以短期內廠商會繼續營業。

9. 一個廠商在完全完全競爭下,每天的產出能有 5,000 元的總收益,廠商平均成本為 20 元,平均變動成本為 10 元,邊際成本為 25 元,則其每天的產出為: (A)500 單位 (B)200 單位 (C)250 單位 (D)無法知道。

答:(B)。TR=5,000,AC=20,AVC=10,MC=25,求 Q=？
完全競爭廠商利潤最大時之均衡條件為 MR=MC,而 MR=P,即 P=MR=MC⇒P=MR=25,而 TR=P,Q=5,000,所以 Q=200

10. 一完全競爭產業每一家廠商長期平均成本函數皆為 $LAC = q^2 - 8q + 26$，市場總需求函數為 $Q = 2,000 - 80P$。當產業達到長期均衡時，下列何者正確？ (A)均衡價格為20 (B)每家廠商產量為8 (C)廠商家數為300 (D)市場均衡產量為1,600。（97普）

答：(C)。 對LAC以q微分得$2q - 8 = 0$，即$q = 4$
將$q = 4$代入$LAC = q - 8q + 26$，得$LAC = 10$
即$P = 10$將$P = 10$代入$Q = 2000 - 80P$，得$Q = 1200$
再以$q = 4$除以$Q = 1200$，得廠商家數$N = 300$

11. 在一完全競爭市場中，每一家廠商之長期總成本函數皆為$TC = q^2 + 4$，市場的總需求函數為$Q = 400 - 10P$，請回答下列問題：

(1)若政府長期僅開放80家廠商銷售產品，則市場均衡之價格P、數量Q、個別廠商的產量q及個別廠商的利潤 π 各為何？

(2)若政府全面開放此一市場，不限制銷售產品之廠商家數，則當產業達到長期均衡時，市場均衡之價格P、數量Q、個別廠商的產量q、個別廠商的利潤 π 及廠商家數N各為何？

(3)若政府全面開放此一市場，不限制銷售產品之廠商家數，但對每家廠商課徵21元的定額稅，則當產業達到長期均衡時，市場均衡之價格P、數量Q、個別廠商的產量q、個別廠商的利潤 π 及廠商家數N各為何？

答：(1)$TC = q^2 + 4$，$MC = \dfrac{dTC}{dq} = 2q$ ，即$P = 2q$，或$q = \dfrac{P}{2}$

開放80家廠商則市場供給曲線為$80 \times q = \dfrac{P}{2} \times 80$

$80q = 40P$，令$Q = 80q$，即$Q = 40P$ ……①
已知需求曲線為$Q = 400 - 10P$ ……②
①②聯立求解得$40P = 400 - 10P$，$P = 8$
將$P = 8$代入$Q = 400 - 10P$，得$Q = 400 - 10 \times 8 = 320$

共有80家廠商，每一家廠商的產量為$q = \dfrac{320}{80} = 4$

$\pi = TR - TC = Pq - (q^2 + 4) = 8 \times 4 - ((4)^2 + 4)$

$= 32 - (16 + 4) = 12$（個別廠商利潤）。

(2) $MC = \dfrac{dTC}{dq} = 2q$ ， $AC = \dfrac{TC}{q} = q + \dfrac{4}{q}$

長期均衡條件： $P＝MC$ ， $P＝AC$ ，故

$$\begin{cases} P=2q & \cdots\cdots① \\ P=q+\dfrac{4}{q} & \cdots\cdots② \end{cases}$$

解①②，得 $2q = q + \dfrac{4}{q}$ ， $(q-2)(q+2)＝0$ ， $q＝2$ 或 $q＝-2$ （不合）

將 $q＝2$ 代入①得 $P＝4$

$N = \dfrac{Q}{q} = \dfrac{400-10P}{q} = \dfrac{400-10\times 4}{q} = \dfrac{360}{q} = \dfrac{360}{2} = 180$

$\pi = TR - TC = Pq - \left(q^2 + 4\right) = 4 \times 2 - \left(\left(2\right)^2 + 4\right) = 8 - (4+4) = 0$

因此，當產業達成長期均衡時，市場均衡價格 $P＝4$ ，市場產量 $Q＝360$ ，個別廠商的產量 $q＝2$ ，個別廠商的利潤 $\pi＝0$ ，廠商的家數 $N＝180$ 。

(3) 每家廠商課徵21元的定額稅，

則長期成本函數為 $TC = q^2 + 4 + 21 = q^2 + 25$ ，

$MC = \dfrac{dTC}{dq} = 2q$ ， $AC = \dfrac{TC}{q} = q + \dfrac{25}{q}$

長期均衡時， $P＝AC$ ， $P＝MC$ ，

即 $\begin{cases} P=q+\dfrac{25}{q} & \cdots\cdots① \\ P=2q & \cdots\cdots② \end{cases}$

解①②得， $2q = q + \dfrac{25}{q}$ ，得 $(q-5)(q+5)＝0$ ，

$q＝5$ ，或 $q＝-5$ （不合），將 $q＝5$ 代入②

$P＝2q$ 得 $P＝10$

$N = \dfrac{Q}{q} = \dfrac{400-10P}{q} = \dfrac{400-10\times 10}{5} = \dfrac{300}{5} = 60$ ，

$\pi = Pq - TC = Pq - \left(q^2 + 25\right) = 10 \times 5 - \left(\left(5\right)^2 + 25\right) = 50 - (25+25) = 0$

因此，當產業達成長期均衡時，市場均衡價格 $P＝10$ ，市場產量 $Q＝300$ ，個別廠商的產量 $q＝5$ ，個別廠商的利潤 $\pi＝0$ ，廠商家數 $N＝60$ 。

第四節　完全競爭廠商之長期均衡分析

長期下，廠商可自由加入或退出產業，所以僅有正常利潤。

均衡條件：$P=AR=MR=LMC=SMC=LAC=SAC$（E點）

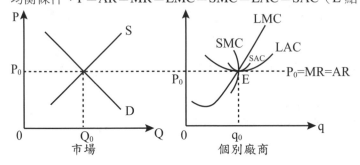

市場　　　　　個別廠商

即時演練

➡ 試繪圖說明廠商在完全競爭市場中，如何決定其長期均衡之產量與價格？

答：說明如上。

第五節　廠商之短期供給曲線

廠商的短期供給曲線：AVC以上之MC曲線。

(一)A點，$P_0 < AVC$，廠商不會生產。

(二)B、C、D點，$MR=MC$，且$P \geq AVC$，所以AVC以上之MC曲線即為完全競爭個別廠商短期之供給曲線。

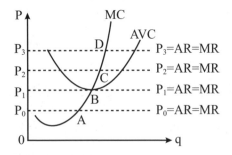

即時演練

1. 完全競爭廠商的短期供給曲線是：　(A)平均成本曲線正斜率的部分　(B)邊際收益曲線水平部分　(C)平均變動成本曲線高於平均固定成本曲線的部分　(D)邊際成本曲線高於平均變動成本曲線的部分。

答：(D)

2. 下列何種市場中存在著供給曲線？　(A)完全競爭市場　(B)獨占市場　(C)寡占市場　(D)任何形市場均存在供給曲線。

答：(A)

第六節　產業長期供給線

產業長期供給線可以區分成三種：

一、成本遞增產業

產業產量的擴大，由於外部規模不經濟的發生（如：要素價格上升），而使廠商之平均成本曲線整條往上移，此種產業稱之。

(一)若需求由 $D_0 \rightarrow D_1$ 將使 $P_0 \uparrow \rightarrow P_1$，廠商之產量為 q_1。

(二)由於 $P_0 \uparrow \rightarrow P_1$，則有超額利潤，將使原廠商擴大規模生產，也誘使新廠商的加入。於是市場的供給線由 S_0 向右移，而由於各廠商競相生產，使得要素需求↑，造成要素價格↑，故LAC，LMC都往上移（則 LMC→LMC'，LAC→LAC'）。

(三)就長期而言，個別廠商僅得正常利潤，即 LAC' 之最低點，對應之價格為 P^*。

(四)連結 A、B 即得成本遞增之產業供給曲線。

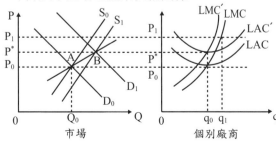

二、成本遞減產業

產業產量的擴大，由於外部規模經濟的發生，（如：要素價格下降），而使廠商之平均成本曲線整條件往下移，此種產業稱之。

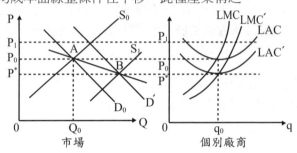

市場　　　　　個別廠商

即時演練

➡ 在遞減成本的完全競爭產業中，需求增加將造成價格：　(A)下跌　(B)不變　(C)上升　(D)尚無充分資訊可判斷。

答：(A)

三、成本固定產業

即指廠商的成本結構（曲線），不受產業產量變動的影響，此種產業稱之。

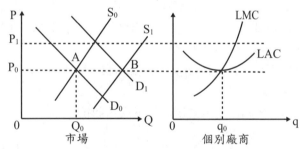

市場　　　　　個別廠商

第七章　廠商理論—獨占

重點叮嚀

研讀本章時請特別注意第六節差別取價的制定，依市場不同的需求彈性，判定不同的價格。而第八節獨占和完全競爭在價格和產量的比較，也是考試常考題型。

第一節　獨占的基本條件

買方人數	眾多
賣方人數	唯一。
產品性質	無替代品。
要素移動	不自由。
獲取利潤	其他廠商無法加入，所以長期而言，有超額利潤或正常利潤。
市場訊息	不完全流通。

其他廠商無法加入之原因：

(一)法律的限制：如特許權、專利權等。

(二)自然的限制：如自然獨占。

(三)擁有特殊的生產要素或特別之技術。

(四)聯合壟斷或相互勾結。

即時演練

1. 下列何者不是進入障礙？　(A)政府政策　(B)經濟規模　(C)缺乏技術　(D)差別訂價的能力。（普考）

   答：(D)

2. 下列何種因素會使得企業勾結不易形成？　(A)潛在加入者眾多　(B)潛在的加入者稀少　(C)夏天　(D)冬天。（普考）

   答：(A)

3. 以往臺灣省的菸酒公賣，其所以能取得獨占地位，主要是因為：　(A)控制了為生產所必須的主要原料　(B)由於專利權而受到法律之保障　(C)用不正當的競爭手段去打擊其他生產者　(D)經由法律取得獨占權。

   答：(D)

第二節　個別廠商的收益結構

一、若需求曲線為一直線時

假設 $P = a - bQ$，

$TR = P \cdot Q = (a - bQ)\,Q = aQ - bQ^2$

$AR = \dfrac{TR}{Q} = \dfrac{aQ}{Q} - bQ^2 \Big/ Q = a - bQ = P$

$MR = \dfrac{dTR}{dQ} = a - 2bQ$

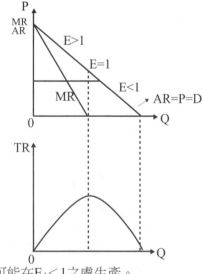

二、TR、AR、MR之關係

$MR = \dfrac{dTR}{dQ} = P\left(1 - \dfrac{1}{E_d}\right)$

如果 $E_d > 1$，則 $MR > 0$

如果 $E_d = 1$，則 $MR = 0$，即TR最高

如果 $E_d < 1$，則 $MR < 0$，所以獨占廠商不可能在 $E_d < 1$ 之處生產。

即時演練

1. 下列有關壟斷廠商之敘述，何者為真？ (A)邊際收益曲線在需求曲線下面(B)邊際收益曲線與需求曲線是相同的 (C)邊際收益曲線在需求曲線上面 (D)邊際收益等於價格。（普考）

答：(A)

2. 當產量為 100 單位時，某一獨占者的邊際成本為\$35，其所面對的邊際收益為\$30。為求利潤最大，此獨占者應作下列何種決定？ (A)生產少於100 單位的產量 (B)生產 100 單位的產量 (C)生產多於100 單位的產量 (D)退出市場。（97普）

答：(A)。當 Q＝100 時，MR＝30，而 MC＝35，因 MR＝30＜MC＝35，故廠商將會減少產量（少於 100 的產量）。

3. 何者壟斷廠商的總收入為極大？ (A)當邊際收入等於邊際成本，且二者均為正值時 (B)當邊際收入等於零時 (C)當邊際收入等於平均成本時 (D)當邊際收入為負值時。（普考）

答：(B)

第三節 獨占廠商之短期均衡分析

一、TR－TC 分析法 ➡ 同完全競爭。

二、MR＝MC 分析法 ➡ 同完全競爭。

三、獨占廠商是否有短期之供給曲線？

　　(一)相同的價格，可對應不同的數量。 (二)相同的產量，可對應不同的價格。

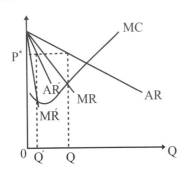
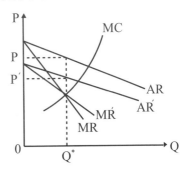

　　綜合(一)(二)所述，無法找出一個價格對應一個數量，即不符合單值定理，故獨占廠商無短期之供給曲線。

即時演練

➡ 有關獨占廠商之說明，下列何者正確？　(A)沒有供給線　(B)面對整個市場的水平需求曲線　(C)利潤極大化行為是邊際收益大於邊際成本　(D)短期利潤一定大於0。（99台電）

答：(A)。獨占廠商一個價格可以對應兩種產量，或是一個產量可以對應兩個價格，故不存在有供給線。

第四節　獨占廠商之長期均衡分析

獨占廠商在長期有超額利潤（$\pi > 0$）或正常利潤（$\pi = 0$）

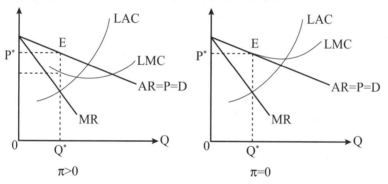

均衡條件：$P = AR > MR = LMC = SMC < LAC = SAC$（E 點）

　　　　　$P = AR > MR = LMC = SMC = LAC = SAC$（F 點）

即時演練

➡ 能使壟斷廠商利潤極大的訂價策略是：　(A)價格小於邊際成本　(B)價格等於邊際成本　(C)價格大於邊際成本　(D)尚無法充分資訊可作判斷。（普考）

答：(C)。由上述圖形可知 $P = AR > MR = LMC$。

第五節　自然獨占的價格管制

一、自然獨占之意義

指經由市場競爭的結果，自然而然的形成獨占。

二、原因

(一)因生產的規模經濟特別顯著，以致長期平均成本線 LAC 隨產量不斷下降。

(二)因社會對此產品之需求太小，以致市場需求線 D_1 與廠商的 LAC 線相交在 LAC 線下降的階段。

即時演練

➡ 以下各項，何者是造成自然壟斷的原因？　(A)廠商利用自然資源的使用特權去從事生產　(B)存在極明顯之規模經濟　(C)廠商控制了稀少性資源的所有權　(D)沒有替代性強的代替品存在。（83 普考）

答：(B)

(三)各種訂價之比較：

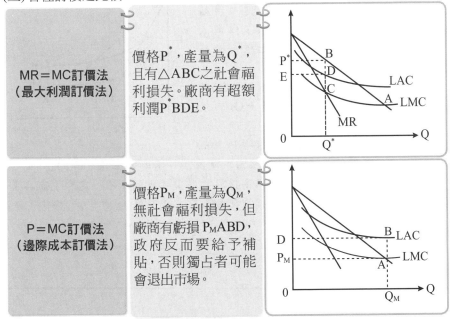

MR＝MC訂價法（最大利潤訂價法）	價格P^*，產量為Q^*，且有△ABC之社會福利損失。廠商有超額利潤P^*BDE。	
P＝MC訂價法（邊際成本訂價法）	價格P_M，產量為Q_M，無社會福利損失，但廠商有虧損 P_MABD，政府反而要給予補貼，否則獨占者可能會退出市場。	

| P＝AC訂價法（平均成本訂價法） | 價格為P_A，產量為Q_A，有社會福利損失△ABC，（而小於利潤最大訂價法之福利損失），但廠商僅有正常利潤。 | 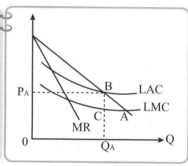 |

綜合上述訂價法，以自然獨占而言，在社會福利損失最小，及廠商的超額利潤最低的雙重考量下，採P＝AC訂價法較適當。

即時演練

1. 試述自然獨占（Natural monopoly）的意義，並分析應如何訂價。

答：見本節內容。

2. 對獨占廠商設定一最高價格的限制，是否必然地會使商品市場發生缺貨的現象？試加以說明之。

答：假設該獨占廠商為一自然獨占廠商，且尚未設定前，獨占者會依MR＝MC，來訂價，價格為P^*，產量為Q^*。以求取最大利潤，所以採價格上限，必有均衡價格P^*之下方。

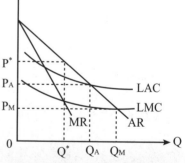

(1)P＝MC訂價法：價格為P_M，市場供需相等，量為Q_M，沒有缺貨的現象。

(2)P＝AC訂價法：價格為P_A，市場供給量為Q_M，市場需求量為Q_A，有超額需求（Q_MQ_A）。

綜上所述，針對獨占廠商採設訂高價之限制，不一定會使商品市場發生缺貨現象，而必須視採何種限價方式而定。

第六節　差別取價（或價格歧視）

一、差別取價之意義

廠商將同一產品，按不同的消費者，不同市場或地區，採取不同的價格。或是相同的消費者，按其不同購置量收取不同的價格，其主要目的在於剝削消費者剩餘，以擴大廠商的利潤。

二、差別取價實行條件

(一)廠商對市場價格具有影響力。

(二)廠商能夠對不同需求彈性的消費者，加以區隔成為不同的消費群或集團。

(三)廠商能阻止低價產品在高價產品市場轉售。

三、差別取價之分類

根據皮古（A.C Pigou）的分類方法，差別取價有三種訂價方式：

(一)第一級差別取價（完全差別取價）即獨占廠以相同產品每單位按消費者之需求價格來出售，此時廠商獲得全部的消費者剩餘。

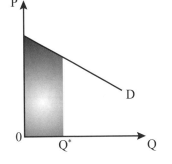

(二)第二級差別取價（區間訂價法，分段訂價法）即獨占廠商以相同產品，按消費者不同購置數量（非每一單位），收取不同的價格，此時剝奪了消費者部分之消費者剩餘。

數量在 Q_1 內，訂價為 $0I$

數量在 $Q_1 \sim Q_2$ 間，訂價為 HQ_1。

數量在 $Q_2 \sim Q_3$ 間，訂價為 GQ_2。

數量在 $Q_3 \sim Q_4$ 間，訂價為 FQ_3。

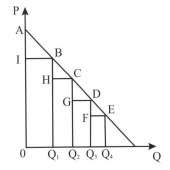

(三)第三級差別取價（市場分割訂價法）即獨占廠商以相同產品對完全阻隔且市場需求價格彈性不同者，收取不同的價格。若 E_d 小時，則 P 高，而 E_d 大時，則 P 低。

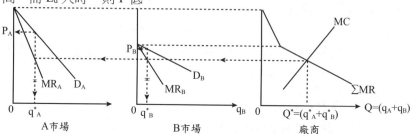

上圖：A 市場之 ε_d 較小，訂價較高（P_A），B 市場之 ε_d 較大，訂價較低（P_B）。

若要求 q_A^*，q_B^*，則由 $MR_A = MR_B = MC = \Sigma MR$，即 $MR_A = MC$，$MR_B = MC$，求解即得。

即時演練

1. 我國經濟發展之過程中，許多產業其同一產品的外銷售價格與內銷價格，採差別訂價，試述實行差別訂價的條件為何？為何廠商要實行差別訂價？又如何訂法？

   答：(1)實行差別取價的條件：詳差別取價實行之條件。
   (2)為何要實行差別訂價：詳差別取價之意義。
   (3)如何訂法：詳差別取價之分類。

2. 下列各項，何者不是差別取價存在的條件？ (A)賣者對其產品價格，必須有相當程度之影響力 (B)賣者必須能夠區別願意付不同價格之消費群 (C)服務某群消費者必須較服務另一群消費者花費更多 (D)套利的可能性必須是不存在。（普考）

   答：(C)

3. 某獨占者的成本函數為 $TC = 16Q + 2$，其商品銷售的對象為 A、B 兩群消費者，其需求函數分別為 $q_A = 24 - p_A$ 與 $q_B = 30 - 2p_B$。如果廠商無法辨認區分 A、B 兩類消費群，那麼他會如何訂價？ (A)$p_A = 4$，$p_B = 3.5$ (B)$p_A = 20$，$p_B = 0$ (C)$p_A = p_B = 17$ (D)$p_A = p_B = 20$。（98高）

答：(D)。B 群消費者僅願意接受的最高價格為 $P_B = 15$，所以只有 A 群消費者有需求因為 A 群可接受最高價格為 $P_A = 24$，故市場需求就是 A 群的需求，即 $Q = 24 - P$，$TR = 24Q - Q^2$，$MR = 24 - 2Q$，$MR = MC$，$24 - 2Q = 16$，得 $Q = 4$，代入 $Q = 24 - P$，得 $P = 20$，故市場訂價為 20。

4. 下列何者不是第三級差別訂價的要件？　(A)廠商面對可分割的市場　(B)廠商為價格接受者　(C)廠商能阻止套利的產生　(D)不同市場之需求彈性不同。（98地四）

答：(B)。完全競爭市場的個別廠商才是價格的接受者。

5. 獨占廠商為獲取最大利潤，對不同市場進行差別訂價，則：　(A)需求彈性大者訂較高的價格　(B)需求彈性大者訂較低的價格　(C)供給彈性大者訂較高的價格　(D)供給彈性大者訂較低的價格。（99台電）

答：(B)。由 $P_1(1 - \dfrac{1}{|\varepsilon_1|}) = P_2(1 - \dfrac{1}{|\varepsilon_2|})$ 若 $|\varepsilon_1| > |\varepsilon_2|$ 則 $P_1 < P_2$

反之，若 $|\varepsilon_1| < |\varepsilon_2|$ 則 $P_1 > P_2$。

第七節　多工廠與卡特爾

一、獨占廠商具有多家工廠時，其各工廠產量的分配

若要求 q_A^*，q_B^*，由 $MC_A = MC_B = \Sigma MC = MR$ 即 $MC_A = MC_B = MR$，可解出 q_A^*，q_B^*。

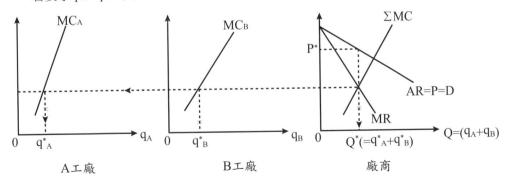

二、卡特爾

指寡占市場下，廠商聯合起來，以賺取聯合利潤最大，如 OPEC。

假設卡特爾生產相同品質之產品，但成員的廠商成本結構不同，為了使聯合利潤最大，卡特爾應對其成員如何分配其產量，使聯合利潤達到最大。其分配產量的方式與多工廠獨占一樣。

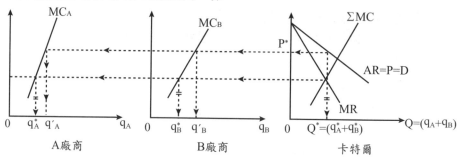

(一)卡特爾如何追求聯合利潤最大：

若模型 $\text{Max}\pi = TP（Q）- TC（q_A）- TC（q_B）$ 式中 $Q = q_A + q_B$

$$\frac{\partial \pi}{\partial q_A} = \frac{\partial \pi}{\partial Q} \cdot \frac{\partial Q}{\partial q_A} \quad \frac{\partial TC(q_A)}{\partial q_A} = 0 \Rightarrow MR（Q）- MC（q_A）= 0$$

$$\Rightarrow MR（Q）= MC（q_A）$$

$$\frac{\partial \pi}{\partial q_B} = \frac{\partial \pi}{\partial Q} \cdot \frac{\partial Q}{\partial q_B} - \frac{\partial \pi(q_B)}{\partial q_B} = 0 \Rightarrow MR（Q）- MC（q_B）= 0$$

$$\Rightarrow MR（Q）= MC（q_B）$$

由圖形可知第一家廠商生產 q_A^*，第二家廠商生產 q_B^*，而且由圖形可知市場的統一價格訂價為 P^*，如此可使二家廠商的聯合利潤極大化。

(二)自行瓦解的原因：由上圖可知這兩家廠商若陽奉陰違各自依照 $P^*=MC$ 去求各自最大利潤時，就會形成惡性競爭，如圖，此時利潤最大的產量分別為 q'_A，q'_B。如此雖可增加各別利潤，但若二家廠商皆增產，則卡特爾組織所訂的聯合利潤最大價格 P^* 必無法維持，最後卡特爾組織瓦解。

即時演練

● 請以圖形及文字說明卡特爾（Cartel）組織為何會有"天生的不安定性"（inherent instability）現象存在，而導致會員廠商有欺騙私自增產的誘因。

答：詳本節內容卡特爾。

第八節　獨占與完全競爭之比較

一、生產效率

(一)完全競爭在長期均衡時，將在LAC最低點生產，故符合生產效率。

(二)獨占廠商在長期而言，沒有足夠的競爭壓力，促使其在LAC最低點生產L如左下圖，但亦有可能正好位於最適規模，此時MR將通過LAC之最低點。如右下圖。

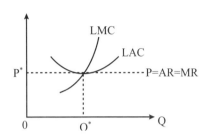

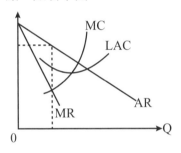

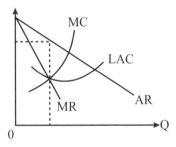

二、配置效率

(一)完全競爭廠商之價格為P_c，數量為Q_c，且$P_c＝MC$，達成經濟效率，使社會福利極大，而沒有絕對損失。

(二)獨占廠商之價格為P_m，數量為Q_m，價格偏高，數量偏低，而$P_m＞MC$，表示未達經濟效率，且有△mca的絕對損失。

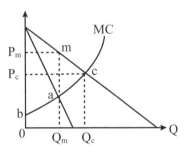

即時演練 ⬇

1. 試說明完全壟斷（獨占）對經濟社會的影響。

   答：詳課文內容說明。

2. 假設需求與成本條件相同，就資源配置的效率觀點相同，相對於壟斷產業，完全競爭產業：　(A)較具效率性　(B)較不具效率性　(C)有時較不具效率性　(D)是否較具效率性無法論斷。

   答：(A)

3. 邊際成本等於價格：　(A)表示邊際利潤大於一　(B)可代表社會邊際利益等於社會邊際成本　(C)表示達到經濟公平　(D)獨占的均衡。

   答：(B)

4. 從社會福利的觀點來看，自然獨占的產業：　(A)應加以防止，使市場回到多廠商之完全競爭　(B)應加以鼓勵，並且不加任何干預，才能使之充分發揮規模經濟　(C)只能單由政府經營，並實施邊際成本訂價法　(D)可以由私人經營，但其訂價或產量行為應受規範。（98普）

   答：(D)

5. 獨占者所造成的資源配置無效率，是因為：　(A)生產過少，產量不在價格等於邊際收益處　(B)生產過少，產量不在平均變動成本的最低處　(C)生產過少，產量不在平均固定成本的最低處　(D)生產過少，產量不在價格等於邊際成本處。（100普）

   答：(D)

第九節 獨占力的測度

一、Lerner 指標

$$\because MR=MC,\because MR=P\left(1-\frac{1}{E_d}\right)$$

$$\therefore P\left(1-\frac{1}{E_d}\right)=MC,\therefore\frac{1}{E_d}=\frac{P-MC}{P}$$

令 $M_L=\frac{P-MC}{P}$,即 $M_L=\frac{1}{E_d}$

$\therefore$消費者的需求彈性愈小,則表示 M_L 愈大,即廠商的獨占力愈大。

二、Bain 指標

將上述的Lerner指標之MC改為AC,即 $M_B=\frac{P-AC}{P}$

如果廠商僅賺得正常利潤,即P＝AC,則 $M_B=0$,表示廠商的獨占力愈低。

三、Rothchild指標

dd:表廠商而對之需求線

DD:表市場(產業)之需求線

β:表DD與兩需求線相交之價格所夾的角度

α:表dd與兩需求線相交之價格所夾的角度

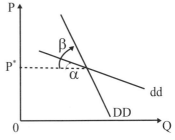

$$M_R=\frac{\alpha}{\beta}$$

當廠商為完全競爭市場之廠商,則廠商所面對之需求線為水平線,故α=0,即 $M_R=0$

當廠商為獨占市場之廠商,則廠商所面對之需求線與市場(產業)之需求線重合,故α=β,即 $M_R=1$

即時演練 ⬇

➡ 產業集中度的測量,主要是要應用至下列何種市場? (A)生產有用產品的市場 (B)被少數廠商把持的市場 (C)賺取經濟利潤的市場 (D)賺取會計利潤的市場。(普考)

答:(B)

第八章 廠商理論—寡占市場

重 點 叮 嚀

第一節寡占市場的特性，是最容易出現的考題，「即時演練」一定要作熟。第二節較容易考計算題的兩個模型，分別是庫諾模型和史達貝克模型，請熟練本書的例題，即可掌握住題型。第五節被命題的機會不大，看懂本書的例題即可。

第一節 寡占市場之基本條件 重要

買方人數	多。
賣方人數	少數，少到廠商彼此間相互牽制，且對市場價格均具有影響力，為價格決定者。
產品性質	異質或同質。
要素移動	不自由。
市場訊息	不完全。
市場價格	避免價格競爭，採非價格競爭之方式。

即時演練 ⬇

1. 下列何者為寡佔的特徵？ (A)寡佔的廠商必須考慮競爭對手的反應 (B)寡佔產業相對地較容易進入和退出 (C)寡佔的廠商較不會嘗試將產品差異化 (D)在寡佔產業中有為數眾多的廠商。（普考）

答：(A)

2. 下列各項，何者是寡占市場的條件：　(A)沒有進入障礙　(B)有許多賣者與買者　(C)廠商生產同質產品或者生產異質產品　(D)廠商生產的產品一定是異質產品。（普考）

答：(C)

3. 下列何種市場，廠商間存在相互依存性？　(A)完全競爭　(B)壟斷性競爭　(C)寡占　(D)壟斷。（普考）

答：(C)

4. 以下何種市場，其賣者僅有少數幾家？　(A)完全競爭市場　(B)壟斷性競爭市場　(C)寡占市場　(D)壟斷市場。（普考）

答：(C)

5. 在寡佔市場中，常見的明顯地進入障礙是：　(A)專利權　(B)重要資源的所有權　(C)規模經濟　(D)影印權。

答：(C)。(A)專利權；(B)重要資源的所有權；(D)影印權。這些為獨占市場的進入障礙。

6. 寡占市場的主要特性為何？　(A)進出市場容易　(B)廠商生產同質產品　(C)彼此互相牽制　(D)只有一家廠商。（100普）

答：(C)

7. 下列那一現象不是寡占市場的行為？　(A)價格僵固現象　(B)割頸式的競價行為　(C)採廣告等非價格競爭的手段　(D)廠商間各自獨立作業，互不影響。（98普）

答：(D)

8. 下列情況何者不是寡占市場的特性？　(A)廠商之間利益相互影響程度很大　(B)廠商可能會相互勾結　(C)廠商不是價格接受者　(D)廠商進入障礙小。（98地四）

答：(D)

第二節　寡占市場猜測變量模型

重要 一、庫諾模型（Cournot Model）

(一) 假設：

1. 為一複占（Duopoly）市場（即一個市場僅有兩個廠商）。

2. 廠商調整自己的產量，均認為對方不會調整產量，即 $\dfrac{\partial q_1}{\partial q_2}=\dfrac{\partial q_2}{\partial q_1}=0$。

(二) 計算：

1. q_1：1 廠的數量

2. q_2：2 廠的數量

3. π_1：1 廠的利潤函數　C_1：1 廠的成本函數

4. π_2：2 廠的利潤函數　C_2：2 廠的成本函數

$\pi_1=Pq_1-C_1$

$\dfrac{\partial \pi_1}{\partial q_1}=0 \Rightarrow$ 求出 1 廠之反應函數 $q_1=f（q_2）$

$\pi_2=Pq_2-C_2$

$\dfrac{\partial \pi_2}{\partial q_2}=0 \Rightarrow$ 求出 2 廠之反應函數 $q_2=f（q_1）$

再將二個反應函數聯立求解，就可得出均衡解 q_1^* 及 q_2^*。

(三) 例題：

寡占市場下，假設有兩個生產同質產品之廠商，市場之需求線和各廠商之成本曲線分別如下：

$P=100-0.5（q_1+q_2）$，$AC_i=20+0.5q_i$，$i=1.2$

說明：$\pi_1=Pq_1-C_1=（100-0.5（q_1+q_2））q_1-（20+0.5q_1）q_1$
$\qquad\quad =-q_1^2+80q_1-0.5q_1q_2$

$\dfrac{\partial \pi_1}{\partial q_1}=-2q_1+80-0.5q_2=0 \Rightarrow q_1=-\dfrac{1}{4}q_2+40 \cdots\cdots①$

$\pi_2=Pq_2-C_2=（100-0.5（q_1+q_2））q_2-（20+0.5q_2）q_2$
$\quad =-q_2^2+80q_2-0.5q_1q_2$

$\dfrac{\partial \pi_2}{\partial q_2}=-2q_2+80-0.5q_1=0 \Rightarrow q_2=-\dfrac{1}{4}q_1+40 \cdots\cdots②$

將①②聯立求解

$\begin{cases} -2q_1+80-0.5q_2=0 \\ -2q_2+80-0.5q_1=0 \end{cases} \Rightarrow q_1^*=32，q_2^*=32$

二、史達貝克（Stackelberg）模型

(一)假設：同庫諾模型

(二)計算：分成 4 種情況來討論

1. 1 廠為領導者，2 廠為追隨者。

2. 2 廠為領導者，1 廠為追隨者。

3. 1 廠、2 廠皆為領導者。

4. 1 廠、2 廠皆為追隨者。

以1. 1 廠為領導者，2 廠為追隨者為例。

步驟一：$\pi_2 = Pq_2 - C_2 \Rightarrow \dfrac{\partial \pi_2}{\partial q_2} = 0 \Rightarrow$ 求出 2 廠之反應函數 $q_2 = f(q_1)$

步驟二：代入需求反函數中，使價格成為q_1之函數。

步驟三：將步驟二，所得之價格式代入$\pi_1 = Pq_1 - C_1$

$\dfrac{\partial \pi_1}{\partial q_1} = 0 \Rightarrow$ 求出 q_1^*，代入$q_2 = f(q_1)$ 得q_2^*。

(三)例題：同上

說明：1.若1廠為領導者，2廠為追隨者

由庫諾模型的②式可知$q_2 = -\dfrac{1}{4}q_1 + 40$代入$\pi_1$中，則

$$\pi_1 = -q_1^2 + 80(q_1) - 50q_1\left(-\dfrac{1}{4}q_1 + 40\right) = -\dfrac{7}{8}q_1^2 + 60q_1$$

$$\dfrac{\partial \pi_1}{\partial q_1} = -\dfrac{7}{4}q_1 + 60 = 0 \Rightarrow q_1 = 60 \times \dfrac{4}{7} = \dfrac{240}{7}$$

代入②式中

$$q_2 = -\dfrac{1}{4}q_1 + 40 = \dfrac{1}{4} \times \dfrac{240}{7} + 40 = \dfrac{220}{7}$$

即$q_1^* = \dfrac{240}{7}$，$q_2^* = \dfrac{220}{7}$

2.2廠為領導者，1廠為追隨者

由①式可知$q_1 = -\dfrac{1}{4}q_2 + 40$代入$\pi_2$中

$$\pi_2 = -q_2^2 + 80q_2 - 0.5q_2\left(-\dfrac{1}{4}q_2 + 40\right) = -\dfrac{7}{8}q_2^2 + 60q_2$$

$$\dfrac{\partial \pi_2}{\partial q_2} = -\dfrac{7}{4}q_2 + 60 = 0 \Rightarrow q_2 = \dfrac{240}{7}$$代入①式中

$$q_1 = -\frac{1}{4}q_2 + 40 = -\frac{1}{4} \times \frac{240}{7} + 40 = \frac{220}{7}$$

即 $q_1^* = \frac{220}{7}$，$q_2^* = \frac{240}{7}$

3. 若1、2廠皆為領導者，則 $q_1^* = \frac{240}{7}$，$q_2^* = \frac{240}{7}$。

4. 若1、2廠皆為追隨者，則由①②式聯立求解，得 $q_2^* = 32$，$q_1^* = 32$，和庫諾解相同。

三、秦伯霖（Chamberlin）模型

(一)假設：同庫諾模型，但秦伯霖認為在彼此相互依賴之下，廠商會朝共同利益（聯合利潤）最大的方向去做，因此，其結果與兩廠商勾結成獨占之結論相同。

(二)計算：

$$\begin{cases} \dfrac{\partial(\pi_1+\pi_2)}{\partial q_1}=0 \\[4mm] \dfrac{\partial(\pi_1+\pi_2)}{\partial q_2}=0 \end{cases} \Rightarrow 聯立解出 q_1^*,\ q_2^*$$

(三)例題：同上

$$\pi_1 = -q_1^2 + 80q_1 - 0.5q_1q_2$$
$$\pi_2 = -q_2^2 + 80q_2 - 0.5q_1q_2$$
$$\pi_1 + \pi_2 = -q_1^2 + 80q_1 - q_2^2 + 80q_2 - q_1q_2$$

$$\frac{\partial(\pi_1+\pi_2)}{\partial q_1} = 80 - 2q_1 - q_2 = 0 \Rightarrow q_1 = 40 - \frac{1}{2}q_2$$

$$\frac{\partial(\pi_1+\pi_2)}{\partial q_2} = 80 - 2q_2 - q_1 = 0 \Rightarrow q_2 = 40 - \frac{1}{2}q_1$$

$$\begin{cases} q_1 = 40 - \dfrac{1}{2}q_2 \\[4mm] q_2 = 40 - \dfrac{1}{2}q_1 \end{cases} \Rightarrow q_1^* = \frac{80}{3},\ q_2^* = \frac{80}{3}$$

第三節　史威茲（Sweezy）模型（拗折的需求曲線）

一、假設

(一)一開始價格在P^*，數量Q^*

(二)當個別廠商降價時，其他廠商跟進，提高價格時，其他廠商不予理會。

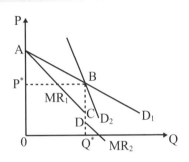

二、說明

(一)在P^*以上之價格，（即漲價）其他廠商不會跟進，所以需求線為AB，在P^*以下之價格（即降價），則其他廠商會跟進，所以需求線為BD$_2$，根據上述之假設，需求線為ABD$_2$，而邊際收益線為ACDMR$_2$。

(二)若MC線在CD之範圍內變動，則均衡的價格（P^*）與產量（Q^*）均維持不變。

(三)拗折需求模型說明瞭寡占市場中價格具有僵固性。

即時演練

1. 下列各項敘述，何者為真？　(A)拗折的需求曲線是指：價格上升時會跟進，而下降時不會跟進　(B)寡佔市場的特性之一是：廠商間彼此獨立　(C)在壟斷性競爭市場中，廠商存在過剩之產能　(D)寡佔市場中有許多賣者與買者。（普考）

答：(C)

2. 在拗折的需求曲線下，如果邊際成本曲線上移，則：　(A)價格必然提高　(B)價格必然下降　(C)價格必然不變　(D)價格可能提高。

答：(C)。MC線只要在CD之範圍內變動，均衡價格不會變動。

第四節　包墨爾（Baumol）的最大銷售額模型

包墨爾（Baumol）認為，現代的企業形態，不同於以往的家族企業，而是經營權與所有權分開。在所有權人所要求的某一利潤水準下，經營者由於缺乏利潤誘因，故皆以最大銷售額為追求重點。

A點，B點之產量分別為Q_A，Q_B，其TR＝TC，即$\pi＝0$，而C點乃最大利潤之產量為Q_0。若經營者被要求在某一利潤水準π_s生產，則基於市場佔有率極大原則，將在$Q＝Q_s$生產，而非$Q＝Q_P$。

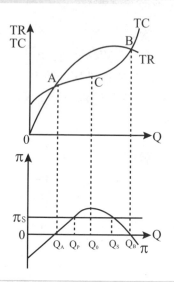

即時演練

➡ 對寡占廠商的行為，W.J.Baumol 提出最大銷售額模型（Sales revenue maximization model），試說明此一理論之內容。

答：說明詳本節內容。

第五節　價格領導模型

一、最低成本價格領導制

產業中以成本最低的廠商來訂定價格，而其他的廠商則依此價格來銷售商品。

(一)假設：

　　1.市場有A、B兩廠商，平均分配市場需求。

　　2.A廠商成本低於B廠商之成本。

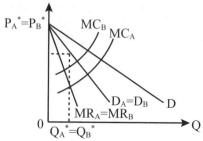

(二)說明：

　　1.A廠之MC_A小於B廠之MC_B，A廠在$MR_A＝MC_A$之情況下，決定其利潤極大之產出為Q_A^*，價格為P_A^*。

　　2.B廠就在P_A^*之價格及Q_A^*之數量，訂定其價格P_B^*與生產數量Q_B^*。但B廠所訂定之P_B^*，並非定B廠利潤最大時之產量。

二、具有支配力廠商價格領導制

　　產業中具有支配力之廠商訂一價格，其他廠商依此價格來出售產品。最後由最有支配力廠商來補足市場不足的數量。

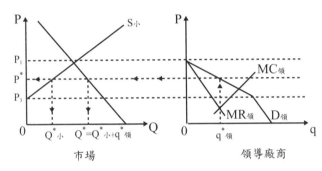

(一)說明：

　　1.$S_小$：小廠的供給曲線

　　　D：市場的需求曲線

　　　Q^*：市場之總需求，$Q_小^*$：小廠之總產量，

　　　$q_領^*$：領導廠商之產量

　　2.價格P_1以上之需求量，完全由小廠來供應。P_3以下則完全由大廠來供應，價格P_1與P_3之需求量則由大小廠商來供應。

　　3.領導廠商在$MR_領＝MC_領$利潤極大下決定其產量$q_領^*$，而在P^*價格下，市場的總需求量為Q^*，小廠則供應$Q_小^*$之產量，即$Q^*＝q_領^*＋Q_小^*$。

(二)例題：

　　在寡占市場結構下，假定產業需求函數為：$Q＝250－P$，所有小廠商的總供給量為$q＝－230＋9P$，而領導廠商的邊際成本為$MC＝q$。試求領導廠商利潤極大化下之產量。

　　說明：領導廠商之需求函數：

$$\begin{cases} P \geq 230／9 & q＝250－P－（－230＋9P）＝480－10P \\ P < 230／9 & q＝250－P \end{cases}$$

領導廠商之邊際收益函數與邊際成本決定利潤最大之產量：

$$\begin{cases} Q \le 224 & MR = 48 - 0.2q = MC = q \Rightarrow q^* = 40 , P^* = 44 \\ Q \ge 224 & MR = 250 - 2q = MC = q \Rightarrow q^* = 250 / 3 （不合）\end{cases}$$

所以領導廠商極大化之產量為40，小廠商之產量為166，市場需求量為206。

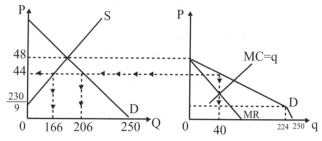

即時演練 ⬇

1. 價格領導廠商是依下列何種方式導出其需求曲線？　(A)將市場需求曲線視為其自身的需求曲線　(B)在每一個價格點上，找出邊際收益與其他廠商邊際成本水平加總之差距　(C)在每一價格點上，找出其他廠商這總合供給量，此即其需求曲線　(D)在每一價格點上，找出市場需求曲線與其他廠商邊際成本水平加總之差距。（普考）

　　答：(C)

2. 在價格領導制度下，下列各項何者為真？　(A)所有的邊緣廠商是價格的制定者　(B)所有的邊緣廠商是價格的追隨者　(C)部分的邊緣廠商是價格的制定者　(D)大多數的邊緣廠商是價格的追隨者。

　　答：(B)

第九章　廠商理論—獨占性競爭

重 點 叮 嚀

本章只要注意獨占性競爭廠商長期利潤為零的結論，以及獨占性競爭和完全競爭長期均衡的經濟涵義。

第一節　獨占性競爭的基本條件

買方人數	眾多。
賣方人數	眾多。
產品性質	異質。
要素移動	自由。
獲取利潤	其他廠商可自由加入或退出，所以長期而言，僅有正常利潤。
市場訊息	完全流通。
市場價格	採非價格競爭。

即時演練

➡ 獨佔性競爭並不具備下列那一項特徵？　(A)為數眾多的廠商　(B)負斜率的需求曲線　(C)進入障礙　(D)控制價格的能力。（普考）

答：(C)

第二節　個別廠商之收益結構

✅ 主，客觀需求曲線

(一)主觀：廠商認為自己只是市場的一小
　　 份子，故自己調整價格時，他人不會
　　 跟進。

(二)客觀：廠商降價時，他人會跟進。

　　 dd：表示主觀的需求線

　　 DD：表客觀的需求線（即市場實際的
　　 曲線）

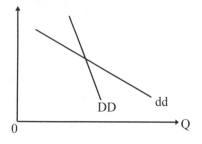

即時演練 ⬇

1. 壟斷性競爭廠商之邊際收益曲線與需求曲線的關係是：　(A)兩條曲線重疊，且在市價處呈水平狀　(B)邊際收益曲線在需求曲線上方，且需求曲線在市價處呈水平狀　(C)邊際收益曲線在需求曲線下方，且兩者均是負斜率　(D)兩者重疊，且均是負斜率。（普考）

　　 答：(C)

2. 造成壟斷性競爭廠商的需求曲線較壟斷廠商的需求曲線平坦的主要原因是：　(A)後者的市場存在障礙，而前者則否　(B)前者有效地使用資源，而後者是則否　(C)前者的產品有替代品存在，而後者則否　(D)前者在邊際成本等於邊際收益處生產，而後者則否。（普考）

　　 答：(C)

第三節　獨占性競爭廠商之短期均衡分析

　　 假設原來在 A 點，MR＝MC，Q＝Q_1，
P＝P_1，但事實上 P＝P_1，所對應的 Q＝Q_2，有
生產過剩。

　　 廠商將加以調整，調整過程中使得 dd↓，
與 DD 相交於 B 點，均衡價格由 P_1↓→P^*，均
衡數量由 Q_1↓→Q^*。

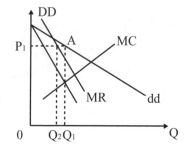

故最終的均衡點為 B 點，條件為

(一)MR＝MC，且對應者主觀與客觀需
　　求線的交點上。

(二)MC′＞MR′。

(三)P≧AVC。

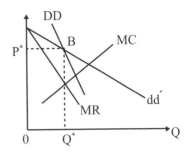

第四節　獨占性競爭之長期均衡分析 重要

長期時，設原來在 A 點，若 $\pi > 0$，則其
他廠商會加入，則 dd_0 向左移，同時，原個別
廠商將自行調整，則 DD_0 向左移，一直左移到
dd_1 與 DD_1 為止，此時 $\pi = 0$。均衡點為 B 點。
所以長期均衡條件是

(一)MR＝LMC 且對應在 dd 與 DD 的交
　　點上。

(二)P＝SAC＝LAC＞MR＝LMC。

(三)$\pi = 0$。

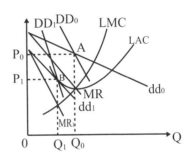

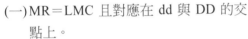

即時演練

1. 獨占競爭市場的廠商，其長期均衡的條件為何？（79 高考）

    答：詳本節內容說明。

2. 就長期而言，壟斷性競爭廠商將：　(A)擁有經濟利潤　(B)在平均成本最
    低處生產　(C)可在現行價格下賣掉所有生產出來的產品　(D)訂定高於邊
    際成本之價格。

    答：(D)

3. 下列各項關於壟斷性競爭廠商之敘述，何者為真？　(A)他在長期可賺取
    經濟利潤　(B)他在短期或許可賺取經濟利潤，但在長期就不可能了　(C)
    不論長期或短期，他均可賺取經濟利潤　(D)為了不被淘汰，他必須在長
    期賺取經濟利潤。（普考）

    答：(B)

第五節　獨占性競爭和完全競爭市場比較

一、市場結構
(一)完全競爭廠商人數眾多，獨占競爭亦是。

(二)完全競爭廠商產品同質，獨占競爭存在類似的替代品。

(三)完全競爭廠商乃價格之接受者，獨占競爭對價格有某種決定能力。

(四)完全競爭廠商可自己加入或退出，獨占競爭亦是。

(五)完全競爭廠商非價格競爭方式不存在，獨占競爭則採非常激烈的非價格競爭。

二、長期均衡條件
(一)完全競爭：$P=AR=MR=LMC=LAC=SAC$，$\pi=0$。

(二)獨占競爭：$P=AR=SAC=LAC>MR=LMC$，$\pi=0$。

重要 三、經濟涵義
(一)完全競爭：

　　1. 符合配置效率 $P=LMC$。

　　2. 符合生產效率，在 LAC 之最低點處生產。

　　3. 超額產能不存在。

(二)獨占競爭

　　1. 不符合配置效率，$P>LMC$。

　　2. 不符合生產效率，不會在 LAC 之最低點處生產。

　　3. 有超額產能。

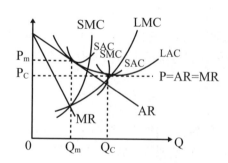

第十章／賽局理論

重 點 叮 嚀

這一章讀者們只要注意第一節如何求Nash解可以了。其餘的章節，至今尚未被命題，但為了保險起見，請做完每節的「即時演練」即可，不須花太多時間來鑽研。

第一節　概 論

一、何謂賽局理論

　　賽局理論是對針對社會科學而非自然科學設計的數學工具，探討賽局內有二位或以上的個體做決策而他們之間有相互依賴性存在，因為每個人的報酬由他本人的決策以及所有其他人的決策所決定。

二、賽局的構成

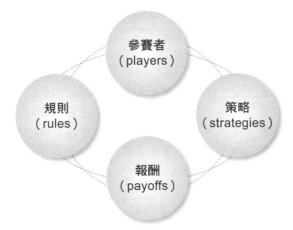

三、賽局的形式

(一)策略型式的賽局（Strategy from game）：以矩陣的型式表示的賽局。

(二)擴展型式的賽局（Extensive form game）：以樹狀圖的型式表示的賽局。

四、進行的方式

(一)同步賽局（simultaneous games）。

(二)逐步賽局（seguenital games）。

五、進行的次數

(一)靜態賽局（Static game）：進行一次，賽局即結束。

(二)動態賽局（Dynamic game）：可重複進行，可能有限次數，也可以無限次數。

(三)聶徐均衡（Nash eguilibrium）：在對方已知的選擇策略下，自己的選擇是最佳策略，而且對方也是如此，所達成的均衡。

即時演練 ⬇

1.

參賽者 2

		左	右
參賽者 1	上	△2 , ①	0 , 0
	下	0 , 0	△1 , ②

答：若參賽者 2 選左，則參賽者 1 選上（因為 2>0）

若參賽者 2 選右，則參賽者 1 選下（因為 1>0）

若參賽者 1 選上，則參賽者 2 選左（因為 1>0）

若參賽者 1 選下，則參賽者 2 選右（因為 2>0）

由上討論可知，同時滿足 Nash 均衡有（上，左）=（2，1），及（下，右）=（1，2）

2. 囚犯兩難（prisoner's dilemma）：下表中的（2 年，2 年）表示甲、乙同時否認時，甲的刑期為 2 年，乙的刑期為 2 年，其餘狀況類推，則下列何者為該賽局的 Nash 均衡？

乙

		否認	招認
甲	否認	2年，2年	10年，③月
	招認	③月，10年	⑤年，⑤年

答：若乙選否認，則甲選招認（因為3月<2年）

若乙選招認，則甲選招認（因為5年<10年）

若甲選否認，則乙選招認（因為3月<2年）

若甲選招認，則乙選招認（因為5年<10年）

由上討論可知，同時滿足Nash均衡有（招認，招認）＝（5年，5年）。

注意：(1)Nash解不一定只有一個，如上面的第一個例子，就有2個Nash解，而Nash解也不一定是最適解（或是芭萊圖最適解），如第2個例子對雙有利的解應該是（否認，否認）＝（2年，2年），但Nash解卻是（招認，招認）＝（5年，5年）。

(2)Nash解雖然未必唯一，但必然存在，在有限人數與有限次數的賽局，可透過混合策略來求解之。

(3)Nash解不一定是優勢策略均衡，但優勢策略均衡一定是Nash解。以囚犯兩難為例，甲、乙的優勢策略均衡均為招認，同時也為Nash解。

3. 小明與小華週末夜去看職棒或聽演唱會之賽局的報償矩陣（payoff matrix）如下表，括號內前項為小明的報酬，後項為小華的報酬。若小明與小華同時採取策略，則此賽局之Nash均衡為何？（97高）

		小華	
		看職棒	聽演唱會
小明	看職棒	（3，3）	（3，2）
	聽演唱會	（1，6）	（2，3）

(A)小明看職棒，小華聽演唱會　(B)小明及小華皆去看職棒　(C)小明及小華皆去聽演唱會　(D)小明聽演唱會，小華看職棒。

答：(B)。當小明選看職棒時，小華的最適策略為看職棒（因為3>2）；當小明選聽演唱會時，小華的最適策略為看職棒（因為6>3）；當小華選看職棒時，小明的最適策略為看職棒（因為3>1）；當小華選聽演唱會時，小明的最適策略為看職棒（因為3>2）；由上述討論可知，小華和小明的最適策略皆為看職棒（即Nash均衡）。

六、訊息的形式

(一)充分訊息（complete information）：對雙方的報酬為何均相當瞭解。

(二)不充分訊息（Incomplete information）：均不瞭解。

(三)完全訊息（perfect information）：參與者，都非常清楚自己在哪一個決策點上做決策。

(四)不完全訊息（Inperfect information）：參與者，不清楚自己在哪一個決策點上做決策。

第二節　充分訊息的靜態賽局（Static games of complete information）

指所有的參賽者都知道報酬（payoff）為何，且參賽者是同時選擇其策略（無先後順序）。

屬於充分訊息的靜態賽局有：

一、合作賽局與不合作賽局

若參賽者間可以訂定協議（agreement）謂之合作賽局，若參賽者都是自力的（self-enforcing），謂之不合作賽局。

二、兩人的零和賽局

某一參賽者的報酬，即是對方參賽者的損失，謂之零和賽局。

三、優勢策略（dominated strategy）

由下表可知，參賽者1的左策略優於右策略，即不論參賽者2採上或下策略，參賽者1採左策略的報酬都大於或等於採取右策略的報酬。故對參賽者1而言，其左策略謂之優勢策略。而就參賽者2的下策略優於上策略，即不論參賽者1採左或右策略，參賽者2採下策略的報酬都大於或等於採取上策略的報酬。故對參賽者2而言，其下策略謂之優勢策略。

參賽者 2

參賽者 1		左	右
	上	5，1	0，0
	下	4，4	1，5

四、混合策略

若Nash解不存在（即沒有單一策略（pure strategy）Nash解存在），則唯一的Nash均衡是混合策略的Nash解。

即時演練 ⬇

➡ 丟銅板比賽，有2個人參賽，

參賽者 2

		正	反
參賽者 1	正	⚠ ，−1	−1，①
	反	−1，①	1，−1

答：若參賽者2選正面，則參賽者1會選正面（因為1>-1）
若參賽者2選反面，則參賽者1會選反面（因為1>-1）
若參賽者1選正面，則參賽者2會選反面（因為1>-1）
若參賽者1選反面，則參賽者2會選正面（因為1>-1）
則雙方無共同交集，故單一策略Nash解不存在，須採混合策略求解之，令參賽者1出現正面的機率為p，反面為$1-p$，參賽者2出現正面的機率為q，反面為$1-q$。
則參賽者1選出現正面的期望報酬為：E_1（正）$=1\times q+(-1)\times(1-q)$
參賽者1選出現反面的期望報酬為：E_1（反）$=-1\times q+1\times(1-q)$
若E_1（正）$=E_1$（反），即$q+(-1)(1-q)=-1\times q+(1-q)$ 得$q=\dfrac{1}{2}$

同理：
參賽者2選出現正面的期望報酬為：E_2（正）$=-1\times p+1\times(1-p)$
參賽者2選出現反面的期望報酬為：E_2（反）$=1\times p+(-1)(1-p)$
若E_2（正）$=E_2$（反），即$-1\times p+1\times(1-p)=1\times p+(-1)(1-p)$
得$p=\dfrac{1}{2}$，故唯一的Nash均衡是混合策略Nash均衡$\{(\dfrac{1}{2},\dfrac{1}{2})\}$。

五、同步一次數量賽局的 Cournot-Nash 均衡

(一)兩廠商的策略變數為產量。

(二)廠商同時且獨立的決定各自生產的產量。

(三)當廠商各自決定產量後,便不再變更產量。

六、同步一次價格賽局的 Bertrand-Nash 均衡

(一)兩廠商的策略變數為價格。

(二)廠商同時且獨立的決定各自的價格。

(三)當廠商各自決定價格後,便不再變更價格。

即時演練 ⬇

有A、B兩廠其策略分別為L,H,利潤如表格內數字,每一格,第一個數字為A廠之利潤,第二個數字為B廠利潤:

B 廠策略

		L	H
A 廠策略	L	20,20	40,60
	H	50,35	30,30

假設這兩家廠商同時決定其策略,求其Nash均衡。

答:(L,H),(H,L)。

第三節 # 動態的完全訊息
(Dynamic game of complete information)

逐步數量賽局的 stackelberg 均衡

(一)兩廠商的策略變數為產量。

(二)一廠先行動,另一廠再行動。

(三)先行動的廠商在做決策之前須先瞭解在其各種不同的行動下,後行動廠商的最適選擇(即其反應函數)。

即時演練

◉同第二節六項之即時演練：

(1)若A廠為先行動，B廠為後行動，求其均衡解？

(2)若B廠為先行動，A廠為後行動，求其均衡解？

答：(1)可採倒推法求解之，（Backward induction），其解為（50，35）。

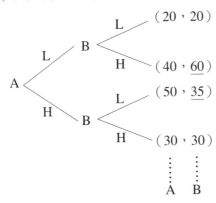

(2) 其解為（60，40）

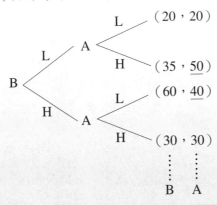

第十一章　生產要素市場理論

重點叮嚀

第三節較常考的主題是廠商利潤最大下的要素雇用條件：$MRP_L = MFC_L$，另外，第五節雙邊獨占的情況下，均衡的價格的決定是透過議價，這個結論也很重要，為常考題型。

第一節　收益面之變數

一、邊際產值（VMP_L）

$VMP_L = P \cdot MPP_L$，表示廠商每多雇用一單位生產要素（L），所增加產量的市場價值。

即時演練

➡ 邊際產值乃指：　(A)多增加一單位產出，所增加之利潤　(B)產品價格乘上邊際實物產出　(C)邊際收益除以邊際實物產出　(D)總收益除以總產出。（普考）

答：(B)

二、邊際收益產出（MRP_L）

$MRP_L = \dfrac{dTR}{dL} = \dfrac{dTR}{dQ} \cdot \dfrac{dQ}{dL} = MR \cdot MPP_L$，表示廠商每多雇用一單位生產要素（L），總收益的增量。

即時演練

➡ 邊際收益產出是指：　(A)多雇用一單位的勞動，所增加之產出　(B)多雇用一單位的勞動，所增加之利潤　(C)多雇用一單位的勞動所增加之收益，減去所增加之成本　(D)多雇用一單位的勞動，所增加之收益。（普考）

答：(D)

三、平均收益產出（ARP_L）

指廠商平均雇用一單位生產要素（L），所獲取之收益。

$$ARP_L = \frac{TR}{L} = \frac{TR}{Q} \cdot \frac{Q}{L} = AR \cdot APP_L = P \cdot APP_L$$

四、VMP_L和MRP_L之關係（與產品市場有關）

(一)當產品市場為完全競爭

$VMP_L = P \cdot MPP_L$

$MRP_L = MR \cdot MPP_L$

則 $P = MR$ 即 $VMP_L = MRP_L$

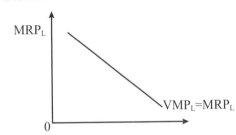

(二)當產品市場為不完全競爭

$VMP_L = P \cdot MPP_L$

$MRP_L = MR \cdot MPP_L$

則 $P > MR$（不完全競爭）

即$VMP_L > MRP_L$

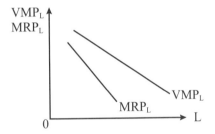

第二節　成本面之變數

一、平均要素成本

$$AFC_L = \frac{TFC_L}{L} = P_L$$（廠商所面對之要素供給曲線），表示廠商平均雇用一單位生產因素（L），所須支付之成本。

二、邊際要素成本

$$MFC_L = \frac{dTFC_L}{dL} = \frac{dP_L L}{dL} = P_L \frac{dL}{dL} + L \frac{dP_L}{dL} = P_L + L \frac{dP_L}{dL}$$

三、AFC_L與MFC_L之關係（與要素市場有關）

(一)當要素市場為完全競爭

$$AFC_L = \frac{dTFC_L}{L} = \frac{\tilde{P}_L L}{L} = \tilde{P}_L$$

$$MFC_L = \tilde{P}_L + L\frac{dP_L}{dL}$$

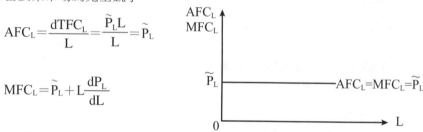

則 $\dfrac{dP_L}{dL} = 0$（廠商為要素價格接受者，故勞動量對要素價格並無影響力。）

即 $AFC_L = MFC_L = \tilde{P}_L$

(二)當要素市場為不完全競爭

$$AFC_L = \frac{TFC_L}{L} = \frac{P_L L}{L} = P_L \ (P_L = P_L \ (L^+))$$

$$MFC_L = P_L + L \cdot \frac{dP_L}{dL}$$

則 $\dfrac{dP_L}{dL} > 0$（廠商對要素價格有影響力，且勞動數量對要素價格有正向關係）。即 $MFC_L > AFC_L$。

即時演練 ⬇

➡ 買方獨占的雇主，其：　(A)邊際因素成本大於工資率　(B)邊際因素成本等於工資率　(C)邊際因素成本小於工資率　(D)邊際因素成本可能大於也可能小於工資率。（普考）

答：(A)

第三節　廠商追求利潤最大下之要素雇用量

一、短期均衡條件，在P，PL，PK已知，求單一要素（L）之雇用量。

短期時，$Q=f\,(L，\tilde{K})$，$K=\tilde{K}$，$p=TR-TC=PQ-（P_L\tilde{L}+P_K\tilde{K}）$

$Max\ p=PQ-（P_LL+P_K\tilde{K}）$，即 $\dfrac{d\pi}{dL}=P\dfrac{dQ}{dL}=P_L\dfrac{dL}{dL}=0 \Leftrightarrow P\cdot MPP_L-P_L=0$

$\Leftrightarrow VMP_L-P_L=0$ 故 $VMP_L=P_L$（勞動的邊際產值等於勞動的價格）

即時演練 ⬇

➡ 最大利潤下的生產投使用法則為　(A)產品的價格等於投入的邊際產值　(B)投入的邊際產值等於投入的價格　(C)投入的邊際產值等於零　(D)投入價格等於產品的邊際收益。（普考）

答：(B)

重要 二、短期均衡條件，在 P，PL，PK 未知，求單一要素（L）之雇用量。

短期時，$Q=f\,(L，\tilde{K})$，$K=\tilde{K}$，$p=TR-TC=TR\,(L，\tilde{K})-TC\,(L，\tilde{K})$

$Max\ \pi=TR\,(L，\tilde{K})-TC\,(L，\tilde{K})$，即 $\dfrac{d\pi}{dL}=\dfrac{dTR}{dQ}\cdot\dfrac{dQ}{dL}-\dfrac{dTC}{dL}=0$

$\Leftrightarrow MR\cdot MPP_L-MFC_L=0$

$\Leftrightarrow MRP_L-MFC_L=0$ 故 $MRP_L=MFC_L$（勞動的邊際收益產出等於勞動的邊際要素成本）

注意：當$MRP_L=\dfrac{dTR}{dL}>MFC_L=\dfrac{dTC}{dL}$，則增加L的雇用，

而$MRP_L=\dfrac{dTR}{dL}<MFC_L=\dfrac{dTC}{dL}$，則減少L的雇用，

一直到$MRP_L=MFC_L$為止。

即時演練 ⬇

➡ 如果邊際收益產出大於邊際因素成本，則廠商：　(A)已達利潤極大　(B)已達成本之極小　(C)應該增加生產要素之雇用量　(D)應該減少生產要素之雇用量。（普考）

答：(C)

三、最適雇用量與價格之決定

分成四種情況來討論：

(一)產品市場為完全競爭，要素市場為完全競爭

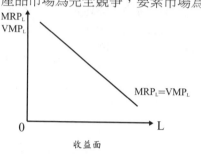

收益面

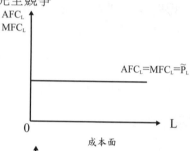

成本面

上述圖形合併，在 $MRP_L = MFC_L$ 決定最適雇用量（L^*），而在最適雇用量（L^*）所對應之 AFC_L，則決定最適價格（$\tilde{P}_L^*$）。

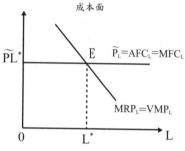

即時演練

1. 對於市場決定的生產要素價格的接受者而言，其所面臨的供給曲線是：(A)水平線　(B)垂直線　(C)負斜率曲線　(D)正斜率曲線。
答：(A)

2. 在產品市場是價格接受者的廠商，其　(A)邊際產值大於邊際收益產出　(B)邊際產值小於邊際收益產出　(C)邊際產值等於邊際收益產出　(D)無足夠資訊判斷邊際產值是否與邊際收益產出相等。（普考）
答：(C)

3. 廠商對於勞動的需求是屬於何種需求？　(A)引申需求　(B)超額需求　(C)最終需求　(D)誘發性需求。（98地四）
答：(A)

(二)產品市場為不完全競爭，要素市場為完全競爭。

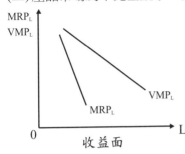 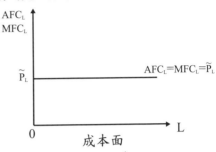

上述圖形合併，在 MRP＝MFC 決定最適雇用量（L^*），而在最適雇用量（L^*）所對應之 AFC_L，則決定最適價格（$\tilde{P}_L^*$）。

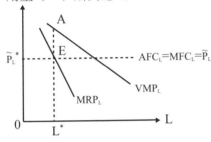

小叮嚀

廠商在產品市場是不完全競爭，則該廠商在賣方市場（銷售產品之市場）是獨占者，謂之賣方獨占，$\widetilde{AE}$：謂之獨賣剝削。

(三)產品市場為完全競爭，要素市場為不完全競爭。

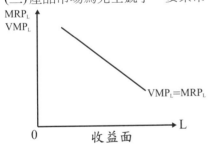 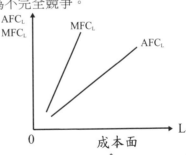

上述圖形合併，在 MRP＝MFC 決定最適雇用量（L^*），而最適之雇用量（L^*）所對應之 AFC_L（$\widetilde{L^*B}$），則謂之最適價格。

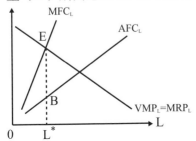

小叮嚀

廠商在要素市場是不完全競爭，則該廠商在買方市場（購買要素之市場）是獨占者，謂之買方獨占，$\widetilde{EB}$：謂之獨買剝削。

即時演練

1. 下列各敘述，何者為偽？　(A)不論是產品市場或因素市場，基本上均要求邊際收益等於邊際成本　(B)不完全競爭市場的因素購買者，當增加因素之購買量時，會使因素價格提高　(C)產品市場為不完全競爭的廠商，其價格大於邊際收益，故邊際產值小於邊際收益產出　(D)邊際收益產出乃增雇一單位因素所增加的收益。（普考）

答：(C)。產品市場為不完全競爭，則 P>MR，即 VMP_L>MRP_L。
　　邊際產值大於邊際收益產出。

2. 因素市場的獨買者，其所面臨的因素供給曲線為：　(A)邊際因素成本曲線，是正斜率　(B)平均因素成本曲線，是正斜率　(C)邊際因素成本曲線，是水平線　(D)平均因素成本曲線，是水平線。

答：(B)

(四)產品市場為不完全競爭，要素市場為不完全競爭。

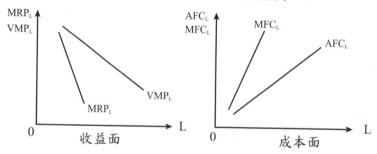

上述圖形合併，在 MRP＝MFC，滿定最適雇用量（L^*），而最適之雇用量（L^*）所對應之 AFC_L（$\widetilde{L^*B}$），則謂之最適價格。

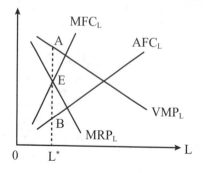

小叮嚀

廠商在產品市場與要素市場皆為不完全競爭，即廠商同時具有獨買與獨賣的地位，謂之雙頭壟斷（Double，monopoly）$\widetilde{AE}$：為獨賣剝削，$\widetilde{EB}$ 為獨買剝削。

即時演練

➡ 設某一廠商在產品市場及勞動市場均為不完全競爭，試述此廠商對勞動的雇用量及勞動者的工資水準如何決定？

答：說明請詳上述內容(四)。

第四節　廠商之要素需求曲線之導出

假設產品市場為完全競爭，而要素市場也是完全競爭的情況下。廠商利潤最大下之要素雇用量之條件為：

(一) $MRP_L = MFC_L$

(二) $MRP_L' < MFC_L'$

(三) $P_L \leq ARP_L$

配合圖形說明如下：

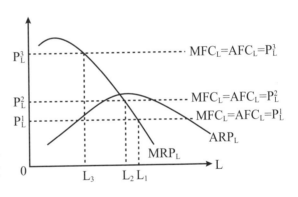

(一) 當工資為 P_L^1 時，最適雇用量 L_1 合乎三條件。

(二) 當工資為 P_L^2 時，最適雇用量 L_2 合乎三條件。

(三) 當工資為 P_L^3 時，合乎(一)(二)條件的 L_3，但在 L_3 下 $ARP_L < P_L^3$，故不合乎第(三)個條件。

故在要素為完全競爭市場下，若其他情況不變下，廠商對勞動的需求曲線為小於 ARP_L 而大於零的 MRP_L 線。

即時演練

➡ 若勞動市場為完全競爭，產品市場為不完全競爭，則個別廠商對勞動的需求曲線是如何決定的？

答：個別廠商勞動的需求曲線，只有在因素市場為完全競爭下才有因素之需求曲線，至於產品市場是完全競爭或不完全競爭，對分析無影響，所以請仿照上述的分析過程來說明廠商因素需求線 ARP_L 以下之 MRP_L 曲線。

第五節 雙邊獨占（Bilateral Monopoly）

重要 雙邊獨占指要素市場上唯一的賣方面對唯一的買方。

要素供給者 → 唯一供給 → 要素市場 ← 唯一需求 ← 要素需求者

說明如下：

(一) MC_L：表示要素供給者之邊際成本

MR_L：表示要素供給者之邊際收益

AP_L：表示要素供給者之平均收益

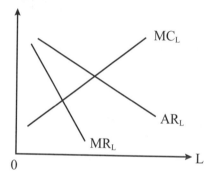

(二) MRP_L：表示要素需求者之需求曲線，即 $MRP_L = D_L$

MRC_L：表示要素需求者之邊際不要素成本

AFC_L：表示要素需求者所面對要素之供給曲線

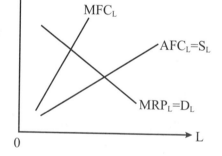

(三) 將上述(一)(二)兩圖合併表示：

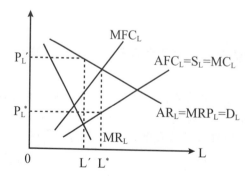

(四)因要素市場之供給者為唯一的,所以在要素市場為獨賣者以$MR_L＝MC_L$決定最適之勞動供給量L',而L'所對應之AR_L決定其最適價格P_L'。

(五)因要素市場之需求者為唯一的,所以在要素市場為獨買者以$MRP_L＝MFC_L$決定最適之勞動需求量L^*,而L^*所對應之AFC_L決定其最適價格P_L^*。

結論:雙邊獨占下無法決定均衡雇用量及雇用價格,必須由買賣雙方在某一價格區間內(例如P_L^*與P_L')議價來達成。

即時演練

1. 繪圖說明賣方完全壟斷廠商(monopolist)如何決定產品的價格?

答:賣方完全壟斷,即廠商在商品市場乃獨占者,廠商由$MR＝MC$條件下,決定利潤最大時之產量Q^*,而Q^*所對應之AR,即產品價格為P^*。

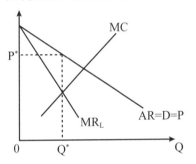

2. 買方完全壟斷廠商(monopolist)如何決定生產要素的價格?

答:買方完全壟斷,即廠商在要素市場乃獨占者,並假設產品市場為完全競爭的情況下。
廠商由$MRP_L＝MFC_L$條件下,決定利潤最大值之要素雇用量L^*,而L^*所對應之$AFCL$,即要素價格為P_L^*。

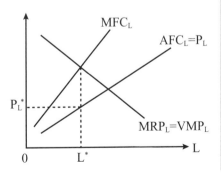

3. 如果是**雙邊壟斷**（bilateral monopolist）則價格如何決定？

　答：雙邊壟斷，指市場上只有一個買者與賣者。

　　(1)MC_L：要素供給者之邊際成本。

　　　　MR_L：要素供給者之邊際收益。

　　(2)MRP_L：要素需求者之需求曲線。

　　　　MFC_L：要素需求者之邊際要素成本。

　　　　AFC_L：要素需求者所面對之要素供給曲線。

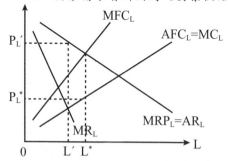

　　(3)因要素市場為獨買，所以要素需求者決定最適要素雇用量L^*，要素價格P_L^*。

　　(4)因要素市場為獨賣，所以要素供給者決定最適要素雇用量L'，要素價格P_L^*。

　　(5)因為雙方的價格與數量均不一致，所以必須由買賣雙方在某一價格區間內（例如P_L^*與P_L'）議價來決定，均衡的價格與數量。

4. 如果兩個雙邊壟斷廠商合併為一定廠商，則對經濟社會可能有何影響？試說明之。（央行）

　答：若兩家廠商合併為一家，此時，廠商將以買方及賣方之和福利最大為出發點，亦即某雇用量會在完全競爭下之雇用量（即MRP與AFC之交點生產）。雇用量為L^*，價格為P_L^*。

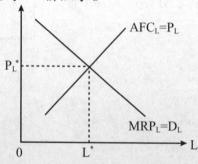

第十二章 / 因素之分配理論

重點叮嚀

第一節的地租是本章的命題重心，做完「即時演練」即可因應這部分的考題。其餘章節被命題的機率較低，讀者們只要略讀即可。

第一節　地租

一、純粹地租說

由於土地的供給有限，且土地也有生產力，故土地的需求愈高，地租也愈高。

當土地的需求為 D_0 時，地租為 P_0，若需求上升為 D_1，則地租為 P_1。所以對土地的需求是造成地租的原因。

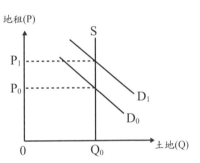

二、差額地租說

純粹地租說僅能說明，當土地的需求上升時，地租便會上升，但卻無法說明，為何不同的土地間地租不同。

Ricardo 認為造成不同的土地有不同的地租之原因有，土地肥沃程度，交通方便程度不同，而使生產成本不同，造成有地租的差異。

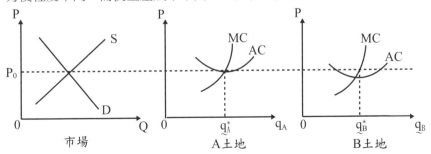

三、經濟租

指要素在生產過程中，所獲得到的報酬超過其所要求的機會成本，此超過的部份，稱為經濟租或生產者剩餘。右圖中生產 $0Q_0$，其獲得之報酬為 $0P_0BQ_0$，而 $0ABQ_0$ 為生產 $0Q_0$ 之機會成本。$0P_0BQ_0 - 0ABQ_0 = AP_0B$ 則為經濟租。

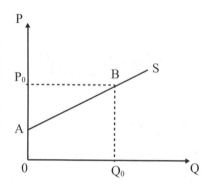

即時演練

1. 經濟租是： (A)總收入大於總固定成本的部分 (B)總收入大於總變動成本的部分 (C)總收入大於所有機會成本的部分 (D)總收入大於總顯性成本的部分。

答：(C)

2. 所謂的「差額地租」，是指： (A)地租的多寡取決頭等土地與次等土地之間品質上的差異 (B)地租的多寡取決於土地所有者是否訂價不同 (C)地租的差異乃因地主差別取價的緣故 (D)地租的差異乃因政府管制使然。（普考）

答：(A)

3. 下列各敘述，何者為真？ (A)經濟租等於價格 (B)利率愈高，可貸資金的供給愈大 (C)時間偏好較不明顯者，其較不喜歡儲蓄 (D)如果某人賺取純經濟租，同此人的機會成本為零。（普考）

答：(D)

4. 經濟學家同意下列何項說法？ (A)地租是價格的決定者，而非價格的被決定者 (B)地租是價格的被決定者，而非價格的決定者 (C)地租太高 (D)地租太低。（普考）

答：(B)。地租的價格是由需求所推動的。

5. 下列有關地租的敘述，何者是正確的？　(A)就個別產品而言，地租會導致資源配置無效率　(B)供給彈性為零時，地租為零　(C)就個別使用者而言，土地的機會成本為零　(D)地租是超過機會成本的報酬。（99地四）
答：(D)

6. 下列有關經濟租的敘述，何者是錯誤的？　(A)各種生產要素的報酬中都可能有經濟租的成分　(B)供給彈性愈大，經濟租在報酬中所占的成分愈高　(C)時間愈短，經濟租在報酬中所占的成分愈高　(D)利潤與經濟租的性質相近。（97地四）
答：(B)

四、穀價與地租的關係

由於穀價上升導致地租上升，或地租上升導致穀價上升？十八世紀時，David Ricardo（大衛李嘉圖）認為是穀物價格上升才導致地租上升。其理由為：穀物價格上升，造成利潤上升，於是吸引更多的廠商來從事種植，將造成對土地的需求增加，所以地租上升。

即時演練

➡ 下列各項，何者是李嘉圖（Ricardo）的論點？　(A)由於地租高，使得穀物價格貴　(B)由於穀物價格貴，使得地租高　(C)由於地租低，使得穀物價格貴　(D)由於穀物價格低，使得地租高。
答：(B)

五、準租

短期內使用固定資本設備所獲得的報酬。即準租＝TR－TVC。所以當準租為零時，即 TR＝TVC，廠商正好位於關門點上，故可經營也可以不經營。但準租小於零時，廠商將選擇不經營。

第二節　利　潤

利潤產生的原因，在理論上有下列幾項：

一、不確定性產物說

古典學派的學者乃特（E.H.Knight）認為企業家在經營企業時，面對著各種不確定性的風險，而這些不確定性的風險必須由企業家所承擔，故利潤乃承擔不確定性風險所得之代價。

即時演練 ⬇

➡ 企業精神不同於其他生產因素，因為：　(A)它的報酬率較高　(B)它無法衡量　(C)它恆減一常數　(D)它可以具體地計算出生產力的大小。（普考）

答：(B)

二、獨占說

在不完全競爭市場裡，尤其是獨占型態，當廠商以MR＝MC決定其價格與產量時，若產量較少而價格過高，就會有利潤產生，所以有若干學者認為利潤是一種獨占所得。

三、創新說

經濟學家熊彼得（Joseph Alois Schumper）認為利潤是創新活動的結果，是對企業家從事創新活動的報酬。而所謂的創新活動是指：

(一)新產品發現。

(二)新生產技術之使用。

(三)新市場的開拓。

(四)新的原料供應地的發現。

(五)對生產因素新組合的應用。

即時演練 ⬇

➡ 熊彼德以創新理論說明利潤之發生，試簡述其內容。

答：請詳本節內容說明。

四、承擔風險說

該學說認為企業大多數是規避風險者，故為了使企業家去承擔風險，必須給予適當的補償，而這種補償即是利潤。

五、剩餘價值說

經濟學家馬克思（Karl Max）認為商品的價值乃由勞動的投入量來決定。而利潤即是資方將商品出售的價格扣除支付給勞工的工資後的差額，謂之剩餘價值，完全由資方所獲得。

即時演練

➡ 對於利潤的產生，理論上有那幾種重要的學說？試分別簡述其內容，你認為那一種解釋較為合理？（高考）

答：請詳上述內容。

第三節 利 息

一、忍慾說

古典學派學者辛尼爾（Senior）提出的。儲蓄者將資金借出乃犧牲目前的消費慾望，而利息即是對其忍慾或等待的報償。

二、迂迴生產說

奧地利學派的龐巴衛克（Bohm-Bawerk）認為在生產的過程中，過程愈迂迴則所創造之生產力愈大，而貨幣資金則有助於延長生產的迂迴程度，以利生產力之提高。故利息乃資本提高生產力之報酬。

三、時間偏好說

指利息之高低取決於時間偏好之高低，對時間的偏好愈高則利息愈高，反之。故利息乃時間偏好的報酬。

四、投資與儲蓄說

古典學派認為投資是利率的減函數,儲
蓄是利率的增函數,當投資與儲蓄相等
時,決定了整個社會的均衡利率。

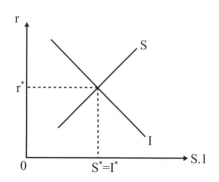

五、可貸資金說

指貨幣在借貸過程中,供借貸之貨幣,
謂之可貸資金,而利息即為可貸資金的
價格。

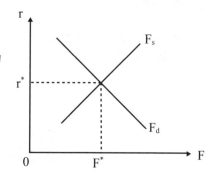

六、流動性偏好說

凱因斯(Keynes)認為人們偏好持有貨幣,是因為貨幣具有完全的流動
性,此偏好謂之流動性偏好。若要使人們放棄持有貨幣改而持有其他流動
性較低的資產,必須給予人們利息作為補償之。凱因斯將流動性偏好分成
三項動機:

(一)交易動機 L_t(Y)

(二)預防動機 L_p(Y)

(三)投機動機 L_s(r)。

$$\frac{M^d}{P}=L\ (Y,r)=L_t\ (Y)+L_p\ (Y)+L_s\ (r)$$

$$M^s=\overline{M}$$

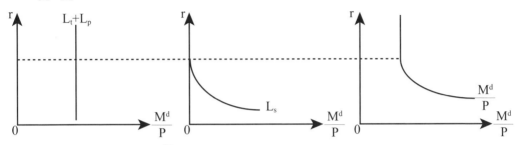

均衡時 $M^s=M^d$，即 $\dfrac{\widetilde{M}}{P}=L_t\ (Y)+L_p\ (Y)+L_s\ (r)$，可決定均衡的利率 r^*。

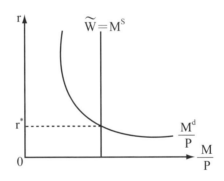

第四節　工　資

一、工資率的決定

(一)古典學派：古典學派在完全
　　競爭的假設下，認為勞動市
　　場依供給及需求決定均衡就
　　業量與實質工資率。所以充
　　分就業乃常態。

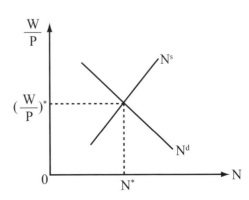

(二)凱因斯學派：凱因斯學派，認為工會的力量強大或工資契約的重疊性。導致了工資具有向下僵固的特性。所以勞動市場上失業乃常態。

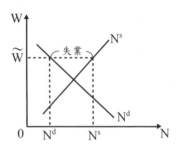

二、工資率的管制

(一)假設為完全競爭市場，且分為受最低工資約束部門和不被最低工資所約束的二大部門。設立最低工資以後，被約束部門的工資上升$\widetilde{W}$，就業下降到N_1。如果此部門失業的人願意到未被約束部門，則會提高另一部門的勞動供給，造成未被約束部門的工資下降到W_2，就業上升N_2。

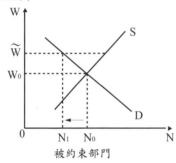

被約束部門

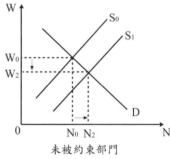

未被約束部門

(二)假設獨買的勞動市場

1. 在商品市場為完全競爭的情況下，廠商以$MRP_L＝MFC_L$決定利潤最大時之要素雇用量L_0，支付的工資W_0，則產生AB的獨買剝削。

2. 若將工資率訂定在W_1，則雇用量與完全競爭時之雇用量L_1相同。

3. 若將工資率訂定在W_2，則勞動的雇用量為L_0，但可消除AB的獨買剝削。

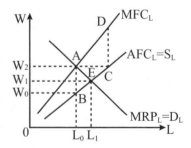

第十三章／不確定性分析

出現好的情況之機率的建立乃根據各種訊息或經驗而得知：

而所謂不確定（uncertainty）是指對結果的好或壞未知，且連機率值也無法判斷。只好對發生的機率，作各種的猜測，找出一個平均的可能情況，即期望值（expected value）。而消費者追求效用極大，把效用函數和機率相結合，稱為預期效用（expected utility）。

第一節 預期效用（expected utility）

馮紐曼（Von Neumann）和摩根史坦（Morgenstern）認為個人在不確定性情況下，作決策足以預期效用極大為考量。

假定個人面臨三個賭局，其遊戲規則都是以丟銅板來決定勝負。正面為獲勝，反面為失敗。第一個賭局正面獲勝可得 $200，反面失敗損失 $100；第二個賭局獲勝可得 $2,000，失敗則損失 $1,000；第三個賭局輸贏均較其他賭局為多，獲勝得 $20,000，而失敗則為損失 $10,000。這三個賭局的期望值（expected value）分別如下：

$$EV_1 = \frac{1}{2}(\$200) + \frac{1}{2}(-\$100) = \$50$$

$$EV_2 = \frac{1}{2}(\$2,000) + \frac{1}{2}(-\$1,000) = \$500$$

$$EV_3 = \frac{1}{2}(\$20,000) + \frac{1}{2}(-\$10,100) = \$5000$$

上式中EV_1代表第i個賭局的期望值,而i=1,2,3。von Neumann 和 Morgenstern的觀念,個人的決策是建立在預期效用最大的基礎之上,而不是在賭局期望值的最大上。

假定個人的原始財富(initial wealth)為\$10,000,其效用函數由財富W來反映,設$U(\sqrt{W}) = W$。那麼在前述三個賭局下,個人究竟應該選擇哪個在不同賭局下的預期效用。

$$EU_1 = \frac{1}{2}(\sqrt{10,200}) + \frac{1}{2}(\sqrt{99,000}) = 100.247$$

$$EU_2 = \frac{1}{2}(\sqrt{12,000}) + \frac{1}{2}(\sqrt{9,000}) = 102.206$$

說明:第二回合獲勝獎金額是100000+2000=12000
　　　失敗總金額是10000-1000=9000

$$EU_3 = \frac{1}{2}(\sqrt{30,000}) + \frac{1}{2}(\sqrt{0}) = 86.603$$

Von Neumann和Morgenstern 的預期效用最大化所得的結果,並不必然和從賭局期望值最大所得的結果相一致。

即時演練 ⬇

➡ 張三與李四猜拳,張三贏時可得到50元,輸時將損失60元,這是何種賭局? (A)對張三和李四皆是公平賭局 (B)對張三和李四皆是不公平賭局 (C)對張三是公平賭局,對李四是不公平賭局 (D)對張三是不公平賭局,對李四是公平賭局。 (100高)

答:(B)。

	張三	李四
贏	50	60
輸	(60)	(50)
期望值	$50 \times \frac{1}{2} + (60) \times \frac{1}{2} = (5)$	$60 \times \frac{1}{2} + (50) \times \frac{1}{2} = 5$

上述兩人的期望值報酬皆不相等,所以不是公平賭局。

第二節　聖彼得堡（S.t Petersburg）矛盾

通常人們都會在不確定的情況下，追求預期效用的最大，而不是預期金額的最大。若有一個賭局，其規則為以擲銅板為賭，不斷地擲，直到出現正面時為止。如果在第n次才出現正面，則參與賭局的人可獲得2^n元的賠償額，儘管此一賭局連續很多次都擲不出正面的可能性很低，但亦並非完全不可能。若參與此一賭局的人，為使此一賭局為公平的賭局，必須先付出一筆金錢，以購買參加此一賭局的權利，則他應付多少錢？

設X_i為到第i次才出現正面時，所能獲得的獎金，則：

$$X_1 = \$2 \text{、} X_2 = \$2^2 \cdots\cdots X_i = \$2^i$$

而在 i 次才出現正面的機率為 $\pi_i = (\dfrac{1}{2})^i$。所以

$$\pi_1 = \frac{1}{2} \text{、} \pi_2 = \frac{1}{4} \cdots\cdots \pi_i = \frac{1}{2^i}$$

各種可能的結果其機率的總和為 1，亦即：

$$\sum_{i=1}^{\infty} \pi_i = \sum_{i=1}^{\infty} \frac{1}{2^i} = \frac{1}{2}\left(1 + \frac{1}{2} + \frac{1}{4} + \cdots\cdots\right) = \frac{1}{2}\left(\frac{1}{1 - \frac{1}{2}}\right) = 1$$

$$期望值 = \sum_{i=1}^{\infty} \pi_i X_i = \sum_{i=1}^{\infty} 2^i \frac{1}{2^i} = 1 + 1 + 1 + \cdots\cdots = \infty$$

由於此一賭局的期望值為無窮大，為使此一賭局成為公平的賭局，則參加的人應付出無限大的金額以獲得參與賭局的權利。對此一矛盾，Bernoulli 所提出的解釋是：人民所關心的不是貨幣，而是貨幣所產生的效用，因此不是求貨幣期望值的最大，而是求效用期望值的最大，也就是預期效用的最大。

第三節　風險趨避 📝重要

　　如果個人以財富表示的效用函數為嚴格凹性，隨著財富的增加，財富的邊際效用在遞減，這種偏好型態，稱為風險趨避（risk averse）。如果個人以財富表示的效用函數為嚴格凸性，隨著財富的增加，財富的邊際效用在遞增，這種偏好型態，稱為風險追求（risk-seeking）。如果個人以財富表示的效用函數為線型，也就是隨著財富的增加，財富的邊際效用為固定不變，這種偏好型態，稱為風險中性（risk-neutral）。

　　設 U（W）為個人的 Von Neumann-Morgenstern 效用指數，W^*代表當前的財富。U（W）為凹函數，以反映邊際效用遞減的假定。現進一步假定個人面臨兩種公平的賭局（fair gambles），亦即賭局的期望值為0。第一種賭局輸或贏\$h的機率各為$\frac{1}{2}$。第二種賭局則是輸或贏\$2h的機率各為$\frac{1}{2}$。當前財富所帶來的效用 U（W^*）。

　　如果他參與第一種賭局，則他的預期效用為：

$$U^h（W^*）=\frac{1}{2}U（W^*+h）+\frac{1}{2}U（W^*-h）$$

　　若他參與第二種賭局，則他的預期效用為：

$$U^{2h}（W^*）=\frac{1}{2}U（W^*+2h）+\frac{1}{2}U（W^*-2h）$$

　　從下圖可知：

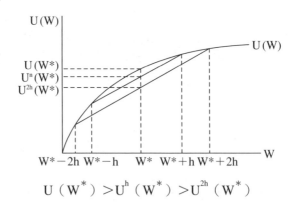

$$U（W^*）>U^h（W^*）>U^{2h}（W^*）$$

在第一種賭局下，財富的期望值為：

$$E^h (W) = \frac{1}{2} (W^* - h) + \frac{1}{2} (W^* + h) = W^*$$

在第二種賭局下，財富的期望值也與第一種賭局相同。

$$E^{2h} (W) = \frac{1}{2} (W^* - 2h) + \frac{1}{2} (W^* + 2h) = W^*$$

由於效用函數為嚴格準凹，財富的期望值所產生的效用要大於效用的期望值，也就是預期效用。

$$U \left[\frac{1}{2} (W^* - h) + \frac{1}{2} (W^* + h) \right] > \frac{1}{2} U (W^* - h) + \frac{1}{2} U (W^* + h)$$

$$U \left[\frac{1}{2} (W^* - h) + \frac{1}{2} (W^* + h) \right] > \frac{1}{2} U (W^* - 2h) + \frac{1}{2} (W^* + 2h)$$

$$U (W^*) > U^h (W^*)$$

$$U (W^*) > U^{2h} (W^*)$$

若他是一個風險趨避者的話，則將上式寫成一般式必須滿足：

$$U \left[\pi W_1 + (1 - \pi) W_2 \right] > \pi U (W_1) + (1 - \pi) U (W_2)$$

其中，W_1 與 W_2 代表不同的財富水準，π 及 $(1 - \pi)$ 分別為相對應的機率。

若 $U \left[\pi W_1 + (1 - \pi) W_2 \right] < \pi U (W_1) + (1 - \pi) U (W_2)$，則該個人為風險追求者。

若 $U \left[\pi W_1 + (1 - \pi) W_2 \right] = \pi U (W_1) + (1 - \pi) U (W_2)$，則該個人為風險中性。

即時演練 ⬇

➡ 假設電力用戶均為風險趨避者，有兩個方案可減少用戶竊電：

甲案：加強稽查次數，使竊電被遠的機率提高，但竊電罰金不變。

乙素：維持相同稽查次數，但提高竊電罰金。

在兩案均使用戶預期財富相同的情況下，試問何種方式較能嚇阻竊電發生？請繪圖說明之。（100經濟部企管）

答：令W＝財富，f＝罰金，p＝被逮的機率，1－p＝未被逮的機率

原事件A＝(w－f，w，p，1－p)；EA＝p(w－f)＋(1－p)w＝w－pf

提高處罰機率：

甲＝(w－f，w，2p，1－2p)；E甲＝2p(w－f)＋(1－2p)w＝w－2pf

提高罰款：

乙＝(w－2f，w，p，1－p)；E乙＝p(w－2f)＋(1－p)w＝w－2pf

對風險趨避者(risk averse)而言：

EU(甲)＝2pU(w－f)＋(1－2p)U(w)；EU(乙)＝pU(w－2f)＋(1－p)U(w)

所以EU(甲)＞EU(乙)

故表示提高罰款一倍（由f上升到2f）較能嚇阻竊電的發生。能讓用戶的預期效用較低的方案，較具有嚇阻竊電的效果。

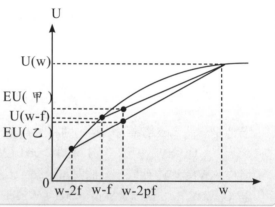

第四節　風險趨避的測度

　　從效用函數的型態固然可以瞭解個人對於風險所持的態度，但 J. W. Pratt 也設計了一套風險趨避的測度（risk avrsion measure），r（W）定義為：

$$r（W）=\frac{U''（W）}{-U'（W）}$$

　　由於風險趨避的個人其財富的邊際效用呈遞減的趨勢，亦即：

　　U''（W）＜0，所以 Pratt 的測度在風險趨避時，符號為正。若 r（w）＜0，則個人為風險追求者，若 r（W）＝0，則個人為風險中性者。以下就不同型式的效用函數予以討論：

(一)$U（W）=a+bW+cW^2$

其中，$b>0$，$c<0$，而 Pratt 的風險趨避測度為：

$$r（W）=\frac{-U''（W）}{U'（W）}=\frac{-2c}{b+2cW}$$

可得出當財富增加，風險趨避的程度也增加。

(二)$U（W）=1n（W）$，$W>0$

則　$r（W）=\frac{-U''（W）}{U'（W）}=\frac{1}{W}$

可得出當財富增加，而風險趨避程度卻減少的結果。

(三)$U（W）=-e^{-AW}=-\exp（-AW）$

$$r（W）=\frac{-U''（W）}{U'（W）}=\frac{A^2e^{-AW}}{Ae^{-AW}}=A$$

此時，不管財富如何變動，風險趨避的程度都是固定不變。

第五節　資訊不對稱

　　在前面的章節裡，我們都假設廠商或消費者擁有充分且完整的資訊，進而進行其交易行為，但實際上現實的環境裡，卻充滿著有一方擁有訊息多於另一方所擁有的訊息，謂之資訊不對稱（information asymmetry）的情況，顯然會與假設市場訊息乃充分的有完全不同的分析結論。本節將探討逆選擇（adverse selection）與道德冒險（moral hazard）的原因及解決方式。

 一、逆選擇（adverse selection）

(一)定義：逆選擇指交易一方有若干隱藏的資訊，以至於交易的另一方無法去分辨其類型。

　　1.二手車市場問題：阿卡諾夫（Gerge A. Akerlof）（1970）以二手車市場說明品質不確定對市場之影響，當二手車市場同時存在好車（good cars）及壞車（bad cars，即美國人所稱之「lemons」）。賣方知道自己車子的品質，並將品質與市場售價作一比較，如果品質高於價格，賣方不會出售車子，如果市場價格高於自己車子的品質，他才會把舊車脫手。而買方因資訊的不對稱，對每一部車的品質狀況不清楚，只好以平均品質作為願支付的價格，因此，賣方把高於平均品質的車子出售，會得不償

失，因此，所有的平均品質好的車子不會在市場裡出現，而當品質較好的車子賣方都不出售，在市場上流通的車子平均品質，會變得愈來愈差，最後比平均品質好的車子皆消失。在二手車市場上，都是一些品質較差的車子流通而已，這種情況類似於劣幣驅除良幣，造成原因是因為資訊不完整，即使有人想買，有人想賣，但是，可能不會有交易發生，這與傳統的經濟理論認為，有供給和需求，就會有交易發生，有很大的差異。

2. 勞動市場問題：勞動市場中雇主不清楚哪些是真正高生產力者，哪些是低生產力者，於是一個平均工資率，卻造成高生產力的工人不願屈就，而接受僱用的工人卻全是低生產力的工人。

(二) 解決之道：透過下列的方法使交易的一方能辨識其類型。

1. 品質的保證：賣方可對買方提出所謂的品質保證，其條件如：某一定期間內的保固維修，或不滿意可退貨等，來揭露產品品質較佳的訊息，使買方瞭解及認同。

2. 商譽保證：透過專業機構的交易，因事先經由該機構的專業及檢驗，可使買方能經由客觀的第三者，確認該產品的訊息，即以專業機構的良好商譽，出具檢驗的結果，以揭露產品的品質訊息。

3. 全民健保：透過強制全民投保，或強制員工在一定規模以上的公司全面投保。透過群體投保，來解決逆選擇的問題。

4. 訊號傳遞機制的建立：史賓賽（spence）（1973）的教育程度如同訊號（education as a signal）認為可藉由訊號（signal）解決部分逆選擇的問題。

重要 二、道德冒險（moral hazard）

(一) 定義：道德冒險指交易一方有若干隱藏的行動，而交易的另一方因為無法觀測到這些行動，而不敢對其充分信任。

1. 保險市場問題：某甲未投保汽車全險前，對車子小心照顧，但保了汽車全險之後，則任何的損害皆由保險公司支付，故某甲就沒有任何動機維護與愛惜車子，這種疏忽將導致理賠事故的機率大增，這種被保險人疏於自我防衛的現象，謂之道德冒險。

2. 勞動市場問題：由於雇主並無法得知，工人是否有盡力工作，這也是一種資訊不對稱的情況，但每月的薪資給付仍是以定額的方式給付，這也是一種道德冒險。

(二)解決之道：透過下列的方法，使交易一方瞭解對方的行動：

1. 強制保險立法：例如強制人民投保汽車責任險，來解決保險契約無法有效改善被保險人的道德冒險。

2. 自付額的建立：若所有費用全由保險公司全額負擔，將更易促使危險事故的發生，於是將保險契約作調整，希望經由被保險人的自付額，使保險人能善盡自我照顧之責，以降低道德冒險的發生。

3. 薪資制度的設計：依工人的工作程度高低，作為薪資給付的標準，並建立分紅制度，以獎勵努力工作者，同時也建立懲罰制度，以監督不努力工作者，以降低道德冒險。

即時演練 ⬇

1. 政府採取品質檢驗措施的經濟原因是由於： (A)法律規定 (B)降低廠商品管成本 (C)避免資訊不對稱 (D)為使商品標準化。（100經濟部財會）

   答：(C)。經由品質檢驗來降低買方和賣方之間的資訊不對稱。

2. 交易雙方當事人，一個主體比另一個主體擁有更為充分的資訊，則稱為： (A)不完全訊息（imperfect information） (B)訊息不對稱（asymmetric information） (C)不完整訊息（incomplete information） (D)訊息不充分（insufficient information）。（98地三）

   答：(B)

3. 下列關於市場訊號模型（market-signaling model）之敘述，何者錯誤？ (A)雇員之大學文憑有助於傳達他的潛在工作能力 (B)大學教育對雇員的生產力並無直接影響 (C)高素質雇員有較高生產力是因為他們更具有效率，並非因為受過較好的教育 (D)高素質雇員與低素質雇員的教育成本相同。（97高）

   答：(D)。高素質雇員的教育成本高於低素質雇員的教育成本。

第十四章／福利經濟

重點叮嚀

第一節福利第一定理和第二定理經常被命題，尤其是高考考題，讀者們要熟讀之。第三節要了解生產可能曲線的形狀，包括「凹向原點」、「凸向原點」、「線性函數」的經濟涵義。

第一節　柏拉圖最適境界（Pareto optimality）

假設：兩種商品 x、y。兩個消費者 A、B。兩種生產因素 L、K。

若交易上滿足 $MRS_{xy}^{A} = MRS_{xy}^{B}$ 之條件，謂之交易效率。即交易上滿足柏拉圖最適。

若交易上滿足 $MRS_{LK}^{x} = MRS_{LK}^{y}$ 之條件，謂之生產效率。即生產滿足柏拉圖最適。

若交易與生產滿足 $MRT_{xy} = MRS_{xy}$ 之條件，謂之交易與生產效率。即交易與生產同時滿足柏拉圖最適。

即時演練 ⬇

1. 下列有關「福利定理」之敘述，何者正確？　(A) 當消費面達到柏雷托最適境界（Pareto optimality）時，社會福利必定達到極大　(B) 第一福利定理指出，當各個市場為完全競爭時，社會福利也達到極大　(C) 效用可能邊界上的每一點都會達到消費面的柏雷托最適境界　(D) 第二福利定理又稱次佳理論（Second Best Theory）。（98 高）

答：(C)

2. 第二福利定理是指：　(A)只要政府不干預市場，社會資源配置自然會達到柏雷托最適境界（Pareto optimality）　(B)在一定的條件下，每個柏雷托最

適境界都可經由完全競爭市場來達成　(C)當社會福利達到極大時，各市場必為完全競爭　(D)完全競爭市場可自動達到柏雷托最適境界。（100高）

答：(B)

3. 完全競爭市場的均衡必然保證柏瑞圖（Pareto）最適境界，此敘述稱之為：　(A)第二福利定理　(B)第一福利定理　(C)效率定理　(D)柏瑞圖定理。（100經濟部財會）

答：(B)

第二節　交易效率

一、滿足 $MRS_{xy}^A = MRS_{xy}^B$ 之條件E點表示AB兩個人之無異曲線，相切即無異曲線之斜率相等。

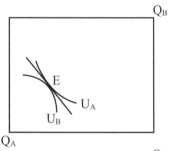

二、將 $MRS_{xy}^A = MRS_{xy}^B$ 相等之處連成一線，謂之契約線。
$O_A O_B$ 表示 $MRS_{xy}^A = MRS_{xy}^B$ 之軌跡，即為消費契約線。

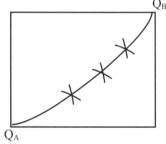

即時演練

➡ 假設某一經濟社會，充分利用勞動（L）、資本（K）去生產 A、B 二種產品銷售給甲、乙二人。為追求最高的交易效率，在產品分配時，應符合下列那一個條件？　(A)$MRS_{AB}^{甲} = MRS_{AB}^{乙}$　(B)$MRTS_{LK}^A = MRS_{LK}^B$　(C)$MC_A = P_A$，$MC_B = P_B$　(D)$MR_A = MC_A$，$MR_B = MC_B$。（普考）

答：(A)

第三節 生產效率

一、滿足$MRTS_{LK}^{x}=MRTS_{LK}^{y}$之條件

E點表示x、y之等產量曲線相切，即等產量曲線之斜率相等。

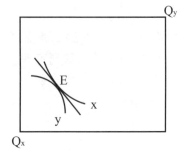

重要 二、將$MRTS_{LK}^{x}=MRTS_{LK}^{y}$相等之處連成一線，謂之生產契約線

(一)契約線為凹向原點。

將生產契約線x與y之產量關係投影於座標x、y得出x與y產量之組合軌跡，謂之生產可能曲線（P.P.C）。線上的每一點均滿足生產效率（即$MRTS_{LK}^{x}=MRTS_{LK}^{y}$）。若在生產可能曲線作切線斜率表示在同一條生產可能曲線上，為了多生產一單位x財貨所須放棄y財貨的數量。稱為邊際轉換率（MRT_{xy}）。

$MRT_{xy}=\dfrac{-\Delta y}{\Delta x}=\dfrac{MC_x}{MC_y}$（亦即生產 x之機會成本）。右圖的生產可能曲線凹向原點，表示隨著Δx的增加Δy的減少是愈來愈多，這種現象稱為機會成本遞增。

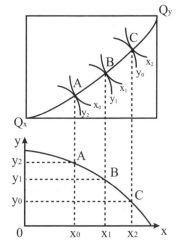

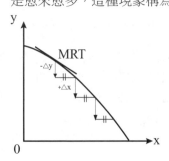

(二)契約線為直線。

若契約線為直線則導出的生產可能曲線為直線。

右圖表示,當生產可能曲線為直線時,其 MRT_{xy} 隨著 Δx 的增加 Δy 的減少是相等的,這種現象稱為機會成本固定。

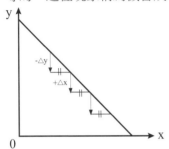

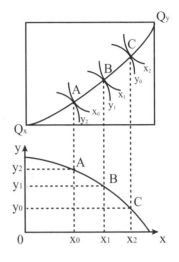

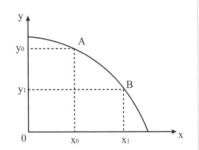

即時演練

1. 一般生產可能曲線上兩點的移動表示: (A)技術水準的變動動 (B)生產要素數量的變動 (C)生產要素價格的變動 (D)產品組合的變動。

答:(D)。由 A→B 乃表示 x 與 y 之產量組合由(x_0,y_0)變動到(x_1,y_1)

2. 生產可能曲線凹向原點表示: (A)邊際成本不變 (B)邊際成本遞增 (C)邊際成本遞減 (D)和邊際成本無關。

答:(D)

3. 假設邊際成本遞增,則生產可能曲線: (A)凹向原點 (B)凸向原點 (C)向右上方遞增 (D)向左上方遞增。

答:(A)

4. 如果生產可能曲線為 $100=2x+3y$,則表示: (A)邊際轉換率不變 (B)邊際轉換率遞增 (C)邊際轉換率遞減 (D)和邊際轉換率無關。

答:(A)。生產可能曲線 $100=2x+3y$,為直線,其 MRT 為固定常數,即

$$MRT=\frac{-\Delta y}{\Delta x}-x=\frac{2}{3}$$

5. 下列何者不能以生產可能曲線來舉例說明？ (A)機會成本 (B)稀少性 (C)市場價格的決定 (D)資源的充份運用。（普考）

> 答：(C)。生產可能曲線代表之涵義：
> (1)資源稀少性，故無法達到 P.P.C 線外生產組合。
> (2)資源有多種用途且相互替代，所以可以生產二種類型之產品。
> (3)選擇生產何種財貨組合。
> (4)乃機會成本之概念，當 PPC 凹向原點時，表示機會成本遞增。
> (5)可用來預測未來經濟成長的幅度。

第四節　交易與生產效率

在產品市場與因素市場皆為完全競爭的情況下：滿足交易與生產效率之條件為 $MRT_{xy} = MRS_{xy}$。

因為 $MRT_{xy} = \dfrac{MC_x}{MC_y}$，$MRS_{xy} = \dfrac{P_x}{P_y}$，在完全競爭時 $P_x = MC_x$，$P_y = MC_y$

所以 $MRT_{xy} = \dfrac{MC_x}{MC_y} = \dfrac{P_x}{P_y} = MRS_{xy}$。

圖形：

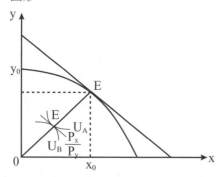

E 點表示 A 消費者與 B 消費者達成交易效率，即 $MRSA_{xy} = MRSB_{xy} = \dfrac{P_x}{P_y}$

E' 點表示生產可能曲線的切線斜率（$MRT_{xy} = \dfrac{MC_x}{MC_y}$），

即達成生產效率，如果 $P_x = MC_x$，$P_y = MC_y$，則 $MRS_{xy} = MRT_{xy}$ 表示交易效率與生產效率同時達成。

第十五章／市場失靈

重點叮嚀

第三節外部性造成的社會與私人產量的差異，以及針對外部成本課稅的計算，如何對外部性的彌補—寇斯（Coaes's）定理。上述主題是本節要注意的題型。第四節最適公共財的數量計算，請讀者們練習「即時演練」以因應這類的考試題型。

第一節　市場失靈的原因

一、市場失靈的意義

市場機能在充分發揮下，不能如所預期地圓滿達成經濟效率之現象。

二、市場失靈原因有三種情況

即時演練

1. 所謂市場失靈是指下列哪一種情況？　(A)市場不能帶來交易　(B)無用之物仍被生產　(C)市場無法使損失和獲利相等　(D)未達成經濟效率。（普考）
答：(D)

2. 下列哪一項目，不能算是市場失靈（Market failure）的主要原因之一？
(A)自然獨占　(B)完全競爭　(C)外部性　(D)公共財。
答：(B)

第二節　獨 占

一、獨占如何造成市場失靈

在無政府管制下，獨占之產量為Q_0，價格為P_0。而完全競爭時，產量為Q_1，價格為P_1。所以獨占相對於完全競爭有較高的價格與較低的產量。而且將有△ABC之經濟效率之損失。圖形：

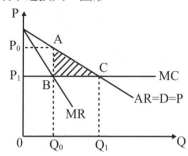

二、解決之道

(一)P＝MC訂價法，將使經濟效率無損失，但政府須彌補廠商之虧損。

(二)P＝AC訂價法，將使政府無須彌補廠商之虧損，但卻有經濟效率之損失。

(三)收歸國營，將使主管機關便於直接監督，但卻使資源使用無效率。

第三節　外部性

一、外部性意義

人們的經濟行為有「部份的利益不能歸自己享受或有一部份成本不必自行負擔者」。

 ### 二、外部性如何造成市場失靈

私人的實際產量決定於私人利益＝私人成本；而社會之最適產量決定於社會利益＝社會成本，而當有外部性有存在時，私人的產量與社會的產量不一致，因此導致市場失靈。

(一)外部利益：

　　當社會的利益＝私人利益＋外部利益

　　且社會成本＋私人成本時，

　　社會實際產量大於私人實際產量。

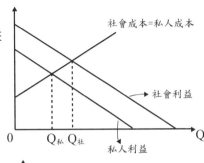

(二)外部成本：

　　當社會的成本＝私人成本＋外部成本

　　且社會利益＝私人利益時，

　　社會實際產量小於私人實際產量。

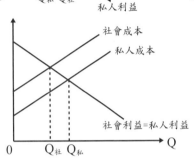

即時演練 ⬇

1. 人們的經濟行為有外部成本時，市場機能自由運作的結果，其產量將比社會福利最大所應有的產量：　(A)多　(B)少　(C)一樣　(D)不一定。

答：(A)

2. 工廠生產財貨X會造成環境污染峙，若無任何政策，則財貨X之產量將：(A)高於社會最適產量　(B)低於社會最適產量　(C)等於社會最適產量　(D)不一定。（99台電）

答：(A)。如果有外部成本，則私人的產量為Q_1，大於社會最適產量Q_0。

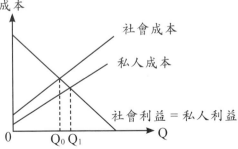

3. 假設 B 物品的生產有外部效益。則市場機能自由運作的結果，其產量比社會福利最大的產量：　(A)大　(B)小　(C)一樣　(D)不一定。（普考）
   答：(B)

4. 人們的經濟行為有外部利益時，市場機能自由運作的結果，其產量將比社會福利最大時所應有的產量：　(A)多　(B)少　(C)一樣　(D)不一定。
   答：(B)

5. 環境污染的情況下，如果產品的社會邊際成本大於社會邊際利益：　(A)廠商應該減少產量　(B)廠商應該增加產量以降低平均成本　(C)廠商應該關閉以達到零污染　(D)仍須考慮總成本和總收益才決定管制與否。（普考）
   答：(A)

6. 社會邊際成本：　(A)等於私人邊際成本　(B)總成本減純收益　(C)等於私人邊際成本加上邊際傷害　(D)和價格成比例變動。
   答：(C)。社會成本＝私人成本＋外部成本。外部成本即是邊際傷害。

三、外部性的彌補之道

外部性的彌補辦法，主要有下列幾種：賦予財產權、外部效果內部化、政府直接管制。現分述如下：

重要 (一)賦予財產權：即所謂的寇斯（Coaes's）定理，該定理認為在沒有交易成本且對財產權有明確之規定並付諸實施之下，外部效果不致於引起不恰當的資源配置。

> **例題** 工廠排放廢污水，污染了附近的農作灌溉用水，造成了農人的損失。

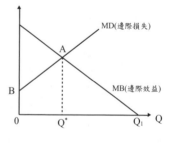

1. 若財產權未界定，則廠商將儘全力排放污染廢水為Q_1。

2. 若將河川歸農夫，則工廠欲排放污染廢水，必須給農夫補貼金額。在污染量為Q^*之前，每單位的污染其MB＞MD，所以工廠會一直排放污水，一直到污染量超過Q^*時，每單位的污染其MB＜MD。最後工廠最適的污染量為Q^*，支付給農夫的污染補貼為$QBAQ^*$。

3. 若將河川歸工廠，若農夫希望污染量減少，必須由農夫去補貼工廠，由Q_1污染量開始，其MD＞MB，農夫為了減少污染量，必須支付補貼工廠，一直到Q^*時，MD＝MB，所造成的邊際損失等於邊際效益才停止支付補貼，此時補貼金額為AQ_1Q^*。

4. 由上述討論可知Q^*為社會福利最大之污染量。

重要 (二) 外部效果內部化：即對產生「外部成本」的行為者加以課稅，並對提供「外部效益」者加以補貼，可使外部效果讓產生者自行負擔或享受謂之。

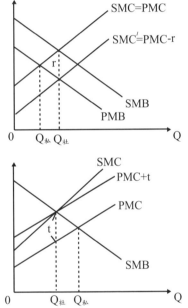

1. 當社會福利最大的產量$Q_{社}$大於私人的實際產量$Q_{私}$，為了鼓勵私人多生產，對私人的產量每單位給於r單位的補貼，將使私人之成本下降，私人成本（PMC）往下降。達到社會福利最大之產量$Q_{社}$。

2. 當社會福利最大的產量$Q_{社}$小於私人的實際產量$Q_{私}$，為了限制私人的產量，對私人的產量每單位給於t單位的課稅，將使私人的成本上升，私人成本（PMC）往上升。達到社會福利最大之產量$Q_{社}$。

(三) 政府直接管制

1. 對各種污染製造者與污染物質，訂定可容忍的污染標準。

2. 強制污染源遷離人口密集區域。

3. 限制在某一定範圍內生產。

4. 規定廠商裝置減輕污染之設施。

即時演練

1. 財產權是由下列何者來決定？ (A)屬於目前佔有者 (B)法律以及制度 (C)供給和需求 (D)市場的運作。（普考）

答：(B)

2. 環境污染所造成的邊際傷害通常是： (A)遞增的 (B)遞減的 (C)不變的 (D)小於零。（普考）

答：(A)

3. 寇斯（Ronald Coase）針對解決外部性問題指出，當涉及的人數少，且以下何者情況成立時，可解決外部性問題？ (A)財產權定義清楚且協商成本低 (B)財產權不存在且協商成本低 (C)外部性的存在與財產權無關 (D)財產權定義清楚且企業不以利潤極大為目標。（97普）

答：(A)

4. 假設香菸的需求是$Q(P)=100-P$，香菸的邊際製造成本是$MC(Q)=15+Q$，每根菸產生的外部成本是5元，政府擬開徵菸稅，每根菸該抽多少稅，才會使競爭的菸商生產社會最適香菸數量？ (A)2元 (B)4元 (C)5元 (D)10元。（100普）

答：(C)。 依外部成本內部化的觀念，產生5元的外部成本，就課徵5元的稅，則市場需求曲線為$P=100-Q+5=105-Q$，若$MC(Q)=15+Q$，則市場最適數量為$105-Q=15+Q$，得$Q=45$。

5. 外部效果導致市場失靈，政府若欲改正此一現象，較好的方法是： (A)政府吸收外部效果 (B)任由市場決定 (C)使外部效果內部化 (D)接手由政府來做。（100經濟部財會）

答：(C)。若有產生負的外部性，政府可以透過課稅。若有產生正的外部性，政府可以加以補貼，使得私人的產量等於市場的產量，這種做法稱為外部效果內部化。

第四節 公共財

一、公共財之特性

二、公共財之市場需求

公共財之市場需求為個人需求線的垂直加總。

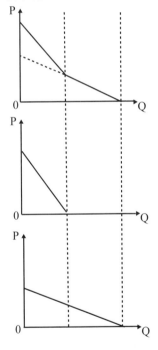

即時演練

1. 公共財的需要：　(A)可由個別需要平行相加　(B)由個別需要垂直相加　(C)由個別邊際成本平行相加　(D)由個別邊際成本垂直相加。（金融丙）

答：(B)

2. 下列那一種是公共財？　(A)公園　(B)高速公路　(C)學校　(D)醫院。（普考）

答：(A)。(B)高速公路　(C)學校　(D)醫院必須付費才可享用，即有排他性。

3. 假設社會中只有 A、B 兩人，且兩人對公園的需求函數分別為 $P_A = 10 - Q$ 與 $P_B = 5 - Q$，式中 Q 為公園數目。另設建立公園的邊際成本為 3，則最適公園數目為多少？

答：個人對公共財的需求，需垂直加總才可以得到社會對公共財的需求，由 $P_A = 10 - Q$，$P_B = 5 - Q$，改成 $Q = 10 - P_A$，$Q = 5 - P_B$，加總得 $Q = 15 - 2P$，或寫成 $P = \dfrac{15}{2} - \dfrac{Q}{2}$，已知 MC＝3，均衡時，P＝MC，故 $\dfrac{15}{2} - \dfrac{Q}{2} = 3$，得 Q＝9。

重要 三、公共財如何造成市場失靈

公共財的使用若要按消費者的需要來取價，需先獲得公共財的個別及市場需求曲線此舉相當困難，因有些人會隱藏其需求，待生產出來後再去享受，即搭便車者（free rider）。如此一來，若想按消費者的需求來取價，進而提供生產，往往得到無法生產之結果。而另外就付費方面，使用者僅願按私人的利益付費，而不會以社會的利益來付費。

四、解決之道

由於公共財有共享及無排他性之特性，所以無法由私人來提供，而必須由政府來生產。

即時演練

➡ 試舉例說明市場失靈（Market failtre）的情況。

答：(1)市場失靈的意義：市場機能在充分發揮下，不能如所預期地圓滿達成經濟效率之現象。

(2)造成市場失靈原因有三種情況：

A.獨占、B.外部性、C.公共財。茲分別敘述如下：

A.獨占：如下圖(一)為例，在無政府管制下，獨占之產量為Q_0，價格為P_0，而完全競爭時，產量為Q_1，價格為P_1。所以獨占相對於完全競爭有較高的價格與較低的產量。而且將有△ABC之經濟效率之損失。

B.外部性：私人的實際產量決定於私人利益＝私人成本。而社會之最適產量則決定於社會利益＝社會成本，而當有外部性存在時，私人的產量與社會的產量不一致，因此導致市場失靈。

(A)有外部利益時：當社會利益＝私人利益＋外部利益，且社會成本＝私人成本時，社會實際產量大於私人實際產量。(圖二)

(B)有外部成本時：當社會的成本＝私人成本＋外部成本，且社會利益＝私人利益時，社會實際產量小於私人實際產量。(圖三)

C.公共財：公共財的使用若要按消費者的需要來取價，需先獲得公共財的個別及市場需求曲線此舉相當困難，因有些人會隱藏其需求，待生產出來後再去享受，即搭便車者（free rider）。如此一來，若想按消費者需求來取價，進而提供生產，往往得到無法生產的結果。而另外就付費方面，使用者僅願按私人的利益付費，而不會以社會的利益來付費。以上都是公共財造成市場失靈之原因。

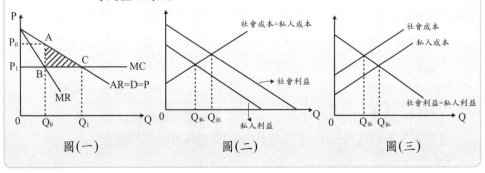

圖(一)　　　圖(二)　　　圖(三)

第十六章 國民所得

重點叮嚀

第一節 GNP 和 GDP 的區別，哪一個項目需計入 GNP（或 GDP）。這類題型幾乎每年都考。第二節 GNP 的計算，也是每年都被各類考試命題的題型，請熟練「即時演練」的題目。第三節 GDP 平減指數和 CPI 如何衡量計算，以及 GDP 平減指數與 CPI 這個指標用來衡量消費者生活成本各有何缺失，這些項目都是命題重心。第五節只要注意洛侖氏曲線和吉尼係數所代表的經濟意義就可以了。

第一節 國民生產毛額（GNP）與國內生產毛額（GDP）

一、GNP（Gross National Product , GNP） 之定義

(一) 全體國民（包括居住在國外的本國國民）。

(二) 在某一段時間內（一年內）。

(三) 所新生產創造出來的。

(四) 最終財貨與勞務。

(五) 按該期間的市價衡量計算的總生產值。

小叮嚀

有兩項非市場活動，因其估價比較容易，故一向被計入 GNP 內，它們是自有房屋的設算租金，以及農民留供自用的農產品。

即時演練

1. 下列那些項目不包括在 GNP 中？ (A)農家自產自用的產品 (B)進口的農工原料 (C)公司營利事業所得稅 (D)中古車經銷賺得之傭金。（普考）

答：(B)。進口的農工原料，不符合 GNP 之定義(一)，它是由外國生產的。

2. 下列那一項不包含在 GNP 中？ (A)東元今夏未賣出的冷氣 (B)住自己房子而省下來的房租 (C)進口汽車 (D)房屋仲介公司的租金。

答：(C)

3. 張三在民國50年買了一幢中古屋，市價500萬元，51年再以550萬元，轉賣給李四。據此：　(A)民國51年的GNP增加550萬元　(B)民國51年的GNP不受影響　(C)民國51年的GNP增加50萬元　(D)民國51年的GNP增加500萬元。

　　答：(C)。多出的50萬元（550－500），若為傭金收入，則應計入GNP內。

4. 下列何者包含於我國的GDP中？　(A)購買鴻海股票　(B)居住於台北的日本人購買新的台灣製液晶電視　(C)台商在越南購買土地　(D)政府對集集大地震受難災民的補助。（98地四）

　　答：(B)。GDP是以「國境」來衡量，在本國地區消費的外國人仍然計入本國的GDP內。

5. 說明下列各項交易或項目是否包含在GNP中，為什麼？
　(1)東元電機公司今年生產出來而沒賣掉的冷氣機。
　(2)房屋仲介公司賣中古屋賺得的傭金。
　(3)包子店買麵粉。
　(4)勞工處駐中東代表之薪資。
　(5)裕隆汽車廠將舊機器設備賣掉。
　(6)政府發救濟金給受災農民。
　(7)住自己房屋所節省的租金。
　(8)家庭主婦到迪化街買布，回家作衣服。

　　答：(1)計入，今年的產出，雖未出售，造成存貨增加，仍應計入GNP。
　　　　(2)計入，傭金收入應計入GNP內。
　　　　(3)不計入，原料採購應屬於中間成本投入，應自GNP內減除。
　　　　(4)計入，全體國民包括居住在外國之本國國民。
　　　　(5)不計入，舊機器在購入時已計算過了。
　　　　(6)不計入，救濟金乃移轉性支入，不計入GNP內。
　　　　(7)計入，非市場活動，但卻應加以計入GNP內。
　　　　(8)不計入，家庭主婦之勞務提供，由於衡量不易，故不計入GNP內。

二、GDP（Gross Domestic Product , GDP）之定義

(一)在該經濟體系內，全體的住民（包括外國人）。

(二)～(五)同GNP定義。

三、GNP和GDP之關係

GDP＝GNP－本國國民在外國生產之所得＋外國國民在國內生產之所得。

即時演練

1. 如果今年有許多台灣人看好大陸的工作市場，而轉往大陸去工作，則：　(A) 會減少台灣今年的 GDP，但對 GNP 沒影響　(B) 今年台灣的 GNP 與 GDP 都會減少　(C) 會減少台灣今年的 GNP，但對 GDP 沒影響　(D) 以上皆非。（100 經濟部財會）

答：GDP 是以國境來區分，所以臺灣人到大陸工作將使台灣的 GDP 減少，而 GNP 是以國籍來區分，到大陸工作對台灣的 GNP 則不受影響。

2. 日本的汽車公司在美國生產一款新車並將其銷回日本，該車銷售的所得應計入那一個國家的國民生產毛額（GNP）？　(A)日本　(B)美國　(C)美日兩國均計入全部的銷售額　(D)美國及日本各分一半的銷售額。（普考）

答：(A)

四、事後（realized）之GNP三面等值關係

GNP 可由生產面、支出面、所得面三方面來衡量（計算），其結果一致，謂之 GNP 三面等值關係。

(一)生產面（附加價值面）：總產值減去中間投入的餘額。

(二)支出面：GNP＝C（消費）＋I（投資）＋G（政府支出）＋X（出口）－M（進口）。

(三)所得面：GNP＝W（工資）＋r（利息）＋R（地租）＋π（利潤）＋間接稅淨額＋折舊。

即時演練

1. 採用「要素所得法」（Factor income approach），估算 GNP 時，下列那一項不能包括在內？　(A)房租支出　(B)工資　(C)利潤　(D)淨輸出。（普考）

答：(D)。淨輸出（X－M）是由支出面衡量時，才計入的。

2. 附加價值（Value added），是指：　(A)中間投入　(B)利潤　(C)總產值(D)總產值減去中間投入的餘額。（普考）

答：(D)

第二節　GNP之計算

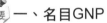

一、名目GNP

以當期（計算期）價格計算的 GNP

所得面：附加價值加總＝GNP＝C＋I＋G＋X－M（由支出面）

　　　　　　　　　　－折舊（＝投資毛額－投資淨額）

＝NNP

　　－（間接稅－政府對企業之補貼）

　　－公賣利益

＝NI（＝工資＋利息＋租金＋利潤）

　　－公司未發放盈餘

　　－營利事業所得稅

　　－社會安全給付

　　＋移轉支出

　　＋公債利息

＝PI

　　－直接稅

DPI＝C＋S

即時演練 ⬇

1. 下列那項不是政府移轉支出？　(A)失業保險　(B)地震後的災害救濟　(C)遺產稅　(D)老農津貼。（99地四）

答：(C)。

2. 下列那一項未被計入GNP中？　(A)公賣利益　(B)折舊　(C)補貼　(D)個人綜合所得稅。（普考）

答：(C)

3. 根據某國資料：消費支出＝600億，租稅＝400億，移轉性支出＝250億，總投資＝150億，出口＝240億，政府消費支出＝200億，進口＝220億，折舊＝60億，可算出：　(A)淨投資＝90億，淨出口＝－20億　(B)淨投資＝90億，淨出口＝20億　(C)淨投資＝100億，淨出口＝20億　(D)淨投資＝100億，淨出口＝－20億。（普考）

答：(B)。折舊＝總投資（毛投資）－淨投資

　　　60　＝150　　　　　　　　－淨投資

　　　淨投資＝90

　　　淨出口＝出口－進口

　　　淨出口＝240－220＝20

4. 假設某年某國的民間消費為$1,000億；國內投資毛額加上政府消費為$500億；出口淨額為零；折舊為$100億；間接稅為$50億。請計算該國該年的：

(1)國民生產毛額（GNP）

(2)國民生產淨額（NNP）

(3)國民所得（NI）各等於多少？

答：(1)GNP＝C＋I＋G＋（X－M）

　　　　　＝1,000＋500＋0＝1,500（億）

　　(2)NNP＝GNP－折舊＝1,500－100＝1,400（億）

　　(3)NI＝NNP－間接稅＝1,400－50＝1,350（億）

5. 根據下列資料，計算GNP，NNP，NI，PI，DI

(1)個人直接稅80億。　　　　　　(2)間接稅75億。

(3)公司所得稅50億。　　　　　　(4)政府移轉支付115億。

(5)政府消費支出200億。　　　　　(6)社會安全支付（保險）150億。

(7)民間消費540億。　　　　　　　(8)家戶儲蓄160億。

(9)淨投資125億。　　　　　　　　(10)淨輸出75億。

(11)公司未分配盈餘100億。　　　　(12)折舊50億。（高考）

答：(1)GNP＝C＋I＋G＋（X－M）＝540＋（125＋50）＋200＋75＝990

(2)NNP＝GNP－折舊＝990－50＝940

(3)NI＝NNP－間接稅＝940－75＝865

(4)PI＝DI＋直接稅＝700＋80＝780

(5)DI＝C＋S＝540＋160＝700

二、實質GNP

以基期（或上一期）價格計算的GNP

$$實質GNP＝\frac{名目\ GNP}{物價指數}$$

三、平均每人實質所得

$$\frac{實質\ GNP}{人口數}＝平均每人實質所得$$

即時演練

1. 假設某國家在2007年國民所得資料如下（單位：億元）：

政府消費支出	30	民間消費	120
企業間接稅淨額	5	家戶單位之移轉性收入	5
進口	50	國內資本形成毛額	50
個人所得稅	10	企業未分配盈餘	15
國內資本形成淨額	40	要素在國外所得淨額	-20
出口	80		

(1)請問該國2007年之折舊為多少？淨出口為順差或逆差？

(2)請計算該國2007年之國內生產毛額（GDP）、國民生產毛額（GNP）、國內生產淨額（NDP）及個人所得（PI）。（99高）

答：(1)① 折舊＝國內資本形成毛額－國內資本形成淨額＝50－40＝10

② 淨出口＝出口－進口＝80－50＝30，有貿易順差。

(2)① GNP＝民間消費＋國內資本形成毛額＋政府消費支出＋出口－進口

　　＝120＋50＋30＋80－50＝230

② GDP＝GNP－要素在國外所得淨額＝230－20＝210

③ NDP＝GDP－折舊＝210－10＝200

④ NI＝NDP－企業間接稅淨額＝200－5＝195

　PI＝NI－企業未分配盈餘＋家戶單位之移轉性收入

　　＝195－15＋5＝185

2. 最具代表性的國民經濟福利指標是： (A)國民生產毛額 (B)實質GNP (C)經濟成長率 (D)平均每人實質國民所得。（普考）

答：(D)

3. 比較國際間，各國人民的生活水準。下列那一個指標，比較合適？ (A)名目GNP (B)實質GNP (C)平均每人名目國民所得 (D)平均每人實質國民所得。

答：(D)

4. 如果某年一國人口成長率為零，該國當年： (A)名目GNP＝實質GNP (B)GNP平減指數為零 (C)平均每人實質所得增加率為零 (D)實質GNP成長率等於平均每人實質GNP成長率。

答：(D)。今實質所得為y，人口數為N，平均每人實質所得為k。

則$k＝\dfrac{y}{N}$取自然對數再全微分，$\ell nk＝\ell ny－\ell nN$

$d\ell nk＝d\ell ny－d\ell nN$ 即$\hat{k}＝\hat{y}－\hat{N}$

$\hat{N}$：人口成長率，如果$\hat{N}＝0$，則$\hat{k}＝\hat{y}$，表示平均每人實質GNP成長率等於實質GNP成長率。

第三節　物價指數與通貨膨脹率

一、指價指數

常用的物價指數有三種：消費者物價指數（CPI）、躉售物價指數（WPI）、國民生產毛額平減指數。分述如下：

(一)CPI：用以衡量正常家庭平時主要消費物品價格相對變化程度物價指數。

(二)WPI：由大宗物資價格的加權平均而得的物價指數。

(三)GNP 平減指數（又稱為隱性的物價指數）

$$\text{GNP 平減指數} = \frac{\text{名目 GNP}}{\text{實質 GNP}}$$

二、通貨膨脹率

$$\text{通貨膨脹率} = \text{CPI的年增率} = \frac{CPI_t - CPI_{t-1}}{CPI_{t-1}} \quad （表示第t年的物價膨脹率）。$$

即時演練 ⬇

1. GDP平減指數與消費者物價指數(CPI)兩項衡量消費者生活成本（Cost Living）變動的指標有差異，下列何者為錯？　(A)GDP平減指數採畢氏（Passche）物價指數　(B)CPI採拉氏（Laspeyres）物價指數　(C)CPI會低估消費者生活成本　(D)實務上GDP平減指數較不易計算。（100經濟部財會）

答：(C)。(A)GDP 平減指數對不同商品價格採變動的權數，這種變動一籃商品計算的物價指數為畢氏指數（Passche index）。

(B)CPI對不同商品價格採固定的權數，這種固定一籃商品計算的物價指數為拉氏指數（Laspeyres index）。

(C)當不同商品價格變動幅度不同時，拉氏指數（固定一籃商品）傾向高估生活成本的增加，因為它並未考慮到消費者有機會以較便宜商品替代較貴的商品。

2. 假定一個經濟體只生產電腦與麵包兩種產品，且生產不須使用中間投入：

項目 年度	電腦		麵包	
	單價	數量	單價	數量
2009	1,125	12	10	1,000
2010	1,200	16	12	1,200

以2009年為基期，則2010年國內生產毛額平減指數（GDP deflator）為：　(A)112.34　(B)112　(C)89.29　(D)89.02。（100經濟部財會）

答：(B)。2010年國內生產毛額平減指數 $= \dfrac{2010年名目GDP}{2010年實質GDP}$

$$= \frac{1200 \times 16 + 12 \times 1200}{1125 \times 16 + 10 \times 1200} = 112(\%)$$

3. 假定在某期間內，GNP平減指數由125增加為200，實質GNP由1,000億減為800億。則該期間：　(A)名目GNP由1,250億，增為1,600億　(B)名目GNP由800億減為400億　(C)名目GNP由1,250億，增為2,000億　(D)名目GNP由800億減為600億。（普考）

答：(A)。$\dfrac{名目\,GNP}{實質\,GNP} = GNP平減指數$，

名目GNP＝實質GNP・GNP平減指數。
名目GNP＝1,000×1.25＝1,250，
名目GNP＝800×2.00＝1,600

4. 假定在某期間內，名目GNP由2,000億，增為2,400億。同期，GNP平減指數（deflator）由125增為150。該期間內：　(A)實質GNP提高　(B)實質GNP降低　(C)實質GNP維持不變　(D)無法判定。

答：(C)。$實質GNP = \dfrac{名目\,GNP}{GNP\,平減指數} = \dfrac{2,000}{1.25} = 1,600$

$實質GNP = \dfrac{名目\,GNP}{GNP\,平減指數} = \dfrac{2,400}{1.50} = 1,600$

5. 某國在 2002 年與 2007 年，在其國境內所生產的產品種類與所對應的價格、生產數量資料如下：

年度 項目	2002年		2007年	
	價格	數量	價格	數量
牛肉麵	100 元（每碗）	50 碗	200 元（每碗）	100 碗
牛仔褲	250 元（每條）	4 條	500 元（每條）	10 條

若以 2002 年為基期，則 2007 年的 GDP 平減指數（GDP deflator）為：(A)100　(B)150　(C)200　(D)250。（98 普）

答：(C)。　2007 年的 GDP 平減指數

$$=\frac{2007\ 年的名目\ GDP}{2007\ 年的實質\ GDP}=\frac{200\times100+500\times10}{100\times100+250\times10}=\frac{25000}{12500}=2＝200\%$$

6. 假設某國生產電視、麵包與書本三種產品，且生產不須使用中間投入。三種產品的單位價格與數量給定如下：

項目 年度	電視		麵包		書本	
	價格	數量	價格	數量	價格	數量
2009	1,125	12	10	1,000	16	800
2010	1,200	16	12	1,200	15	1,000

(1)請計算2010年名目GDP。

(2)請以2009年為基期，計算2010年的實質GDP。

(3)請以2009年為基期，計算2010年之GDP平減指數（四捨五入至小數點後兩位）。

(4)請以2009年為基期計算2010年之消費者物價指數(CPI)（四捨五入至小數點後兩位）。

(5)GDP平減指數與CPI針對經濟體系的整體物價水準所揭露的訊息略有不同，請問何者會高估生活成本增加的幅度？何者會低估？請簡述其原因？（100經濟部企管）

答：(1)2010年名目GPD＝$1200 \times 16 + 12 \times 1200 + 15 \times 1000 = 48,600$

(2)2010實質GPD＝$1125 \times 16 + 10 \times 1200 + 16 \times 1000 = 46,000$

(3)2010年之GDP平減指數＝$\dfrac{2010年名目GDP}{2010年實質GDP} = \dfrac{48,600}{46,000} = 1.0565$

(4)2010之CPI＝$\dfrac{12 \times 當期價格 + 1000 \times 當期價格 + 800 \times 當期價格}{12 \times 基期價格 + 1000 \times 基期價格 + 800 \times 基期價格}$

$= \dfrac{12 \times 1200 + 1000 \times 12 + 800 \times 15}{12 \times 1125 + 1000 \times 10 + 800 \times 16} = \dfrac{38,400}{36,300} = 1.0579$

(5) CPI對不同商品的價格採取固定的權數，當不同商品價格變動幅度不同時，CPI傾向高估生活成本的增加，因為它並未考慮到消費者有機會以較便宜商品替代較貴的商品。

GDP平減指數對不同商品的價格採取變動的權數，讓指數雖考慮到不同商品的替代，它並未反映出因為替代，反而會低估生活成本的增加。

第四節 國民所得做為經濟福利指標的問題

一、國民所得做為經濟福利的指標有底下的缺失

(一) 無法反映所得分配。　　　　(二) 地下經濟難掌握。

(三) 漏掉了未上市的生產成果。　(四) 忽視休閒的價值。

(五) 外部成本與負產品也未扣除。(六) 未能辨別產品性質與產品品質。

即時演練 ⬇

1. 以「平均每人實質所得」做為國民經濟福利的指標，並不完善。以下諸多理由中，請問那一個理由不正確？ (A)無法反映所得分配 (B)忽視休閒的價值 (C)忽略物價波動的因素 (D)未計入外部成本。（普考）
答：(C)

2. 下列那一項目會導致國民生產毛額被低估？ (A)負產品 (B)自用住宅租金的估算 (C)地下經濟 (D)折舊。（普考）
答：(C)

二、新的經濟福利指標

由於以國民所得做為經濟福利的指標有以上之缺失，於是經濟學者諾浩思（Nordhaus）與杜賓（Tobin）於 1972 年提出經濟福利淨額（Net Economic Welfare，NEW）來修正之。

$$
\begin{array}{l}
\text{國民生產毛額（GNP）} \\
\quad -\text{折舊} \\
\hline
=\text{NNP} \\
\quad +\text{休閒} \\
\quad +\text{未上市產品} \\
\quad +\text{遺漏資本所提供之勞務} \\
\quad -\text{無益的產品} \\
\quad -\text{負產品} \\
\quad -\text{遺漏資本之折舊} \\
\quad -\text{其他} \\
\hline
=\text{經濟福利淨額（NEW）}
\end{array}
$$

即時演練

➡ 新經濟福利指標（NEW）主張要從 GNP 中，再增加下列那一項？　(A)家庭主婦工資的設算　(B)空氣污染防治投資　(C)水污染防治設備　(D)國防預算。

答：(A)

第五節　家戶所得分配

用來測定所得分配是否平均之方法，有下列二種：

一、洛侖氏曲線（Lorenz Curve）

由低所得戶逐漸往高所得戶累計之戶數百分比與其所對應之所得擁有比例之百分比而形成的曲線，曲度愈大，愈不平均；反之，愈平均。

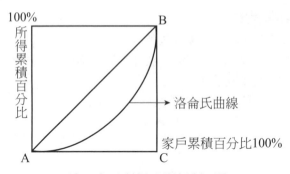

AB 線：表示所得分配絕對平均。

ACB 線：表示所得分配絕對不平均。

二、吉尼係數

若同時有數個所得分配要比較，採洛侖氏曲線，則容易造成誤判，且不方便，若能將所得分配予以量化，如此使用上更為便利。

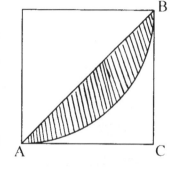

$$吉尼係數（G）= \frac{\text{AB}}{\triangle \text{ABC}}$$

(一)如果所得分配絕對平均則洛侖氏曲線與AB線重合，則面積為零，即 G＝0。

(二)如果所得分配絕對不平均則洛侖氏曲線與ΔABC相等，則G＝1。

故吉尼係數（G）介於 0 與 1 之間。

即時演練 ⬇

1. 如果所得分配絕對平均，則洛侖氏曲線（Lorenz Curve）為： (A)一曲線 (B)對角直線 (C)無法確定 (D)直角變曲線。

答：(B)

2. 一般所見的洛侖氏曲線（Lorenz Curve）是指圖中的那一條線？ (A) a (B) b (C) c (D)以上皆是。

答：(C)

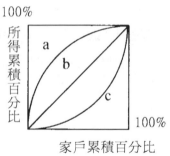

3. 如果一國所得分配愈不平均，貧富差距持續擴大。該國的吉尼係數（Gini Coefficient）會愈來愈： (A)大 (B)小 (C)接近0 (D)接近0.5。（普考）

答：(A)

4. 吉尼（Gini）係數可用以表示： (A)所得的成長 (B)所得分配的平均度 (C)物價的增加率 (D)以上皆非。

答：(B)

5. 勞倫茲曲線（Lorenz Curve）愈靠近對角線時，表示： (A) 較低所得者正在成長 (B) 較高所得者正在成長 (C) 所得愈平均 (D) 所得愈不平均。（100 經濟部財會）

答：(C)

6. 衡量所得分配的指標包括洛侖士曲線（Lorenz curve）和吉尼係數（Gini coefficient），下列敘述何者正確？ (A)當所得分配越平均時，洛侖士曲線越遠離45度對角直線 (B)當洛侖士曲線越遠離對角直線，吉尼係數越小 (C)全球化使得各國的吉尼係數越來越小 (D)當所得分配越平均時，洛侖士曲線越接近45度對角直線。（99普）

答：(D)

7. 吉尼係數（Gini coefficient）等於 0 時，表示： (A)所得分配為絕對均等 (B)所得分配為絕對不均等 (C)摩擦性失業率等於 0 (D)結構性失業率等於 0。（97普）

答：(A)

8. 下列有關洛侖士曲線（Lorenz curve）的敘述，何者正確？ (A)橫軸為家戶累計百分比 (B)縱軸為家戶累計百分比 (C)橫軸為物價上漲百分比 (D)縱軸為物價上漲百分比。（97地四）

答：(A)

第十七章 / 古典模型

重點叮嚀

請讀者們研讀第三節時注意古典學派的勞動市場對物價和名目工資的假設,古典學派的總供給曲線形狀。第四節裡古典學派的貨幣數量學說認為當貨幣供給增減,則物價也同比例增減,這個結論很重要考試很常考。

第一節 古典學派

一、以Keynes之觀點來劃分,在1776～1890年,之經濟主張謂之古典學派。其代表人物有:

亞當斯密(Adam Smith)	1723～1790年

著有「國富論」(The Wealth of Nation),強調完全競爭分工合作,遵守價格機能之運作,透過自由貿易,二國的福利水準皆會提高。

賽伊(J. B. Say)	1767～1832年

提出供給創造本身之需求之看法,即「賽伊法則」,所以古典學派沒有需求法則,需求面附在供給面上。

大衛李佳圖(David Ricardo)	1772～1823年

著有「政治經濟原則與稅收」(Principles of Political Economy and Taxation),提出差別地租理論,並說明了因農產品價格上漲,導致地租上漲之因果關係。

馬爾薩斯（Malthus）	1776～1834年

提出 "工資鐵率" 之主張，認為工人所得的薪資只能維持在一個最低的生活水準階段。並強調整個社會商品增加的速度，一定比不上人口增加的速度。

馬克斯（Karl Marx）	1818～1883年

主張資本家的報酬是一種剝削，對勞動供給者僅付給低微的工資，而大部的利潤全歸資本家所得。著有「資本論」（Das Capital）。

二、古典學派的假設條件

(一)完全競爭：價格機能充分運作。

(二)經濟理性：家計部門追求效用極大。企業部門追求利潤極大。

(三)貨幣之功能僅是交易媒介：因為生產面＝支出面，所以貨幣不會被窖藏。

(四)賽伊法則（Say's Law）成立。

即時演練

1. 亞當史密斯（Adam Smith）認為如果每個人都追求自我的利益將能產生社會利益，此一機制被稱為：　(A)商業體系　(B)公共財　(C)外部性的消除　(D)看不見的手。（普考）

答：(D)

2. 馬爾薩斯（Malthus）人口論的主要結論為下列何者？　(A)工資會一直降低直到僅能勉強維持一般工作者的生活　(B)工資會一直升高直到人口的成長迫使其穩定　(C)若缺乏技術的創新，則工資會一直降低　(D)工資會一直升高以避免饑荒的發生。（普考）

答：(A)

3. 在經濟學中，我們比喻什麼是「一隻看不見的手」？　(A)利潤　(B)地租　(C)價格機能　(D)生產因素。（普考）

答：(C)

4. 何謂賽伊法則（Say's Law）。

答：古典學派之學者賽伊（Say）的主張，供給創造本身之需求，稱為賽伊法則（Say's Law）。

第二節　勞動市場與生產函數

一、生產函數

(一)$y = f(N)$

(二)$MPPN = \dfrac{\Delta y}{\Delta N} > 0$（勞動之邊際生產力大於 0）

(三)$\dfrac{\Delta MPP_N}{\Delta N} < 0$（勞動之邊際生產力遞減）

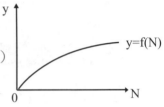

二、勞動市場

(一)勞動供給：$N^s = N^s\left(\dfrac{W}{P}\right)$ 表示勞動供給函數，為實質工資率之增函數。

(二)勞動需求：$N^d = N^d\left(\dfrac{W}{P}\right)$ 表示勞動需求函數，為實質工資率之減函數。

(三)均衡：$N^s = N^d$ 決定了均衡的就業量（N_f）與實質工資率（$\dfrac{W}{P}$）$_f$。在物價（P）與工資（W）上下伸縮的假設下，充分就業（N_f）可自然達成。

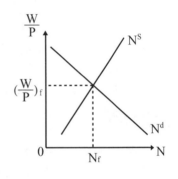

即時演練 ⬇

1. 古典學派之總體勞動市場之特性為：　(A)勞動需求為名目工資之函數　(B)名目工資具有僵硬性　(C)實質工資可自由調整　(D)以上皆非。（普考）

答：(C)

2. 下列有關古典學派的總合供給線之敘述，何者正確？　(A)假設貨幣工資具有僵固性　(B)勞動市場存在失業　(C)總合供給線為一垂直線　(D)總合供給線上每一點代表商品市場與貨幣市場達成均衡。（99普）

答：(C)。(A)貨幣工資具有僵固性是凱因斯學派的假設。(B)古典學派設為勞動市場永遠是均衡的，充分就業是常態。(D)凱因斯學派的總合需求曲線，線上每一點代表商品市場和貨幣市場達成均衡。

第三節　商品市場之供給面與需求面

一、商品市場之供給面（AS）

(一) $y = f(N)$ 生產函數

(二) $\begin{cases} N^d = N^d(\dfrac{W}{P}) \\ N^s = N^s(\dfrac{W}{P}) \text{ 勞動市場} \\ N^d = N^s \end{cases}$

重要 (三) 假設：物價（P）與名目工資（W）均可上下伸縮。

利用(一)～(三)可導出古典學派的AS曲線。

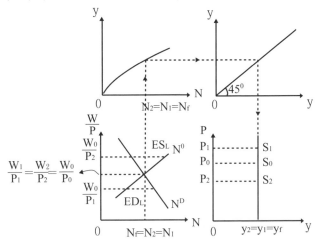

說明：

1. 當 $P_0 \downarrow \rightarrow P_2 \xrightarrow{\overline{W_0}} \dfrac{W_0}{P_0} \uparrow \rightarrow \dfrac{W_0}{P_2} \rightarrow ES_L$（古典假設 $P\updownarrow$、$W\updownarrow$）$\rightarrow W_0 \downarrow \rightarrow W_2$

$\dfrac{W_2}{P_2} = \dfrac{W_0}{P_0}$，$N_2 = N_f$，$y_2 = y_f$

2. 當 $P_0 \uparrow \rightarrow P_1 \xrightarrow{\overline{W_0}} \dfrac{W_0}{P_0} \downarrow \rightarrow \dfrac{W_0}{P_1} \rightarrow ED_L$（古典假設 $P\updownarrow$、$W\updownarrow$）$\rightarrow W_0$

$\dfrac{W_1}{P_1} = \dfrac{W_0}{P_0}$，$N_1 = N_f$，$y_1 = y_f$

連接 S_0，S_1，S_2，則成古典的AS曲線。

結論：充分就業在古典模型乃常態，且勞動量等於充分就業時之勞動量（N_f），產出等於充分就業時之產出（y_f）。

即時演練 ⬇

1. 在古典學派模型中，實質產出由供給面決定，其原因何在？　(A)物價下跌導致實質工資上漲，使實質產出減少　(B)物價下跌導致名目工資上漲，使均衡就業量減少　(C)物價下跌導致名目工資等比例下跌，使均衡就業量維持不變　(D)物價下跌導致實質工資下跌，進一步使實質產出增加。（98地三）

　　答：(C)。古典學派假設物價和名目工資可以自由調整，當物價下跌，則名目工資亦同比例下降，最後實質工資率不變，就業量亦將不變，所以供給面的產出，仍是充分就業的產出。

2. 古典學派（Classical School）的長期總合供給線之形狀為：　(A)產出水準固定的垂直線　(B)物價水準固定的水平線　(C)正斜率的曲線　(D)斜率先正後負的後彎曲線。（99高）

　　答：(A)。古典學派的總合供給曲線：

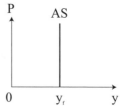

3. 古典學派之總供給曲線為：　(A)總產出為物價水準之遞減函數　(B)總產出為物價水準之遞增函數　(C)總產出固定於某一水準之曲線　(D)以上皆非。

　　答：(C)

4. 有關古典學派的總合供需分析，以下敘述何者正確？　(A)若生產技術進步，將使均衡產出與物價都上升　(B)貨幣供給增加，產出不會變動而物價會上升　(C)總產出由需求面決定　(D)物價變動時，貨幣（名目）工資仍維持不變。（99地四）

　　答：(B)。

　　古典學派的總合供給曲線為垂直線，當貨幣供給增加，將使總合需求曲線向右移動，只造成物價上升，$(P_0 \uparrow \rightarrow P_1)$，而產出$(y_f)$不變。

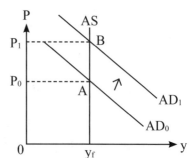

5. 根據古典學派模型，下列何種事件會使總合供給線左移？　(A)公共支出減少　(B)貨幣供給減少　(C)創新的管理技術　(D)政府增加對工資課稅。（99地三）

> 答：(D)。(A)總合需求曲線左移。(B)總合需求曲線左移。(C)總合供給曲線右移。

二、商品市場之需求面（AD）

由賽伊法則（Say's Law）：供給創造本身的需求（Supply creats its own demand）。且貨幣僅是交易的媒介，則AS＝AD，即AS線與AD線重合。

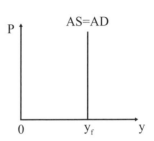

第四節　貨幣市場

古典學派引入貨幣市場之目的是為了決定物價（P），並非利率（r）。

一、古典學派的貨幣數量學說

(一)由MV＝py　謂之費雪（Fisher）交易方程式。

式中M：貨幣供給量

V：貨幣之交易流通速度

P：一般物價水準

y：實質所得

(二)由M＝kpy　謂之劍橋（Cambridge）學派之交易方程式。

k：保有一單位貨幣之平均期間。

重要 **二、貨幣中立性**

均衡的實質變數（實質所得（y），實質利率（i），就業量（N），實質儲蓄（s）），不受貨幣變數的影響，貨幣僅與物價同比例增減。故貨幣乃一層面紗（evil）。

即時演練 ⬇

1. 根據簡單的貨幣數量學說（Quantity Theory of Money），貨幣供給變動6.5%將導致下列那種影響？　(A)實質國民生產毛額變動6.5%　(B)名目國民生產毛額變動6.5%　(C)流通速度變動6.5%　(D)總合供給變動6.5%。（普考）

   答：(B)。由 $MV = py = Y$　Y：名目所得

   將 $MV = Y$ 取自然對數，全微分得到 $d\ell nM + d\ell nV = d\ell nY$

   即 $\hat{M} + \hat{V} = \hat{Y}$，若 $\hat{V} = 0$，當 $\hat{M} = 6.5\%$，則 $\hat{Y} = 6.5\%$。

2. 貨幣數量學說中之流通速度係指：　(A)單位商品轉手之次數　(B)單位貨幣轉手之次數　(C)為所得之函數　(D)以上皆非。（普考）

   答：(B)

3. 在古典學派理論中，貨幣數量增加：　(A)利率下降　(B)實質所得增加　(C)物價水準下降　(D)以上皆非。（普考）

   答：(D)。由 $MV = py$ 在 $V = \tilde{V}$，$y = y_f$ 情況下，當 $M\uparrow \to P\uparrow$，反之 = $M\downarrow \to P\downarrow$。

三、古典二分法

實質部門（包括生產函數，勞動市場，資本市場）單獨決定所有的實質變數（包括實質所得，就業量，實質利率，實質工資率），不受貨幣部門（包括債券市場，貨幣市場）之影響，而貨幣部門結合實質部門，決定所有的名目變數（包括名目工資，名目所得，名目利率）。

第五節　債券市場

古典學派假設市場乃完全競爭，所以供給＝需求。

由底下之說明：

債券市場		可貸資金市場		資本市場
債券供給者	＝	資金的需求者	＝	投資者
債券需求者	＝	資金的供給者	＝	儲蓄者

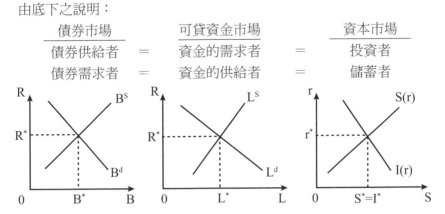

可知債券市場與可貸資金市場，資本市場三者皆為一體兩面。

即時演練

1. 下列各敘述，何者為偽？

(A)可貸資金的供給量與利率有直接關聯

(B)可貸資金的供給曲線為正斜率

(C)政府部門不需要可貸資金，因政府部門資金不足時可課稅

(D)儲蓄者乃消費少於所得的這群人。（普考）

答：(C)

2. 依據古典學派，儲蓄為利率之：

(A)遞減函數　　　　　　　(B)遞增函數

(C)無關係　　　　　　　　(D)不確定。（普考）

答：(B)

第十八章／簡單的凱因斯模型(45度線模型)

重點叮嚀

第三節是本章的重點，請讀者們要耐心的逐題作完「即時演練」，因為這一節的考題都是一連串的題組，例如，會先問你均衡所得為何？有何缺口？缺口有多少？如何消除這個缺口？由於有清晰的出題軌跡，所以準備起來應該不會很吃力。第七節探討節儉矛盾對於儲蓄有何影響，要分兩種情況來討論，因為每一種狀況下該結果是不同的。第八節則需留意自動穩定機能有那些項目，對經濟體系會產生什麼影響。

第一節　消費、儲蓄和可支配所得的關係

一、凱因斯（Keynes）消費的基本心理法則可知

　　(一)可支配所得（Y_D）↑則消費（C↑）。

　　(二)可支配所得的增量（ΔY_D）大於消費的增量（TC），則$\Delta Y_D > \Delta C > 0$。

　　　　將(二)$\Delta Y_D > \Delta C > 0$ 各除ΔY_D得$0 < \dfrac{\Delta C}{\Delta Y_D} < 1$，即$0 < MPC < 1$。

二、消費函數

　　$C = f（Y_D，其他因素）= C_0 + bY_D$

　　式中C_0：自發性消費支出；bY_D：所得誘發的消費支出

　　令$\dfrac{\Delta C}{\Delta Y_D} = MPC$（邊際消費傾向）

　　$\dfrac{C}{Y_D} = APC$（平均消費傾向）

　　由上述可知Keynes之消費函數表示：當期消費，受當期可支配所得之影響。

三、儲蓄函數

由 $Y_D = C + S$，$C = C_0 + bY_D$

故 $S = Y_D - C = Y_D - (C_0 + bY_D) = -C_0 + (1-b)Y_D$

令 $\dfrac{\Delta S}{\Delta Y_D} = MPS$（邊際儲蓄傾向）；$\dfrac{S}{Y_D} = APS$（平均儲蓄傾向）

由 $Y_D = C + S$

各除以 Y_D 得 $1 = \dfrac{C}{Y_D} + \dfrac{S}{Y_D}$　即 $1 = APC + APS$

對 ΔY_D 微分得 $1 = \dfrac{\Delta C}{\Delta Y_D} + \dfrac{\Delta S}{\Delta Y_D}$　即 $1 = MPC + MPS$

當 $C = C_0 + bY_D$

各除以 Y_D 得 $\dfrac{C}{Y_D} = \dfrac{C_0}{Y_D} + \dfrac{bY_D}{Y_D}$　即 $APC = \dfrac{C_0}{Y_D} + b$

對 ΔY_D 微分得 $\dfrac{\Delta C}{\Delta Y_D} = 0 + b$　即 $MPC = b$

所以 $APC = \dfrac{C_0}{Y_D} + MPC$，故 $APC > MPC$。

即時演練 ⬇

1. 邊際消費傾向（Marginal propensity to consume，簡稱 MPC）是指：　(A)平均每一單位可支配所得中，用來消費的比例　(B)當可支配所得變動一單位時，在消費上所引起的變動量　(C)當可支配所得變動一單位時，在儲蓄上所引起的變動量　(D)以上皆非。

答：(B)

2. 假設民間消費函數為 $C = a + bY_D$，（$a > 0$，$1 > b > 0$）儲蓄函數 $S = Y_D - C$，請問下列情況，何者不正確？　(A)$0 < MPC < 1$，$APC > MPC$　(B)APC 隨所得增加而下降　(C)$APS < MPS$　(D)APS隨所得增加而下降。

答：(D)。由 $S = -a + (1-b)Y_D$

若 $\dfrac{S}{Y_D} = -\dfrac{a}{Y_D} + (1-b)$，即 $APS = -\dfrac{a}{Y_D} + (1-b)$。

$\dfrac{\Delta APS}{\Delta Y_D} = -a \cdot (-1)Y_D^{-2} = \dfrac{a}{Y_D^{2}} > 0$，表示 Y_D 與 APS 成正向變動。

3. 設消費函數為 $C=100+0.75Y_D$，請問下列那一項是正確的？　(A)APS＝0.25　(B)收支平衡時，$Y_D=400$　(C)邊際消費傾向，隨可支配所得Y_D的增加而遞減　(D)平均消費傾向APC＝0.75。（普考）

答：(B)。

(A) $S=-100+0.25Y_D$，若 $\dfrac{S}{Y_D}=\dfrac{-100}{Y_D}+0.25$，即 $APS=\dfrac{-100}{Y_D}+0.25$

(B)收支平衡時 $Y^*=100+0.75Y$，即 $Y=400$

(C)$MPC=\dfrac{\Delta C}{\Delta Y_D}=0.75$　　$\dfrac{\Delta MPC}{\Delta Y_D}=\dfrac{\Delta(0.25)}{\Delta Y_D}=0$

(D)$C=100+0.75Y_D$，若 $\dfrac{C}{Y_D}=\dfrac{100}{Y_D}+0.75$，即 $APC=\dfrac{100}{Y_D}+0.75$

第二節　事前（預擬）、事後（實現）之概念

一、事前（預擬）

在一段經濟期間的期初，經濟單位所從事的經濟行為。

二、事後（實現）

在一段經濟期間的終了，經濟單位實際發生的經濟行為。

「均衡」是屬於事前的概念，例如事前的投資（I^P）未必等於事前的儲蓄（S^P），但事後經由非意願存貨的調整，事後的投資（I^r）必等於事後的儲蓄（S^r）。

例題 事前的消費 $C^P=100+0.8Y$，事前的投資 $I^P=60$

分成三種情況討論：

1. 當 $Y=800$ 時

$C^P=100+0.8\times800=740$

$S^P=Y-C^P=800-740=60$

$AD=C^P+I^P=740+60=800$

$AS=C^P+S^P=740+60=800$

$AD=AS$，所以 $C^P=C^r=740$，$I^P=I^r=60$

即 $S^P=S^r=60$，故 $I^r=S^r$

2. 當 Y＝1,000 時

$C^P＝100＋0.8×1,000＝900$，$S^P＝1,000－900＝100$

$AD＝C^P＋I^P＝900＋60＝960$，$AS＝C^P＋S^P＝900＋100＝1,000$

AS>AD 供給過剩，存貨增加。

則 $I^r＝I^P＋存貨＝60＋40＝100$

$C^r＝C^P＝900$，$S^r＝S^P＝100$，故 $I^r＝S^r$

3. 當 Y＝700 時

$C^P＝100＋0.8×700＝600$，$S^P＝700－660－40$

$AD＝C^P＋I^P＝660＋60＝720$，$AS＝C^P＋S^P＝660＋40＝700$

AD>AS，需求過多，存貨減少。

則 $I^r＝I^P＋存貨＝60－20＝40$

$C^r＝C^P＝660$，$S^r＝S^P＝40$，故 $I^r＝S^r$

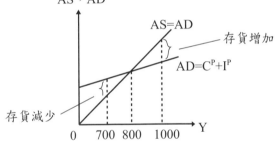

即時演練

1. 設消費函數為$C＝150＋0.8Y_D$，當可支配所得為若干時，預擬儲蓄為？

(A) 150　(B) 450　(C) 750　(D)以上皆非。（普考）

答：(C)。由$S^P＝Y_D－C^P$

當$S^P＝0$ 時，$Y_D＝C^P$，即$Y_D＝150＋0.8Y_D$，$Y_D＝750$

2. 設消費函數為$C＝100＋0.8Y_D$，當可支配所得$Y_D＝600$ 時：　(A)預擬儲蓄為 20　(B)預擬消費為 500　(C)預擬儲蓄為 580　(D)以上皆非。

答：(A)。$Y_D＝600$，則$C^P＝100＋0.8×600＝580$

$S^P＝Y_D－C^P＝600－580＝20$

第三節 均衡所得的決定

一、總合供給（AS）

$$AS \equiv 名目\ GNP \equiv \sum_{i=1}^{n} PiQi$$

二、總合需求（AD）

三、商品市場之均衡條件式

事前：1. AS>AD ⇒ 存貨增加 ⇒ 裁員減少生產 ⇒ Y↓

2. AS<AD ⇒ 存貨減少 ⇒ 增加雇用生產 ⇒ Y↑

3. AS＝AD ⇒ 存貨不再變動，達成均衡。

二部門：家計和企業 ⇒ AD＝C＋I

三部門：家計和企業與政府 ⇒ AD＝C＋I＋G

四部門：家計和企業與政府和國外部門 ⇒ AD＝C＋I＋G＋（X－M）

當總供給（AS＝Y）等於總需求（AD），即可求出均衡所得（Y）。

二部門均衡時：Y＝C＋I

三部門均衡時：Y＝C＋I＋G

四部門均衡時：Y＝C＋I＋G＋（X－M）

第四節 乘數理論

一、二部門

已知 $\begin{cases} C = C_0 + bY \\ I = I_0 \end{cases}$

均衡時 AS＝AD，即 $Y = C + I \Leftrightarrow Y = C_0 + bY + I_0$，

左右全微分 $\Rightarrow \Delta Y = \Delta C_0 + b\Delta Y + \Delta I_0$

$\dfrac{\Delta Y}{\Delta C_0} = \dfrac{1}{1-b}$ 消費支出乘數（令$\Delta I_0 = 0$）

$\dfrac{\Delta Y}{\Delta I_0} = \dfrac{1}{1-b}$ 投資支出乘數（令$\Delta C_0 = 0$）

二、三部門

已知 $\begin{cases} C=C_0+bY_D \\ I=I_0 \\ G=G_0 \\ Y_D=Y-T，T可分成下列三種形式 \end{cases}$

(一)$T=T_0$（定額稅）

均衡時 AS＝AD 即 $Y=C+I+G \Leftrightarrow Y=C_0+b（Y-T_0）+I_0+G_0$

左右全微分

$(1-b)\Delta Y=\Delta C_0-b\Delta T_0+\Delta I_0+\Delta G_0$

$\dfrac{\Delta Y}{\Delta C_0}=\dfrac{1}{1-b}$ 消費支出乘數（令$\Delta I_0=\Delta G_0=\Delta T_0=0$）

$\dfrac{\Delta Y}{\Delta T_0}=\dfrac{-b}{1-b}$ 定額稅乘數（令$\Delta I_0=\Delta G_0=\Delta C_0=0$）

$\dfrac{\Delta Y}{\Delta I_0}=\dfrac{1}{1-b}$ 投資支出乘數（令$\Delta C_0=\Delta T_0=\Delta C_0=0$）

$\dfrac{\Delta Y}{\Delta G_0}=\dfrac{1}{1-b}$ 政府支出乘數（令$\Delta C_0=\Delta I_0=\Delta T_0=0$）

(二)$T=tY$（比例稅），$t>0$，固定稅率

均衡時 AS＝AD 即 $Y=C+I+G \Leftrightarrow Y=C_0+b（Y-tY）+I_0+G_0$　左右全微分

$\Rightarrow \Delta Y=\Delta C_0+b\Delta Y-b（t\Delta Y+Y\Delta t）+\Delta I_0+\Delta G_0$

$\Rightarrow (1-b+bt)\Delta Y=\Delta C_0-bY\Delta t+\Delta I_0+\Delta G_0$

$\dfrac{\Delta Y}{\Delta C_0}=\dfrac{1}{1-b+bt}$ 消費支出乘數（令 $\Delta t=\Delta I_0=\Delta G_0=0$）

$\dfrac{\Delta Y}{\Delta t}=\dfrac{-bY}{1-b+bt}$ 稅率乘數（令 $\Delta C_0=\Delta I_0=\Delta G_0=0$）

$\dfrac{\Delta Y}{\Delta I_0}=\dfrac{1}{1-b+bt}$ 投資支出乘數（令$\Delta C_0=\Delta t=\Delta G_0=0$）

$\dfrac{\Delta Y}{\Delta G_0}=\dfrac{1}{1-b+bt}$ 政府支出乘數（令 $\Delta C_0=\Delta I_0=\Delta t=0$）

(三)$T = T_0 + tY$，綜合稅，$T_0 > 0$，$t > 0$，

均衡時，$AS = AD$，即 $Y = C + I + G \Leftrightarrow Y = C_0 + b(Y - T_0 - tY) + I_0 + G_0$

左右全微分

$\Rightarrow \Delta Y = \Delta C_0 + b\Delta Y - b\Delta T_0 - bY\Delta t + \Delta I_0 + \Delta G_0 - bt\Delta Y$

$\Rightarrow (1 - b + bt)\Delta Y = \Delta C_0 - bY\Delta t + \Delta I_0 + \Delta G_0 - b\Delta T_0$

$\dfrac{\Delta Y}{\Delta C_0} = \dfrac{1}{1 - b + bt}$ 消費支出乘數（令 $\Delta I_0 = \Delta G_0 = \Delta T_0 = \Delta t = 0$）

$\dfrac{\Delta Y}{\Delta I_0} = \dfrac{1}{1 - b + bt}$ 投資支出乘數（令 $\Delta C_0 = \Delta G_0 = \Delta T_0 = \Delta t = 0$）

$\dfrac{\Delta Y}{\Delta t} = \dfrac{-bY}{1 - b + bt}$ 稅率乘數（令 $\Delta C_0 = \Delta I_0 = \Delta G_0 = \Delta_0 = 0$）

$\dfrac{\Delta Y}{\Delta G_0} = \dfrac{-b}{1 - b + bt}$ 政府支出乘數（令 $\Delta C_0 = \Delta I_0 = \Delta T_0 = \Delta t = 0$）

$\dfrac{\Delta Y}{\Delta T_0} = \dfrac{-b}{1 - b + bt}$ 定額稅乘數（令 $\Delta C_0 = \Delta I_0 = \Delta G_0 = \Delta t = 0$）

三、四部門

已知 $C = C_0 + bY_D$

$I = I_0$

$G = G_0$

$Y_D = Y - T$

$T = T_0$

$X = X_0$（X_0 自發性出口）

$M = M_0 + mY$（M_0 自發性進口，m 為邊際進口傾向）

均衡時 $AS = AD$，即 $Y = C + I + G + (X - M) \Leftrightarrow Y = C_0 + b(Y - T_0) + I_0 + G_0 + X_0 - M_0 - mY$

左右全微分

$\Rightarrow \Delta Y = \Delta C_0 + b\Delta Y - b\Delta T_0 + \Delta I_0 + \Delta G_0 + \Delta X_0 - \Delta M_0 - m\Delta Y$

$\Rightarrow (1 - b + m)\Delta Y = \Delta C_0 + \Delta I_0 + \Delta G_0 + \Delta X_0 - \Delta M_0 - b\Delta T_0$

$\dfrac{\Delta Y}{\Delta C_0} = \dfrac{1}{1 - b + m}$ 消費支出乘數

$\dfrac{\Delta Y}{\Delta I_0} = \dfrac{1}{1 - b + m}$ 投資支出乘數

$\dfrac{\Delta Y}{\Delta G_0} = \dfrac{1}{1 - b + m}$ 政府支出乘數

$$\frac{\Delta Y}{\Delta X_0} = \frac{1}{1-b+m} \text{ 出口支出乘數}$$

$$\frac{\Delta Y}{\Delta M_0} = \frac{-1}{1-b+m} \text{ 進口乘數}$$

$$\frac{\Delta Y}{\Delta T_0} = \frac{-b}{1-b+m} \text{ 定額稅乘數}$$

即時演練 ⬇

1. 已知：$Y=C+I+G$，$C=100+0.75Y_D$，$I=400$，$G=600$，$T=400$，$Y_D=Y-T$。求算在均衡狀態時之下列數值：

(1) Y　(2) C　(3) S　(4) MPC 及 APC　(5) MPS 及 APS。

答：(1)由 $AS=AD$，$Y=C+I+G \Rightarrow Y=100+0.75（Y-400）+400+600$

　　　$0.25Y=800$，$Y=3,200$

　　(2)$C=100+0.75（Y-400）$ 將 $Y=3,200$ 代入，得 $C=2,200$

　　(3)$S=Y_D-C（Y-T）-C=（3,200-400）-2,200=600$

　　(4)$MPC=\dfrac{\Delta C}{\Delta Y}=0.75$，$APC=\dfrac{C}{Y}=\dfrac{2,200}{3,200}=0.6875$

　　(5)$MPS=1-MPC=1-0.75=0.25$

　　　$APS=1-APC=1-0.6875=0.3125$

2. 設有下列總體模型

　　$Y=C+I+G$　　　Y：所得

　　$C=100+0.8Y_D$　　C：消費支出

　　$Y_D=Y-T$　　　　Y_D：可支用所得

　　$T=20+0.15Y$　　 T：租稅

　　$I=300$　　　　　 I：投資支出

　　$G=400$　　　　　 G：政府財政支出

試求其均衡所得，消費支出及投資乘數。

答：(1)由 $AS=AD \Rightarrow Y=C+I+G \Rightarrow Y=100+0.8（Y-20-0.15Y）+$

　　　$300+400$

　　　　$\Rightarrow Y=100+0.8（0.85Y-20）+300+400 \Rightarrow 0.32Y=816 \Rightarrow Y=2,550$

　　(2)令 $C=C_0+bY_D$，$Y_D=Y-T$，$T=T_0+t$，$I=I_0$，$G=G_0$

　　　　$\Rightarrow Y=C_0+b（Y-T）+I_0+G_0$

　　　　$\Rightarrow Y=C_0+b（Y-T_0-tY）+I_0+G_0$　左右全微分

　　　　$\Delta Y=\Delta C_0+b\Delta Y-b\Delta T_0-bt\Delta Y+\Delta I_0+\Delta G_0$

消費支出乘數 $\dfrac{\Delta Y}{\Delta C_0} = \dfrac{1}{1-b+bt} = \dfrac{1}{1-0.8+0.8\times0.15} = 3.125$

（令 $\Delta T_0 = \Delta I_0 = \Delta G_0 = 0$）

投資支出乘數 $\dfrac{\Delta Y}{\Delta I_0} = \dfrac{1}{1-b+bt} = \dfrac{1}{1-0.8+0.8\times0.15} = 3.125$

（令 $\Delta T_0 = \Delta C_0 = \Delta G_0 = 0$）

3. 就開放經濟與封閉經濟互相比較，兩者之支出乘數大小為：　(A)開放經濟之支出乘數較大　(B)封閉經濟之支出乘數較大　(C)相等　(D)很難比較。（普考）

答：(B)。開放經濟指的是考慮國外部門（即四部門），而封閉經濟是不考慮國外部門，包括二部門、三部門。

假設四部門模型為 $C = C_0 + bY_D$，$I = I_0$，$G = G_0$，$Y_D = Y - T$，$T = T_0$，$X = X_0$，$M = M_0 + mY$

其消費支出乘數為 $\dfrac{\Delta Y}{\Delta C_0} = \dfrac{1}{1-b+m}$

假設三部門模型為 $C = C_0 + bY_D$，$I = I_0$，$G = G_0$，$Y_D = Y - T$，$T = T_0$

其消費支出乘數為 $\dfrac{1}{b-1}$，而 $\dfrac{1}{b-1} > \dfrac{1}{1-b+m}$

4. 如果以 Y_D 表示可支配所得，以 Y 表示國民生產毛額，而社會的消費函數、稅收函數，和輸入函數分別是 $C = 100 + 0.75Y_D$，$T = 40 + 0.2Y$，和 $Z = 70 + 0.4Y$；且當政府實質性支出 G＝200，輸出 X＝400，而投資毛額 I＝200 時，(1)試問在均衡狀態下，政府的財政收支有多少盈餘或赤字？貿易收支上有多少盈餘或赤字？又民間有多少的儲蓄？(2)若社會充分就業的國民生產毛額為 1,200 時，為維持充分就業，並同時維持財政收支與貿易平衡，政府實質性支出、輸出與投資毛額應各為多少？

答：(1) $Y = C + I + G + X - Z$

$Y = 100 + 0.75(Y - 40 - 0.2Y) + 200 + 200 + 400 - 70 - 0.4Y$

$Y = 1{,}000$（代入下式）

A. $T - G = 40 + 0.2(1{,}000) - 200 = 40 > 0$（盈餘）

B. $X - Z = 400 - (70 + 0.4 \times 1{,}000) = -70 < 0$（赤字）

C. $S = Y_D - C = (Y - T) - C = (1{,}000 - (40 + 0.2 \times 1{,}000)) -$
$(100 + 0.75(1{,}000 - (40 + 0.2 \times 1{,}000))) = 90$

(2) Y＝1,200 時，
    A. $T＝G \Rightarrow 40＋0.2 \times 1,200＝G \Rightarrow G＝280$
    B. $X＝Z \Rightarrow X＝70＋0.4 \times 1,200＝550$
    C. $C＝100＋0.75（Y－T）＝100＋0.75（1,200－280）＝790$
       $C＋I＋G＋X－Z＝Y$
       $790＋I＋280＋0＝1,200$
       $I＝130$

5. 開放經濟下，商品市場達到均衡時，下列那一項是正確的？　(A)儲蓄－投資＝淨出口　(B)儲蓄－政府預算赤字＝投資＋淨出口　(C)儲蓄＝投資＋政府預算赤字　(D)儲蓄＝政府預算赤字＋淨出口。（99地四）

  答：(B)。$Y＝C＋I＋S＋（X－M）$
    $Y＝C＋S＋T$
    $C＋I＋G＋（X－M）＝C＋S＋T$
    $I＋G＋（X－M）＝S＋T$
    $I＋（X－M）＝S＋（T－G）$
    $I＋（X－M）＝S－（G－T）$
    投資＋淨出口＝儲蓄－（政府預算赤字）

6. 在凱因斯模型中，消費函數為$C＝100＋0.8Y$，投資$I＝30$，政府支出$G＝20$，出口$X＝20$，進口$M＝15$，均衡所得為何？　(A)750　(B)775　(C)800　(D)825。（99台電）

  答：(B)。由$AD＝C＋I＋G＋X－M$，
    即$AD＝100＋0.8Y＋30＋20＋20－15$，均衡時$AS＝AD$，
    故$Y＝100＋0.8Y＋30＋20＋20－15$，得$Y－0.8Y＝100＋30＋20＋20－15$，即$Y＝775$

7. 若總支出函數為$AE＝1200＋0.8Y$，Y 為實質所得，則自發性支出乘數為何？　(A)0.25　(B)0.8　(C)1.25　(D)5。（99台電）

  答：(D)。由$AE＝A_0＋bY$，均衡時$AS＝AE$，即$AS＝A_0＋bY$
    令$AS＝Y$，故$AS＝Y＝A_0＋bY$，所以$Y＝A_0＋bY$，
    方程式左右全微分得$\Delta Y＝\Delta A_0＋b\Delta Y$，即$\Delta Y(1－b)＝\Delta A_0$
    故$\dfrac{\Delta Y}{\Delta A_0}＝\dfrac{1}{(1－b)}$，

    將$b＝0.8$代入得自發性支出乘數為$\dfrac{\Delta Y}{\Delta A_0}＝\dfrac{1}{1－0.8}＝\dfrac{1}{0.2}＝5$

第五節 緊縮缺口與膨脹缺口

一、緊縮缺口（deflationary gap）

為達成充分就業之所得水準所須增加總需求（AD）之數額。（如圖中 dg 所示）

$$緊縮缺口 = \frac{Y_f - Y^*}{乘數}$$

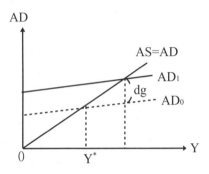

二、膨脹缺口（Inflationary gap）

為避免物質上漲，而維持充分就業之所得水準，所須扣除總需求（AD）之數額（如圖中 Ig 所示）

$$膨脹缺口 = \frac{Y^* - Y_f}{乘數}$$

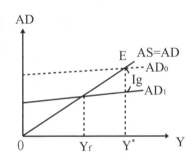

即時演練

1. 令 $C = 100 + 0.8Y_D$，$I = 100$，$G = 50$，$T = 50$，$Y_D = Y - T$

   式中C為民間消費支出，I為民間投資支出，G 為政府購買支出，T 為租稅，Y_D 為可支配所得，且令充分就業之國民所得為 1,200。

   試求：

   (1)均衡國民所得（Y）為若干？

   (2)有緊縮缺口或膨脹缺口存在？為什麼？

   (3)緊縮缺口（或膨脹缺口）為若干？

   (4)均衡時的消費支出（C）為若干？

   (5)均衡時的儲蓄（S）為若干？

   答：(1) $AD = C + I + G$ 均衡時 $AS = AD$ 即 $Y = C + I + G$

   $\Rightarrow Y = 100 + 0.8(Y - 50) + 100 + 50 \Rightarrow 0.2Y = 210 \Rightarrow Y^* = 1,050$

   (2) $Y_f = 1,200 > Y^* = 1,050$ 有緊縮缺口

(3)令 $C=C_0+bY_D$，$I=I_0$，$G=G_0$，$T=T_0$

　$AD=C+I+G$ 均衡時 $AS=AD$，即 $Y=C_0+b（Y-T_0）+I_0+G_0$

　左右全微分

　得 $\Delta Y=\Delta C_0+b\Delta Y-b\Delta T_0+\Delta I_0+\Delta G_0$

　$（1-b）\Delta Y=\Delta C_0-b\Delta T_0+\Delta I_0+\Delta G_0$

　自發性支出乘數 $\dfrac{\Delta Y}{\Delta C_0}=\dfrac{\Delta Y}{\Delta I_0}=\dfrac{\Delta Y}{\Delta G_0}=\dfrac{1}{1-b}=\dfrac{1}{1-0.8}=5$

　緊縮缺口 $=\dfrac{1,200-1,050}{5}=30$

(4)$C=100+0.8（Y-50）$ 將 $Y=1,050$ 代入得 $C=100+0.8（1,050-50）=900$

(5)$S=Y_D-C=（Y-50）-C=（1,050-50）-900=100$

2. 在凱因斯模型中，緊縮缺口（deflationary gap）係指自發性支出：　(A)高於維持充分就業必須之水準的數量　(B)低於維持充分就業必須之水準的數量　(C)等於維持充分就業必須之水準的數量　(D)以上皆非。（普考）

答：(B)

第六節　平衡預算乘數

一、定義

在預算平衡的前提下，同時增加政府的支出與稅收，對所得所產生的乘數效果。

二、平衡預算乘數的計算

已知 $Y=C+I+G$，$C=C_0+bY_D$，$I=I_0$，$G=G_0$

情況(1)$T=T_0$

情況(2)$T=T_0+tY$

(一)令 $\Delta G_0=\Delta T_0=\Delta B$

　情況(1)$T=T_0$

　$Y=C+I+G=C_0+b（Y-T_0）+I_0+G_0$

　$（1-b）Y=C_0-bT_0+I_0+G_0$　左右全微分

　$（1-b）\Delta Y=\Delta C_0-b\Delta T_0+\Delta I_0+\Delta G_0$

$$\frac{\Delta Y}{\Delta B}=\frac{1-b}{1-b}=1$$

情況(2)$T=T_0+tY$

$Y=C+I+G=C_0+b（Y-T_0-tY）+I_0+G_0$

$（1-b+bt）Y=C_0-bT_0+I_0+G_0$

左右全微分

$（1-b+bt）\Delta Y=\Delta C_0-b\Delta T_0+\Delta I_0+\Delta G_0$

$\dfrac{\Delta Y}{\Delta B}=\dfrac{1-b}{1-b+bt}$，在此情況下，平衡預算乘數不等於 1。

(二)令 $\Delta G_0=\Delta T=\Delta B$

情況(1)$T=T_0$

$Y=C+I+G=C_0+b（Y-T）+I_0+G_0$

$（1-b）Y=C_0-bT+I_0+G_0$

左右全微分

$（1-b）\Delta Y=\Delta C_0-b\Delta T+\Delta I_0+\Delta G_0$

$\dfrac{\Delta Y}{\Delta B}=\dfrac{1-b}{1-b}=1$

情況(2)$T=T_0+tY$

$Y=C+I+G=C_0+b（Y-T）+I_0+G_0$

$（1-b）Y=C_0-bT+I_0+G_0$

左右全微分

$（1-b）\Delta Y=\Delta C_0-b\Delta T+\Delta I_0+\Delta G_0$

$\dfrac{\Delta Y}{\Delta B}=\dfrac{1-b}{1-b}=1$

即時演練 ⬇

1. 平衡預算乘數係指何種乘數效果？　(A)政府支出增加一單位　(B)政府支出與稅收淨額作同額度同方向變動　(C)稅收淨額增加一單位　(D)以上皆非。

答：(B)

2. 政府支出且賦稅亦增加，則所得之均衡值：　(A)仍會增加　(B)減少　(C)不變　(D)不確定。

答：(A)

3. 在封閉經濟簡單凱因斯模型中，平衡預算乘數：　(A)等於一　(B)小於一　(C)大於一　(D)以上皆非。（普考）

答：(A)

4. 請回答下列問題：

(1)何謂國民生產毛額（Gross National Product,簡稱GNP）？

(2)假設某國為一個封閉經濟，且其：

消費函數C＝85＋0.5(Y－T)　　　投資函數I＝85

政府支出G＝60　　　　　　　　租稅函數T＝－40＋0.25Y

請求出：

(1)均衡產出為多少？政府預算為赤字或盈餘？

(2)政府的購買由60至85，則該國均衡產出為多少？其政府預算為赤字或盈餘？

(3)投資由85增至120，則該國均衡產出為多少？（100郵政）

答：(1)由 $Y＝C＋I＋G$

$Y＝85＋0.5(Y－T)＋85＋60$

$Y＝85＋0.5(Y＋40－0.25Y)＋85＋60$

$Y＝85＋0.375Y＋20＋85＋60$

$0.625Y＝250$

$Y＝\dfrac{250000}{625}＝400$

將Y＝400代入T＝－40＋0.25Y，得T＝60

G＝60，故T－G＝60－60＝0，（預算平衡）

(2)由 $Y＝C＋I＋G$

$Y＝85＋0.5(Y－T)＋85＋85$

$Y＝85＋0.5(Y＋40－0.25Y)＋85＋85$

$Y＝\dfrac{275000}{625}＝440$，

將Y＝440代入T＝－40＋0.25Y，得T＝70

G＝85，故T－G＝70－85＝－15＜0（赤字）

(3)由 $Y＝C＋I＋G$

$Y＝85＋0.5(Y－T)＋120＋60$

$Y＝85＋0.5(Y＋40－0.25Y)＋120＋60$

$Y＝456$（均衡所得）

第七節　節儉的矛盾

一、意義

當全社會都計劃增加儲蓄，結果所得卻減少，而儲蓄反而不會增加，此現象謂之「節儉的矛盾」。

二、當投資非所得的函數時：$I=I_0$

若 $S_0 \uparrow \rightarrow S_1$，$Y^* \downarrow \rightarrow Y'$ 但 $S^*=S'$，
所以 $I=I_0$ 時，儲蓄不會改變。

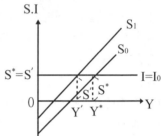

三、當投資為所得的增函數時：$I=I_0+\upsilon Y$

若 $S_0 \uparrow \rightarrow S_1$，$Y^* \downarrow \rightarrow Y'$，且 $S^*>S'$，
所以 $I=I_0+\upsilon Y$ 時，儲蓄反而減少。

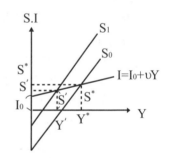

即時演練

➡ 已知消費函數為 $C=100+0.8Y_D$ 為可支配所得，租稅 $TX=10+0.25Y$，Y 為國民所得，投資為 $I=50+0.3Y$，政府支出為 $G=50$（單位：億元），試求：

(1)均衡所得

(2)政府支出乘數

(3)租稅乘數

(4)此一模型可否解釋節約的矛盾（paradox of thrift）。

(5)節約的矛盾和鼓勵儲蓄是否相衝突，試說明之。

答：(1) $Y = C + I + G$

$\quad = 100 + 0.8(Y - 10 - 0.25Y) + 50 + 0.3Y + 50\ Y = 1920$

(2) 令 $C = C_0 + bY_D$

$\quad I = I_0 + \upsilon Y$

$\quad T = T_0 + tY$

$\quad G = G_0$

$\quad Y_D = Y - T$

由 $Y = C + I + G = C_0 + b(Y - T_0 - tY) + I_0 + \upsilon Y + C_0$

$Y = C_0 + bY - bT_0 - btY + I_0 + \upsilon Y + G_0$　左右全微分

$\Delta Y = \Delta C_0 + b\Delta Y - b\Delta T_0 - bt\Delta Y + \Delta I_0 + \upsilon \Delta Y + \Delta G_0$

$(1 - b + bt - \upsilon)\Delta Y = \Delta C_0 - b\Delta T_0 + \Delta I_0 + \Delta G_0$

$\dfrac{\Delta Y}{\Delta G_0} = \dfrac{1}{(1 - b + bt - \upsilon)} = \dfrac{1}{1 - 0.8 + 0.8 \times 0.25 - 0.3} = \dfrac{1}{0.1} = 10$

(3) $\Delta G_0 = \Delta TX = \Delta B$

$Y = C + I + G = C_0 + b(Y - TX) + I_0 + \upsilon Y + G_0 \Rightarrow Y = C_0 + bY - bTX + I_0 + \upsilon Y + G_0$

$\Delta Y = \Delta C_0 + b\Delta Y - b\Delta TX + \Delta I_0 + \upsilon \Delta Y + \Delta G_0$

$(1 - b - \upsilon)\Delta Y = \Delta C_0 - b\Delta TX + \Delta I_0 + \Delta G_0$

$\Rightarrow \dfrac{\Delta Y}{\Delta B} = \dfrac{1 - b}{1 - b - \upsilon} = \dfrac{1 - 0.8}{1 - 0.8 - 0.1} = \dfrac{0.2}{0.2} = 2$

(4) 可以，因 $I = 50 + 0.3Y$，若儲蓄增加，不但所得減少，且造成已實現的儲蓄反而減少。

(5) 節儉矛盾，指的是短期分析，在有效需求不足，社會有閒置的資源，勞動未充分利用，若增加儲蓄，反而使所得減少。所以必須增加有效需求，自發性的支出增加，再透過乘數效果，使得所得倍數增加。所以不應鼓勵儲蓄（儲蓄增加，即自發性的消費減少），但在資本存量不足，且無充裕的產能下，儲蓄的增加，有助於資本的累積，使得供給能力提高，產出水準上升。所以節約儲蓄和節儉矛盾是否有衝突，應視該社會是否有閒置的產能而定。

第八節　自動穩定機能 重要

指在財政制度中，實際已包含一種自我調整的功能，可緩和景氣波動之幅度。

自發穩定機能

誘發性租稅　　　　　　　　失業保險制度

（如：比例說，累進稅）

即時演練

1. 累進稅率（Progressive tax ratio）係指政府稅收在景氣擴張時期，其稅收會增加：　(A)更多　(B)更少　(C)不變　(D)以上皆非。

   答：(A)。累進稅 T＝T（Y），$\frac{\Delta T}{\Delta Y}>0$。

2. 所謂誘發性租稅（Induced taxation）係指：　(A)隨消費提高而使租稅增加　(B)隨進口增加而增加稅收　(C)隨所得提高而使租稅增加　(D)以上皆非。

   答：(C)

3. 下列政府收支具有自動安定機能（Built-in Stabilizer）：　(A)定額稅　(B)累退稅制　(C)失業保險制度　(D)以上皆非。

   答：(C)

4. 各國財政制度中，都有自動安定機能（Built-in Stabilizer），在此種機能之下：　(A)稅收固定　(B)平衡預算乘數必等於一　(C)可緩和景氣波動之幅度　(D)以上皆非。（普考）

   答：(C)

5. 所謂自動安定機能，係指下列那類的政策　(1)一種隨所得而變化的稅收制度　(2)失業保險制度　(3)能使景氣波動趨於緩和之功能的政策，請就下列擇一最佳答案：　(A)(1)＋(2)　(B)(2)＋(3)　(C)(1)＋(3)　(D)(1)＋(2)＋(3)。

   答：(D)

6. 以下何者具有自動穩定機制（automatic stabilizer）的功用？　(A)失業救濟制度　(B)定額稅　(C)公債融通　(D)貨幣融通。（97地四）

   答：(A)

第十九章　IS-LM模型（修正的凱因斯模型）

第一節　IS-LM 模型之假設條件

一、物價僵固。

二、利率為模型內生變數。

三、政府預算限制式：政府支出＝租稅＋貨幣＋債券

$$\left(g=t+\frac{\Delta M^s}{\Delta P}+\frac{\Delta B_g}{\Delta P}\right)$$

四、貨幣供給由央行控制（$M^s=\widetilde{M}$）

五、貨幣需求為所得與利率之函數（$\frac{M^d}{P}=\ell_1(y)+\ell_2(r)$）

第二節　IS 曲線

一、IS 曲線之定義

指其他條件不變下，商品市場均衡時，所得與利率組合之軌跡。

二、IS 曲線之導出

假設：$C=C_0+by_d$，$I=I_0-r\upsilon$，$G=G_0$，$y_d=y-T$，$T=T_0+ty$

$X=X_0$，$M=M_0+my$

IS 曲線之方程式：商品市場均衡時，AS＝AD，即 $y＝C＋I＋G＋X－M$

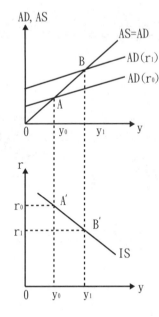

式中 $r_1 < r_0$

IS 線上任何一點，均表示商品市場
達成均衡。例如（A'，B'）。

三、IS 曲線之斜率

由上述所設立之模型

IS 曲線方程式為 $y＝C＋I＋G＋X－M$

即 $y＝C_0＋b（y－T_0－ty）＋I_0－r\upsilon＋G_0＋X_0－M_0＋my$

$\Rightarrow y＝C_0＋by－bT_0－bty＋I_0－r\upsilon＋G_0＋X_0－M_0＋my$

$\Rightarrow （1－b＋bt＋m）y＝C_0－bT_0＋I_0－r\upsilon＋G_0＋X_0－M_0$ 左右全微分

$\Rightarrow （1－b＋bt＋m）dy＝dC_0－bdT_0＋dI_0－\upsilon dr＋dG_0＋dX_0－dM_0$

$\Rightarrow \dfrac{dr}{dy}＝\dfrac{（1－b＋bt＋m）}{－\upsilon}$

四、$\dfrac{\Delta I}{\Delta r}＝－\upsilon＝0$

（即 $\varepsilon_{Ir}＝0$，投資對利率無彈性）

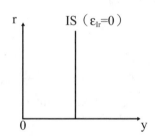

五、$\dfrac{\Delta I}{\Delta r}=-\upsilon=-\infty$

（即 $\varepsilon_{Ir}=-\infty$，投資對利率完全彈性）

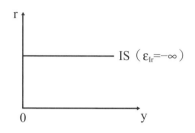

第三節　LM 曲線

一、LM 曲線之定義

指其他條件不變下，貨幣市場均衡時，所得與利率組合之軌跡。

二、LM 曲線之導出

假設：$\dfrac{M^d}{P}=ky+\ell 0-\ell_1 r$

$M^s=\widetilde{M}$

LM曲線之方程式：貨幣市場均衡時，

$\dfrac{M^s}{P}=\dfrac{M^d}{P}$，即 $\dfrac{\widetilde{M}}{P}=ky+\ell 0-\ell_1 r$。

LM 線上任何一點，

均表示貨幣市場達成均衡。

例如（A′，B′）。

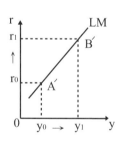

三、LM 曲線之斜率

由上述所設立之模型，LM 曲線方程式為：$\dfrac{\widetilde{M}}{P}=ky+\ell_0-\ell_1 r$

$\Rightarrow ky-\ell_1 r=\dfrac{\widetilde{M}}{P}-\ell_0$　左右全微分

$\Rightarrow kdy-\ell_1 dr=0$

$\Rightarrow \dfrac{dr}{dy}=\dfrac{k}{\ell_1}$　(>0)

四、$\dfrac{\Delta\left(\dfrac{M^d}{P}\right)}{\Delta r}=-\ell_1=0$

（即 $\varepsilon_{\frac{M^D}{P},r}=0$，貨幣需求對利率無彈性）

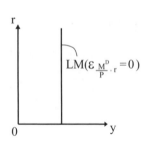

五、$\dfrac{\Delta\left(\dfrac{M^d}{P}\right)}{\Delta r}=-\ell_1=-\infty$

（$\varepsilon_{\frac{M^D}{P},r}=-\infty$，貨幣需求對利率完全彈性）

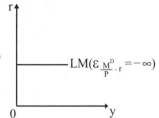

第四節　IS-LM 模型均衡與調整

一、均衡所得，利率之決定

模型：
$$\begin{cases} IS：y=C+I+G+X-M \Leftrightarrow y=C_0+b\,(y-T_0-ty)\,+I_0-r\upsilon+G_0 \\ \qquad\quad +X_0-M_0+my \\ LM：\dfrac{M^s}{P}=\dfrac{M^D}{P}1\dfrac{\widetilde{M}}{P}=ky+\ell_0-\ell_1 r \end{cases}$$

即
$$\begin{cases} (1-b+bt+m)\,y+\upsilon r=C_0-bT_0+I_0+G_0+X_0-M_0 \quad\cdots\cdots① \\ ky-\ell_1 r=\dfrac{\widetilde{M}}{P}-\ell_0 \quad\cdots\cdots② \end{cases}$$

由①②式可解出均衡的所得與（y^*）利率（r^*）。

$$y^*=\dfrac{\begin{vmatrix} C_0-bT_0+I_0+G_0+X_0-M_0 & \upsilon \\ \dfrac{\widetilde{M}}{P}-\ell_0 & -\ell_1 \end{vmatrix}}{\begin{vmatrix} 1-b+bt+m & \upsilon \\ k & -\ell_1 \end{vmatrix}}$$

$$= \frac{-\ell_1（C_0-bT_0+I_0+G_0+X_0-M_0）-\upsilon（\frac{\tilde{M}}{P}-\ell_0）}{（1-b+bt+m）（-\ell_1）-\upsilon k}$$

$$r^* = \frac{\begin{vmatrix} 1-b+bt+m & C_0-bT_0+I_0+G_0+X_0-M_0 \\ k & \frac{\tilde{M}}{P}-\ell_0 \end{vmatrix}}{\begin{vmatrix} 1-b+bt+m & \upsilon \\ k & -\ell_1 \end{vmatrix}}$$

$$= \frac{（1-b+bt+m）（\frac{\tilde{M}}{P}-\ell_0）-k（C_0-bT_0+I_0+G_0+X_0-M_0）}{（1-b+bt+m）（-\ell_1）-\upsilon k}$$

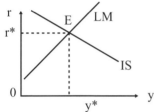

E 點表示商品市場與貨幣市場同時達成均衡。

二、調整過程

(一)商品市場調整 y。（即左右調整）

A 點：有超額供給（$ES_P>0$）所得減少。

B 點：有超額需求（$ED_P>0$）所得增加。

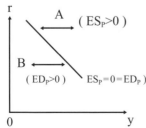

(二)貨幣市場調整 r。（即上下調整）

C 點：有超額需求（$ED_M>0$）利率上升。

D 點：有超額供給（$ES_M>0$）利率下降。

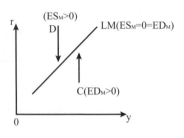

(三)將上下兩圖形合併

1. 第 I 象限：商品市場與貨幣市場均為超額供給。

2. 第Ⅲ象限：商品市場與貨幣市場均為超額需求。

3. 第Ⅱ象限：商品市場有超額供給，貨幣市場有超額需求。

4. 第Ⅳ象限：商品市場有超額需求，貨幣市場有超額供給。

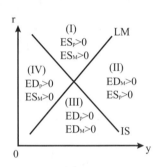

即時演練

1. IS 曲線及 LM 曲線之交點可決定： (A)均衡名目工資率 (B)均衡物價水準 (C)均衡所得水準 (D)均衡實質工資率。

答：(C)

2. 就貨幣市場而言，若所得提高則利率將如何變化？ (A)下降 (B)上升 (C)不變 (D)不確定。（普考）

答：(B)

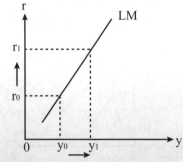

第五節　IS-LM 模型之乘數效果

假設 IS：$y = C + I + G \Leftrightarrow y = C_0 + b(y - T_0 - ty) + I_0 - rv + G_0 + X_0 - M_0 + my$

$\quad$ LM：$\dfrac{\tilde{M}}{P} = ky + \ell_0 - \ell_1 r$

對 IS$-$LM 方程式全微分

$$\begin{cases} \text{IS：}(1 - b + bt + m)\,dy + v\,dr = dC_0 - bT_0 + dI_0 + dG_0 + dX_0 = dM_0 \quad \cdots\cdots① \\ \text{LM：}k\,dy - \ell_1 dr = \dfrac{d\tilde{M}}{P} - d\ell_0 \quad \cdots\cdots② \end{cases}$$

由①②式解 dy 得：

$$dy = \cfrac{\begin{vmatrix} dC_0 - bdT_0 + dI_0 + dG_0 + dX_0 - dM_0 & +v \\[2mm] \dfrac{d\tilde{M}}{P} - d\ell_0 & -\ell_1 \end{vmatrix}}{\begin{vmatrix} 1 - b + bt + m & +v \\[1mm] k & -\ell_1 \end{vmatrix}}$$

$$= \cfrac{\begin{vmatrix} dC_0 - bdT_0 + dI_0 + dG_0 + dX_0 - dM_0 & +v \\[2mm] \dfrac{d\tilde{M}}{P} - d\ell_0 & -\ell_1 \end{vmatrix}}{(1 - b + bt + m)(-\ell_1) - vk}$$

$\dfrac{dy}{dC_0} = \dfrac{-\ell_1}{(1 - b + bt + m)(-\ell_1) - vk}$ 消費支出乘數

$\dfrac{dy}{dT_0} = \dfrac{b\ell_1}{(1 - b + bt + m)(-\ell_1) - vk}$ 定額賦稅乘數

$\dfrac{dy}{dI_0} = \dfrac{-\ell_1}{(1 - b + bt + m)(-\ell_1) - vk}$ 投資支出乘數

$\dfrac{dy}{dG_0} = \dfrac{-\ell_1}{(1 - b + bt + m)(-\ell_1) - vk}$ 政府支出乘數

$\dfrac{dy}{dX_0} = \dfrac{-\ell_1}{(1 - b + bt + m)(-\ell_1) - vk}$ 出口支出乘數

$\dfrac{dy}{dM_0} = \dfrac{\ell_1}{(1 - b + bt + m)(-\ell_1) - vk}$ 進口支出乘數

$\dfrac{dy}{d\left(\dfrac{\tilde{M}}{P}\right)} = \dfrac{-v}{(1 - b + bt + m)(-\ell_1) - vk}$ 實質貨幣供給乘數

$\dfrac{dy}{d\ell_0} = \dfrac{v}{(1 - b + bt + m)(-\ell_1) - v^* k}$ 自發性貨幣需求乘數

第六節　財政政策與貨幣政策之工具

一、擴張性的財政政策

可使用下列方式

(一)政府增加財政支出（$G_0 \uparrow$）

(二)減稅（$T_0 \downarrow$ 或 $t \downarrow$）

(三)平衡預算（$\Delta G = \Delta T$）

將造成 IS 曲線向右移動，

使得 $y_0 \uparrow \to y_1$，$r_0 \uparrow \to r_1$。

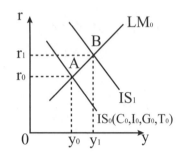

即時演練

1. 財政政策擴張主要是使：　(A) IS 曲線右移　(B)總需求曲線右移　(C)總供給曲線左移　(D) LM 曲線右移。（普考）

　　答：(A)

2. 政府支出利用賦稅融通：　(A) LM 曲線右移　(B) IS 曲線右移　(C) IS 曲線左移　(D) LM 曲線左移。（普考）

　　答：(B)

3. 財政政策之工具，包括：　(A)貨幣供給增加　(B)公開市場操作　(C)政府支出增加　(D)貼現率政策。（普考）

　　答：(C)。(A)貨幣供給增加、(B)公開市場操作、(D)貼現率政策均屬於貨幣政策。

二、緊縮性的財政政策

(一)政府減少財政支出（$G_0 \downarrow$）

(二)增稅（$T_0 \uparrow$，或 $t \uparrow$）

將造成IS曲線向左移動，

使得 $y_0 \downarrow \to y_1$，$r_0 \downarrow \to r_1$。

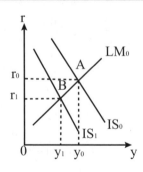

即時演練 ⬇

1. 政府減稅時，IS 曲線會：　(A)向右移動　(B)不受影響　(C)向左移動　(D)以上皆非。
   答：(A)

2. 公債融通公共建設常會使利率：　(A)上升　(B)下降　(C)不變　(D)很難確定。
   答：(A)。$G_0\uparrow \to$ IS 右移，將使利率上升。

3. 當政府賦稅增加時，IS 曲線會：　(A)固定不動　(B)左移　(C)右移　(D)以上皆非。
   答：(B)

4. 財政政策之工具，包括：　(A)貨幣供給增加　(B)公開市場操作　(C)政府支出增加　(D)貼現率政策。（普考）
   答：(C)

5. 在IS－LM模型中，當自發性消費增加時，下列何者正確？　(A)利率會下降　(B)利率會上升　(C)IS曲線左移　(D)所得水準下降。（99地三）
   答：(B)。自發性消費增加，將使IS曲線向右移動，利率會上升，所得會減少，如圖：

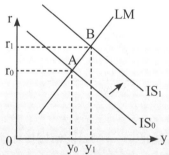

三、擴張性的貨幣政策

透過1.買入債券之公開市場操作、2.降低重貼現率、3.降低存款準備率，以上方式均將使貨幣供給增加。而造成 LM 曲線向右移動，使得 $y_0\uparrow \rightarrow y_1$，$r_0\downarrow \rightarrow r_1$。

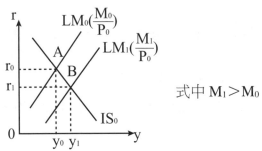

式中 $M_1 > M_0$

四、緊縮性的貨幣政策

透過1.出售債券之公開市場操作、2.提高重貼現率、3.提高存款準備率，以上方式均將使貨幣供給減少。而造成 LM 曲線向左移動，使得 $y_0\downarrow \rightarrow y_1$，$r_0\uparrow \rightarrow r_1$。

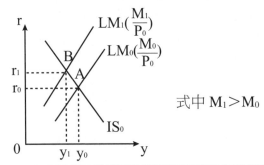

式中 $M_1 > M_0$

即時演練 ⬇

1. 貨幣政策的工具，包括：　(A)公開市場操作　(B)政府支出增加　(C)賦稅減少　(D)關稅提高。

答：(A)

2. 當自發性投資增加時，則均衡利率會：　(A)下降　(B)上升　(C)不受影響　(D)可以上升，也可能下降。（普考）

答：(B)。自發性投資增加（$I_0\uparrow$），將使IS曲線向右移，而使利率上升。

3. 凱因斯模型中的排擠效果（crowding-out effect），說明的是：　(A)民間支出增加，均衡利率下降，排擠政府的消費與投資　(B)政府支出增加，均衡利率下降，排擠民間的消費與投資　(C)民間支出增加，均衡利率上升，排擠政府的消費與投資　(D)政府支出增加，均衡利率上升，排擠民間的消費與投資。（100普）

答：(D)。 $G\uparrow \rightarrow r\uparrow \rightarrow I(r)\downarrow$

第七節　排擠效果

重要 一、意義

指政府支出增加，造成利率上漲，而使民間投資減少。

重要 二、圖形說明

$g_0\uparrow \rightarrow g_1$，造成 IS_0 右移到 IS_1。若不考慮貨幣市場，在 $r=r_0$ 時 $y_0\uparrow \rightarrow y_0'$，增加的所得，即是簡單凱因斯模型的乘數效果。若引入貨幣市場，則 A′ 僅商品市場達成均衡，貨幣市場失衡，將透過利率來調整，於是利率上升到 r_1，卻使得私人投資減少，進而所得減少（$y_0'\downarrow \rightarrow y_1$）。所以同時考慮貨幣市場與商品市場之乘數效果，其增加的所得，較簡單凱因斯模型之乘數效果所增加的所得，來得小。

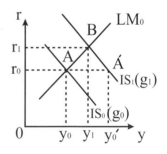

即時演練

➡ 下列何者為排擠效果的最佳定義？　(A)政府的赤字預算造成利率下滑，因而降低民間的儲蓄　(B)緊縮性貨幣政策造成的高利率會降低投資的水準　(C)緊縮性貨幣政策造成的高利率會增加儲蓄並降低消費性支出　(D)政府的赤字預算造成利率上升，因而降低民間的供款水準。（普考）

答：(D)

第八節　財政政策與貨幣政策之效果 重要

財政與貨幣政策何者較有效（指實質所得增加），可分成古典學派與凱因斯學派兩種主張來討論。

一、凱因斯學派

在短期內投資對利率無彈性（即 IS 曲線呈垂直線），或貨幣需求對利率完全彈性（即 LM 曲線呈水平線）。則任何的權衡性貨幣政策，實質所得均不受影響。唯有透過財政政策，才會影響實質所得。

(一)當 IS 曲線呈垂直線時，貨幣政策無效。

$M_0 \uparrow \rightarrow M_1$，

利率由 $r_0 \downarrow \rightarrow r_1$，

但所得仍維持 y_0。

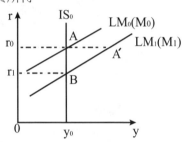

(二)當 LM 曲線呈水平線時，貨幣政策無效。

$M_0 \uparrow \rightarrow M_1$，

利率與所得仍為 r_0，y_0。

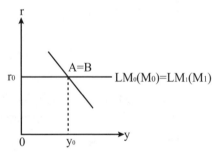

(三)當 IS 曲線呈垂直線時，財政政策有效。

$G_0 \uparrow \rightarrow G_1$，

利率由 $r_0 \uparrow \rightarrow r_1$，

所得由 $y_1 \uparrow \rightarrow y_1$。

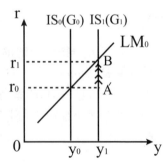

(四)當 LM 曲線呈水平線時，財政政策有效。

$G_0 \uparrow \rightarrow G_1$，

利率仍維持 r_0，

所得由 $y_0 \uparrow \rightarrow y_1$。

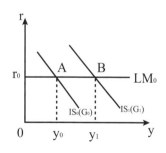

二、古典學派

在短期內，投資對利率完全彈性（即 IS 曲線呈水平線）或貨幣需求對利率無彈性（即 LM 曲線呈垂直線）。則任何的權衡性財政政策，實質所得均不受影響。唯有透過貨幣政策，才會影響實質所得。

(一)當 IS 曲線呈水平線時，財政政策無效。

$G_0 \uparrow \rightarrow G_1$，

利率仍為 r_0，

所得仍為 y_0。

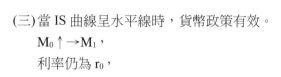

(二)當 LM 曲線呈垂直線時，財政政策無效。

$G_0 \uparrow \rightarrow G_1$，

利率由 $r_0 \uparrow \rightarrow r_1$，

所得仍為 y_0。

(三)當 IS 曲線呈水平線時，貨幣政策有效。

$M_0 \uparrow \rightarrow M_1$，

利率仍為 r_0，

所得由 $y_0 \uparrow \rightarrow y_1$。

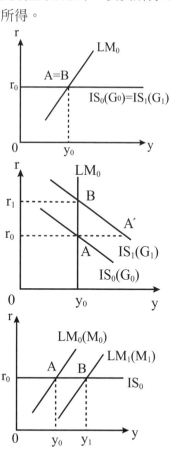

即時演練

➡ 試判別下列敘述為真、偽或不確定，並請說明理由：「貨幣政策的有效性完全決定於流動性需求函數（Liquidity demand function）的彈性，與投資邊際效率（Marginal efficency of investment）無關」。

答：偽。貨幣政策的有效性除了與流動性需求函數的彈性有關，也與投資邊際效率有關。若投資的邊際效率對投資完全彈性（即 IS 曲線呈水平線），則貨幣政策完全有效。見圖（一）。若投資的邊際效率對投資無彈性（即 IS 曲線呈垂直線）。則貨幣政策完全無效。見圖（二）。

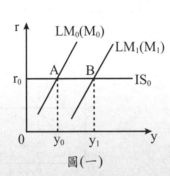

圖（一）

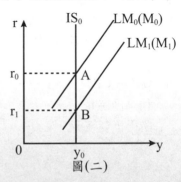

圖（二）

第九節　政府負債

一、政府負債的傳統觀點

當政府的支出超過稅收時，完全向民間部門貸款來融通預算赤字。過去所累積的債務就是政府負債。

政府的預算赤字是等於政府支出減政府收入，它又等於政府融通營運所需發行新債務的金額。

若政府採行減稅即預算赤字將增加，來刺激私人的消費，就傳統觀點而言，短期，當物價固定時，減稅使得私人的可支配所得提高，於是私人消費將增加，透過乘數效果，有效需求將會提高，長期，有總需求大於總供給，物價開始往上調整，最後產出又回到充分就業的產出水準。

二、政府負債的李嘉圖觀點

政府以減稅的方式造成預算赤字增加，並以發行債券來融通赤字，一個理性的消費者，會認為政府今日的減稅，同時採債券融通方式，在未來政府必會以增稅用來償還負債，所以政策實際上是今日減稅而未來增稅的組合，減稅只帶給我們暫時所得，最後還是會被拿走，實際上所得並未提高，所以消費者不會增加其消費支出，這種觀點謂之李嘉圖均等定理（Richardian equivalence）。

三、李嘉圖均等定理不會成立的原因

傳統政府負債觀點認為，若有下列三項原因，李嘉圖均等定理是不成立的。

(一)短視：民眾若沒有考慮到現在政府政策所導致未來稅收的變動，負債融通的減稅會讓民眾相信其整體所得是增加的，即使實際上沒有改變。因此，減稅將造成消費的增加。

(二)貸款限制：所謂貸款限制（borrowing constraint）是指消費者，可以向銀行或其它金融機構貸款金額的限制。

如果消費者面臨到貸款限制，今天政府的負債融通的減稅措施，即使未來的所得將減少，也會使消費者因目前所得的增加而提高其消費。

(三)未來世紀：如果今天政府的負債融通的減稅措施，消費者預期未來的增加稅賦不會由他們來承擔，而是由下一世代來負擔，則消費者也會提高其消費。

即時演練

➡ 李嘉圖等值定理認為：政府增加支出，以租稅融通或公債融通，這兩種方式使目前民間消費水準減低的幅度為何？　(A)前者較大、後者較小　(B)前者較小、後者較大　(C)兩者相同　(D)條件不足，無法判斷。（97高）

答：(C)。李嘉圖等值定理認為，政府藉由預算赤字來融通減稅，在未來的某個時點，政府必須增稅來償還負債和所累積的利息。所以政策實際上是今日減稅而未來增稅的組合。減稅只是給民眾暫時所得，最後會被拿回去，民眾沒有變得更好，所以民眾將不會改變消費型態，即消費水準不變。

第二十章 總供給與總需求

第一節 總需求曲線 重要

一、定義

指其他情況不變下，貨幣市場與商品市場同時達到均衡時，物價與所得組合的軌跡。

二、導出

當 P 由 $P_0 \downarrow \rightarrow P_1$，則 LM_0 向右移動至 LM_1，所得由 $y_0 \uparrow \rightarrow y_1$。$A'$，$B'$ 點表示商品市場與貨幣市場達成均衡時之物價與所得的組合。分別為（P_0，y_0），（P_1，y_1），將 A' 與 B' 點連接起來，即得到一條負斜率的 AD 曲線。

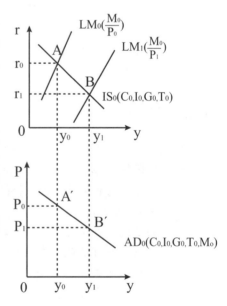

三、造成 AD 曲線呈負斜率的原因

亦即證明 $P\downarrow \to y\uparrow$。$AD = \underset{1}{\underline{C（y）}} + \underset{2}{\underline{I（r）}} + G + \underset{3}{\underline{X-M（y）}}$

(一)實質財富效果（The real wealth effect）

$$\frac{W}{P} = \frac{名目財富}{P} = \frac{資本財+債券+貨幣}{P} = \frac{P_kQ_k+P_QQ_B+M}{P} = 實質財富$$

$$C（y , \frac{W}{P\downarrow}）\uparrow \to C（\frac{W}{P}）\uparrow \underset{乘數}{\longrightarrow} y\uparrow$$

(二)凱因斯的利率效果（The Keynes interest rate effect）

$$\frac{M}{P\downarrow} \to r\downarrow \to I（r）\uparrow \underset{乘數}{\longrightarrow} y\uparrow$$

(三)淨出口效果（The net export effect）

$$淨出口 = X-M = X（\frac{P/e}{P_f} , y_f）-M（\frac{P_fe}{P} , y）$$

$$P\downarrow \to X\uparrow , M\downarrow \to （X-M）\uparrow \underset{乘數}{\longrightarrow} y\uparrow。$$

四、皮古效果（pigou effect）（實質餘額效果（Real balance effect））

在消費函數裡引入實質餘額（$\frac{M}{P}$），若 $P\downarrow$ 則（$\frac{M}{P}$）$\uparrow$，將使 $C\uparrow$。而 $C\uparrow$ 又使IS曲線向右移動。底下以考慮皮古效果與不考慮皮古效果來比較兩者之AD曲線。

(一)無流動性陷阱存在（即 LM 曲線為正斜率）

若 $P_0\downarrow \to P_1$，不考慮皮古效果時，IS 曲線不會移動，仍為IS_0，導出的AD曲線為AD_0。考慮皮古效果時，IS曲線由IS_0右移到IS_1。導出的AD曲線為AD_1。由上可知考慮皮古效果的AD曲線較為平坦。

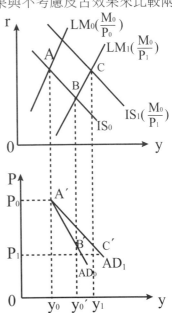

(二)有流動性陷阱存在（即 LM 曲線為水平線）。

若$P_0 \to P_1$，LM_0水平向右移，（仍為直線）至LM_1。不考慮皮古效果時，IS曲線不會移動，仍為IS_0，所導出來的AD曲線為垂直的AD_0。考慮皮古效果時，IS曲線由IS_0右移到IS_1。導出的AD曲線為AD_1。為負斜率的AD曲線。

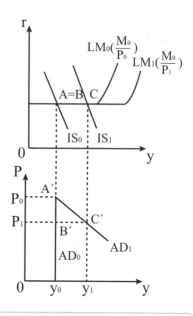

即時演練

1. 總合需求線代表那兩個市場達成均衡？ (A)貨幣市場與勞動市場 (B)貨幣市場與商品市場 (C)勞動市場與商品市場 (D)商品市場與外匯市場。（99普）

   答：(B)。

2. 假設 Y、i、M^s、P 分別代表產出、利率、名目貨幣供給與物價，若商品市場均衡條件為 $Y = 500 - 50i$，貨幣市場均衡條件為 $\frac{M^s}{p} = 10 + 0.4Y - 10i$，當 $M^s = 300$ 時，總合需求線的函數為何？ (A)$Y = 150 - \frac{500}{P}$ (B)$Y = 150 + \frac{500}{P}$ (C)$Y = 150 - 50i$ (D)$Y = -25 + 25i + \frac{750}{P}$。（98普）

   答：(B)。總合需求曲線是商品市場和貨幣市場同時達成均衡時的物價(P)與所得(Y)組合的軌跡。

   $M^s = 300$ 代入 $\frac{M^s}{P} = 10 + 0.4Y - 10i$，得 $\frac{300}{P} = 10 + 0.4Y - 10i$，再將 $Y = 500 - 50i$ 改成 $i = 10 - \frac{Y}{50}$ 代入 $\frac{300}{P} = 10 + 0.4Y - 10i$，得 $\frac{300}{P} = 10 + 0.4Y - 10(10 - \frac{Y}{50})$，即 $Y = 150 + \frac{500}{P}$。

第二節　總需求曲線之移動 🖊️重要

AD 曲線是由 LM 曲線及 IS 曲線所導出的，即 LM 曲線或 IS 曲線移動之原因，就是造成 AD 曲線移動的原因。

一、LM 曲線移動導移 AD 曲線移動

(一) $M_0 \uparrow \to M_1$（擴張性的貨幣政策）　(二) $M_0 \downarrow \to M_2$（緊縮性的貨幣政策）

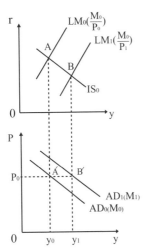
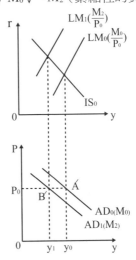

二、IS 曲線移動導致 AD 曲線移動

(一) $G_0 \uparrow \to G_1$ 或 $T_0 \downarrow \to T_1$　　　(二) $G_0 \downarrow \to G_2$ 或 $T_0 \uparrow \to T_2$

　　　（擴張性的財政政策）　　　　　　　　（緊縮性的財政政策）

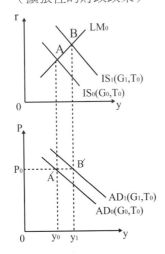
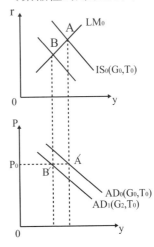

(三)$C_0 \uparrow \rightarrow C_1$ 或 $I_0 \uparrow \rightarrow I_1$
（自發性的消費支出或自發性的投資支出增加）。

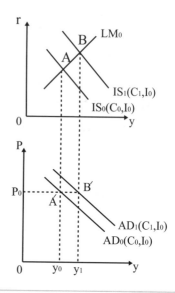

即時演練

1. 總合需求曲線會隨下列哪種因素變動而右移？　(A)政府支出減少　(B)貨幣需求增加　(C)貨幣供給減少　(D)自發性投資增加。（普考）

答：(D)。(A)政府支出減少，使AD向左移。(B)貨幣需求增加，使AD向左移。(C)貨幣供給減少，使AD向左移。

2. 貨幣政策對總合需求的影響應視下列何者而定？　(A)利率對貨幣供給的敏感度　(B)債券價格對利率的敏感度　(C)債券價格對投資水準的敏感度 (D)政府支出對利率的敏感度。（普考）

答：(A)。若貨幣需求對利率之敏感度愈小，例如貨幣需求對利率之彈性為0，則LM呈垂直線。當貨幣供給增加，使所得增加的效果愈大。

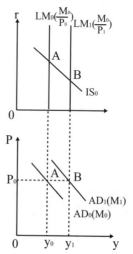

3. 物價水準提高時：　(A)IS曲線右移　(B)IS曲線左移　(C)LM曲線左移
(D)隨需求曲線右移。

　　答：(C)。物價水準提高，將使LM曲線向左
　　　　移動，但AD曲線將因物價水準提高，
　　　　而使得所得減少。（即在AD曲線上移
　　　　動）

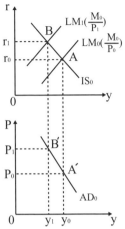

4. 下列何項因素會使總合需求線向左移動？　(A)一般物價上升　(B)政府稅
收淨額增加　(C)石油價格提高　(D)外國物價提高。（99普）

　　答：(B)。　(A)物價上升，總合需求曲線不會移動。(C)石油價格提高，將
　　　　使總合供給曲線向左移。(D)外國物價提高，將使本國出口增加，總
　　　　合需求向右移動。

5. 政府採行擴張性財政政策時，將造成：　(A)AD右移　(B)AD左移(C)AS
右移　(D)AS左移。（97地四）

　　答：(A)。擴張性的需求面政策，將使AD曲線向右移動。

第三節　總合供給曲線（AS）

一、定義

　　指其他情況不變下（如：生產技術，資本存量等不變）物價與總供給間呈
正向關係之曲線。

二、導出

　　本章節介紹二種AS曲線：古典學派的總合供給曲線、Keynes 的總合供給
曲線。

(一)古典學派的總合供給曲線

由① $y = F(N,\tilde{k})$ 生產函數

$$② N^s = N^s\left(\frac{W}{P}\right)$$

$$③ N^d = N^d\left(\frac{W}{P}\right)$$ 勞動市場

$$④ N^{s\,*} = N^d$$

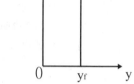

⑤ 假設物價及名目工資具上下伸縮。

可導出 AS 曲線為垂直線的古典學派之 AS 曲線。

(二)凱因斯（Keynes）學派的總合供給曲線（又稱失衡模型）。

由① $y = F(N,\tilde{k})$ 生產函數

$$② N^s = N^s\left(\frac{W}{P}\right)$$

$$③ N^d = N^d\left(\frac{W}{P}\right)$$ 勞動市場

$$④ N^{s\,*} = N^d$$

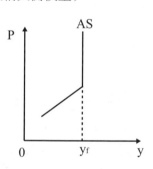

⑤ 假設物價具上下伸縮，當 $y < y_f$ 時，名目工資 W_0 則具有向下僵固性。

即時演練

➡ 根據工資僵硬性模型（sticky-wage model），預期之外的物價水準下降會對實質工資、廠商僱用的勞動量、產出水準各有何影響？　(A)下降；上升；上升　(B)下降；下降；下降　(C)上升；上升；上升　(D)上升；下降；下降。（97地三）

答：(D)。預期外的物價水準下降，將使資質工資率上升，個別廠商對勞動需求將減少，而產出亦下降。

第四節　總合供給曲線之移動 重要

一、造成 AS 曲線向右移動之原因

(一)提升人力素質。

(二)科技的進步。

(三)資本累積。

二、造成 AS 曲線向左移動之原因

(一)自然災害。

(二)勞動力降低。

若以古典學派的 AS 曲線來分析，在物價固定的情況下，AS 曲線向右移，造成所得增加如圖(一)。反之 AS 曲線向左移，將使得所得減少如圖(二)。

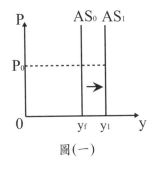
圖(一)

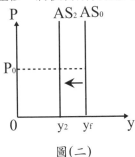
圖(二)

即時演練

1. 石油價格上升時，總供給曲線：　(A)右移　(B)不動　(C)左移　(D)不確定。（普考）

答：(C)

2. 當資本量增加時：　(A)總需求減少　(B)總供給增加　(C)總勞動供給減少　(D)以上均是。（普考）

答：(B)

3. 當生產因素的名目價格（如工資）上升時，總合供給曲線最顯著的變化是 (A)變平坦　(B)變更陡　(C)向上位移　(D)向下位移。（普考）

答：(C)。

(1) 若是古典學派的AS曲線，當名目工資上升，則物價水準將同比例上升，實質工資不變，所以古典的AS曲線仍然為一垂直線。如圖(一)。

(2) 若是凱因斯學派的AS曲線，因名目工資具有向下僵固性，當最低名目工資上升至另一水準，將使凱因學派的AS曲線向上移動。如圖(二)。

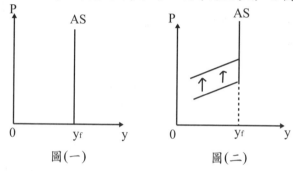

圖(一)　　　　　　圖(二)

4. 生產技術進步時：　(A)勞動供給曲線右移　(B)生產函數下移　(C)勞動需求曲線右移　(D)以上皆非。（普考）

答：(C)。若以古典學派的AS曲線來分析，當技術進步時，將使AS曲線向右，勞動需求曲線亦向右移，而生產函數則向上移動，以圖形分析如下：

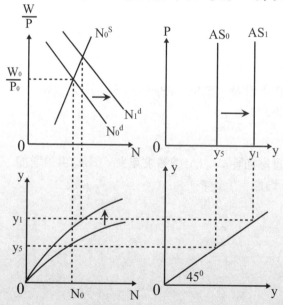

第五節　總合供需模型之均衡分析

重要　一、**古典學派的總需求曲線變動，對物價（P），所得（y），利率（r）之影響。**

(一)當貨幣供給增加，對y，P，r之影響？

由於貨幣供給增加，則LM向右移動，謂之擴張之貨幣政策，而AD曲線是由IS與LM導出，所以將會與LM曲線同方向（向右）移動。圖形分析如圖(一)。

最後結果，僅使物價與貨幣同比例上升，而所得與利率均未改變（即實質變數不變），謂之貨幣中立性。

(二)當政府支出增加（或減少定額稅），對y，P，r之影響？

由於政府支出增加或減少定額稅，則IS向右移動，稱為擴張性之財政政策，同理也將使AD曲線同方向（向右）移動。圖形分析如圖(二)。

最後使得利率由$r_0\uparrow\to r_1$，$P_0\uparrow\to P_1$，而所得則未改變，即政府支出增加，完全反應在利率上漲，而使所得未增加，這種情形稱為完全排擠效果。

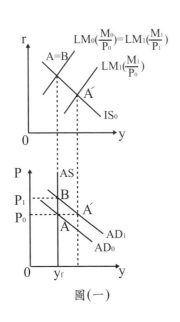

圖(一)

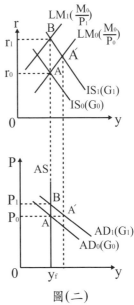

圖(二)

二、古典學派的供給曲線變動對物價（P），所得（y），利率（r）之影響。

(一)造成AS向右移動，例如，提升人力素質，科技的進步，資本累積等。對y，P，r之影響。

AS曲線向右移，導致$y_f \uparrow \rightarrow y_1$，$P_0 \downarrow \rightarrow P_1$，而物價下跌，將使$LM_0$向右移至$LM_1$，利率由$r_0 \downarrow \rightarrow r_1$。如圖(一)。

(二)造成AS向左移動，例如，自然災害，勞動力降低等。對y，P，r之影響。

AS曲線向左移，導致$y_1 \downarrow \rightarrow y_2$，$P_0 \uparrow \rightarrow P_1$。而物價上升，將使$LM_0$向右移至$LM_1$，利率由$r_0 \uparrow \rightarrow r_1$。如圖(二)。

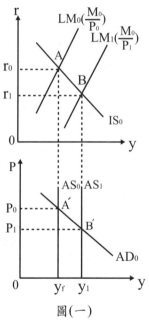

圖(一)

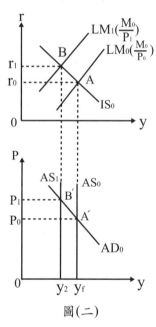

圖(二)

三、凱因斯學派的總需求曲線變動,對物價(P),所得(y),利率(r)之影響。

(一)當貨幣供給增加,對 P,y,r 之影響。

貨幣供給增加,則 LM 向右移動,而 AD 曲線是 IS 與 LM 導出,所以將會與 LM 曲線同方向(向右)移動。圖形分析如圖(一)。

最後結果,使物價由 $P_0\uparrow \rightarrow P_1$,所得由 $y_0\uparrow \rightarrow y_1$,而利率由 $r_0\downarrow \rightarrow r_1$。

(二)當政府支出增加(或減少定額稅),對 y,P,r 之影響。

由於政府支出增加或減少定額稅,則 IS 向右移動,也將使 AD 曲線同方向(向右)移動。圖形分析如圖(二)。

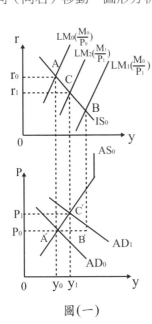

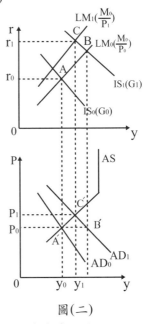

圖(一)　　　　　圖(二)

 結論為物價由 $P_0\uparrow \rightarrow P_1$,利率由 $r_0\uparrow \rightarrow r_1$,產出由 $y_0\uparrow \rightarrow y_1$。

注意 以上介紹了二種總和供給模型,古典學派及Keynes學派,考試作答到底用那一種模型呢?一般而言,分析未達充分就業時,來自總需求曲線的變動,對於P,y,r之影響,以凱因斯學派模型較適當。若來自於總合供給的變動,對於P,y,r之影響,則以古典學派的垂直AS曲線來分析,較為簡易。

即時演練 ⬇

1. 總供給曲線左移時，下列那些現象會出現？　(A)產出增加　(B)所得增加
(C)物價水準提高　(D)物價水準下降。

答：(C)。

(1)若以古典學派的總合供給模型來分析，結果將使物價上升，利率
　上升，產出（或所得）減少。如圖(一)。

(2)若以凱因斯學派的總和供給模型來分析，結果也是造成物價上
　升，利率上升，產出（或所得）減少。如圖(二)。

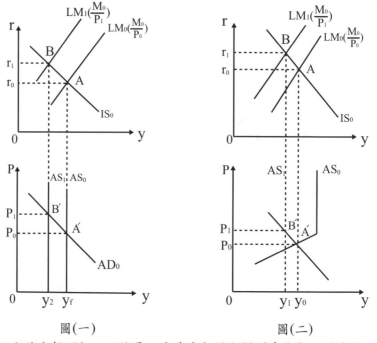

圖(一)　　　　　　　　　圖(二)

由以上的分析可知，不論是以古典或凱因斯模型來分析，總合供給曲
線向左移，兩者的結果均相同。

2. 在總合供給和需求的曲線圖中，如果總和需求曲線向左方移動，將造成下
列哪一種影響？　(A)物質及名目國民生產毛額（Nominal GNP）將上升
(B)物價及名目國民生產毛額將下降　(C)物價將下降但名目國民生產毛額
可能上升或下降　(D)名目國民生產毛額將下降而物價可能上升或下降。
（普考）

答：(B)。
(1) 以古典模型分析，物價由 $P_0 \downarrow \rightarrow P_1$，$y = y_f$。如圖(一)。
(2) 以凱因斯模型分析，物價由 $P_0 \downarrow \rightarrow P_1$，$y_0 \downarrow \rightarrow y_1$。如圖(二)。

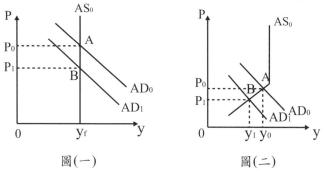

圖(一)　　　　　　　　圖(二)

本題答案是指以凱因斯模型分析之結果。

3. 擴張性貨幣政策在下列那一種情況下最可能對產出沒什麼影響但卻造成物價水準上升？　(A)經濟體系已接近充份就業且總合供給曲線為垂直的　(B)經濟體系已接近充份就業且總合供給曲線為水平的　(C)經濟體系有嚴重的失業問題且總合供給曲線為垂直的　(D)經濟體系有嚴重的失業問題且總和供給曲線為水平的。（普考）

答：(A)。即貨幣中立性。

4. 如果經濟體系正面臨通貨膨脹，下列哪一種處理方式最不恰當？　(A)盈餘預算及擴張性貨幣政策　(B)盈餘預算及緊縮性貨幣政策　(C)赤字預算及緊縮性貨幣政策　(D)赤字預算及擴張性貨幣政策。（普考）

答：(D)。當經濟體系已面臨通貨膨脹，表示實質的 $y = y_f$，而所增加的名目所得（Y），均來自於物價上漲的部分。（即 $Y = P \cdot y$，當 $P \uparrow$，且 $y = y_f$，所以 $Y \uparrow$），如果以赤字預算，將使 IS 曲線向右，或擴張性貨幣政策，將使 LM 曲線向右，這兩種方式均使 AD 曲線向右，而物價進一步上升，但 $y = y_f$。

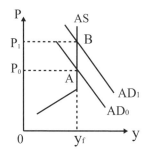

5. 技術水準提高對生產、就業、物價及利率之影響為何？利用IS／LM及AD／AS模型分析之。

答：以古典模型分析AS曲線向右移對y，P，r，N之影響，結果使利率由$r_0\downarrow \rightarrow r_1$，物價由$P_0\downarrow \rightarrow P_1$，產出由$y_f\uparrow \rightarrow y_1$，失業率同$u_0\downarrow \rightarrow u_1$，而失業率下降，即表示就業量（N）上升。如右圖(一)。

6. 試分析產業升級條例的實施（代替獎勵投資條例），對我國經濟的可能影響？

答：實施產業升級條例，將使自發性投資增加，即IS曲線右移，對於y，P，r之影響。請詳課文內容說明。

7. 凱因斯學派的總合供需模型中，實質工資與產出之間的關係為何？ (A)反向變動 (B)同向變動 (C)兩者之間沒有關係 (D)兩者之間關係不確定。（97普）

答：(A)

8. 在凱因斯模型下，政府採行緊縮財政政策，將會造成均衡的利率、所得與物價分別產生何種變化？ (A)下降、下降、上升 (B)上升、下降、上升 (C)下降、下降、下降 (D)上升、下降、下降。（97地三）

答：(C)。 在凱因斯模型中，政府採緊縮的財政政策時IS_0向左移到IS_1，AD_0向左移到AD_1，利率下降，所得由y_0減少到y_1，物價由P_0下降到P_1。

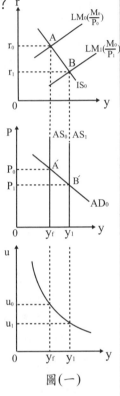

圖(一)

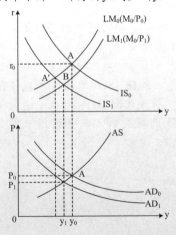

第二十一章／經濟成長理論

重點叮嚀

第一節所介紹的梭羅模型（Solow Model）是本章的命題重心，只要把「即時演練」的題目逐題作完，應該就足以因應這方面的考題。第二節黃金法則的條件下，所對應的資本水準如何求出，這個部份大家也應該特別注意。第三節內生成長理論的論點也是較容易被命題的地方。

第一節　梭羅成長模型

梭羅成長模型（Solow growth Model）是用來說明經濟體系中，資本存量的成長，勞動力的成長和技術進步之間如何互動，及其如何影響總產出。

一、平均每人資本存量之決定

穩定狀態（Steady state）下的平均每人資本水準（k^*）；

當$sf(k) = \delta k$時，$k = k^*$，式中s：儲蓄率，$f(k)$：平均每人產出，k：平均每人資本存量，δ：折舊率。

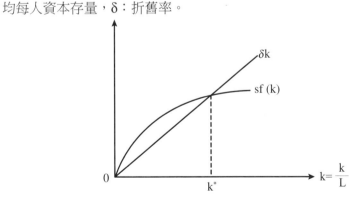

重要 二、儲蓄率的變動

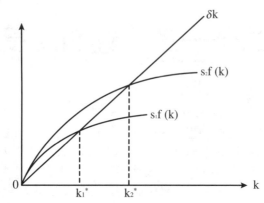

由圖形可看出當儲蓄率由 s_1 提高到 s_2 時，平均每人資本存量由 k_1^* 上升到 k_2^*。梭羅模型顯示儲蓄率是穩定狀態下資本存量的一個關鍵決定因素。若儲蓄率比較高，經濟體系會擁有較大的資本存量和較高的產出水準。反之；儲蓄率較低，則資本存量和產出水準較低。

重要 三、考慮人口成長

當考慮人口成長率(n)對平均每人資本存量(k)的影響時，若原人口成長率為 n_0，所對應的平均每人資本存量為 k_0，現在下降到 n_1，則所對應的平均每人資本存量為 k_1，表示人口成長率和平均每人資本存量成反向關係。

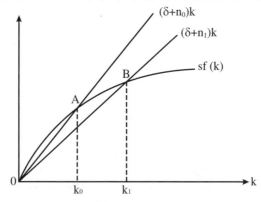

即時演練

1. 根據Solow模型的成長理論，n及g分別代表人口成長率與技術成長率，假設其他條件不變，則定態均衡（steady state）下的總產出成長率為何？
   (A)0　　　　　　　　　　　　　(B)n
   (C)g　　　　　　　　　　　　　(D)n+g。（98地三）
   答：(D)。平均每人有效勞工資本 $k = K ／ E×L$
   　　　平均每人有效勞工產出 $y＝f(k)$
   　　　平均每人有效勞工產出 $Y／L＝y×E$
   　　　總產出 $Y＝y×(E×L)$，穩定狀態成長率 $n＋g$。

2. 根據 Solow 模型的成長理論，對於人口成長率愈高的國家，下列敘述何者正確？
   (A)每人資本水準愈高
   (B)每人產出水準愈低
   (C)每人消費水準愈高
   (D)每人儲蓄水準愈高。（97地三）
   答：(B)。 依 Solow 成長模型分析，當人口成長率由 n_0 上升到 n_1，則平均每人資本由 k_0 減少到 k_1，平均每人產出由 q_0 減少到 q_1。

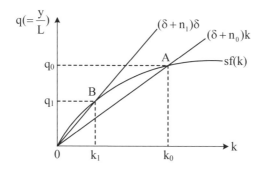

3. 甲乙兩經濟體系的生產函數皆為 $Y = 10K^{\frac{1}{2}}L^{\frac{1}{2}}$，其中Y代表產出，K及L分別代表資本與勞動。假設兩經濟體系人口成長率均為1%，且資本折舊率相同，甲經濟體系儲蓄率為乙經濟體系之3倍，在長期均衡時，下列敘述，何者正確？ (A)甲經濟體系資本存量為乙經濟體系資本存量的9倍 (B)甲經濟體系資本存量為乙經濟體系資本存量的3倍 (C)乙經濟體系資本存量為甲經濟體系資本存量的3倍 (D)甲經濟體系資本存量與乙經濟體系資本存量相同。（99地三）

答：(A)。由 $sf(k) = (\delta + n)k$ ， $y = 10k^{\frac{1}{2}}L^{\frac{1}{2}}$ ， $\dfrac{Y}{L} = 10\dfrac{k^{\frac{1}{2}}L^{\frac{1}{2}}}{L} = 10(\dfrac{k}{L})^{\frac{1}{2}}$ ，

$y = 10\sqrt{k}$ ，人口成長率n＝1%，則 $s \times 10\sqrt{k} = (\delta + 1\%)k$ ，

$k_{\text{乙}} = (\dfrac{10s}{\delta + 1\%})^2 \cdots\cdots$ 乙國的資本存量， $y = 10\sqrt{k}$ ，

人口成長率n＝1%，則 $3s \times 10\sqrt{k} = (\delta + 1\%)k$ ，

$k_{\text{甲}} = (\dfrac{30s}{\delta + 1\%})^2 \cdots\cdots$ 甲國的資本存量，

$\dfrac{k_{\text{甲}}}{k_{\text{乙}}} = \dfrac{(30s/\delta + 1\%)^2}{(10s/\delta + 1\%)^2} = 9$ （倍）。

4. 根據Solow模型，假設每人平均產出為y，每人平均資本為k，生產函數為 $y = k^{0.5}$ ，儲蓄率為20%，人口成長率為3%，技術進步率為2%，折舊率為5%，則穩定狀態下之每人平均資本為： (A)1 (B)2 (C)4 (D)8。（99高）

答：(C)。由 $sf(k) = (n + \delta + \lambda)k$ ，式中 $s = 0.2$ ， $f(k) = k^{0.5}$ ， $n = 3\%$ ， $\lambda = 2\%$ ， $\delta = 5\%$ ，代入得 $0.2k^{0.5} = (3\% + 5\% + 2\%)k$ ，即 $k = 4$ （平均每人資本）。

5. 人口成長率下降會使穩定狀態（steady state）下的資本勞動比率與每人平均產出分別如何改變？　(A)下降，下降　(B)下降，上升　(C)上升，下降　(D)上升，上升。　（97地四）

　　答：(D)。當人口成長率由 n_0 下降到 n_1 時，k_0 上升到 k_1，均衡點由 A 移動到 B。

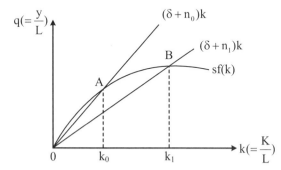

6. 根據梭羅理論模型（Solow model）的論點，A和B兩國的人口成長率相同，儲蓄率也相同，但是A國經濟成長起步較早，則在穩定狀態（steady state）下，兩國的每人平均所得何者較高？　(A)A國　(B)B國　(C)兩國一樣高　(D)無法比較。（100普）

　　答：(C)

7. 假設生產函數為 $y = 3k^{\frac{2}{3}}$，y 代表每人產出，k 代表每人資本。若儲蓄率為 0.3，折舊率為 0.1，則在長期均衡時，每人資本水準為何？　(A)9　(B)27　(C)81　(D)729。（97地三）

　　答：(D)。由 $sf(k) = \delta$，將 $s = 0.3$，$f(k) = 3k^{\frac{2}{3}}$，$\delta = 0.1$ 代入，得 $0.3 \times 3k^{\frac{2}{3}} = 0.1k$，$9 = k^{1-\frac{2}{3}}$，$9^3 = k$，即 $k = 729$。

8. 在梭羅模型（Solow model）中，每人平均產出持續成長的主要障礙之原因為何？　(A) 勞動的邊際生產力下降　(B) 資本的邊際生產力下降　(C) 執政者的能力有限　(D) 儲蓄太少。（100高）

　　答：(B)

第二節　黃金法則

一、黃金法則（Golden Rule）的資本水準

使消費水準最大的穩定狀態下之 k 值，稱為黃金法則的資本水準（Golden Rule level of capital）；以圖形表示如下：

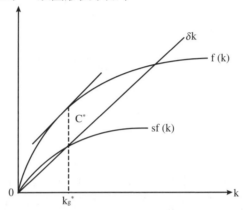

使消費（C）最大時，所對應的平均每人資本存量（k），圖中 C^* 是最大的消費，而 $k=k_g^*$，當 $k<k_g^*$ 時，增加k將使消費者提高；反之；當 $k<k_g^*$ 時，增加 k 反而使消費降低。

如何找出使消費最大時的平均每人資本水準呢？由上述圖形可以看出使消費最大是 f（k）的斜率和 δk 的斜率相等，即 $\dfrac{df（k）}{dk}=MPK$，和 $\dfrac{d\delta k}{dk}=k$，相等，寫成 $MPK=\delta$。

即時演練

1. 生產出數為 $Y = K^{\frac{1}{2}} L^{\frac{1}{2}}$，$\delta$（折舊率）＝0.1，求出黃金法則的資本水準時的 $k_g{}^*$ 和儲蓄率（s）為何？

答：由 $MPK = \delta$，因 $MPK = \dfrac{df(k)}{dk} = \dfrac{d\sqrt{k}}{dk} = \dfrac{1}{2\sqrt{k}}$

而 $\delta = 0.1$　故 $\dfrac{1}{2\sqrt{k}} = 0.1$，得 $k = 25$

再將 $k = 25$ 代入　$sf(k) = \delta k$ 內，寫成 $s\sqrt{k} = \delta k$

即 $s\sqrt{25} = 0.1 \times 25$，得 $s = 0.5$

2. 在成長理論中，黃金律（golden rule）下的資本存量的意義所指為何？
(A)使每人產出最大　　　　　(B)使每人消費最大
(C)使總產出最大　　　　　　(D)使投資最大。（99地三）

答：(B)。使消費水準最大穩定狀態下的k值稱為黃金法則的資本水準（Golden Rule Level of Capital）。

3. 當經濟體系沒有人口成長也沒有技術進步時，在下列那一種情況下穩定狀態的消費可以達到其最大可能水準？
(A)勞動的邊際產出等於資本的邊際產出
(B)勞動的邊際產出等於折舊率
(C)資本的邊際產出等於折舊率
(D)資本的邊際產出等於零。（98高）

答：(C)。 由以下圖形可知，使消費最大的情況是 f(k) 的斜率和 δk 的斜率相等時，即 $\dfrac{df(k)}{dk} = MPK$ 和 $\dfrac{d\delta k}{dk} = \delta$ 兩者相等，寫成 $MPK = \delta$，表示資本的邊際產出等於折舊率。

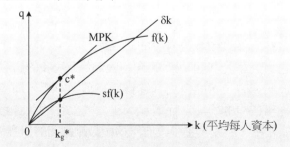

二、考慮人口成長

若考慮人口成長率如何找出黃金法則的資本存量呢？

假設人口成長率為 n，則符合 MPK＝δ＋n 條件即可求出 k_g^*。

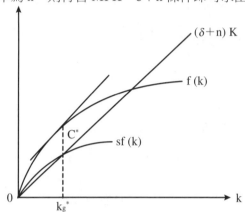

第三節 內生成長理論（Endogenous growth Model）

一、知識也是資本

以羅瑪（Paul M. Romer）（1986）和盧卡斯（Robert E. Lucas）（1988）學者為首提出內生成長來解釋技術進步的模型，有別於梭羅模型有關外生技術變動的假設。他們認為產出（Y）和資本存量（K）的關係是 Y=AK。A 為常數，表示資本的邊際產出（MP_K）是固定的。並非資本邊際報酬遞減。理由是資本並非僅是機器設備，知識也是資本的一種，且是經濟體系生產（包括商品與勞務的生產或新知識的生產）的一項重要收入，且知識並不具備呈現邊際報酬遞減的特性。

二、獎勵研發

為何有些廠商從事較多或較少的研究與發展，先研究發展具有正向的外部性使其它廠商蒙受其利，則將誘使廠商從事較多的研發，反之；當一家廠商投資於研究時，可能會對其它廠商有負面影響，即產生負的外部性，則廠商會從事較少的研發。而研發的正向外部性的社會報酬很大，較對於資本投入的報酬，所以，主張政府應積極鼓勵廠商的研發，並予以補助。

第二十二章　總體經濟理論之發展

重點叮嚀

第四節有關理性預期學派的基本假設，以及盧卡斯供給函數和政策涵義等內容較容易被命題。第六節實質景氣循環理論，讀者們只要知道該理論對於政策建議即可。第七節供給面學派的拉弗曲線（Laffer Curve）代表的經濟涵義要特別注意。

第一節　古典學派

一、基本假設

(一) 在價格機能充分運作下，物價，名目工資，利率，匯率均可上下伸縮。

(二) 經濟理性，家計部門追求效用極大，而企業部門追求利潤極大。

(三) 貨幣之功能僅是交易的媒介。

(四) 賽伊法則（Say's Law）成立，即供人創造本身的需求。

二、結論

(一) 充分就業：古典學派認為充分就業乃常態（但仍有自然失業存在）。

(二) 貨幣中立性：均衡實質變數，不受貨幣變數的影響，貨幣僅與物價同比例增減，所以古典學派稱貨幣是一層面紗，表示貨幣無法影響實質變數。

(三) 古典二分法：
實質部門單獨決定所有的實質變數，不受貨幣部門之影響，而貨幣部門結合實質部門，決定所有的名目變數。

三、政策涵義

在市場機能充分運作下，不考慮外部性及公共財的情況下，政府應該採取「自由放任」之政策，並不主張採取需求性的調節。

第二節 凱因斯學派

一、基本假設

(一)貨幣工資具有向下僵固性，因工會的力量很強大。

(二)對貨幣之需求可區分成交易性、預防性及投機性等三項要求。

(三)央行可完全控制貨幣供給。

(四)消費的基本心理法則。當可支配所得增加時，消費也會增加，但消費增加的程度小於可支配所得增加的程度。

二、結論

(一)充分就業非常態：由於有效需求不足，導致均衡的就業量小於充分就業時的就業量，即失業乃常態。

(二)有效需求不足，造成了緊縮之缺口。必須透過各種自發性的支出並經由乘數效果使得所得倍數增加，減少失業。

(三)Keynes 認為利率乃由貨幣市場均衡時所決定的。而 Hicks Hansen 再加以修正為，貨幣市場與商品市場同時達到均衡時，決定均衡的利率與所得。

(四)不景氣時，有流動性陷阱存在，即貨幣需求對利率完全彈性，此時，任何的擴張性貨幣政策均無效。而財政政策有效。

(五)貨幣短期內不具有中立性。

三、政策涵義

認為市場會失靈，所以政府應隨時加以干涉。強調需求面的政策，即採各種的權衡性政策，來解決經濟問題。

即時演練

➡ 凱因斯學派認為名目工資率提高，均衡就業水準會： (A)不受影響 (B)上升 (C)下降 (D)以上皆非。（普考）

答：(C)。名目工資率提高，將使AS曲線由AS_0上移到AS_1。$y_0 \downarrow \rightarrow y_1$。

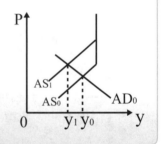

第三節　貨幣學派

一、代表人物：傅利德曼（Friedman）

二、時間：1960 年代（發生二次能源危機期間）

三、基本主張

(一)反對政府以任何政策干預市場機能之運作，應尊重市場機能。

(二)認為貨幣是重要的，但反對任何的權衡性貨幣政策，不穩定的貨幣供給是造成景氣波動的主因。所以主張以「法則替代權衡」，認為政府只要維持一固定的貨幣供給成長率即可。

(三)民眾的適應預期，將導致負斜率的短期菲力蒲曲線往上移，而長期的菲力蒲曲線，乃對應於自然失業率時之垂直線。

(四)強調不景氣時，貨幣需求的利率彈性很低，若採擴張性的財政政策，將產生較大的排擠效果，故財政政策效果不彰。

第四節　新興古典學派（理性預期學派）

一、代表人物：Robert Lucas、Robert Barro、Thomas Sargent

二、時間：1970 年代中期—1980 年代早期。

三、基本假設

(一)民眾的行為為理性預期。

(二)物價，名目工資上下伸縮，即市場結清（Market Clearing）。

(三)訊息不完整，以致有錯誤認知，才造成實質產出的效果。

四、預期的總合供給曲線（EAS）

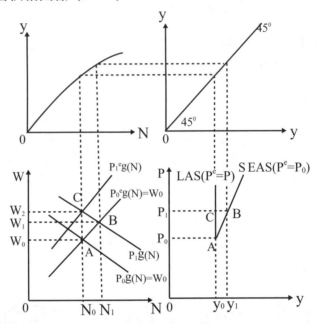

（一）若物價由$P_0\uparrow\to P_1$，民眾未預期到，則勞動的供給曲線仍維持在$P_0^e g$（N）$=W_0$。勞動市場之均衡點由A→B點，總合供給曲線為AB，即AS曲線為正斜率。

（二）若物價由$P_0\uparrow\to P_1$，民眾完全預期到，則勞動的供給曲線由$P_0^e g$（N）$=W_0$往上移動，所對應的就業量為原業的N_0。勞動市場之均衡點由A→C點，總合供給曲線為AC，即AS曲線為垂直線。

重要 五、盧卡斯供給函數（Lucas Supply Curve）

Lucas 將菲力蒲曲線修改為產出（y）與物價（P）的關係。

$y=y_f+\alpha（P-P^e）$

式中 y：實際產出　　　P：實際物價
　　　y_f：充分就業產出　P^e：預期物價
　　　α：調整係數

（一）當 $P>P^e$，則 $y>y_f$
（二）當 $P=P^e$，則 $y=y_f$
（三）當 $P<P^e$，則 $y<y_f$

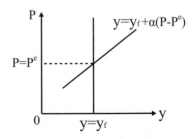

六、政策涵義

假設政府採擴張性的貨幣政策，若民眾未預料中，則勞動市場的勞動供給者，有貨幣幻覺，將造成勞動量由 $N_0 \uparrow \to N_1$。工資由 $W_0 \uparrow \to W_1$。物價由 $P_0 \uparrow \to P_1$，產出由 $y_0 \uparrow \to y_1$。若該政策被民眾所預料中，勞動供給曲線將由 $P_0^e g(N)$ 往上移至 $P_2^e g(N)$，所對應的就業量仍為原來的 N_0。工資由 $W_0 \uparrow \to W_2$。物價則由 $P_0 \uparrow \to P_2$，產出完全沒有變動，$y = y_0$。圖形分析如下：

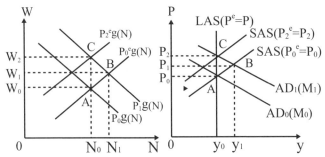

七、政策建議

(一)若預料中的貨幣政策，對實質產出完全沒有影響。

(二)在短期內未預料到的貨幣政策，雖有實質影響，但大眾會將在任何市場的變化結果完全歸咎央行的操控，如此會造成資源配置的扭曲。所以，最好還是採「固定貨幣供給增加率法則」。

即時演練

1. 一個理性預期（rational expectations）的總體模型可以表示為：總合生產函數：$Y = Y_N + 4(P - P^e)$ 且總合需求函數：$P = M - (Y - Y_N)$ 式中 $Y =$ 所得、$P =$ 物價水準、$P^e =$ 預期物價水準，且 $Y_N =$ 充分就業產出 $= 1000$、$M =$ 貨幣供給量 $= 5000$。則均衡的產出水準為： (A)1000 (B)2000 (C)4000 (D)5000。（98 高）

答：(A)。均衡時 $P = P^e$，因此 $Y = Y_N + 4(P - P^e)$，寫成 $Y = Y_N$，而 $Y_N = 100$，所以均衡產出 $Y = 1000$。

2. 理性預期理論隱含下列那一項假設？　(A)工作者對工作的地方做了最佳的選擇　(B)經濟學家預期工作者都是理性的　(C)經濟學家對通貨膨脹做了理性的預期　(D)工作者對通貨膨脹做了最佳的預測。（普考）

答：(D)

3. 下列哪一項會導致實質民間消費的增加？　(A)預期經濟不景氣　(B)預期物價可能上漲　(C)物價上漲　(D)所得分配愈不平均。（普考）

答：(B)

4. 中央銀行擬採行緊縮性貨幣政策以抑制通貨膨脹，故在採行之前，經由大眾傳播媒體宣告之，試分析此種政策的有效性如何？如果不經事前宣告即採行，其效果有何不同？政策效果與政府之公信力（credibility）有關嗎？

答：(1) 採行之前，經由大眾傳播媒宣告之，且該政策完全由民眾預料中，則勞動供給曲線將由 $P_0^e g(N)$ 往下移至 $P_2^e g(N)$，所對應的就業量仍為原來的 N_0。工資則由 $W_0 \downarrow \rightarrow W_2$，物價由 $P_0 \downarrow \rightarrow P_2$，但產出仍然維持 y。

(2) 採行之前，不經事前宣告，且該政策民眾完全未預料中，則勞動市場的勞動供給者有貨幣幻覺，將使勞動量由 $N_0 \downarrow \rightarrow N_1$，工資由 $W_0 \downarrow \rightarrow W_1$，物價由 $P_0 \downarrow \rightarrow P_1$，產出由 $y_0 \downarrow \rightarrow y_1$。

(3) 政策的效果與政府的公信力無關，而與民眾對政策則否預料到或未預料到有關。若預料到，則完全無實質效果，若未預料，才有政策上的實質效果。圖形分析如下：

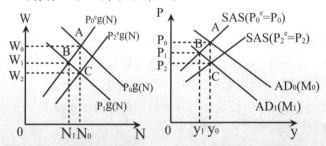

5. 下列有關各學派的論點，何者正確？　(A)凱因斯學派強調有效需求理論　(B)貨幣學派認為要以權衡代替法則　(C)新興凱因斯學派認為貨幣具中立性　(D)理性預期學派認為工資調整具有僵固性。（99普）

答：(A)。(B)法則替代權衡。(C)貨幣具有僵固性。(D)工資調整是上下伸縮的。

第五節　新興的凱因斯學派

一、代表人物： Stanley Fisher、Anna Gray、John Taylor

二、時間： 1970～1980

三、基本假設

(一)其行為為理性預期。

(二)物價，名目工資乃僵固於某一水準。因為名目工資受到長期勞動契約或互疊勞動契約之影響，所以名目工資具有僵固性。物價受到標價市場之限制；有菜單成本的發生且隨意調整價格將破壞與客戶長期維持的關係，所以物價具僵固性。

(三)訊息不完整。

四、總供給曲線之導出

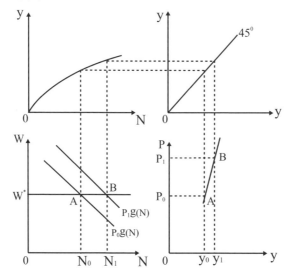

(一)原均衡點為A點，所對應的物價與產出分別為P_0與y_0。

(二)若物價由$P_0\uparrow\rightarrow P_1$，在勞動市場的勞動需求者，因實質工資$\dfrac{W^*}{P_0}\downarrow$，將使勞動需求曲線向右移，在名目工資僵固在$W^*$的情況下，勞動市場的就業量由$N_0\uparrow\rightarrow N_1$。而物價$P_1$所對應的產出為$y_1$。將變動前的均衡點A與變動後之均衡點B連接起來，可得到一條正斜率的總供給曲線。

五、政策涵義

假設政府授擴張性的貨幣政策，在總供給曲線為正斜率的情況下，$AD_0\uparrow\rightarrow AD_1$，則物價由 $P_0\uparrow\rightarrow P_1$，產出由 $y_0\uparrow\rightarrow y_1$。勞動市場之勞動需求者，因物價上升，而導致實質工資 $\dfrac{W^*}{P_0}\downarrow$，所以對勞動需求增加，勞動需求曲線向右移動，均衡點為 B 點。此時，就業量由 $N_0\uparrow\rightarrow N_1$。

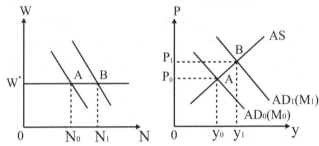

六、政策建議

無論民眾對擴張性貨幣政策是預料中或未預料中，均使實質產出增加，所以政府應積極採取各種的財政或貨幣政策，來干預總體經濟環境。

第六節　實質景氣循環理論（簡稱RBC）

一、代表人物：Finn Kydland、Edward Drescott、Charles Dlasser

二、時間：1970～1980

三、基本假設

(一)其行為是理性預期，接受市場結清。

(二)不認為新興古典學派所言，未預料中的政策有實質效果。

四、政策涵義

本理論認為實質產出之增加，並非來自於未預料中之效果。而是來自於供給面的衝擊。（例如：技術進步）。假設技術進步，使得 AS_0 向右移動到 AS_1，此時物價由 $P_0\downarrow\to P_1$，$y_0\uparrow\to y_1$。物價下跌，使勞動市場的勞動需求者因實質工資 $\dfrac{W_0}{P_0\downarrow}$，而增加勞動的需求，所以勞動需求曲線向右移動。勞動市場的最後均衡點為 B 點。就業量由 $N_0\uparrow\to N_1$，名目工資由 $W_0\uparrow\to W_1$。

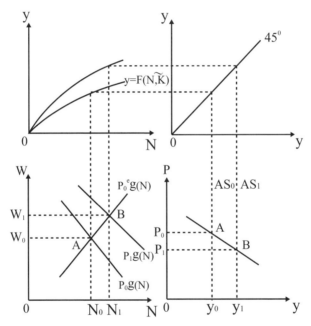

重要 五、政策建議

本理論認為，實質產出之變動完全來自於供給面之衝擊，所以任何反景氣循環的措施（即需求面的管理政策），根本無任何作用。對於貨幣政策仍主張維持固定貨幣供給成長率。

第七節　供給面學派

一、代表人物：A.Laffer、N.Ture、J.Waniski

二、時間：1980 年（美國總統雷根主政期間）

三、基本主張

(一)減稅。

(二)減少管制。

(三)減少國內預算。

(四)增加國防預算。

重要 **四、拉弗曲線**（Laffer Curve）

說明稅率與稅收的關係，當稅率提高時，稅收會增加（如圖形所示 0 至 E 之間）。但稅率繼續增加至某一水準時（如 E 點），若稅率再提高，反而會影響生產的投資意願與工作意願，造成稅收的減少（如 EF 段）。而使得稅收最大的稅率（例如 t^*），稱為最適稅率。圖形如下：

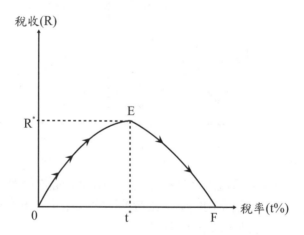

第二十三章　權衡與法則

重點叮嚀

本章的重點只要注意第一節盧卡斯對於權衡政策的批評即可。

第一節　政策應該主動或被動

一、政策主動

主張政策應主動者認為，經濟體系經常受到衝擊，除非採取貨幣或財政政策回應，否則將導致產出和就業產生波動。

二、政策被動

主張政策應被動者認為，財政政策與貨幣政策在執行上皆有時間落後的問題，這種時間落後可分成兩類，一種是內在時間（inside lag）是指從經濟體系發生衝擊到政府面對這項衝擊採取政策行動的這段時間，另一種是外在時間落後（outside lag）是指一項政策實行到對經濟體系造成影響的這段時間，而財政政策在內在時間落後較嚴重，貨幣政策則是外在時間落後明顯。

三、盧卡斯的批判（Lucas critique）

勞勃・盧卡斯（Robert Lucas）認為當政策制定者，想要估計任何政策變動的影響時，必須要將民眾的預期考慮進來，但若以總體計量模型作為評估政策，則無法將政策對預期的衝擊考慮進去。這種對傳統政策評估的批評稱為盧卡斯批判（Lucas critique）。

第二節　法則政策或權衡政策

一、權衡政策

如果決策者事先宣佈政策會如何因應不同情況，且承諾會遵循事前的宣告，則謂之法則政策。若決策者針對發生的事件自由裁量，並選定當時最恰當的政策，則謂之權衡政策。

主張權衡政策者認為自由裁量可以賦與決策者更多的彈性來因應不同的未知情況。主張法則政策者認為，政治人物無法對複雜的經濟環境作出正確的判斷，甚至於為了選舉利益操縱經濟情勢的作法，即政治景氣循環（political business cycle）。此外，權衡政策的時間不一致性（time inconsistency）問題，即政府的政策隨著時間經過出現不一致的情況。最後將造成民眾對於政府的政策宣佈產生不信任。反而影響政策的效果。基於上述原因，政策制定者只要循環固定法則可以解決這些問題。

二、貨幣政策法則

就貨幣政策而言，若要採取固定法則，那麼應該選擇哪一種法則呢？有三種政策法則的主張。

(一)以貨幣學派（monetarists）為首的經濟學者，主張政府應對貨幣供給採取固定的成長率。他們認為貨幣供給的波動是造成大部份經濟波動的主因。

(二)第二個政策法則是釘住名目國內生產毛額，因為釘住名目國內生產毛額允許貨幣政策隨著貨幣流通速度的改變而調整，將對產出和物價有穩定作用。

(三)第三個政策法則，是釘住通貨膨脹，透過釘住通貨膨脹可以阻隔經濟體系不會受到貨幣流通速度改變的影響。

第二十四章 物價膨脹與失業

第一節 物價膨脹

一、物價膨脹之定義

指平均概念的物價，以一定的幅度，持續上漲的現象謂之。

二、物價膨脹的原因

(一)需求拉動的通貨膨脹（Demand-pull inflation）：由於需求不斷的擴張，例如政府不斷地採行擴張政府財政或貨幣政策，所引起的總需求曲線不斷向右，而物價持續上升之現象。

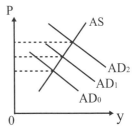

(二)成本推動的通貨膨脹（Cost-past inflation）：指廠商要求過高利率或勞動者要求工資過高等，引起生產成本提高，導致總合供給曲線向左移，而物價持續上升之現象。

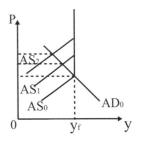

即時演練

1. 造成成本推動的物價膨脹（Cost push Inflation）的原因是：　(A)總合需求不斷增加　(B)總合需求不斷減少　(C)總合供給不斷增加　(D)總合供給不斷減少。

答：(D)

2. 「需求拉動」與「成本推動」之物價膨脹：　(A)對物價的影響相同，對所得的影響不同　(B)對物價的影響不同，對所得的影響相同　(C)對物價與所得的影響均相同　(D)對物價與所得的影響均不同。（普考）

答：(A)

3. 以下那一項敘述為正確者？　(A)「政府支出增加」與「貨幣供給增加」均造成「成本推動」物價膨脹　(B)「政府支出增加」與「原料價格提高」均造成「成本推動」物價膨脹　(C)「貨幣供給增加」與「原料價格提高」均導致「需求拉動」物價膨脹　(D)「政府支出增加」與「貨幣供給增加」均導致「需求拉動」物價膨脹。（普考）

答：(D)

4. 物價膨脹期間，若工會要求提高工資，此將導致：　(A)總需求線左移　(B)總需求線右移　(C)總供給線左移　(D)總供給線右移。（普考）

答：(C)

5. 需求面通貨膨脹正常都伴隨著下列何種情況？　(A)實質國民生產毛額下降，但在供給面通貨膨脹時則情況相反　(B)實質國民生產毛額上升，但在供給面通貨膨脹時則情況相反　(C)實質國民生產毛額上升，在供人面通貨膨脹時情況亦相同　(D)實質國民生產毛額下降，在供給面通貨膨脹時情況亦相同。（普考）

答：(D)

6. 原料價格的提高造成：　(A)需求拉動的物價膨脹　(B)成本推動的物價膨脹　(C)物價下降　(D)以上皆非。（普考）

答：(B)

(三)混合型的通貨膨脹（Mixed inflation）：
指由供給面及需求面共同造成的通貨膨脹，
例如，政府為了增加產出採擴張性的財政或
貨幣政策，使AD曲線向左移動，導致物價上
升，於是造成勞動者的實質工資下降，進而
要求調高工資，促使生產成本上升，AS曲線
向左移動。

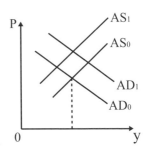

(四)結構性通貨膨脹（Structural inflation）：在經濟發展過程中，有些部門
發展較快，容易發生急劇的物價上漲，且引起整個物價水準上漲。

(五)輸入性通貨膨脹（Imported inflation）：指由於輸入品的價格上升，而
該國對進口品之依賴度很深，於是進口成本最高，生產者將其反映在
國內產品價格上。

即時演練

1. 愈容易受到輸入性通貨膨脹之影響者為： (A)進口依賴度愈高之國家
(B)進口依賴度愈小之國家 (C)出品依賴度愈高之國家 (D)出口依賴度愈
小之國家。

答：(A)

2. 輸入性通貨膨脹造成： (A)總合需求線右移 (B)總合供給線右移 (C)總
合需求線左移 (D)總合供給線左移。（普考）

答：(A)。進口數量減少，導致 IS 曲線向右移，AD 曲線亦同方向變動，
造成物價上升。

(六)預期心理通貨膨脹（Expectation of inflation）：預期未來物價將會上
升，則大眾儘量把手上持有貨幣去換取實物，於是貨幣流通速度加
速，反而使物價真的上漲。另外，物價膨脹心理將會認為實質工資下
降，而要求提高工資。

重要 三、通貨膨脹的影響

(一)預期內且經濟休系充分調整：引發

　　1.菜單成本（Menu cost）。 2.皮鞋成本（Shoe leather cost）。

(二)預期內但經濟體系未充分調整：引發
　　1.菜單成本。　　　　　　　2.皮鞋成本。
　　3.債務人有利，債權人不利之財富重分配效果。
　　4.政府課徵通貨膨脹稅，即政府與民間部門的財富重分配效果。
(三)預期之外：
　　1.加深了上述2.之財富重分配效果。
　　2.造成了勞資間的財富重分配。　　　3.造成資源配置無效率。

即時演練 ⬇

1. 物價膨脹對所得分配的影響為：　(A)對債權人有利　(B)對債務人有利　(C)對債權人與債務人均有利　(D)對債權人與債務人均不利。
答：(B)

2. 如果發生非預期性的通貨膨脹，較可能發生的財富重分配的方向為：(A)由債務人移轉至債權人　(B)由債權人移轉至債務人　(C)由富人移國轉至窮人　(D)由窮人移轉給富人。（普考）
答：(B)

3. 預期物價膨脹導致：　(A)貨幣的需求增加　(B)保有貨幣的機會成本提高　(C)保有貨幣的機會成本減少　(D)以上皆非。（普考）
答：(B)

4. 於物價膨脹期間：　(A)名目利率與實質利率均提高　(B)名目利率與實質利率均降低　(C)名目利率提高，實質利率低於正常水準　(D)以上皆非。
答：(C)。由 Fisher 公式 $\hat{R}=\hat{r}+\hat{P}^e$（名目利率成長率＝實質利率成長率＋預期物價上漲率）假設 $\hat{P}^e=\hat{P}$，則公式可改成 $\hat{R}=\hat{r}+\hat{P}$，當 $\hat{P}\uparrow$ 在 $\hat{r}$ 不變下，則 $\hat{R}\uparrow$。

5. 若經濟體系發生非預期的高通貨膨脹率，對於其所衍生的成本，下列敘述何者正確？　(A)積欠銀行貸款的個人，其成本高於有銀行存款者　(B)持有較少貨幣者，其成本高於持有大量貨幣者　(C)名目工資隨物價調整者，其成本高於固定名目工資　(D)使用高累進稅率的存款者，其成本高於使用低累進稅率的存款者。
答：(D)

第二節　失 業

一、失業的定義

一個人滿足15足歲以上，現在沒有工作，但馬上可以工作，且積極找工作中。

二、失業率之計算

$$失業率 = \frac{失業人口}{勞動人口} \times 100\% = \frac{失業人口}{失業人口+就業人口} \times 100\%$$

三、失業的分類

(一)摩擦性失業（frictional unemployment）：指勞動者由於轉業間，就業消息之情報傳遞不夠迅速，形成短暫失業的現象。

(二)結構性失業（Structural unemployment）：指由於經濟結構之改變，勞動供給結構與勞力需求結構無法配合，所造成的失業。

　　1.自然失業＝摩擦性失業＋結構性失業。

　　2.自然失業率（Natural rate of unemployment 或稱正常失業率）；指不能再以擴張性總體政策永遠地降低的失業率。

(三)循環性失業（cyclical unemployment）：指由於景氣循環的變動，在景氣衰退下，所造成之失業。

四、各種失業之起因與對策

種　類	主　因	對　策
摩擦性	換工作	增加各種就業資訊。
結構性	經濟結構之轉變。	各種職業訓練，第二專長訓練等。
循環性	不景氣造成廠商裁同。	各種擴張性的財政及貨幣政策。

充分就業（Full employment）：指社會之失業率處於自然失業率的情形。

即時演練 ⬇

1. 當勞動市場處於充分就業的狀態下，經濟體系仍然有失業的存在，此失業率稱為： (A)結構性失業 (B)循環性失業 (C)自然失業率 (D)以上皆非。（普考）

   答：(C)

2. 為降低自然失業率宜採行何種策略？ (A)增加貨幣成長率 (B)增加失業津貼 (C)提高勞動市場資訊傳遞 (D)以上皆是。（普考）

   答：(C)

3. 若勞動市場組織效率提高，消息傳播更迅速，則摩擦性失業： (A)會提高 (B)會減少 (C)維持不變 (D)增減不確定。（普考）

   答：(B)

4. 所謂隱藏性失業是指下列何者？ (A)經濟的景氣較差時，廠商必須減產，而部分勞工未被解僱，卻被迫縮減工時 (B)原本是就業的人口，但因為景氣不佳，必須自動離職 (C)原本是就業的人口，但因為景氣不佳，被老闆解僱 (D)想找工作，但沒有積極去找工作的人。（97普）

   答：(A)

5. 失業率是指： (A)失業人口數占總人口數的比率 (B)失業人口數占年滿15歲以上的民間人口數的比率 (C)失業人口數占勞動力人數的比率 (D)失業人口數占民間非監管人口數的比率。（97地四）

   答：(C)

6. 所謂失業是指失業人數相對於下列何者的比率？ (A)年滿十六歲以上的人口數 (B)總就業人口數 (C)總人口數 (D)總勞動力人口數。（普考）

   答：(D)

7. 某國總人口有1,000萬人，失業人口有100萬人，就業人口500萬人，則某國失業率為： (A)67% (B)50% (C)40% (D)17%。（100高）

   答：(D)。失業率 $= \dfrac{100}{100+500} = \dfrac{100}{600} = 17\%$。

8. 假設全社會人口2000萬人，15歲以上的民間人口為1500萬人，勞動參與率為60%，找到工作的有550萬人，則失業人口有：　(A)50萬人　(B)350萬人　(C)450萬人　(D)950萬人。（98地四）

> 答：(B)。勞動力＝ $1500 \times 60\% = 900$
>
> 勞動力＝就業人口＋失業人口，故失業人口＝$900 - 550 = 350$（萬人）。

9. 假設一國15歲以上人口有150萬，其勞動力為110萬，總就業人口為99萬，則其勞動參與率為：

> 答：勞動參與率＝ $\dfrac{勞動力}{成年人口} = \dfrac{110(萬)}{150(萬)} = 0.733 \doteqdot 74\%$。

第三節　菲力蒲曲線

重要 一、菲力蒲曲線之意義

指物質上漲率與失業率之間呈反比關係的曲線，即短期菲力蒲曲線。

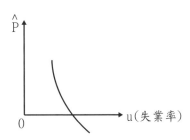

二、短期菲力蒲曲線與總體經濟政策之關係

1960 年代凱因斯理論的興盛時期，認為失業率與物價膨脹率之間有抵換（trade-off）關係。例如，透過擴張性的需求面政策，可使產出增加（即失業率下降），但必須付出高物價膨脹率為代價，如下頁圖 A→B 點，物價由 $P_0\uparrow \to P_1$，但 $u_0\downarrow \to u_1$。若要壓低物價膨脹率，可採緊縮的要求面政策，則失業率不可避免的會上升。如同 A→C 點，物價由 $P_0\downarrow \to P_2$，但 $u_0\uparrow \to u_2$。

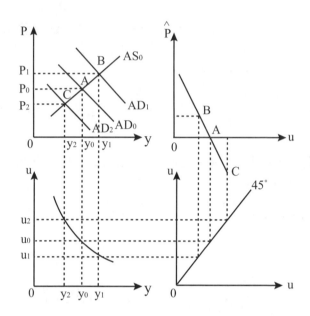

三、長期菲力蒲曲線

(一)產生之原因：貨幣學派的學者傅利德曼（Friedman）認為民間部門具有
預期心理，當人們預期物價膨脹的現象會持續下去，因此勞資雙方訂
定勞動契約時，會把預期物價膨脹率設定在工資調整內，於是造成短
期的菲力蒲曲線向上移動，長期而言，將使菲力蒲曲線成一垂直線。

(二)說明：政府為了使失業率下降，便採擴張性的需求面政策，使物價上
漲 2%，因工資調整有時間上的落差，使均衡點由 A 移動到 B 點。
失業率下降，物價上漲。到了工資契約期滿訂新約時，勞工可能會要
求依照新的預期物價上漲率來訂約。即要求多提高 2%工資，於是均
衡點由 B 移動到 C 點。物價上漲率為 2%，但失業率又恢復原來的
水準。若政府為了使失業率下降，再採行擴張性需求面政策，使均衡
點由 C 點移到 D 點。於是預期心理使工人再調整工資，由 D 點到 E
點。最後將 A，C，E，G 點連接起來，即為長期的菲力蒲曲線。而圖
形中的 AB，CD，EF，則分別為某一預期物價水準，所對應之短期菲
力蒲曲線。

(三)結論：貨幣學派認為長期的菲力蒲曲線，為一垂直線。且所對應的失業率，即為自然失業率。在些情況下，任何的擴張性財政或貨幣政策，僅徒使物價上漲率上升，而失業率仍維持為自然失業率。此時，物價上漲率與失業率的抵換關係就不存在了。

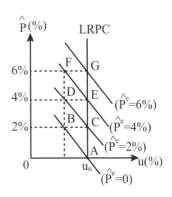

即時演練

1. 下列那個敘述將會導致短期菲力普曲線（Phillips curve）的右移？敘述 I：預期通貨膨脹率（anticipated inflation rate）降低；敘述 II：自然失業率（natural unemployment rate）增加
   (A)只有敘述 I
   (B)只有敘述 II
   (C)敘述 I 與敘述 II 都會
   (D)敘述 I 與敘述 II 都不會。（98地四）
   答：(B)

2. 下列那一項敘述，是在描述菲力普曲線（Phillips curve）？
   (A)顯示通貨膨脹與失業率二者的關係
   (B)當通貨膨脹率上升，就業減少
   (C)當物價上漲，經濟成長率下降
   (D)長期不存在菲力普曲線。（99地四）
   答：(A)。

3. 菲力蒲曲線（Phillips Curve）顯示下列那兩者的負向關係？
   (A)實質物價水準和實質國民生產毛額（Real GNP）
   (B)通貨膨脹和產出成長率
   (C)總合供給的成長率和總合需求的成長率
   (D)通貨膨脹和失業率。（普考）
   答：(D)。指短期的菲力蒲曲線而言。

4. 預期物價上漲率與短期菲力蒲曲線（Phillips cruve）之關係為：　(A)預期物價上漲率愈高，則短期菲力蒲曲線愈往左移　(B)預期物價上漲率愈高，則短期菲力蒲曲線愈往右移　(C)預期物價上漲率的高低，對短期菲力蒲曲線無影響　(D)預期物價上漲率的高低，對短期菲力蒲曲線之影響不確定。

答：(B)

5. 若勞動市場組織愈有效率且資訊傳播愈迅速，則菲力蒲曲線（Phillips curve）為：　(A)愈趨近原點　(B)愈偏離原點　(C)不受影響　(D)以上皆非。（普考）

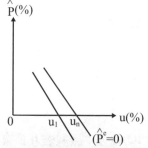

答：(A)。菲力蒲曲線與橫軸（失業率）相交表示，預期物價上漲率為零，且實際物價上漲率亦為零。所對應的失業率，即為自然失業率。若勞動市場組織愈有效率且資訊傳播愈迅速，則自然失業率將會降低，菲力蒲曲線將愈靠近原點。

6. 若政策當局欲維持實際的失業率低於自然失業率，則其影響為：　(A)可維持物價膨脹率不變　(B)可減少物價膨脹率　(C)會提高物價膨脹率　(D)對物價膨脹率之影響不確定。（普考）

答：(C)

第四節　停滯性物價膨脹（stagflation）

一、意義

表示失業率（u）和物價上漲率（$\hat{P}$）同時上漲的現象。

重要　痛苦指數（標）（Misery Index）＝失業率（u）＋物價上漲率（$\hat{P}$）

即時演練

● 痛苦指數（misery index）是指：　(A)物價膨脹率　(B)失業率　(C)物價膨脹率、失業率之和　(D)吉尼係數（Gini Coefficient）。

答：(C)

二、起因

(一) 1940 1960 年，政府支出增加，採赤字預算，並且大幅增加貨幣供給，以上結果均造成 AD 曲線待續往右移動，物價持續上漲。

(二) 1970 年的兩次石油危機（oil crisis）造成供給面的衝擊，使得 AS 曲線持續往左移，而產出減少，物價節節上升。

(三) 民眾預期物價上漲的心理增加，造成要求調高名目工資，於是工資的成長率上升，也造成 AS 曲線向左移動，於是產出減少，物價上升。

即時演練

1. 造成停滯性膨脹（Stagflation）的原因是：　(A)總合需求不斷增加　(B)總合需求不斷減少　(C)總合供給不斷增加　(D)總合供給不斷減少。（普考）

答：(D)

2. 「停滯膨脹」的意義為：　(A)景氣衰退　(B)物價上漲　(C)景氣衰退物價上漲之混合　(D)以上皆非。（普考）

答：(C)

3. 經濟衰退係指下列那一種情況？　(A)實質國民生產毛額（Real GNP）上升並且物價水準下降　(B)實質國民生產毛額下降並且物價水準上升　(C)實質國民生產毛額下降並且物價水準下降　(D)實質國民生產毛額上升並且物價水準上升。（普考）

答：(C)。即 AD 曲線向左移，並非 AS 曲線向左移。

三、對策

(一) 適當控制政府支出和貨幣供給，並採用以 M. Friedman 為首的貨幣學派的建議。以「法則替代權衡」（rule rather than discretion）即用「固定貨幣供給成長率法則」來代替權衡性的貨幣政策。

固定貨幣供給成長率法則，即貨幣在長率（$\hat{M}$）＝物價上漲率（$\hat{P}$）＋貨幣需求的所得彈性（$\varepsilon_{M^D, y}$）×所得成長率（$\hat{y}$）。

(二) 採用供給面經濟學的政策建議

1. 大幅減稅。

2. 減少政府的人為管制，提高生產效率。

3. 減少政府支出，避免需求面的推動。

(三)採所得政策，嚴格控制工資上漲率（$\hat{w}$）與物價上漲率（$\hat{P}$），避免預期物價上漲，消除預期的心理。

所得政策（Income policy）或稱為標竿政策（Guide-post policy），來直接管制各產業之工資調整百分比，並提高生產力。

關係式為：$\hat{P}=\hat{w}-A\hat{P}P$。（物價上漲率＝工資上漲率－生產力增加率）。

即時演練

1. 若採行「所得政策」則可避免？　(A)需求拉動的物價膨脹　(B)成本推動的物價膨脹　(C)輸入性的物價膨脹　(D)以上皆非。

答：(B)

2. 工業國家為避免通貨膨脹採行的「所得政策」，為控制以下何者之增加率：　(A)貨幣　(B)工資　(C)利率　(D)以上皆是。（普考）

答：(B)

3. 於工資增加率等於生產力增加率，則物價水準：　(A)提高　(B)降低　(C)不變　(D)不確定。

答：(C)。由關係式：$\hat{P}=\hat{w}-A\hat{P}P$，當 $\hat{w}=A\hat{P}P$，則 $\hat{P}=0$

4. 工業國家為避免通貨膨脹採行的「所得政策」，為控制以下何者之增加率？　(A)貨幣　(B)工資　(C)利率　(D)以上皆非。（普考）

答：(B)

5. 若工資增加率小於生產力增加率，則物價水準：　(A)不變　(B)下降　(C)提高　(D)不確定。（普考）

答：(B)。由關係式：$\hat{P}=\hat{w}-A\hat{P}P$，當 $\hat{w}<A\hat{P}P$ 則 $\hat{P}<0$，即物價水準降低。

6. 為避免物價膨脹所採行的工資管制，規定物價上漲率應等於：　(A)貨幣供給增加率與生產力增加率之差額　(B)貨幣供給增加率與生產力增加率之和(C)貨幣工資增加率與生產力增加率之差額　(D)貨幣工資增加率與生產力增加率之和。（普考）

答：(C)

第二十五章／國際貿易

重點叮嚀

本章的第一節古典學派的比較利益說幾乎每年都考，有關這部分的考題請逐題做完「即時演練」即可因應自如。第三節國際貿易政策較常以高考申論題的方式出現，大部分的題型包括；課徵進口關稅，出口補貼，進口配額，對於國內外價格、進口量、出口量、消費者剩餘及生產者剩餘的變化，讀者們研讀時都要特別注意。

第一節　國際貿易理論

重要　一、古典學派之絕對利益說

亞當斯密（Adam Smith）在 1776 年發表「國富論」，提出「絕對利益」理論來解釋國際貿易發生之原因。他認為，各國應以國際分工的方式，以分別從事各國具有絕對優勢的生產進行交換，將使各國生產力大為提高，互蒙自由貿易之利。

例如：假設美國 1 單位的勞動可生產 5 單位的米，或 10 單位的成衣。而我國 1 單位的勞動可生產 4 單位的米，或 16 單位的成衣。見下表：

	美國	我國
米	5	4
成衣	10	16

(一)在米的生產上：同樣一單位勞動投入，美國可產出 5 單位，而我國僅可生產 4 單位，所以美國在米的生產上有絕對利益。

(二)在成衣的生產上：同樣一單位勞動投入，美國可生產 10 單位，而我國可生產 16 單位，所以我國在成衣的生產上有絕對利益。

因此，我國應致力於成衣的生產，而美國則致力於米的生產，然後我國以米資交換美國的成衣，則對二國均有好處。假設貿易前雙方各有2單位的勞動來生產米及成衣，則米的總產量為9單位（即美國5單位＋我國4單位）。成衣的總產量為26單位（即美國10單位＋我國16單位）貿易後：我國將2單位元元的勞動全部用來生產成衣，則成衣的總為32單位（即16×2）。而美國將2單位元元的勞動全部用來生產米，則米的總量為10單位（即5×2）。所以貿易後，米的產量較貿易前增加了1單位（10−9）。而成衣則增加了6單位（32−26）。

重要 二、古典學派之比較利益說

	美國	我國
米	5	4
成衣	10	16

若以上表而言，美國在米的生產及成衣的生產均具有絕對利益，若依照絕對利益說，是否我國與美國就不可能發生貿易？

古典學派的大衛李佳圖（David Ricardo）修正亞當斯密的絕對利益說，他認為貿易的發生，乃比較成本上的差異，而非絕對成本的差異。各國應選擇利益相對較高或劣勢相對較少之產品來生產及出口。

仍以上表為例：

(一)在米的生產上：美國同樣以一單位的勞動投入，可生產 5 單位米或 10 單位的成衣，則生產一單位的米，其機會成本乃放棄生產成衣的產量為 2 單位（即 5 米＝10 成衣或 1 米＝$\frac{10}{5}$ 成衣）我國則生產一單位的米，其機會成本則是 4 單位成衣（即 2 米＝8 成衣或 1 米＝4 成衣）。所以就米的生產而言，美國生產米的機會成本最低，所以美國應致力於生產米。

(二)在成衣的生產上：美國生產 1 單位成衣的機會成本為 $\frac{1}{2}$ 單位米（即 5 米＝10 成衣或 1 成衣＝$\frac{5}{10}$ 米），我國生產一單位成衣的機會成本為 $\frac{1}{4}$ 單位米（即 2 米＝8 成衣或 1 成衣＝$\frac{2}{8}$ 米）。故我國生產成衣的機會成本最低，即我國應致力於生產成衣，並且兩國從事交換。

同樣假設貿易前雙方各有 2 單位的勞動來生產米和成衣，米的總產量為 7 單位（即美國 5 單位＋我國 2 單位）。成衣的總產量為 18 單位（即美國 10 單位＋我國 8 單位）。貿易後：我國將 2 單位勞動全部用來生產成衣，則成衣的總產量為 16 單位，而美國也將 2 單位勞動全部用來生產米，則米的總產量為 10 單位。

即時演練

1. 依照標準流程，甲每小時可製作10個漢堡或8個甜甜圈，乙每小時可製作8個漢堡或5個甜甜圈，則下列何者正確？　(A)甲製作漢堡有比較利益 (B)乙製作漢堡有比較利益　(C)甲無論製作漢堡或甜甜圈都有比較利益 (D)乙無論製作漢堡或甜甜圈都沒有比較利益。（99地四）

答：(B)。　甲：一小時＝10漢堡＝8甜甜圈，1漢堡＝$\frac{8}{10}$甜甜圈（機會成本）

乙：一小時＝8漢堡＝5甜甜圈，1漢堡＝$\frac{5}{8}$甜甜圈（機會成本）

所以乙生產漢堡的機會成本小於甲，故乙製作漢堡有比較利益。

2. 已知甲國生產1單位食物需使用4單位生產要素，生產1單位衣服需使用8單位生產要素；乙國生產1單位食物需使用5單位生產要素，生產1單位衣服需使用20單位生產要素，則下列敘述何者正確？　(A)甲國對生產食物和衣服皆有比較利益　(B)乙國對生產衣服有比較利益　(C)乙國對生產食物有絕對利益　(D)甲國生產衣服的機會成本較乙國低。（99台電）

答：(D)。甲國：1 單位食物 ＝ 4 單位生產要素

1單位衣服＝8單位生產要素，或$\frac{1}{2}$單位衣服＝4單位生產要素

即1單位食物＝$\frac{1}{2}$單位衣服，或1單位衣服＝2單位食物

乙國：1單位食物＝5單位生產要素

1單位衣服＝20單位生產要素，或$\frac{1}{4}$單位衣服＝5單位生產要素

即1單位食物＝$\frac{1}{4}$單位衣服，或1單位衣服＝4單位食物

故乙國生產食物的機會成本（$\frac{1}{4}$ 單位衣服）低於甲國生產食物的機

會成本（$\frac{1}{2}$ 單位衣服），所以乙國在生產食物方面有比較利益。

甲國生產衣服的機會成本（2單位食物）低於乙國生產衣服的機會成本（4單位食物），所以甲國生產衣服方面有比較利益。

3. 若甲與乙兩國都只生產、消費食物與衣服兩種產品，而且兩國也只使用勞動來生產該兩項產品。甲國一個工人一天可生產 5 件衣服或 8 單位的食物，但乙國一個工人一天卻只能生產 4 件衣服或8單位的食物。若兩國間採行自由貿易，在貿易後兩國的經濟福利都要增加的前提下，則均衡的貿易條件（指一件衣服可以交換食物的單位數）會落在下列那個區間？(A)0.5 與 0.625 之間　(B)1.6 與 2 之間　(C)4 與 5 之間　(D)5 與 8 之間。（97普）

答：(B)。 甲國：5 衣＝8 食物，1 衣＝$\frac{8}{5}$ 食物＝1.6 食物

乙國：4 衣＝8 食物，1 衣＝$\frac{8}{4}$ 食物＝2 食物

故 1 件衣服可以交換食物單位是在 1.6 和 2 之間。

4. 一國的要素稟賦固定可生產100 單位葡萄酒或40 單位肉品。假設國際上葡萄酒與肉品的相對價格是3，則該國生產：　(A)葡萄酒有絕對利益　(B)葡萄酒有比較利益　(C)肉品有絕對利益　(D)肉品有比較利益。（97普）

答：(B)。貿易條件＝$\frac{葡萄酒}{肉品}$＝3，$\frac{葡萄酒}{肉品}$＝$\frac{100}{40}$＝2.5

因為2小於3，故葡萄酒有比較利益。

5. 若甲與乙兩國都只生產、消費食物與衣服兩種產品，而且兩國也只使用勞動來生產該兩項產品。甲國一個工人一天可生產 5 件衣服或 9 單位的食物，但乙國一個工人一天卻只能生產 4 件衣服或 8 單位的食物。若兩國間採行自由貿易，且均衡的貿易條件（指一件衣服可以交換食物的單位數）為 2 時，則兩國貿易所產生的貿易利得將歸屬何國？　(A)全歸甲國　(B)全歸乙國　(C)部分歸甲國，部分歸乙國　(D)無法決定。（97地四）

答：(A)。甲國是生產一件衣服需減少 $\frac{9}{5}$ 單位食物，乙國是生產一件衣服需減少 2 單位食物，如果貿易條件是一件衣服可以交換 2 單位食物，則甲國可以依此條件以一件衣服交換 2 單位食物（大於原先減少的 $\frac{9}{5}$ 單位食物），乙國則以一件衣服交換 2 單位食物（等於原先減少的 2 單位食物）。

三、赫克謝—歐林（Heckscher-Ohlin）定理

H－O 理論主要說明勞動量較豐富的國家，因工資較低，該國對勞動密集財的生產成本較低，故會多生產且出口勞動密集財；同理資本量較豐富的國家，應多生產具出口資本密集財。

四、大規模生產之經濟

大於大量生產可以產生大規模經濟，因此各國專業生產某產品後再進行交易，可以降低生產之成本。在貿易過程中，各國若各自專業於某一物品之生產，則各國除了為本國生產之外，還可為外國之市場需求而生產，生產規模可大為擴張，大規模經濟之利益即可充分發揮，所以大規模生產之經濟亦是促成國際貿易的因素之一。

五、產品循環理論

本理論以生產技術的擴散來說明，產品的出口國為何會轉變成該產品的進口國，或原來為進口國卻逐漸變為出口國之原因。新產品問世後可分為三階段：

(一)創新的初期階段：新產品的發明國由於生產技術上的比較利益，所以處於出口國的地位。

(二)生產技術成熟階段：該項生產技術已從先進國家學得，於是便自行生產來替代來自發明國的進口，即產生進口替代。

(三)技術大量標準化階段：指生產技術已為世界呼國所知曉，生產過程則已趨於標準化，規格化。此時，原來為出口國，後因相對生產要素豐富的國家來接替生產。即產生了出口替代。

第二節　貿易與福利

一、貿易條件（Terms of trade）

指一單位的出口品在國際市場上所能換得的進口品之數量；以相對價格說明之，也就是出口品國際價格與進口品國際價格之比值。

假設：出口總值＝進口總值

$$P_X X = P_M M$$

式中：P_X 表示出口品國際價格
P_M 表示進口品國際價格
X 表示出口品數量
M 表示進口品數量

$$P_X X = P_M M \Rightarrow \frac{M}{X} = \frac{P_X}{P_M}$$

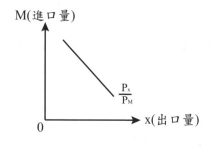

若出口品國際價格（P_X）上升，或進口品國際價格（P_M）下降，將使 $\frac{P_X}{P_M}$ 變陡，此情況稱為貿易條件改善。例如由 $\left(\frac{P_X}{P_M}\right)^0$ 轉變成 $\left(\frac{P_X}{P_M}\right)'$。

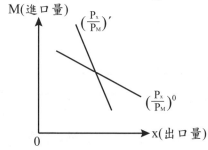

二、社會無異曲線（SIC）

代表兩種物品對社會帶來同等效用或福利水準的所有組合軌跡。

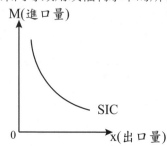

三、貿易條件與福利

貿易條件改善，將使福利水準提高。例如：原來的貿易條件為 $(\dfrac{P_X}{P_M})^0$，社會無異曲線（SIC_0），相切於 A 點。若貿易條件轉變為 $(\dfrac{P_X}{P_M})'$，所對應的社會無異曲線（SIC_1）相切於 B 點。$SIC_1 > SIC_0$，表示福利提高了。

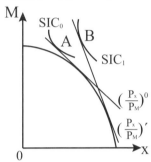

四、社會福利的分析

(一)貿易前：國內出口品與進口品的相對價格比為 $(\dfrac{P_X}{P_M})^0$，均衡點為

　　E_0，社會福利水準為 SIC_0。

(二)貿易後：國際間出口品與進口品的國際相
　　對價格比為 $(\dfrac{P_X}{P_M})'$，均衡點為 E_1，社會
　　福利水準為 SIC_1。而 $SIC_1 > SIC_0$，表示貿
　　易後該國的福利水準提高。若將福利水準
　　的增量加以分析，可分成兩部分：
　　1. $SIC_0 \rightarrow SIC_1$ 為消費產生的利得。
　　2. $SIC_1 \rightarrow SIC_2$ 為生產產生和利得。

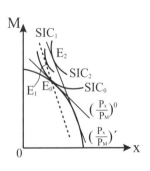

即時演練

➡ a，b 兩國進行貿易，若貿易後貿易條件愈接近 a 國貿易前之相對價格，
則貿易後對兩國福利的影響為：　(A)對 a 國較有利　(B)對 b 國較有利
(C) a、b 兩國的福利均更提高　(D)對兩國福利無影響。（普考）

答：(B)

第三節　國際貿易政策

一、貿易政策之意義

政府為了達成某些國內經濟或國際收支目標而對自由貿易予以限制，限制的工具稱為貿易政策。

二、貿易政策之方式

(一)價格限制：透過課徵進、出口關稅或給予進、出口補貼來影響進出口商品的價格，以限制貿易數量。

(二)數量政策：以進口配額或出口配額來限制貿易數量。

[重要]三、進口關稅的經濟分析

(一)假設：本國對國際價格具有影響力，則本國的進口品市場，而對一條正斜率的供給曲線，左圖表示本國的國內市場，右圖為進口品的國際市場。

　1.課徵進口關稅前：

　　(1)進口量＝$Q_0^D Q_0^S = Q_0^m$。

　　(2)國內價格＝國際價格＝P_0。

　2.課徵關稅以後：

　　(1)進口量減少成為$Q_1^D Q_1^S = Q_1^m$。

　　(2)國內價格由$P_0 \uparrow \to P_1$。國際價格由$P_0 \downarrow \to P_2$。

　　(3)消費者剩餘減少了（a＋b＋c＋d），生產者剩餘增加了a，政府的關稅收入增加了c＋f，整個社會福利的變動為（SW）=C.S＋P.S＋稅收＝$\downarrow$（a＋b＋c＋d）＋$\uparrow$a＋$\uparrow$（c＋f）＋$\downarrow$（b＋c）＋$\uparrow$f。

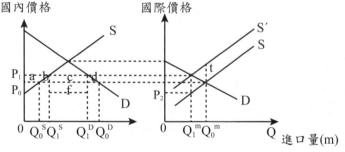

(二)假設：本國對國際價格無影響力，則本國的進口品市場乃面對一條
　水平線的供給曲線。左圖表示本國的國內市場，右圖為進口品的國
　際市場。

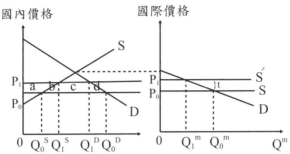

1. 課徵進口關稅前：
　(1)進口量＝$Q_0^D Q_0^S = Q_0^m$。
　(2)國內價格＝國際價格＝P_0。
2. 課徵關稅以後：
　(1)進口量減少為$Q_1^D Q_1^S = Q^m$。
　(2)國內價格由P_0↑→P_1。國際價格不變（P_0）（因為本國對國際價格
　　無影響力。）
　(3)消費者剩餘減少了（a＋b＋c＋d），生產者剩餘增加a，政府關稅
　　收入增加c，整個社會福利（SW）＝C.S＋P.S＋稅收＝↓（a＋b＋
　　c＋d）＋↑a＋c↑＝↓（b＋d）。

即時演練

➡ 本國政府對進口品實施進口配額（import quota）政策，則在其他條件不
　變下，將會導致：　(A)國內進口品的替代財（import substitution goods）
　生產量會增加　(B)本國對進口品的進口數量增加　(C)以本國產品單位來
　表示的本國貿易餘額惡化　(D)本國對進口品的需求量增加。（97地四）

答：(A)。原先進口數量為ab，
　　採限制進口數量為a'b'，國
　　內生產的產量將由a增加到
　　a'，國內需求數量將由b減
　　少到b'。

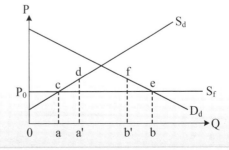

第二十六章 國際金融

重點叮嚀

第一節命題最頻繁的地方就是影響均衡匯率變動的因素，讀者們研讀時千萬不要死記，只要配合圖形予以理解就比較容易了解它，畢竟這些現象就發生在我們週遭。「即時演練」的題目請耐心地逐題作完。

第五節Mundell-Flemming模型，是最容易以申論題的命題方式出現，研讀時要先歸納出分析順序，澈底予以理解，再配合圖形的說明，即可建立完整的觀念，如此，無論題目如何變化，相信大家皆可應付自如。

第一節　外匯市場

一、外匯

本國貨幣以外的對外請求權，包含外幣，外國債券，國外存款。

二、匯率

兩國貨幣的交換比率。

三、匯率變動與升值，貶值的關係

例如：$e_0 = \dfrac{NT27}{US1}$ 下降到 $e_1 = \dfrac{26}{1}$ 謂之台幣升值（Appreciation），而美金相對是貶值（Depreciation）。所以，匯率的變動與本國的幣值呈反向關係。

四、外匯供給

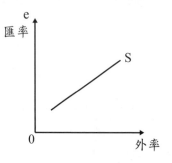

五、外匯需求

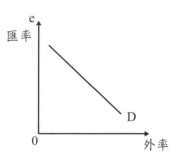

六、均衡匯率

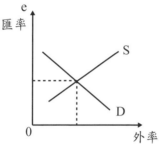

重要 七、均衡匯率之變動

(一)造成外匯供給增加之因素：

　　1.國外經濟景氣。（即外國國民所得提高）

　　2.外國對本國出口品的需求增加。

　　3.外國物價上漲率超過我國。

　　4.本國利率相對於外國利率上升。

　　5.中央銀行出售外匯。

　　6.出口補貼以增加出口。

　　7.預期匯率升值。

　　以上因素將造成外匯供給曲線右移，而均衡匯率下降。

(二)造成外匯供給減少之因素：

　　1.本國物價上漲率高於外國。

　　2.外國利率相對於本國利率上升。

　　以上因素將使外匯供給曲線左移，而均衡匯率上升。

(三)造成外匯需求增加之因素：

　　1.國內經濟景氣（即本國國民所得提高）。

　　2.本國物價上漲率超過外國。

　　　3. 中央銀行買進外匯。

　　　4. 降低關稅，開放進口，放鬆對資本之管制。

　　　5. 預期匯率貶值。

　　以上因素將使外匯需求曲線向右移，而均衡匯率上升。

(四)造成外匯需求減少之因素：

　　　1. 外國物價上漲率超過我國。

　　　2. 限制短期資本流出。

　　　3. 預期匯率升值。

　　以上因素將使外匯需求曲線向左移，而均衡匯率下降。

即時演練 ⬇

1. 在浮動匯率制度下，若一國的出口大於進口，則下列何者正確？　(A)貿易逆差，本國貨幣將會升值　(B)貿易順差，本國貨幣將會升值　(C)貿易逆差，本國貨幣將會貶值　(D)貿易順差，本國貨幣將會貶值。（99普）

　　答：(B)。出口大於進口，則有貿易順差，將使匯率下降，即本國貨幣升值。

2. 實施「出口補貼」對外匯供給與需求之影響為：　(A)需求線左移　(B)需求線右移　(C)供給線左移　(D)供給線右移。

　　答：(D)。將使出口增加，而外匯供給增加。

3. 一國若採取降低關稅，開放進口，對外匯市場之影響為：　(A)減少外匯需求　(B)增加外匯需求　(C)減少外匯供給　(D)增加外匯供給。

　　答：(B)

4. 本國的國民所得提高對外匯市場供需的影響為：　(A)外匯供給線右移　(B)外匯供給線左移　(C)外匯需要線右移　(D)外匯需要線左移。

　　答：(C)

5. 中央銀行若自外匯市場購買外匯，其影響為：　(A)增加外匯市場之外匯供給　(B)增加貨幣供給　(C)減少貨幣供給　(D)對貨幣供給無影響。（普考）

　　答：(B)

6. 本國國民所得減少對外匯市場的影響為何？　(A)外匯供給增加　(B)外匯供給減少　(C)外匯需求增加　(D)外匯需求減少。（99地四）

答：(D)

7. 在浮動匯率制度下，若外匯供給小於外匯需求時，會造成：　(A)本國貨幣供給增加　(B)本國貨幣供給減少　(C)外國貨幣貶值　(D)本國貨幣貶值。（99地四）

答：(D)。

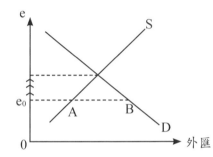

當 $e = e_0$ 時，外匯供給量 A 小於外匯需求量 B，則外匯率會往上升，即本國貨幣貶值。

8. 下列那一項會造成出口淨額的減少？　(A)世界經濟景氣　(B)我國的物價上漲　(C)外國物價上漲　(D)我國的貨幣貶值。（普考）

答：(B)

9. 下列那一項不會產生外匯需求？　(A)中央銀行收購外匯　(B)對外國投資　(C)本國對外國移轉支付　(D)短期資本流入。（99普）

答：(D)。短期資本流入是屬於熱錢（hot money）。

10. 下列那一項交易會造成外匯需求增加？　(A)外國觀光客在機場兌換新臺幣　(B)外籍教授購買臺灣的短期債券　(C)本國居民出國觀光到銀行購買美元　(D)本國籍留美工作的學人寄回美元給居住於國內的父母。（100普）

答：(C)。(A)外匯供給增加。(B)外匯供給增加。(D)外匯供給減少。

11. 一國的貨幣貶值後，導致： (A)以外幣表示的出口品價格提高，以本國幣表示的進口品價格亦提高 (B)以外幣表示的出口品價格降低，以本國幣表示的進口品價格提高 (C)以上兩種價格均降低 (D)以上兩種價格變動的方向不確。

答：(B)。

P／e＝以外幣表示的出口品價格

P_fe＝以本國幣表示的進口品價格

式中 P：本國幣值

P_f：外國幣值

E：匯率

當一國的貨幣貶值，即匯率（e）↑，則 P／e↑→（P／e）↓或 P_f（e↑）→（P_fe）↑

12. 物價膨脹對匯率與資本移動之影響為： (A)匯率升值，資本內流 (B)匯率升值，資本外流 (C)匯率貶值，資本內流 (D)匯率貶值，資本外流。（普考）

答：(A)。

(1)物價上漲，將使出口減少，而進口增加，即外匯供給曲線向左移，外匯需求曲線向右移，最後使均衡匯率上升。

(2)物價上漲，將使本國的利率相對高於外國利率，造成資本流入。

13. 下列何者將導致新台幣升值？ (A)中央銀行買入美元外匯 (B)外資流入台灣股市 (C)台商對越南直接投資 (D)貿易逆差擴大。（97地四）

答：(B)。 外資流入股市，對外匯供給增加，使得匯率下降，即台幣相對外幣升值。

14. 假設今年六月中的美元兌換新台幣匯率是 33.3，現在匯率為 32.7，則新台幣： (A)升值 1.8% 左右 (B)升值 3.5% 左右 (C)貶值 1.8% 左右 (D)貶值 3.5% 左右。（98普）

答：(A)。 $\dfrac{32.7-33.3}{33.3}=-1.8\%$，即台幣升值 1.8%。

第二節　匯率制度

一、固定匯率制度：匯率完全由央行控制與外匯市場供需無關。

(一)優點：進出口廠商減少匯率變動之風險，貿易較容易進行。

(二)缺點：

　　1.匯率高估（即將匯率訂高於均衡匯率），則本國有貿易順差，但相對於貿易對手國乃貿易逆差，容易引發對手國的不滿而採取貿易報復。

　　2.匯率高估，雖有貿易順差，但總需求曲線向右移動，造成物價上漲。

　　3.匯率高估，即本國幣值低估，將使貿易條件惡化，本國的福利水準下降。

二、浮動匯率制度：

指由於市場供需曲線來決定的匯率。又稱為純粹機動匯率。

(一)優點：

　　1.可隔離國外經濟變動對本國經濟之衝擊。

　　2.國際收支永遠平衡，故國際收支問題不存在。

　　3.中央銀行的外匯存底不會有枯竭或過多的困擾。

(二)缺點：由於匯率變動難以掌握，增加進出口商在貿易進行中之風險。

三、管理浮動匯率（或稱為汙濁的浮動（Dirty floating）

指一方面匯率由外匯市場的供給與需求來決定，另一方面中央銀行隨時參與外匯的買賣，來影響匯率的水準。

(一)優點：

　　1.匯率具有局部浮動的功能，不像固定匯率制度那麼僵固。

　　2.中央銀行可視目前外匯存底的多寡，再來評估是否干預外匯市場。

　　3.也具隔離國外的經濟對本國經濟的衝擊。

　　4.匯率在央行所允許的範圍波動，變動程度不若浮動匯率般劇烈。

(二)缺點：

　　1.中央銀行仍然須持有部分外匯存底，以作為干預外匯市場之需。

　　2.匯率仍會在局部範圍內變，則貿易風險仍無法避免。

　　3.中央銀行是否會干預匯率，來影響均衡匯率，將誘使外匯投機風氣。

第三節　國際收支

一、國際收支

一國在某一特定期間，本國居民、企業、政府等與他國居民、企業、政府等所有經濟交易事項的有系統的分析記錄者。

二、國際收支平衡表

將一國在某一特定期間，與其他國之經濟交易事項之彙總表。內容可分為：經常賬、資本帳、官方準備交易帳。

(一)經常帳：

　　1.對外貿易帳：又可分為

　　　(1)商品帳：包括商品的出口及進口。

　　　(2)勞務帳：包括勞務輸出及輸入。

　　2.單方移轉帳：包括單方移轉收入與支出。

(二)資本帳：包括資本的流入及流出。

(三)官方準備交易帳：乃一國國際收支餘額，即國際收支餘額＝經常帳餘額＋資本帳餘額。

　　當國際收支餘額＞0 謂之國際收支盈餘。

　　當國際收支餘額＝0 謂之國際收支平衡。

　　當國際收支餘額＜0 謂之國際收支赤字。

即時演練 ⬇

1. 「國際收支餘額」等於以下那兩者之和？　(A)經常帳餘額，官方準備交易帳　(B)經常帳餘額，資本帳餘額　(C)資本帳餘額，官方準備交易帳 (D)以上皆非。　　　　　　　　　　　　　　　　　．

答：(B)

2. 財貨與勞帳的進出口屬於國際收支平衡表之：　(A)經常帳　(B)資本帳 (C)單方面移轉收支　(D)官方準備交易。（普考）

答：(A)

三、馬婁條件

若一國的出口彈性（ε_x）及進口彈性（ε_M）絕對之和大於一（即 $|\varepsilon_x| + |\varepsilon_M| > 1$）時，透過匯率上升（即本國貨幣貶值）可以改善貿易逆差，而匯率下降（即本國貨幣升值）可以改善貿易順差。

四、J 曲線效果（J curve effect）

當匯率上升，即本國貨幣貶值，在短期內貿易收支逆差，不但未見改善，反而更形惡化。（在 t_0 t_1 期間）

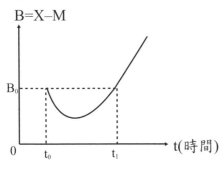

式中 $B = X - M$：經常賬

五、倒 J 曲線效果

當匯率下降，即本國貨幣升值，在短期內貿易收支順差，不但未見減少，反而更形擴大。（在 $t_0 \sim t_1$ 期間）

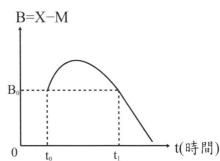

六、J 曲線（或倒 J 曲線）產生之原因

(一)在國際貿易時，貿易契約早於交貨與付款前便已簽定，則匯率變動時，對這些已簽定的契約，並無影響。

(二)短期內，出口供給彈性與進口需求彈性均相當低，當一國之貨幣貶值（升值），出口量不會立即增加（減少），進口量不會立即減少（增加），須經過一段時間，貶值（升值）效果才會顯現出來。

(三)某些國家對出口數量及進口數量採不同的通貨來計價。

第四節 國際收支平衡曲線（BP線）

一、BP 曲線之意義

表示國際收支平衡時，即經常帳（X−M）＋資本帳（K）＝0，之所得與利率組合之軌跡。

二、BP 曲線之導出

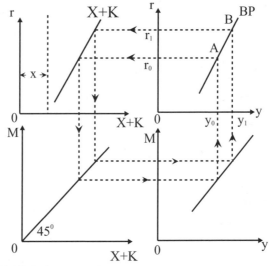

三、BP 曲線之盈餘或赤字

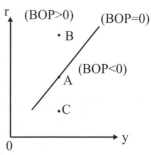

(一)在 BP 曲線上表示國際收支平衡（BOP＝0）
　　例如 A 點。
(二)在 BP 曲線上方表示國際收支盈餘（BOP＞0）
　　例如 B 點。
(三)在 BP 曲線下方表示國際收支赤字（BOP＜0）
　　例如 C 點。

四、資本完全不移動及資本完全移動

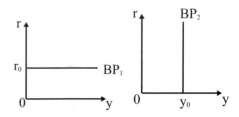

(一)資本完全不移動：表示利率對
　　資本的彈性為零。如 BP_2。
(二)資本完全移動：表示示利率對
　　資本的彈性為無窮。如 BP_1。

第五節　Mundell Flemming模型 重要

一、在固定匯率制度下

(一) 貨幣政策

1. BP斜率＜LM斜率

說明：原均衡點為E點，當貨幣供給
由$M_0\uparrow\rightarrow M_1$，則$LM_0$向右移
到LM_1，E′點國內市場達成均
衡，便E′點在BP_0曲線的下方，
有國際收支逆差，央行為了維
持匯率於e_0的水準，進入外匯
市場賣出外匯，將導致國內的
貨幣市場之貨幣供給量減少，
使LM_1左移到LM_0，均衡點回
到E點，對內對外同時均衡。

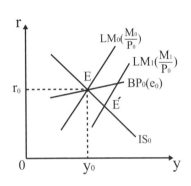

結論：貨幣政策無效。

2. BP斜率＞LM斜率

說明：原均衡點為E點，當貨幣供給
由$M_0\uparrow\rightarrow M_1$，則$LM_0$向右移
到LM_1。E′點國內市場達成均
衡，但E′點在BP_0曲線的下方，
有國際收支逆差，央行為了維
持匯率於e_0水準，進入外匯市
場賣出外匯，將導致國內的
貨幣市場之貨幣供給量減少，
LM_1左移到LM_0，均衡點回到E
點，對內對外同時均衡。

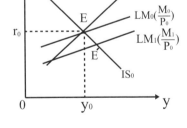

結論：貨幣政策無效。

3. BP垂直（資本完全不移動）。

說明：原均衡點為E點，當貨幣供給
由$M_0\uparrow\rightarrow M_1$，則$LM_0$向右移
到LM_1。E'點國內市場達成均
衡，但E'點在BP曲線的右方，
有國際收支逆差，央行為了維
持匯率於e_0，進入外匯市場賣
出外匯，將導致國內的貨幣市
場之貨幣供給量減少，使LM_1

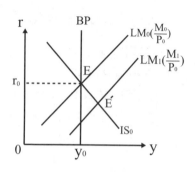

左移到LM_0，均衡點回到E點，對內對外同時均衡。

結論：貨幣政策無效。

4. BP水平（資本完全移動）

說明：原均衡點為E點，當貨幣供給由
$M_0\uparrow\rightarrow M_1$，則$LM_0$向右移到$LM_1$，E'
點國內市場達成均衡，但E'點在BP曲
線的下方有國際收支逆差，央行為了
維持匯率於e_0的水準，進入外匯市場
賣出外匯，導致國內的貨幣市場之貨
幣供給量減少，LM_1左移到LM_0，均衡
點回到E點，對內對外同時均衡。

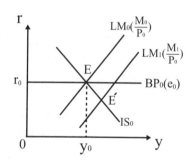

(二)財政政策

1. BP斜率＜LM斜率

說明：原均衡點為E點。政府支出由
$g_0\uparrow\rightarrow g_1$，則$IS_0$向右移到$IS_1$。E'點
國內市場達成均衡，但該點在BP_0曲
線的上方，有國際收支盈餘，央行
為了維持匯率在e_0的水準，進入外匯
市場買入外匯，將導致國內的貨幣
市場之貨幣供給量增加，使LM_0右
移到LM_1，均衡點移到F點，對內對
外同時均衡。

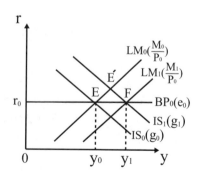

結論：財政政策有效。

2. BP斜率＞LM斜率

說明：原均衡點為E點。政府支出由
$g_0 \uparrow \rightarrow g_1$，則$IS_0$向右移到$IS_1$。
E'點國
內市場達成均衡，但E'點在BP_0曲線
的下方，有國際收支赤字，央行為維
持匯率在e_0的水準，進入外匯市場賣
外匯，將使國內貨幣市場之貨幣供給
量減少，使LM_0向左移到LM_1，均衡
點達到F點，對內對外同時均衡。
結論：財政政策有效。

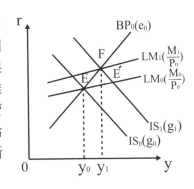

3. BP垂直線

說明：原均衡點為E點。政府支出由
$g_0 \uparrow \rightarrow g_1$，則$IS_0$向右移到$IS_1$。E'點國
內市場達成均衡，但E'點在BP_0曲線的
右方，國際收支有赤字，央行為了維
持匯率e_0的水準，進入外匯市場賣外
匯，將使國內貨幣市場之貨幣供給量
減少，使LM_0向左移到LM_1，均衡點達
到F點，對內對外同時均衡。
結論：財政政策無效。

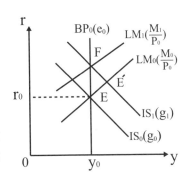

4. BP水平線

說明：原均衡點為E點。政
府支出$g_0 \uparrow \rightarrow g_1$，則$IS_0$向
右移到IS_1。E'點國內市場達
成均衡，但E'點在BP_0曲線
的上方，國際收支有盈餘，
央行為了維持匯率在e_0的水
準，進入外匯市場買入外
匯，將使國內的貨幣市場之
貨幣供給量增加，將使LM_0

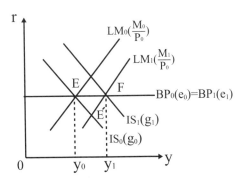

向右移到LM_1，均衡點達到F點，對內對外同時均衡。
結論：財政政策有效。

二、浮動匯率制度下

(一) 貨幣政策：

1. BP斜率＜LM斜率

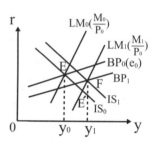

說明：原均衡點為E點。貨幣供給由$M_0 \uparrow \rightarrow M_1$，則$LM_0$向右移到$LM_1$。E′點表示國內市場達成均衡，但卻在$BP_0$曲線下方，國際收支有赤字，有赤字則匯率將會上升，BP曲線及IS曲線同時向右移，但BP移動的幅度大於IS，最後均衡點在F點。對內對外同時達到均衡。

結論：貨幣政策有效。

2. BP斜率＞LM斜率

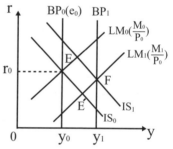

說明及結論同1.BP斜率＞LM斜率。

3. BP垂直

說明及結論同1.BP斜率＞LM斜率。

4. BP水平

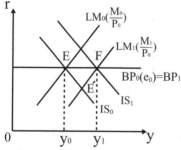

說明及結論同1.BP斜率＞LM斜率。

(二)財政政策：

1. LM斜率＜BP斜率

說明：原均衡點為E點。政府支出增
加$g_0 \uparrow \rightarrow g_1$。$IS_0$向右移動到$IS_1$。E′
表示國內市場達成均衡，但E′點在
BP_0的上方，國際收支有盈餘，有盈
餘則匯率將會下降，BP_0曲線及IS_1曲
線向左移動，但BP_0移動的幅度相對
大於IS_1移動的幅度，三線相交於F
點。達成對內與對外之均衡。

結論：財政政策有效。

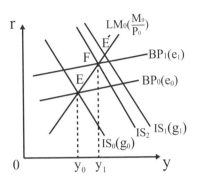

2. LM斜率＞BP斜率

說明：原均衡點為E點。政府支出增加
$g_0 \uparrow \rightarrow g_1$。$IS_0$向右移動到$IS_1$。E′點表示
國內國外市場達成均衡。但E′點在BP_0
曲線的下方，國際收支有赤字，將使
匯率上升，BP_0曲線及IS_1曲線同時向右
移動，但BP_0向右移動的幅度大於IS_1移
動的幅度。三線相交於F點，達成對內
與對外之均衡。

結論：財政政策有效。

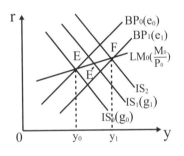

3. BP垂直線

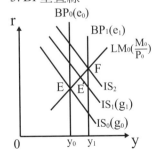

說明及結論同2.LM斜率＜BP斜率。

4. BP水平線

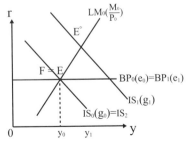

結論：財政政策無效。

即時演練 ⬇

1. 固定匯率的情況,貿易順差的影響為: (A)貨幣供給增加 (B)外匯準備減少 (C)匯率升值 (D)以上皆非。

答:(A)。固定匯率下,有貿易順差,若央行未干預則匯率會不降,現央行干預欲維持匯率於固定水準,必須在外匯市場上買入外匯。在國內貨幣市場則釋放出本國貨幣,造成貨幣供給增加。

2. 擴張性財政政策可能導致下列何者? (A)降低經常帳赤字並降低資本帳盈餘 (B)降低經常帳赤字並增加資本帳盈餘 (C)增加經常帳赤字並降低資本帳盈餘 (D)增加經常帳赤字並增加資本帳盈餘。(普考)

答:(D)。擴張性的財政政策,將使利率及所得上升。利率上升將使國際收支的資本帳增加盈餘,而所得上升將使本國進口量增加,造成國際收支的經常帳減少(或產生赤字)。

3. 一個國際收支經常帳有赤字的國家會鼓勵他的貿易夥伴採行下列那一組政策? (A)寬鬆的貨幣政策及緊縮的財政政策 (B)寬鬆的貨幣政策及寬鬆的財政政策 (C)緊縮的貨幣政策及緊縮的財政政策 (D)緊縮的貨幣政策及寬鬆的財政政策。(普考)

答:(D)

4. 根據Mundell-Flemming模型,假設國際資本完全移動,在固定匯率制度下,若消費大眾因對未來的不確定性而減少消費增加儲蓄,則下列效果何者正確? (A)消費與所得皆減少 (B)消費與所得皆不變 (C)所得不變,淨出口增加 (D)所得減少,淨出口增加。(99地三)

答:(A)。消費減少,則IS_1向左移,對匯率造成下降壓力,套利者,面對下降的匯率可以迅速向中央銀行買入貨幣,導致貨幣供給自動減少,LM_1向左移到LM_2,因此,在固定匯率下消費減少,使所得水準降低。

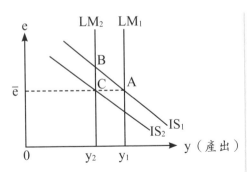

5. 面對國際資金移動具有完全利率彈性下,請分析以下小型開放體系政策措施改變對相關總體經濟變數的影響效果:

(1)在浮動匯率制度下,當局施行擴張性財政政策對該體系之所得、利率與匯率的影響效果為何?

(2)在浮動匯率制度下,當局施行緊縮性貨幣政策對該體系之所得、利率與匯率的影響效果為何?

(3)若將國際資金移動具有完全利率彈性修正為具有不完全利率彈性,在固定匯率制度下,當局施行緊縮性貨幣政策對該體系之所得、利率與外匯存底數量的影響為何?並依據分析結果說明為何在固定匯率制度下,當局將喪失貨幣政策的自主性。(98地三)

答:由 Mundell-Fleming 模型,當國際資本移動完全自由時,BP 曲線為一水平線。

(1)在浮動匯率制度下,採取擴張性財政政策,將使IS_0向右移到IS_1,B點有國際收支盈餘,將使得匯率由e_0下降到e_1,影響BP(e_0)向左移,同時IS_1亦向左移到IS_2,最後均衡點又回到A點,所以$r=r_0$,$y=y_0$,匯率由e_0下降到e_1。

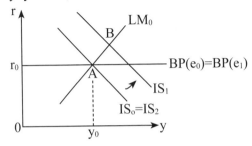

(2)在浮動匯率制度下，採緊縮性貨幣政策，將使LM_0向左移到LM_1，B點有國際收支盈餘，將使匯率由e_0下降到e_1，影響BP（e_0）向左移到BP（e_1），IS_0亦向左移到IS_1，最後均衡點為C點，所以$r=r_0$，$y=y_1$，匯率由e_0下降為e_1。

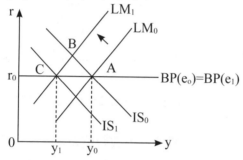

(3)A.固定匯率且BP斜率大於LM斜率，若採緊縮性的貨幣政策，將使LM_0向左移到LM_1，國內市場均衡點為B點，國際收支有盈餘，而央行為了維持匯率固定在e_0水準，會在外匯市場買入外匯，同時也釋放等值的新台幣到市場上，將使LM_1向右移到LM_2，均衡點又回到A點，此時，$r=r_0$，$y=y_0$，外匯存底因國際收支盈餘而增加。

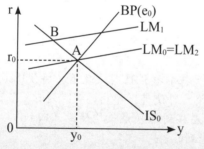

B.緊縮的貨幣政策目的是希望利率上升，所得減少，而在固定匯率制度下，央行為了維持匯率固定在某一水準，將使原先的政策效果，由A點到B點，完全被抵銷掉，最後是利率和產出又回到原來水準。

第二十七章 ∕ 消費、投資理論

重點叮嚀

第一節凱因斯的消費函數的內容會考邊際消費傾向、平均消費傾向的計算，至於考試的題型請詳「即時演練」。第四節恆常所得假說除了較常考恆常所得和臨時所得的定義外，對於長期和短期邊際傾向的計算也要注意。第六節投資決策的準則，題型請詳「即時演練」，被命題的機會也是很大，請讀者準備這部分時要熟讀之。第八節杜賓（Tobin）的q理論，雖然很簡單但卻是經常被命題，要特別注意。

第一節　凱因斯的消費函數

凱因斯依據他的觀察和推論認為消費有三大特性：

第一：依據人類的基本心理法則，當人們的所得增加時，消費也會隨之增加，但所得增加的幅度將大於消費增加幅度。以符號表示成 $\Delta Y > \Delta C > 0$，將此式除上 ΔY 得 $\dfrac{\Delta Y}{\Delta Y} > \dfrac{\Delta C}{\Delta Y} > 0$，即 $1 > \dfrac{\Delta C}{\Delta Y} > 0$，把 $\dfrac{\Delta C}{\Delta Y}$ 定義成邊際消費傾向（marginal propensity to consume）簡寫成 mpc，即 mpc 是介於零和一之間。

第二：消費占所得之比例稱為平均消費傾向（average propensity to consume）簡寫成APC，APC將隨著所得呈反向關係。

第三：消費主要是受到所得的影響。即 $C = f(Y)$。

由這三大特性，可以把凱因斯的消費函數寫成：$C=f(Y)=\overline{C}+cY$，其中 C是消費，Y是可支配所得，$\overline{C}$為常數，c是邊際消費傾向。若繪成圖形可以表示如下：

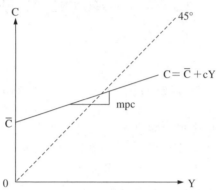

即時演練 ⬇

1. 假設消費函數為$C=240+0.8y_d$。當$y_d=100$時，平均消費傾向APC與邊際消費傾向MPC各為何？ (A)APC=3.2，MPC=0.8 (B)APC=3，MPC=0.75 (C)APC=2.8，MPC=0.8 (D)APC=2.6，MPC=0.25。（基丙）

   答：(A)。當 $y_d=100$，$C=240+0.8\times100=320$

   $$APC=\frac{C}{y_d}=\frac{320}{100}=3.2$$

   $$MPC=\frac{\Delta C}{\Delta y_d}=0.8$$

2. 在經濟理論中，影響消費支出最重要的因素是可支配所得增加時，消費曲線將： (A)整條線向右移動 (B)整條線向左移動 (C)由消費曲線的左下往右上移動 (D)由消費曲線的右上往左下移動。

   答：(C)。$C=a+by_d$，式中 $a>0$，$0<b<1$，當 $y_d^0\uparrow\to y_d'$，則 $C^0\uparrow\to C'$。

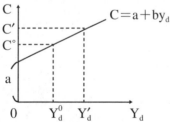

3. 假設消費函數為 $C = a + by_d$，$a > 0$，$1 > b > 0$；儲蓄 $S = y_d = C_n$ 請問下列各式中，那一式是錯誤的？　(A) APC＋APS＝1　(B) APC＞MPC　(C) APS＞MPS　(D) MPC＋MPS＝1。

答：(C)。$APS = \dfrac{S}{y_d} = \dfrac{y_d}{y_d} = 1$，$MPS = \dfrac{\Delta S}{\Delta y_d} = 1$，所以 APS＝MPS＝1

4. 設儲蓄函數為 $S = -150 + 0.2y_d$，當 $y_d = 1,000$ 時，誘發性消費支出為：(A) 950　(B) 150　(C) 800　(D) 50。

答：(C)。令 $S = -a + by_d$，則 $C = y_d - S = y_d - (-a + by_d) = y_d + a - by_d = a + (1-b)y_d$

誘發性消費支出指 $(1-b)y_d$ 的部份，將 $y_d = 1,000$ 及 $b = 0.2$ 代入得 $(1 - 0.2) \times 1,000 = 800$

第二節　賽門·顧志耐 (Simon Kuznets) 的實證

　　顧志耐對消費的長期時間序列的實証研究發現，消費和所得間是一個固定的比例，即平均消費傾向是一個常數。這個研究顯示消費函數除了像凱因斯消費函數所描述的型態外（我們稱之為短期消費函數），另一種消費函數函數型態是過原點的直線（我們稱之為長期消費函數），後續的消費理論皆在解釋為何會形成這兩種型態的消費函數。

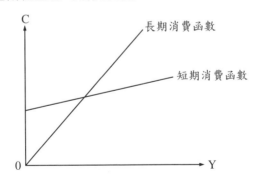

第三節　生命循環假說

　　法蘭克・莫帝格里尼（Franco Modigliani）和亞伯特・安度（Albert Ando）提出消費的生命循環假設（life cycle hypothesis）。他們依據費雪的跨期選樣模型，接受一個人的消費會受到終生所得分配的影響。莫帝格里尼認為消費會隨著時間經過而增加，但所得卻隨著時間經過先遞增，再遞減的情況。例如，幼年時期和老年時期的所得較少，而青壯時期所得較高，為了維持將來的消費水準，人們在青壯時期所得較高時，透過儲蓄的方式，以因應未來所得減少時，需維持的消費水準。例如：0到T_0為幼年期，T_0到T_1為青壯年，T_1到T_2為老年期，T_0到T_1時期所得大於消費，有正的儲蓄，而0到T_0與T_1到T_2時期所得皆小於消費，有負的儲蓄。

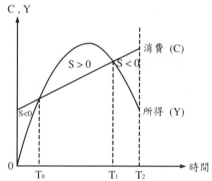

　　對短期和長期消費函數之解釋；莫帝格里尼認為消費受到所得（Y）和財富（W）之影響，即 $C=f（Y，W）$，寫成線性函數為 $C=\alpha W+\beta Y$。則繪在縱軸是消費（C），橫軸是所得（Y）的圖形裡，αW是截距項，而β為邊際消費傾向。解釋了短期消費函數的型態。

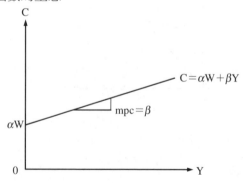

將 $C = \alpha W + \beta Y$ 除上 Y 得 $\dfrac{C}{Y} = \dfrac{\alpha W}{Y} + \beta$，即 $APC = \alpha \dfrac{W}{Y} + \beta$。長期而言，W

和 Y皆為隨著時間的經過而成長，假設 $\dfrac{W}{Y}$ 是一固定比率，如此一來 APC 也是呈

一個固定值。也表示消費和所得呈固定值，這也解釋長期消費函數的型態。

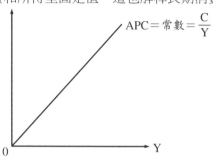

即時演練

➡ 下列有關消費理論的敘述，何者正確？ (A)根據生命循環假說，消費僅
為現在所得的函數 (B)根據恆常所得假說，恆常所得的邊際消費傾向等
於暫時所得的邊際消費傾向 (C)根據恆常所得假說，恆常所得的邊際消
費傾向大於暫時所得的邊際消費傾向 (D)根據恆常所得假說，恆常所得
的邊際消費傾向小於暫時所得的邊際消費傾向。 （98地三）

答：(C)。(A)根據生命循環假說，消費受到所得（Y）和財富（W）的
影響。

(C)根據恆常所得假說，$C = \alpha Y^P$，$APC = \dfrac{C}{Y} = \alpha \dfrac{Y^P}{Y}$，即APC受到恆

常所得（Y^P）和當期所得（Y）的影響，若當期所得暫時超過恆常所

得時，則APC會暫時下跌。

第四節 恆常所得假說

彌爾敦・傅利德曼（Milton Freidman）提出消費的恆常所得假說（permanent income hypothesis）。傅利德曼也應用費雪跨期消費理論，主張消費不只受到當期所得的影響。他認為所得是由兩個部份組成的，一種為恆常所得（Y^P），另一種是臨時所得（Y^T）。即 $Y = Y^P + Y^T$。所謂恆常所得（permanent income）是指所得中人們預期會持續到未來的那一部分的所得，例如；擁有較高的學歷或專業技術之專長的人，可以因此持續帶給這些人較高的所得。而臨時所得（transitory income）是指所得中，人們預期不會持續的那一部份，這個部份的所得是隨機發生的，例如；臨時性的加班所增加的所得或中了彩券所得到的獎金。傅利德曼認為消費是由恆常所得來決定的，即 $C = f(Y^P)$，並假設消費和恆常所得呈比例關係，寫成 $C = \alpha Y^P$。至於臨時所得的增加，消費者會把它儲蓄起來，反之，臨時所得的減少，消費者會以貸款方式來支應，透過這種方式來平穩消費。

一、對短期和長期消費函數之解釋

由 $C = \alpha Y^P$，除上所得（Y）寫成平均消費傾向的形式 $APC = \dfrac{C}{Y} = \alpha \dfrac{Y^P}{Y}$。

短期時當期所得（Y）的增加大部來自於臨時所得（Y^T），則 $APC = \alpha \dfrac{Y^P}{Y \uparrow}$，即APC下降。這種平均消費傾向（APC）隨著所得（Y）呈反向變動，乃短期消費函數的特性。長期時，當期所得（Y）的增加皆來自恆常所得（Y^P）。即 $Y = Y^P$，則 $APC = \alpha \dfrac{Y^P}{Y} = \alpha$。當平均消費傾向呈固定常數，表示消費和所得呈固定比例，乃長期消費函數的特性。

二、高所得和低所得的平均消費傾向

$C_H = \alpha_H Y_H^P$，即 $APC_H = \alpha_H Y_H^P / Y_H$。高所得家庭之消費函數，如下；高所得的家庭（即 Y_H 較大），如果該所得（Y_H）的變動乃來自於臨時所得的變動（即 Y_H^T），由於消費不受臨時所得之影響，所以 $Y_H^P / Y_H \uparrow$，故 $APC_H \downarrow$。表示高所得家庭，平均而言，會有比較低的平均消費傾向。

同理，低所得家庭的消費函數如下：$C_L = \alpha_L Y_L^P$，那 $APC_L = \alpha_L \dfrac{Y_L^P}{Y_L}$ 低所得的家庭（即 Y_L 較小），如果該所得（Y_L）的變動乃來自於臨時所得的變動（即

Y_L^T），由於消費不受臨時所得之影響，所以Y_L^P／Y_L↓，故APC_L↑。表示低所得家庭，平均而言，會有比較高的平均消費傾向。

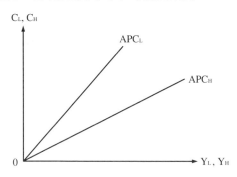

即時演練

1. 根據恆常所得理論，當志明未能得到他預期中的百分之十的加薪，他的恆常所得與目前的消費各會如何改變？　(A)增加；增加　(B)減少；減少　(C)減少；增加　(D)增加；減少。（97高）

   答：(B)。依恆常所得消費理論：預期中的百分之十加薪未能得到，將使恆常所得減少，而消費受到恆常所得的影響，所以消費也會減少。

2. 根據恆常所得消費理論（permanent income theory），若消費函數為$C = 0.8Y_p$，$Y_p = 0.7Y_t + 0.3Y_t - 1$，其中$Y_p$為恆常所得，$Y_t$為當期所得，$Y_t - 1$為前一期所得，$C$為消費水準，則下列數據何者正確？　(A)短期的$MPC = 0.8$　(B)短期的$MPC = 0.56$　(C)長期的$MPC = 0.7$　(D)短期的$MPC = 0.7$。（98高）

   答：(B)。　$Y_p = 0.7Y_t + 0.3Y_{t-1}$ 代入 $C = 0.8 Y_p$ 得 $C = 0.8 (0.7Y_t + 0.3Y_{t-1}) = 0.56Y_t + 0.24Y_{t-1}$，為一短期消費函數，其中 $0.24Y_{t-1}$，0.56 為短期的邊際消費傾向。

3. 根據恆常所得假說（permanent income hypothesis），有關長短期的平均消費傾向與所得的關係，下列何者正確？　(A)長期平均消費傾向會隨著所得的上升而上升　(B)長期平均消費傾向會隨著所得的上升而下降　(C)短期平均消費傾向會隨著所得的上升而上升　(D)短期平均消費傾向會隨著所得的上升而下降。（97地三）

   答：(D)

第五節 投資

一、投資之定義

即是資本形成，包括了固定資本的增量及存貨變動。內容如下：

投資：

$\begin{cases} \text{固定資本的增加：指機器，廠房，資本設備等在某一段期間所增加的部份。} \\ \text{存貨變動：指資本財存貨或消費財的存貨的變動。} \end{cases}$

二、毛投資（gross investment）

在某一期間內，所新增的資本財數量。

三、淨投資（net investment）

毛投資減去當期應提列的資本折舊。

即時演練 ⬇

1. 淨投資（Net investment）是指： (A)固定資本的增加量 (B)資本財的淨增加量 (C)某一期間內機器設備的新購數量 (D)某一期間機器設備和建築物的新購數量。（普考）

答：(B)

2. 國民所得會計中的投資，是指： (A)企業的投資 (B)家戶部門與企業的投資 (C)企業與政府的投資 (D)家戶部門、企業與政府的投資。（普考）

答：(D)

3. 下列那一項不能算是資本 (A)道路和橋樑 (B)存貨 (C)辦公大樓 (D)銀行中通貨存量。（普考）

答：(D)

第六節　決定投資的準則

重要

一、NPV 法（淨現值法）

(一)假設 R_1，R_2……R_n 表預期未來每年報酬，i 表市場利率，C 表投資成本則淨現值＝預期未來每年報酬折現總和－投資成本

$$NPV = \frac{R_1}{(1+i)} + \frac{R_2}{(1+i)^2} + \frac{R_3}{(1+i)^3} + \cdots + \frac{R_n}{(1+i)^n} - C_0$$

(二)若 $NPV \geq 0$ 或每年報酬折現總和大於等於投資成本。則可進行投資。

(三)若 $NPV < 0$ 或每年報酬折現總和小於投資成本。則不進行投資。

二、MEI 法（投資的邊際效率法）

(一)當淨現值等於零（或 $NPV = 0$）時，即折現總和等於投資成本之折現率。謂之投資的邊際效率（MEI：Marginal efficiency of investment）。

(二)投資計劃應進行到 $MEI = i$（市場利率）為止。如右圖所示：先將不同的投資方案依 MEI 的大小排列，當市場利率 i_0 等於 MEI_0 時，最後一個可行的投資方案則為 I_0。

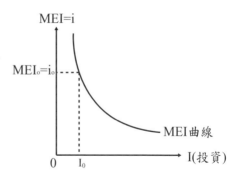

即時演練

➡ 投資邊際效率（MEI）是指： (A)廠商購置固定資本的成本 (B)購置之固定資本在耐用期間的預期平均淨報酬率 (C)固定投資所帶來的各年預期毛收益 (D)廠商投資的邊際生產收益。（普考）

答：(B)

三、NPV 法與 MEI 法之比較

(一)以右圖表示A，B兩方案的關係：

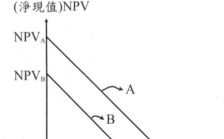

1. 以NPV法決定投資方案，在任何利率水準，方案A均優於方案B。
2. 以MEI法決定投資方案，方案A的MEI（i_A）大於方案B的MEI（i_B）。

故兩種方法所得之結論一致。

(二)右圖表示A，B兩方案的另一種關係：

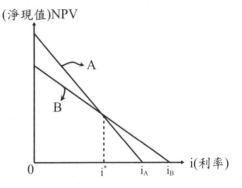

1. 以NPV法，當$i<i^*$時，A方案的NPV大於B方案的NPV，即A方案優於B方案。當$i>i^*$時，B方案的NPV大於A方案的NPV，即B方案優於A方案。
2. 以MEI法，在任何利率下，B方案的MEI（i_B）均大於A方案的MEI（i_A），即B方案優於A方案。

所以這兩種方法所產生的結論不一致，若採用這兩種投資準則，產生結論上的不一致，則一般以假設條件較合理的NPV法為準。

即時演練 ⬇

1. 假設二投資計畫，預期都只有一年的收入：A計畫成本400萬，預期毛收益為600萬。B計畫成本700萬，預期毛收益為900萬。當市場利率為20%時，請問那些計畫值得做？ (A)A計畫 (B)B計畫 (C)A計畫和B計畫 (D)A、B二計畫均不值得做。（普考）

答：(C)。由 $C=\dfrac{R}{(1+MEI)}$

A 計畫：$400 = \dfrac{600}{(1+MEI_A)}$，則 $MEI_A = 50\%$

B 計畫：$700 = \dfrac{900}{(1+MEI_B)}$，則 $MEI_B = 28.57\%$

若 MEI ＞市場利率（20%），該計畫才值得去做所以 A、B 計畫可做。

2. 有兩項投資計畫其投資成本均為 100 萬元，A 計畫是一年後可回收 115 萬元，B 計畫則為三年後回收 131 萬元，當市場利率為 5%時，請以淨現值法與內部報酬率法比較 A、B 兩計畫的優先順序。

答：(1) NPV 法（淨現值法）

由 NPV＝PV－C＝預期報酬的折現和－投資成本

$NPV_A = PV_A - C_A = \dfrac{115}{(1+0.05)} - 100 = 9.52$

$NPV_B = PV_B - C_B = \dfrac{131}{(1+0.05)^3} - 100 = 13.16$

現值法以 NPV 最大者為優先，所以應選 B。

(2) MEI 法（內部報酬率法）

由 $C = \dfrac{R}{(1+MEI)^n}$

$C_A = \dfrac{R_A}{(1+MEI_A)^1}$ 即 $100 = \dfrac{115}{(1+MEI_A)}$ 則 $MEI_A = 0.15$

$C_B = \dfrac{R_B}{(1+MEI_B)^3}$ 即 $100 = \dfrac{131}{(1+MEI_B)^3}$ 則 $MEI_B = 0.094$

$MEI_A = 0.15 > r = 5\%$，故應選 A

3. 下列各項投資計畫，預期只有一年的收入：

(1) 求每一項計畫的 MEI。

(2) 當市場利率為 10%，那些計畫值得去做？

(3) 又當市場利率為 20%，那些計畫值得去做？

計畫	成本	預期報酬
A	$ 700	$ 900
B	400	600
C	900	950
D	1,100	1,200
E	800	1,000

答：(1) 由 $C=\dfrac{R}{(1+MEI)}$

計畫 A：$700=\dfrac{900}{(1+MEI_A)}$ 則 $MEI_A=28.57\%$

計畫 B：$400=\dfrac{600}{(1+MEI_B)}$ 則 $MEI_B=50\%$

計畫 C：$900=\dfrac{950}{(1+MEI_C)}$ 則 $MEI_C=5.56\%$

計畫 D：$1100=\dfrac{1200}{(1+MEI_D)}$ 則 $MEI_D=9.09\%$

計畫 E：$800=\dfrac{1000}{(1+MEI_E)}$ 則 $MEI_E=25\%$

(2)若 MEI＞市場利率，該計畫才值得去做

所以 A，B，E 計畫值得做

(3)僅剩 A，B 計畫可做

4. 假設有 A、B 二投資計畫，都預期只有一年的收入。A 計畫，成本 900 萬，預期毛收益為 950 萬；B 計畫，成本1，100 萬，預期毛收益為 1，200 萬。現市場利率為 10％，請問那些計畫值得做？ (A) A 計畫 (B) B 計畫 (C) A、B 二計畫 (D) A、B二計畫均不值得做。（普考）

答：(D)。計畫 A：$900=\dfrac{950}{(1+MEI_A)}$ 則 $MEI_A=5.56\%$

B：$1100=\dfrac{1200}{(1+MEI_B)}$ 則 $MEI_B=9.69\%$

MEI＞10％（市場利率）才值得做，但 $MEI_A=5.56\%＜10\%$，$MEI_B=9.96\%＜10\%$，所以 A，B 計畫均不值得去做。

5. 關於廠商投資決策的原則，以下何者正確？ (A)若投資的成本現值高於未來收益，應該進行投資 (B)若投資的成本現值低於未來收益，應該進行投資 (C)若投資的成本現值高於未來收益現值，應該放棄投資 (D)以投資的成本現值與未來收益現值，無法決定是否投資。（100普）

答：(C)

第七節 投資存量調整模型

一、資本的邊際效率（MEC：Marginal efficiency of Capital）與資本存量之關係

(一)資本的邊際效率（MEC）：乃一種折現率可將資本財的預期未來每年收益折現總和等於資本財的重置成本，該折現率謂之MEC。

(二)MEC與資本存量（k）：MEC曲線隨K的增加而下降，均衡的資本存量決定於市場利率（i）與MEC相等時，如下圖所示，當利率i_0等於MEC_0時，最適資本存量為k_0。

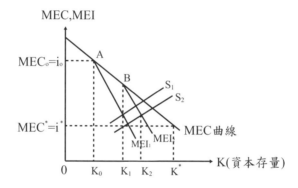

二、投資存量之調整

當利率由$i_0 \downarrow \rightarrow i^*$時，

(一)資本存量沿MEI_1向下調整，一直到與資本財供給曲線S_1相交為止，所對應的資本存量為k_1，這時候資本存量增加了k_0k_1，即投資為k_0k_1。

(二)同理，資本存量將沿MEI_2再向下調整，直到與S_2相交為止，所對應的資本存量為k_2，資本存量增加了k_1k_2，即投資為k_1k_2。

(三)一直到$i^* = MEC^*$時，資本存量的調整才停止，此時$k=k^*$。

三、MEI曲線比MEC曲線陡之理由

(一)MEI曲線是對應在某一水準的資本存量上，是屬於短期概念，資本存量無法立即調整，所以成本上升快，利潤下降也快。

(二)MEC曲線是屬於長期概念，資本存量可調整，故成本上升慢，利潤下降也慢。

第八節　杜賓（Tobin）的 q 理論 📌重要

杜賓（James Tobin）的 q 理論是用來作投資決策的理論，式中

📌重要

$$q = \frac{廠商的市場價值（以股票價格來衡量）}{廠商的重置成本（以資本財價格衡量）}$$

一、若 q＞1，即廠商的市場價值＞廠商的重置成本，表示廠商可以進行擴場投資。

二、若 q＜1，即廠商的市場價值＜廠商的重置成本，表示廠商不適合進行擴場投資。

即時演練 ⬇

1. 根據 Tobin'q 理論，政府何種政策不會使私人投資上升？　(A)低利融資政策　(B)緊縮貨幣政策　(C)促進產業升級條例，如投資抵減條款　(D)鼓勵研究發展政策，提高資本邊際生產力。（98高）

答：(B)。　$q = \frac{廠商的市場價值（以股票價格來衡量）}{廠商的重置成本（以資本財價值衡量）}$，

q＞1 增加投資，q＜1，減少投資。

若採緊縮貨幣政策，將使利率上升，資本成本上升，廠商的重置成本上升，即廠商的市場價值＜廠商的重置成本，故 q＜1，將減少投資。

2. 根據 Tobin 的 q 理論，當股票市場表現良好促使股價上升時，q 值與投資各會有何變化？　(A)下降，減少　(B)下降，增加　(C)上升，減少　(D)上升，增加。（97地三）

答：(D)。杜賓（James Tobin）的 q 理論是用來作投資決策的理論，

$q = \frac{廠商的市場價值（以股票價格來衡量）}{廠商的重置成本（以資本財價格衡量）}$

若股價上升則 q 上升，所以廠商將增加投資。

3. 根據加速理論，投資為下列何者的函數；　(A)國民所得水準　(B)國民所得成長率　(C)儲蓄　(D)利率。（100經濟部財會）

答：(B)。加速投資理論是指投資(I)為國民所得成長率$(\frac{\Delta Y}{Y})$的函數，即

$I = f(\frac{\Delta Y}{Y})$。

第九節　加速原理（accelevator Model）

假設廠商的存貨庫存數量（N）和產出（Y）成某一固定比例（β）。即 $N=\beta Y$，而存貨庫存的變動（ΔN）就是廠商的存貨投資（I）。

對 $N=\beta Y$ 取全微分得　$\Delta N=\beta\Delta Y$，或 $I=\beta\Delta Y$。表示產出的變動（ΔY）和存貨投資（I）是固定的比例關係（β）。當產出的變動是正值，則存貨投資是正數，反之，當產出的變動是負值，則存貨投資是負數。

而再對 $I=\beta\Delta Y$ 取全微分，得 $\Delta I=\beta\Delta(\Delta Y)$，表示投資的變動（$\Delta I$）和產出的加速變動（$\Delta(\Delta Y)$）是固定的比例關係，稱為存貨投資的加速原理。

即時演練

1. 根據加速原理，投資是下列那一項目的函數？　(A)國民所得水準　(B)國民所得變動量　(C)利潤　(D)儲蓄。（普考）

答：(B)

2. 依「加速原理」（Acceleration principle）導致投資增加的原因為：　(A)所得的增加額大於零　(B)所得的增加額大於零，耐用表面每期擴大　(C)所得的增加額小於零　(D)以上皆非。

答：(B)。由 $\Delta I=\beta\Delta(\Delta Y)$，使 $\Delta I>0$（投資增加）是因為 $\Delta(\Delta Y)>0$，即所得加速增加。

第十節　新古典投資模型

企業固定投資模型稱為新古典的投資模型（neoclassical Model of investment）。假設經濟體系存有兩種類型的廠商。第一種是以租用的資本來生產商品與服務的生產型廠商（production firms），第二種是以購買資本並將其租給生產型廠商的租賃型廠商（rental firms）。

一、生產型廠商的均衡

生產型廠商的成本：以租金 R 來租用資本，並以價格 P 來出售商品，則一單位的實質成本為 R／P。

生產型廠商的效益：以每單位資本使用所增加的產量，謂之資本的邊際產出$\dfrac{MPR}{MPK}$。

生產型廠商達成均衡時，其成本等於收益，即 R／P＝MPK。

二、租賃型廠商的均衡

租賃型廠商的成本：包括

(一)購置一單位資本所損失的利息收入，若一單位資本的購置價格是P_K，名目利率是 i，因為產資本所放棄的利息收入是 $P_K i$。

(二)出租資本的價格波動，可能資本價格上漲或下跌皆有可能，以ΔPK表示。若是上漲，則對廠商有利及視為成本的減少，以$-\Delta P_K$表示之。

(三)出租資本的每年耗損，即折舊，若折舊率是 δ 則每年折舊為 δP_K。

由上述討論一單位的資本成本為$iP_K-\Delta P_K+\delta P_K$。

$$資本成本＝iP_K-\Delta P_K+\delta P_K=P_K\left(i-\frac{\Delta P_K}{P_K}+\delta\right)$$

令$\dfrac{\Delta P_K}{P_K}=\pi$表示資本價格的上漲率等於通貨膨脹率，則資本成本＝$P_K$（i－π＋δ），又名目利率（i）＝實質利率（r）＋通貨膨脹率（π）。所以資本成本＝P_K（r＋δ），改成實質資本成本＝$\dfrac{P_K}{P}$（r＋δ）。

租賃型廠商的收益：乃來自出產型廠商的支付，即生產型廠商的成本$\dfrac{R}{P}$

租賃型廠商的投資決策：由上述的討論租賃型廠商的利潤率＝收益－成本

$$=\frac{R}{P}-\frac{P_K}{P}（r＋\delta）$$

生產型廠商均衡時，R／P＝MPR，故利潤率$=\dfrac{R}{P}-\dfrac{P_K}{P}$（r＋δ）

$$=MPK-\frac{P_K}{P}（r＋\delta）。$$

以租賃型廠商的觀點而言，當收益大於成本，即利潤率大於零時，將會誘使租賃型廠商從事資本的增加，即$\Delta K=f$（利潤率）$=f\left(MPK-\dfrac{P_K}{P}\right.$（r＋δ）），式中$\Delta K=I_n$（淨投資）。也可以寫成 $I_n=f$（利潤率）$=f\left(MPK-\dfrac{P_K}{P}\right.$（r＋δ））。

再由毛投資（I）＝淨投資（I_n）＋替換投資（δK），所以企業的投資函數為 $I = f\left(MPK - \dfrac{P_K}{P}(r+\delta)\right) + \delta K$。表示投資受到資本的邊際產量（MPK），實質資本成本（$\dfrac{P_K}{P}(r+\delta)$）和替換投資（δK）之影響。

租賃型廠商達成均衡時，其成本等於收益，即 $\dfrac{P_K}{P}(r+\delta) = \dfrac{R}{P}$ 或寫成 $\dfrac{P_K}{P}(r+\delta) = MPK$。此時，資本存量到達穩定的水準，不會再變動。

第十一節　影響投資需求之因素

投資時必須考慮的二項主要因素為：投資的收益、投資的成本，而影響上述二項因素的條件，即為影響投資需求之因素，茲分述如下：

一、影響投資收益這因素

(一)對產品市場未來狀況看好，則未來收益將增加，則投資的需求增加。

(二)技術改進以及新產品問世，也將提高未來的收益，故投資需求增加。

(三)資本設備的利用率提高，則新增固定投資的未來收益較高，則投資需求增加。

(四)生產成本或稅賦降低，將使未來收益增加，投資需求增加。

二、影響投資成本之因素

(一)利率乃投資之成本，若利率降低，將使投資需求提高。反之，利率上升，表示投資之資金成本上升，將使投資需求降低。

(二)資本財的價格提高，投資的成本提高，則投資的需求減少。

即時演練

1. 假設其他條件不變，廠商在下列那一種情況下，會願意從事較多的投資？
(A)未來市場看好，利率會下降　(B)未來市場看淡，利率會上升　(C)未來市場看好，利率會上升　(D)未來市場看淡，利率會下降。（普考）

答：(A)

2. 利率愈低，則：　(A)投資的預期毛收益之現值愈低　(B)投資的預期毛收益的現值愈高　(C)對投資的需求愈低　(D)投資的預期毛收益愈低。（普考）

答：(B)。$PV = \sum_{i=1}^{n} \dfrac{R_i}{(1+r)^i}$ 當 $r\downarrow$ 則 R_i 不變的情況下，$PV\uparrow$。

第二十八章　貨幣需求與貨幣供給

重點叮嚀

第一節各學派的貨幣需求理論，較多被命題的地方有古典學派的貨幣需求理論、凱因斯的流動性偏好理論與包莫（Baumol）的存貨分析法，讀者們一定要熟讀之。第二節「貨幣供給」的信用創造會考計算，幾乎是年年必考，只要做完「即時演練」就可以應付這方面的考題了。此外，M_2 與 M_{1A}，M_{1B} 的內容為何，也很容易入題。

第一節　貨幣需求

　　任何資產轉換為貨幣（通貨或活期存款）的難易程度稱為流動性。所以對貨幣的需求也就是對流動性的需求，人們願意或偏愛將其部分所得或財富以貨幣形態來保有就是流動性偏好。所得或財富以貨幣保有的比例愈大（愈小），貨幣需求或流動性偏好也就愈強（愈弱）。經濟分析假設在沒有貨幣幻覺下，人們所關心的是貨幣的購買力而非貨幣的名目數量，因此，貨幣需求是一種實質而非名目的概念。

有關貨幣需求理論有：1.古典學派的貨幣需求理論；2.凱因斯的流動性偏好理論；3.杜賓的資產組合理論；4.包莫的存貨分析法；5.傅利德曼的新貨幣數量學說。茲分述如下：

一、古典學派的貨幣需求理論

　　由 Irving Fisher 的交易方程式

重要
$$MV = Py$$
$$M = \frac{1}{V} P \cdot y$$

式中 M：名目貨幣供給

　　V：貨幣所得流通速度

　　P：物價水準

　　y：實質所得

當貨幣市場均衡時，$M^d = M^s$，假設 $M^s = M$（貨幣供給完全由央行決定）。且 V 受到交易習慣或制度因素的影響，所以是固定常數。因此 $M = M^s = M^d = \frac{1}{V} P \cdot y$ 即 $M^d = \frac{1}{V} P \cdot y$，或 $M^d = \frac{1}{V} \cdot Y$。表示 M^d 導引出來之 M^d 完全取決於 Y，而不受到利率影響。又古典學派假設 $y = y_f$，當貨幣市場均衡時，$M = \frac{1}{V} P \cdot y_f$，式中 V，$y_f$ 均為已知之常數，所以名目貨幣供給（M）與物價水準（P）同方向且同比例變動，即貨幣中立性。

二、凱因斯的流動性偏好理論

凱因斯認為人們基於交易動機、預防動機、投機動機而保有最具流動性的貨幣，故凱因斯的貨幣需求理論又稱為「流動性偏好理論」。

(一)交易動機：為了日常交易之用而保有的貨幣，其數量與所得呈正向關係。

(二)預防動機：預防意外事件發生而保有的貨幣，其數量與所得呈正向關係。

(三)投機動機：人們持有高流動性的貨幣，以便可以在債券市場上，逢低買進，逢高賣出，作為投機之用。而因投機動機所得須保有的貨幣數量，則與利率有關。顯因斯認為每一個人心目中都有一個正常利率（r_N），若目前的利率（r）>（r_N）則人們會預期未來的利率（r）會下降，即預期未來債券的價格會上升，此時人們會將所保有的投機性用的貨幣，全數去購買債券，待未來債券價格上漲時，予以出售，以賺取差價。將上述三項動機以函數和圖形表示如下：

貨幣需求函數為 $\frac{M^d}{P} = \ell_1(y) + \ell_2(r)$

式中：$\ell_1(y)$ 表示交易與預防動機

　　　$\ell_2(r)$ 表示投機動機

　　　$\frac{M^d}{P}$：表示實質的貨幣需求

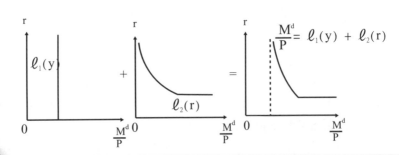

注意　投機動機的貨幣需求（$\ell_2(r)$）呈水平的區域，稱為流動性陷阱，表示整個社會的利率處在一個極低的水準，所有的民眾都會預期未來的利率會上升，即預期未來的債券價格會下跌，所以目前民眾不會去買債券，而會以貨幣的形式保有。

三、杜賓的資產組合理論

杜賓（Tobin）認為人們會部份持有貨幣，部份持有債券，首先引入期望值與變異數來分析。

(一)假設：B：債券數量

r：債券利率

P_b：債券價格

P_b^e：預期債券價格

$g = \dfrac{P_b^e - P_b}{P_b}$：債券之預期升值

$e = r + g$：持有一張債券之預期報酬率

$R_T = e \cdot B$：持有債券之預期總報酬

$\sigma = B \cdot \sigma_g$：持有債券之總風險

(二)圖形分析：

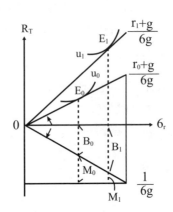

若民眾為風險分散者，且均衡點在 E_0，則對財富持有方式為部分持有貨幣及債券。分別為 M_0 及 B_0。當利率由 $r_0\uparrow\to r_1$ 均衡點由 E_0 變動至 E_1。債券數量由 $B_0\uparrow\to B_1$，貨幣數量由 $M_0\uparrow\to M_1$。將貨幣與利率之變動關係以下圖表示：原均衡點 E_0，所對應的利率與貨幣數量分別為 r_0 與 M_0，現均衡點變動為 E_1，對應的利率為 r_1，貨幣數量為 M_1，將 E_0 與 E_1 連接起來，即可得一條負斜率之貨幣需求曲線，表示貨幣持有數量與利率呈反向關係。

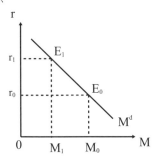

重要　四、包莫（Baumol）之存貨分析法

William Baumol（1952）以存貨模型（inventory model），將貨幣視同財貨存貨來說明交易性的貨幣需求。

假設個人以固定，均勻的速度開支，當現金餘額為零時，定期到銀行提領金額（由儲蓄賬戶提領）。

令 B＝每次到銀行提領的金額

　　E＝每次前往提款的成本（包括時間，交通費及手續費支出）

　　R＝名目利率

　　y＝每年總開支

個人在一年內提款成本與利息損失成本之和（TC）為 $TC=E\times\dfrac{y}{B}+R\times\dfrac{B}{2}$

式中 $\dfrac{y}{B}$：一年的提款次數

　　$E\times\dfrac{y}{B}$：提款總成本

　　$\dfrac{B}{2}$：平均貨幣需求

　　$R\times\dfrac{B}{2}$：利息損失成本

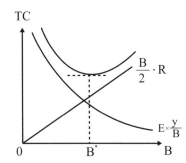

個人選擇每次的提款金額 B，以使 TC 達於最小，要達到這個目標必須 TC 對 B 微分等於 0，

即 $\dfrac{dTC}{dB} = -\dfrac{E \times y}{B^2} + \dfrac{R}{2} = 0$，$B^* = \sqrt{\dfrac{2Ey}{R}}$，$M^d = \dfrac{B^*}{2} = \sqrt{\dfrac{Ey}{2R}}$

由上述分析可得知包莫模型之特性為：

(一)貨幣需求（M^d）與利率（R）呈反向關係。

(二)貨幣需求（M^d）與所得（y）呈正向關係。

(三)貨幣需求（M^d）與提款成本（E）呈正向關係。

五、傅利德曼的新貨幣數量學說

傅利德曼（Friedman）不再把貨幣需求區分為三項動機來討論，而把貨幣視為資產的一種，人們為何會持有貨幣，則須視持有其他資產之相對報酬率的大小而定。

(一)假設：有四種類型的資產

類別	報　　酬　　率
貨幣	$1/P$（貨幣購買力）
商品	$\dfrac{\Delta P}{P}$（物價上漲率）
債券	$r + (\dfrac{-\Delta r}{r})$（利率＋債券之資本利得）
股權	$r_e + (\dfrac{-\Delta r_e}{r_e}) + \dfrac{\Delta P}{P}$（股利率＋股權之資本利得＋物價上漲率）

除了上述的四類型資產外，影響貨幣需求的因素還有財富（w），

故傅利德曼的貨幣需求函數可以表示為：

$M^d = f\left(P，r - \dfrac{\Delta r}{r}，r_e - \dfrac{\Delta r_e}{r_e} + \dfrac{\Delta P}{P}，w\right)$，

現在進一步假設 $-\dfrac{\Delta r}{r} = -\dfrac{\Delta r_e}{r_e}$，且 $r_e + \dfrac{\Delta P}{P} = r$，

則貨幣需求函數又可修改成 $M^d = f\left(P，r，\dfrac{\Delta P}{P}，w\right)$，

由於 $w = \dfrac{y_p}{r}$（y_p 為恆常所得）。

故貨幣需求函數可改為 $M^d = f(P,r,\dfrac{\Delta P}{P},y_p)$。

假設貨幣需求為 P 與 y_p 之一階齊次函數。

則 $\lambda M^d = f(\lambda P,r,\dfrac{\Delta P}{P},\lambda y_p)$。

令 $\lambda = \dfrac{1}{P}$，代入貨幣需求函數內得 $\dfrac{M^d}{P} = f(1,r,\dfrac{\Delta P}{P},\dfrac{y_p}{P})$ 或 $\dfrac{M^d}{P} = f(r,\dfrac{\Delta P}{P},\dfrac{y_p}{P})$。

表示實質的貨幣需求（$\dfrac{M^d}{P}$）為利率（r），物價上漲率（$\dfrac{\Delta P}{P}$），實質的恆常所得（$\dfrac{y_p}{P}$）之函數。與凱因斯的貨幣需求理論比較，雖然傅利德曼並沒有將貨幣需求分成三項動機，但得到的結論仍然說明了利率與貨幣需求呈反向關係，而所得也與貨幣需求呈正向關係。

 注意　上述的貨幣需求函數，若再經過轉換，也可用來說明 Fisher 的交易方程式。

令 $\lambda = \dfrac{1}{y_p}$ 代入 $\lambda M^d = f(\lambda P,r,\dfrac{\Delta P}{P},\lambda y_p)$ 內，則 $\dfrac{M_d}{y_p} = f(\dfrac{P}{y_p},r,\dfrac{\Delta P}{P},\dfrac{y_p}{y_p})$，或 $\dfrac{M_d}{y_p} = f(\dfrac{P}{y_p},r,\dfrac{\Delta P}{P})$。

則 $\dfrac{y_p}{M^d} = \dfrac{1}{f(\dfrac{P}{y_p},r,\dfrac{\Delta P}{P})}$

令 $V = \dfrac{1}{f(\dfrac{P}{y_p},r,\dfrac{\Delta P}{P})}$，所以 $\dfrac{y_p}{M^d} = V$，式中 V 為貨幣的所得流通速度。

與 Fisher 交易方程式最大的不同是：V 不再是受制度因素或交易習慣所影響的固定常數，而是受到利率（r），物價上漲率（$\frac{\Delta P}{P}$），實質恆常所得（$\frac{y_p}{P}$）等所影響的函數了。此乃與古典學派的貨幣數量學說最大的差異之處，故謂之新貨幣數量學說。

即時演練

1. 利率上升時，貨幣需求通常會： (A)增加 (B)減少 (C)不受影響 (D)以上皆非。（普考）

答：(B)。利率與貨幣需求呈反向關係。

2. 投機動機的貨幣需求係指： (A)購買勞務需要貨幣 (B)購買資產需要貨幣 (C)購買商品需要貨幣 (D)以上皆非。（普考）

答：(B)。該資產是指債券而言。

3. 凱因斯的貨幣需求理論說明貨幣需求為： (A)支出的函數 (B)貨幣供給的函數 (C)利率及所得的函數 (D)僅受所得的影響。

答：(C)。凱因斯的貨幣需求是指三項動機，分別為交易性，預防性，投機性等。

以函數形式表示 $\frac{M^d}{P} = \ell_1(y) + \ell_2(r)$，乃利率與所得之函數。

4. 凱因斯學派與古典學派在貨幣需求理論的差異為： (A)凱因斯學派強調貨幣數量學說 (B)凱因斯學派認為利率係由貨幣供需決定 (C)凱因斯學派認為利率係由商品市場決寂靜 (D)以上皆非。（普考）

答：(B)。

(1)古典學派的貨幣需求理論，又稱為貨幣數量學說。其特性為貨幣物價水準同比例且同方向變動。而利率之決定是由投資與儲蓄共同決定的，謂之可貸資金理論。

(2)凱因斯的貨幣需求理論，又稱為流動性偏好理論，認為利率是由貨幣市場之供給等於需求所決定的。

(3)Hick-Hanse（凱因斯學派之學者）則認為利率是由貨幣市場與商品市場同時達成均衡決定的。

5. Baumol-Tobin的貨幣需求理論隱含若買賣債券的經紀費用增加，則貨幣與債券需求各會有何影響？　(A)增加，減少　(B)減少，增加　(C)增加，增加　(D)減少，減少。（98地三）

答：(A)。由Baumol-Tobin的貨幣需求理論，若一個人擁有貨幣資產和非貨幣資產（債券）的資產組合，令i代表貨幣資產與非貨幣資產之間報酬的差額，若買賣債券的手續費用增加則i將會下降，由平均貨幣持有 $= \sqrt{\dfrac{YF}{2i}}$，將使平均持有貨幣增加，同時對債券需求減少。

第二節　貨幣供給

一、貨幣的功能

(一)價值的標準：又稱為計算單位（unit of account），透過計算單位，以比較各種物品及勞務的價值，並簡化進行物品交換時的交換比率。

(二)交換媒介：可消除物物交換的複雜性，促進慾望的雙重一致性的實現。

(三)延期支付：透過共同的計算單位，可將實物借貸化成共同的計算單位，使債權與債務有一抽象的測定標準。

(四)價值儲藏：乃貨幣的延期用途之一，可使銷售行為與購買行為分開，因而個人所得的一部分就無須在當期消費掉，而將其中一部份供未來消費之用。

二、貨幣供給的定義

(一)狹義的貨幣供給：

M_{1A}＝流通於私人的通貨＋存款貨幣

上式的存貨貨幣＝支票存款＋活期存款

M_{1B}＝M_{1A}＋活期儲蓄存款

(二)廣義的貨幣供給：

M_2＝M_{1B}＋準貨幣

上式的準貨幣＝定期存款＋儲蓄存款＋外幣存款＋郵政局轉存款

即時演練

1. 貨幣的定義中，M_1是依據貨幣的那種功能定義的？　(A)交易媒介與計價單位　(B)價值儲藏功能　(C)價值儲藏功能與交易媒介　(D)計價單位。
（普考）

答：(A)

2. 貨幣 M_1之定義不包括下列那一項？　(A)通貨　(B)活期存款　(C)支票存款　(D)定期存款。

答：(D)

三、貨幣乘數

指貨幣基數(B)變動一單位引起貨幣供給量（M）變動的數額。

(一) m（貨幣乘數）＝M／B＝貨幣供給量／貨幣基數

(二) 貨幣乘數之導出：

　　M（貨幣供給量）＝C＋D

　　B（貨幣基數）＝C＋R

　　式中 C：表通貨（流通於私人的通貨）

　　　　D：表存款貨幣（包括支存＋活存）

　　　　R：表銀行的存款準備（包括法定準備（RR）＋超額準備（ER））

　　假設1.：

　　(1) 私人不保有通貨（即 C＝0）

　　(2) 銀行不保有超額準備（即 ER＝0）

　　(3) 銀行的存款全部以活期存款的形式持有（即 RR 僅包括活期存款的部份。）

　　由上述之假設得知：

　　存款乘數（m）$=\dfrac{M}{B}=\dfrac{C+D}{C+R}=\dfrac{D}{RR}=\dfrac{D}{r_D D}=\dfrac{1}{r_D}$

r_D 為存款準備率。

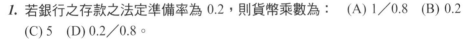

即時演練

1. 若銀行之存款之法定準備率為 0.2，則貨幣乘數為： (A) 1／0.8 (B) 0.2 (C) 5 (D) 0.2／0.8。

答：(C)。最簡化的模型：貨幣乘數（m）$= \dfrac{1}{r_D} = \dfrac{1}{0.2} = 5$

2. 當銀行接受一筆存款 1,000 元，法定準備率為 10%，則可以引申出多少放款？ (A)10,000 元 (B)8,000 元 (C)11,000 元 (D)9,000 元。（97普）

答：(D)。 $1,000 \times (1-10\%) = 900$（增額準備）

$$引申存款 = \dfrac{增額準備}{法定準備率} = \dfrac{900}{10\%} = 9,000$$

3. 假設存款的法定準備率是 10%，若銀行保有超額準備，則貨幣乘數的大小為何？ (A)5 以下 (B)5 以上 (C)10 以下 (D)10 以上。（98普）

答：(C)。 不考慮銀行的超額準備時，

$$貨幣乘數 = \dfrac{1}{法定準備率} = \dfrac{1}{10\%} = 10，$$

若銀行保有超額準備則貨幣乘數的分子項增加，將使貨幣乘數小於 10。

4. 若非金融機構的現金對存款的比例為 5%，而準備對存款的比例為 30%，且在銀行不保有任何超額準備的情況下，貨幣基數增加 100 元，會使貨幣供給增加多少？ (A)200 元 (B)250 元 (C)300 元 (D)333 元。（97高）

答：(C)。$M = \dfrac{1+k}{k+r} \cdot B = \dfrac{1+5\%}{5\%+30\%} \times 100 = 300$

5. 當民眾以$4,000現金存入銀行時，存款準備率為25%，則銀行最多可使貨幣數量增加： (A)$1,000 (B)$4,000 (C)$12,000 (D)$16,000。（99地四）

答：(D)。 $\Delta M^s = \dfrac{1}{r} \times \Delta D = \dfrac{1}{25\%} \times 4000 = 16000$

假設2.：

(1)私人保有通貨，且與存款貨幣佔一固定比例，即 $k = \dfrac{C}{D}$。

(2)同1.。

(3)同1.

由上述之假設得知：

貨幣乘數：（m）$= \dfrac{M}{B} = \dfrac{C+D}{C+R} = \dfrac{Dk+D}{Dk+RR} = \dfrac{Dk+D}{Dk+r_D D} = \dfrac{k+1}{k+r_D}$

假設3.：

(1)私人保有通貨，且與存款貨幣佔一固定比例，即 $k = \dfrac{C}{D}$。

(2)銀行保有超額準備，且超額準備率為 r_e。

(3)銀行的存款包括活期存款(D)及定期存款（T），且兩者成一固定比例，即 $\dfrac{T}{D} = t$，令 T 的法定準備率為 r_T。

由上述之假設得知：

$$存款乘數（m）= \dfrac{M}{B} = \dfrac{C+D}{C+R} = \dfrac{Dk+D}{C（RR）+ER}$$

$$= \dfrac{Dk+D}{C+（r_D D + r_T T）+ r_e D}$$

$$= \dfrac{Dk+D}{D（\dfrac{C}{D} + r_D + r_T \dfrac{T}{D} + r_e）}$$

$$= \dfrac{k+1}{（k + r_D + r_T t + r_e）}$$

注意

$$m = \dfrac{M}{B} = \dfrac{k+1}{k + r_D + r_T t + r_e} \text{ 或 } M =（\dfrac{k+1}{k + r_D + r_T t + r_e}）$$

B，也說明了央行無法完全控制貨幣供給（M）：上式中央行可控制的變數為 r_D，r_T，B，私人可控制的變數為 k，由商業銀行控制的變數為 t，r_e。而凱因斯模型裡假設貨幣供給量完全由央行來控制，乃為了簡化分析起見。事實上，央行是無法完全控制貨幣供給的。

四、貨幣政策

央行用來調節景氣的工具謂之貨幣政策，而央行之貨幣政策又可分為量的管制（或稱一般性的管制）與質的管制。

重要 (一) 量的管制：

1. 公開市場操作：在景氣衰退時，央行透過有組織且分開的金融市場，買入票據，釋放出貨幣，導引利率下降，刺激投資意願。在景氣過熱時，則出售票據，收回貨幣，使利率提高，抑止私人投資。

2. 重貼現率政策：在景氣衰退時，央行降低重貼現率，提高商銀借款需求，使得貨幣供給增加。在景氣過熱時，則提高重貼現率，抑止商銀借款需求，使貨幣供給減少。

3. 存款準備率政策：在景氣衰退時，央行降低存款準備率，以提高商銀放款的能力，使得貨幣供給增加。在景氣過熱時，則提高存款準備率，以抑止商銀放款，使貨幣供給減少。

(二) 質的管制：

1. 選擇性信用管制：指中央銀行僅管理特定信用的流向與流量，其工具有保證金比例，消費者信用比例，不動產信用管制。

2. 直接管制：指中央銀行對銀行信用創造活動加以直接干涉與控制，其方式有直接限制貸款額度，或對業務不當的銀行採取強制制裁。以及規定各銀行的放款及投資方針，以確保健全信用的經營原則。

3. 道義說服：指央行對商銀曉以大義，請各商銀配合央行之政策，所以又稱為「下巴骨政策」。

即時演練 ⬇

1. 中央銀行公開市場操作賣出政府國庫券,則: (A)利率下降 (B)貨幣數量增加 (C)利率不變 (D) LM 曲線左移。(普考)

　　答:(D)。中央銀行在公開市場賣出國庫券,此舉將使貨幣供給減少,LM曲線左移。

2. 中央銀行提高存款準備率會使: (A) LM 曲線右移 (B) IS 曲線左移 (C)總需求曲線右移 (D)以上皆非。(普考)

　　答:(D)。央行提高存款準備率,將使商銀放款能力降低,貨幣供給減少,LM 曲線向左移,或 AD 曲線向左移。

3. 中央銀行提高重貼現率,則: (A)總供給曲線左移 (B) LM 曲線右移 (C)總需求曲線右移 (D)以上皆非。(普考)

　　答:(D)。理由同上。

4. 存款準備率的增加會造成下列何種情況? (A)超額準備增加,貨幣乘數增加 (B)超額準備減少,貨幣乘數增加 (C)超額準備增加,貨幣乘數降低 (D)超額準備減少,貨幣乘數降低。(普考)

　　答:(D)

5. 中央銀行非預期性地出售公債,短期內會造成下列那一種影響? (A)利率上升、投資水準上升、國民生產毛額(GNP)上升 (B)利率上升、投資水準下降、國民生產毛額下降 (C)利率降低、投資水準上升、國民生產毛額上升 (D)利率降低、投資水準下降、國民生產毛額下降。(普考)

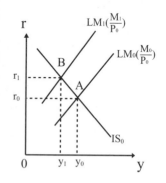

　　答:(B)。央行出售公債,將使貨幣供給減少,LM 曲線左移,將使利率上升,產出減少。而利率上升的結果,又導致投資水準下降。

6. 貨幣政策的工具包括：　(A)公開市場操作　(B)政府支出增加　(C)賦稅減少(D)關稅提高。（普考）

　　答：(A)

7. 如果你預知中央銀行將進行公開市場操作以創造超額準備，應該採取下列那一項行動較為有利？　(A)賣債券　(B)買債券　(C)賣股票　(D)同時賣股票及債券。（普考）

　　答：(B)。預知央行進行公開市場操作以創造超額準備，將使貨幣供給增加，造成利率下降。在永久債券的假設下，每期收益固定，利率下降的結果，將使未來的債券價格上升，所以應現在買債券較有利。

8. 中央銀行的角色不包括以下那項？　(A)政府的銀行　(B)控制貨幣供給(C)融通私人廠商的資金借貸需求　(D)管理外匯市場，調節國際收支。（97地四）

　　答：(C)

9. 下列會使準備貨幣增加的有幾項？央行國外資產增加、央行對政府債權減少、央行發行國庫券、央行收受金融機構定期存款轉存款增加　(A)1(B)2　(C)3　(D)4。（98高）

　　答：(A)。影響準備貨幣增加的因素主要有三項：中央銀行對金融機構淨債權增加，中央銀行對政府淨債權增加，中央銀行國外資產淨額增加，當央銀的國外資產增加時，準備貨幣就會增加。

10.商業銀行的存款準備金包括那些？　(A)庫存現金及顧客存款　(B)庫存現金及同業銀行存款　(C)庫存現金及它在中央銀行的存款　(D)庫存現金、有價證券及它在中央銀行的存款。（99普）

　　答：(C)

第二十九章　近年試題及解析

106年 關務四等

( )　1.當廠商同時有兩間工廠進行生產同一種產品時,最有效率的生產資源配置方法為何?　(A)兩間工廠在生產上達到相同的總產量　(B)兩間工廠在生產上達到相同的平均產量　(C)兩間工廠在生產上達到相同的邊際產量　(D)兩間工廠在生產上達到平均產量等於邊際產量。

( )　2.生產可能線可直接用來說明何種概念?　(A)比較利益　(B)絕對利益　(C)機會成本　(D)交易成本。

( )　3.假設A、B兩國目前的資源、技術和生產可能線完全一樣。如果A國比B國投入更多的資源在消費財的生產,則:　(A)A國的消費財生產能力將會比B國高　(B)A國將會有較多的失業人口　(C)A國未來的經濟成長將會比B國慢　(D)A國的資本累積將會比B國快。

( )　4.張三與李四各有一塊農地,可用以種植水梨及蘋果,兩人之生產可能線均為直線,如右圖所示。下列敘述何者正確?　(A)張三生產1單位蘋果的機會成本為2.5單位水梨　(B)張三與李四的生產均符合邊際機會成本遞增　(C)李四有生產水梨之比較利益　(D)李四生產1單位水梨的機會成本為1.33單位蘋果。

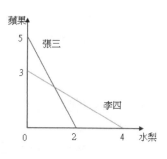

( )　5.若一國的資源可用來生產X與Y兩種產品。令橫軸表示X產品,縱軸表示Y產品,則生產可能線上某一點的切線斜率絕對值表示:　(A)多生產一單位X產品的機會成本　(B)多生產一單位Y產品的機會成本　(C)生產X產品的機會成本除以生產Y產品的機會成本　(D)生產Y產品的機會成本除以生產X產品的機會成本。

( )　6.下列何者不是對進口汽車課徵高額關稅的經濟理由?　(A)扶持國內汽車產業之發展　(B)使國產車之價格具有競爭力　(C)保護國內汽車消費者　(D)保護本國汽車產業。

( )　7.一個追求利潤最大的完全競爭廠商的最適產量會滿足：　(A)邊際收益大於邊際成本　(B)平均收益等於邊際成本　(C)產品價格大於邊際成本　(D)邊際收益小於產品價格。

( )　8.假設一個追求利潤最大的獨占廠商面對負斜率的直線型市場需求曲線，且有正斜率的邊際成本曲線。此廠商的最適價格會滿足：　(A)需求價格點彈性小於1　(B)需求價格點彈性等於0　(C)需求價格點彈性大於1　(D)供給價格點彈性大於1。

( )　9.假設大豆市場為完全競爭，且原先處於長期及短期均衡。每家廠商都有相同的U字型平均總成本及遞增的邊際成本曲線。若因肥料價格上升使得每家廠商的邊際成本及平均總成本都增加，在其他條件不變下，短期個別廠商的：　(A)產量增加且利潤為正值　(B)產量增加且利潤為負值　(C)產量減少且利潤為正值　(D)產量減少且利潤為負值。

( )　10.在獨占性競爭市場，不同廠商所生產的產品為：　(A)同質　(B)完全替代　(C)不完全替代　(D)完全互補。

( )　11.假設某家冰淇淋店的店租提高，且它是一個追求利潤最大的獨占廠商。在短期，該家冰淇淋店的：　(A)產量減少，且利潤減少　(B)產量不變，且利潤減少　(C)產量增加，且利潤增加　(D)產量不變，且利潤不變。

( )　12.邊際替代率遞減表示無異曲線符合下列那個性質？　(A)無異曲線不相交　(B)無異曲線為負斜率　(C)無異曲線凸向原點　(D)無異曲線為直線。

( )　13.某應考人一天必須用6小時來念國文、英文、經濟學。假設在每一科每小時所獲得的邊際效益如下表：

小時	1	2	3	4	5	6
國文	20	16	10	5	2	0
英文	15	12	9	6	3	1
經濟學	25	22	18	14	8	2

在最適時，他一天應該是念幾小時的經濟學？　(A)5小時　(B)4小時　(C)3小時　(D)2小時。

(　)　14.假設休閒為正常財,則造成勞動供給線後彎的原因是當工資率提高時:　(A)所得效果對工時影響為正,替代效果對工時影響為負,且所得效果大於替代效果　(B)所得效果對工時影響為負,替代效果對工時影響為正,且所得效果大於替代效果　(C)所得效果對工時影響為正,替代效果對工時影響為負,且所得效果小於替代效果　(D)所得效果對工時影響為負,替代效果對工時影響為正,且所得效果小於替代效果。

(　)　15.下表是某追求利潤最大的工廠其勞動僱用量與總產量之關係,假設商品市場完全競爭,商品價格是$10,勞動市場完全競爭,工資是$100,此工廠應僱用幾個工人?。

勞動僱用量（人）	1	2	3	4	5	6	7	8	9
總產量	12	26	42	57	70	82	92	100	107

(A)3人　(B)5人　(C)7人　(D)9人。

(　)　16.即使不支付費用,人民還是可以享受到公共財之利益;例如逃稅的人也同樣受到國家國防安全網的保護。因此消費者對公共財之願付價格　①　消費者由此公共財得到的利益,此現象稱為　②　。前述文字①②應分別填入:　(A)高於,搭便車問題　(B)低於,搭便車問題　(C)高於,排他問題　(D)低於,排他問題。

(　)　17.右圖顯示某市場之需求與供給曲線。政府進行價格管制,規定價格不得低於18,此管制稱為　①　;設定此管制後市場成交量為　②　。前述文字①②應分別填入:
(A)價格上限,3　(B)價格下限,3
(C)價格上限,11　(D)價格下限,11。

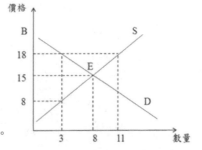

(　)　18.承上題。政府將管制價格設定為18,其所造成之社會效率絕對損失(deadweight loss)是:　(A)24　(B)25　(C)50　(D)54。

( )　19.假設臺灣勞動市場符合供需法則，且均衡工資為每小時新臺幣250元。在其他條件不變下，若臺灣將勞基法所規範之最低工資由每小時新臺幣100元提高為每小時新臺幣115元，則下列敘述何者正確？(A)此項最低工資調整為有約束力的規範　(B)此項最低工資調整不具約束力　(C)均衡工資降低為每小時新臺幣115元　(D)均衡工資降低為每小時新臺幣100元。

( )　20.關於市場供需，下列敘述何者正確？
(A)當氣象局宣布明日有颱風警報時，今日蔬菜價格與銷售量均上升，表示其需求曲線為正斜率
(B)近日國內連續大雨不斷，形成稻作淹沒，因而國內稻米供給減少，米價上漲，隨之發現市場上麵粉價格也隨之上漲
(C)若咖啡市場中，僅有10個消費者，其個別需求曲線完全一致，為$P=4-3Q$，則市場需求曲線為$P=40-30Q$
(D)若衣服的需求價格彈性小於1，為增加衣服的銷售收入，衣服生產者應採取降低售價策略。

( )　21.關於所得彈性，下列敘述何者錯誤？　(A)正常財的所得彈性為正　(B)季芬財的所得彈性為負　(C)劣等財的所得彈性為正　(D)奢侈品的所得彈性為正。

( )　22.假設某完全競爭市場其市場需求函數為$P_D=100-4Q_D$，供給函數為$P_S=10+2Q_S$，其中P_D與P_S分別為需求價格與供給價格，Q_D與Q_S分別為需求量與供給量。若政府決定向供給廠商課徵6元的從量稅，則最終轉嫁給消費者的從量稅稅額為：　(A)6元　(B)5元　(C)4元　(D)2元。

( )　23.假設勞動市場供給函數為$W=50+3L$，勞動市場需求函數為$W=350-2L$，其中W代表工資（元），L代表勞動量。若政府訂定最低工資為每單位勞動量250，則此時勞動市場工資是多少？　(A)60元　(B)230元　(C)250元　(D)290元。

( )　24.假設張生與崔姐為檸檬市場中的惟二消費者，在1個月中，若張生的需求關係為當檸檬價格為每斤50元與100元時，張生對檸檬需求量分別為15個與10個；而崔姐的需求關係為當檸檬價格為每斤50元與100元時，崔姐對檸檬需求量分別為10個與6個；則下列何項會在檸檬的市場需求曲線上？　(A)市場需求量為41個，市場價格為150元　(B)市場需求量為41個，市場價格為100元　(C)市場需求量為16個，市場價格為100元　(D)市場需求量為20個，市場價格為50元。

( )　25.下表資料為茶葉蛋市場中，4位需求者因應不同茶葉蛋價格的需求量資料，那一位消費者的需求函數不完全符合需求法則？

價格	小王需求量	小張需求量	小李需求量	小林需求量
$12	2	1	3	4
$10	4	4	4	5
$8	6	7	5	6
$6	8	8	4	7
$4	10	9	3	8
$2	12	10	2	9

(A)小王　(B)小張　(C)小李　(D)小林。

( )　26.對於1973-74年的石油危機，下列敘述何者錯誤？　(A)導致高通貨膨脹與景氣衰退　(B)耗油產業受到的衝擊比傳統產業（手工業、農業）來得大　(C)經濟學家稱之為「需求面衝擊」　(D)石油輸出國家組織禁運，導致原油價格大漲。

( )　27.「通貨膨脹稅」是指：　(A)物價上漲時，人們所持有貨幣的實質購買力下降　(B)物價上漲時，政府會額外對一般大眾所課的人頭稅　(C)物價上漲時，政府會額外對企業所課的人頭稅　(D)物價上漲時，政府會額外對企業的資本利得稅。

( )　28.若從所得面計算臺灣GDP，則不包括下列那一項？　(A)在臺外商公司利潤　(B)公務員薪資　(C)租金　(D)國外要素所得淨額。

( )　29.廠商所創造的附加價值（value added）等於：　(A)總收益－總固定成本　(B)總收益－總變動成本　(C)總收益－總中間財成本　(D)總收益－總成本。

( )　30.下表顯示只生產香蕉與鳳梨的某國其價格與數量資料。根據該表,如果基期年為2020年,則該國2020年的經濟成長率為:

年	香蕉價格	香蕉數量	鳳梨價格	鳳梨數量
2019	$3	100	$2	150
2020	$3	200	$4	300

(A)25%　(B)50%　(C)75%　(D)100%。

( )　31.下列何者是平均每人實質GDP無法反應真實生活水準的原因? (A)未考慮存貨的變動　(B)未考慮休閒價值　(C)未考慮物價的變動　(D)未考慮實質利率的變動。

( )　32.當怯志勞工(discouraged worker)人數增加時,在其他條件不變下: (A)失業人數會增加　(B)失業人數會減少　(C)勞動力人數會增加 (D)民間人口數會增加。

( )　33.在簡單凱因斯模型中,負儲蓄(dissaving)會發生於: (A)可支配所得大於消費支出　(B)可支配所得等於消費支出　(C)可支配所得小於消費支出　(D)資產增加大於負債增加。

( )　34.在簡單凱因斯模型中,均衡所得取決於下列那項因素? (A)政府預算平衡　(B)期末存貨為零　(C)失業率為零　(D)總合支出函數與原點出發之45度線相交。

( )　35.關於歐元區的敘述,下列何者正確? (A)歐元區和歐盟所涵蓋的國家是相同的　(B)歐元區內各國仍有各自的央行可行使獨立的貨幣政策　(C)歐元區內各國沒有各自的央行可行使獨立的貨幣政策　(D)歐元區內各國沒有各自的財政部可行使獨立的財政政策。

( )　36.小明與同學在比較他們今年的花費。小明說他今年省吃儉用,共節省了新臺幣100萬元。其中45萬元當成頭期款向小華購買一棟30年的舊公寓,另外用15萬元透過臺灣證券交易所向不知名的人士購得台積電股票,剩下的40萬元則購買了小明任職的公司因需要購買全新的機器設備而發行的新股票。在不考慮其他的項目之下,小明的上述行為對臺灣今年國民所得統計的投資支出項貢獻了多少? (A)0萬元 (B)40萬元　(C)55萬元　(D)100萬元。

( ) 37.某一封閉經濟體系，不論該國的所得水準為何，其政府原先均課100
單位的稅。現若該國政府將課稅減少為20單位，則該國的均衡所得
水準增加了160單位。根據簡單凱因斯模型，該國的邊際消費傾向為
何？ (A)1/3 (B)1/2 (C)2/3 (D)8/9。

( ) 38.在包括政府部門的簡單凱因斯模型中，下列那一項政策提升均衡所得
水準的效果最差？ (A)自發性消費增加一單位 (B)自發性投資增加
一單位 (C)政府支出增加一單位 (D)稅收下降一單位。

( ) 39.下列為某一封閉經濟體系的資料：$Y=C+I+G$；$Y_d=Y-T$；$C=C_a+cY_d$；$0<c<1$；$I=I_a+iY_d$，$0<i<1$，$0<c+i<1$；$G=\overline{G}$；$T=\overline{T}$。此
一經濟體系的平衡預算乘數為：

$\quad$ (A)1 $\quad$ (B)$\dfrac{1}{(1-c-i)}$ $\quad$ (C)$\dfrac{1-i}{1-c}$ $\quad$ (D)$\dfrac{1-i}{(1-c-i)}$ 。

( ) 40.其他條件不變之下，下列那一個選項，會使得短期總合供給曲線向右
方移動？ (A)油價下跌 (B)物價下跌 (C)股價下跌 (D)房價下跌。

( ) 41.某一經濟體系的名目工資具有向下僵固性，但不具向上僵固性，且目
前的所得水準低於充分就業的所得水準，根據凱因斯的總合供需模
型，下列那一項變動會使得該經濟體系的均衡所得與物價水準同時上
升？ (A)油價下跌 (B)稅率下降 (C)股價下跌 (D)房價下跌。

( ) 42.下列何者並非我國中央銀行用來影響貨幣供給之方式？ (A)發行定
期存單 (B)對商業銀行道德勸說 (C)調整商業本票利率 (D)改變
應提準備率。

( ) 43.下列何者並不是間接金融產生的最主要原因？ (A)就資金供給者而
言，一般個人資金有限，無法購買面額較大的股票或公司債 (B)資
本市場規模過於龐大，使間接金融業者有立足之地 (C)就資金需求
者而言，規模不夠大的中小型企業無法直接發行股票或公司債以籌
募資金 (D)資金供給者應隨時了解資金取得之公司其營運情況，以
免被倒帳；但對一般個人而言，專業知識不足、監視成本過高，難
以執行。

( )　44.假設縱軸為物價膨脹率，橫軸為失業率。下列何者最有可能造成短期菲力普曲線（Phillips curve）往右方移動？　(A)大眾預期物價持續上漲　(B)大眾預期物價膨脹率上升　(C)預期貨幣供給減少　(D)預期利率上升。

( )　45.「排擠效果」（crowding-out effect）是指：　(A)政府支出增加引起民間投資減少　(B)政府支出增加引起出口減少　(C)稅收增加引起民間消費減少　(D)民間消費增加引起出口減少。

( )　46.當一國以外幣計價的出口值增加，其他條件不變時，該國貨幣幣值一般而言會：　(A)升值　(B)貶值　(C)不變　(D)先貶值再升值。

( )　47.「公開市場操作」是指中央銀行：　(A)在公開市場買賣債券，以調節貨幣供給額　(B)召開記者會，在公開場合宣布貨幣政策　(C)在公開場合與商業銀行協商業務　(D)在證券市場買賣公開上市公司股票。

( )　48.下列何者為日本在2014年4月將消費稅由5%提高到8%的最主要原因？　(A)減少政府預算赤字　(B)刺激消費　(C)鼓勵儲蓄　(D)穩定物價。

( )　49.依照每人實質GDP＝平均勞動生產力×（工作人口數／總人口數），在其他條件不變下，下列何者會提高每人實質GDP？　(A)女性外出工作的人口數減少　(B)受僱人員強制退休年齡往下調降　(C)資本－勞動比率（capital-labor ratio）下降　(D)出生率下降。

( )　50.下列何者對提升勞動生產力最有幫助？　(A)幫助廠商赴外國投資設廠　(B)提高生育率　(C)提高每人每日工時　(D)鼓勵外人直接投資。

➡ **解答與解析**

1.(C)。假設僅使用L和K，則最有效率的生產資源配置為 $\dfrac{MP_L}{P_L} = \dfrac{MP_K}{P_K}$。

2.(C)。生產可能曲線（PPC）直接反映了資源稀少性，它在產品間的消長顯示資源的其它用途，相互取捨則是機會成本。

3.(C)。投入較多的資源在某產品生產，則未來經濟成長較少，如圖：

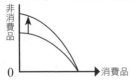

4.(C)。令蘋果為A，水梨為B
李田：1L＝3A＝4B

$$1B = \frac{3}{4}A$$

張三：1L＝5A＝2B

$$1B = \frac{5A}{2}$$

李田生產B（水梨）的機會成本較低（$\frac{3A}{4} < \frac{5A}{2}$），所以生產B

（水梨）有比較利益。

5.(A)。如右圖：每增加1單位的X，減少△Y，所減少的△Y就是生產X1單位的機會成本。

6.(C)。對進口汽車課徵高額關稅不是保護國內汽車消費者，而是犧牲國內汽車消費者。

7.(B)。完全競爭利潤最大條件為：MR＝MC，而AR＝P＝MR，故可寫成P＝AR＝MC。

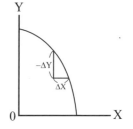

8.(C)。由MR＝MC，其中 $MR = P(1 - \frac{1}{|\varepsilon^d|})$ ，因MC>0，

故 $P(1 - \frac{1}{|\varepsilon^d|}) = MC > 0$ ，即 $1 - \frac{1}{|\varepsilon^d|} > 0$ ，得 $|\varepsilon^d| > 1$ 。

9.(D)。如右圖：當P＝P_0時，原料價格上升，使得AC和MC上移，個別廠商的產業由q_0下降到q_1，經濟損失為ABP_0C。

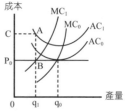

10.(C)。獨占性競爭市場：不同廠商所生產的產品為不完全替代。例如：理髮店、加油站等。

11.(B)。獨占的店租（固定成本）上升，相對利潤會減少，但產量不變。

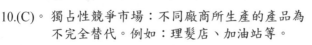

12.(C)。如右圖：無異曲線的斜率為MRS_{xy}，當無異曲線的形狀為凸向原點時，表示邊際替代率遞減，$\dfrac{\Delta MRS_{xy}}{\Delta x} < 0$。

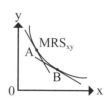

13.(C)。由 $\dfrac{MU_x}{P_x} = \dfrac{MU_y}{P_y} = \lambda$ ，

$$\left.\begin{array}{lll} 經濟學 & H=3， & MU=18 \\ 英文 & H=1， & MU=15 \\ 國文 & H=2， & MU=16 \end{array}\right\}三者選擇接近者。$$

合計：H=3+1+2=6

14.(B)。當R（休閒）為正常財，當$W_0 \uparrow \to W_1$，休閒由$R_1 \downarrow \to R_1'$，R_1R_1'為替代效果，$R_1'R_2$為所得效果，$U=U_1$，所得效果$(R_1'R_2)$ > 替代效果(R_1R_1')。則休閒和工資率的關係為正斜率，而工時＝24－休閒，轉換成工時和工資率的關係就變成負斜率（即後彎的勞動供給）。

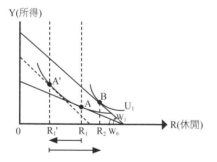

15.(C)。由$W = VMP_L = P_0MP_L$，已知$W=100$，$P=10$，則$MP_L = 10$，所對應的勞動量為7人。

L	1	2	3	4	5	6	7	8	9
Q	12	26	42	57	70	82	92	100	107
MP_L	－	14	16	15	13	12	10	8	7

16.(B)。公共財的使用若要按消費者的需求來取價，需先獲得公共財的的個別及市場需求曲線，此舉相當困難，因有些人會隱藏其需求，待生產出來後再去享受，即搭便車者（free rider）。

17.(B)。把價格限制在高於均衡價格15之上，稱為價格下限。在價格下限18的情況下，市場願意提供的數量為3，所以管制後市場成交量為3。

18.(B)。社會效率絕對損失為 $(8-3) \times (18-8) \times \frac{1}{2} = 25$。

19.(B)。均衡工資為250元，若將最低工資設定為115元，則這個設定對市場工資不具影響力。

20.(B)。米和麵粉互為替代品，當米價上漲，米的需求量下降，對麵粉的需求上升，使得麵粉的價格上漲，如右圖：

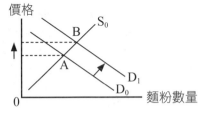

21.(C)。所得彈性為 $\varepsilon_I = \frac{\Delta Q}{Q} / \frac{\Delta I}{I}$，劣等財則 $\frac{\Delta Q}{\Delta I} < 0$，其所得彈性為 $\varepsilon_I < 0$。

22.(C)。稅前，$100-4Q=10+2Q$，得Q＝15，代入P＝100－4Q，得P＝40，
稅後，$P=10+2Q+6$，$100-4Q=10+2Q+6$，得Q＝14，
代入P＝10＋2Q＋6，得P＝44，
$\Delta P = 44 - 40 = 4$（元）乃消費者負擔的從量稅稅額。

23.(C)。均衡時，$50+3L=350-2L$，
得L＝60，代入W＝50＋3L，
得W*＝230
最低工資 $\overline{W} = 250 > W* = 230$，
所以勞動市場的工資為250，
如右圖：

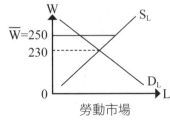

勞動市場

24.(C)。相同的價格下，需求數量相加，因市場假設只有兩個人，將兩人在相同價格下的個別需求數量加總，就是市場需求量了。
當 $P_0 = 50$ 元，$Q_0^1 + Q_0^2 = 15 + 10 = 25$。
當 $P_1 = 100$ 元，$Q_1^1 + Q_1^2 = 10 + 6 = 16$。

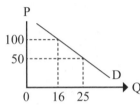

25.(C)。消費者小李不符合需求法則 $\frac{\Delta Q}{\Delta P} < 0$。

26.(C)。1973－74年的石油危機乃「供給面衝擊」。

27.(A)。「通貨膨脹稅」：物價上漲時，人們所持有貨幣的實質購買力下降。

28.(D)。GNP＝GDP＋國外要素淨所得。

29.(C)。附加價值＝總收益－總中間財成本。

30.(D)。$\dfrac{3 \times 200 + 4 \times 300}{3 \times 200 + 4 \times 300} \times 100 = 100\%$

31.(B)。以國民生產毛額評估一國經濟福祉的主要問題：(1)忽略所得分配、(2)排除非市場市易、(3)忽略休閒價值、(4)忽略環境品質、(5)忽略商品與服務品質、(6)未考慮財富價值。

32.(B)。怯志的勞工由於放棄尋找工作，因此不被視為失業者，亦不計為勞動力的一部份。
怯志的勞工增加，造成失業率下降。

33.(C)。由 $Y_d = C + S$，即 $S = Y_d - C$，若 $S<0$，則 $Y_d - C<0$，即 $Y_d<0$。

34.(D)。45度線表示總需求（AD）等於總供給（AS＝Y），所以當總合支出函數與45度線相交，所決定的所得稱為均衡所得。

35.(C)。歐元區內各國設有各自的央行可行使獨立的貨幣政策。

36.(B)。在總體經濟學中，投資泛指廠商在商品市場中購買或處分生產設備等資本財的行為。股票及存款屬於金融資產，其增加代表個人儲蓄的增加，但未必表示實質投資必然增加。依題意僅40萬元因購買全新的機器設備而取得的股票，才可列為當年的投資支出。

37.(C)。由 $\dfrac{\Delta Y}{\Delta T_0} = \dfrac{-c}{1-c}$，已知 $\Delta Y = 160$，$\Delta T_0 = 100 - 20$，

則 $\dfrac{160}{100-20} = \left| \dfrac{-c}{1-c} \right|$，得 $c = \dfrac{2}{3}$。

38.(D)。$\dfrac{\Delta Y}{\Delta T_0} = \left| \dfrac{-c}{1-c} \right| < \dfrac{\Delta Y}{\Delta G_0} = \dfrac{1}{1-c}$（自發性支出乘數）。

39.(A)。平衡預算 $\Delta G = \Delta T = \Delta B$，則 $\dfrac{\Delta T}{\Delta B} = 1$。

40.(A)。油價下跌，生產成本下降，短期總合供給曲線向右方移動。

41.(B)。稅率下降，總合需求曲線向右移，均衡所得與物價水準同時上升。

42.(C)。調整商業本票利率並非央行用來影響貨幣供給的方式。

43.(B)。資本市場規模過於龐大，對資金需求者而言，才有發行債券與股票直接籌措資金的空間，反之，資本市場規模太小，反而不利直接籌資。

44.(B)。大眾預期物價膨脹率上升，將使短期的菲力普曲線往右方移動。

45.(A)。排擠效果：政府支出增加，帶動利率上升，使得民間的投資減少。

46.(A)。出口增加，將使外匯市場的外匯供給線向右移，匯率下降，即該國貨幣幣值會升值。

47.(A)。「公開市場操作」是指中央銀行在公開市場買（賣）債券，使貨幣供給增加（減少）。

48.(A)。政府預算是指政府公共收入與公共支出的彙總內容，消費稅是租稅收入是屬於公共收入。提高消費稅即是增加公共收入，有助於減少政府預算赤字。

49.(D)。出生率下降→總人口數↓→每人實質GDP↑。

50.(D)。勞動生產力 $APP_L = \dfrac{Y}{L} = \dfrac{f(K,L)}{L}$，要提高勞動生產力的方法，可透過分工專業與大規模經濟，增加資本投入，提升人力素質，以及技術改進。

106年 高考三級（勞工行政）

甲、申論題

一、假設某一產品生產所需的設備與原料有相當比率必須仰賴進口，當新臺幣貶值時，對該產品的國內市場供給與需求會有何影響？又對該產品的國內價格有何影響？消費者與生產者那一方會負擔或受益比較大？

答：(一) 台幣貶值將使原料進口成本提高，總合供給線向左移，但總合需求曲線不受影響。

(二) 總合供給線向左移，將使價格上升，產出（所得）減少。

(三) 消費者和生產者都需承擔損失，損失的負擔程度，視雙方供給彈性與需求彈性的大小而定。若消費者的需求彈性大於生產者的供給彈性，則生產者負擔的損失較大，反之，若消費者的需求彈性小於生產者的供給彈性，則消費者負擔的損失較大。

二、近年來，世界各國皆在引進數位科技取代類比技術，原本各自獨立的產業現可跨業經營（數位匯流），行動支付、物聯網、製造業4.0、創新服務業、……乃因應而生。進入數位經濟時代後，請利用AD－AS（總合需求與供給）模型來探討：

(一) AD是否會受到影響？為什麼？

(二) AS是否會受到影響？為什麼？

(三) 國內一般物價水準與實質國民所得是否會受到影響？為什麼？

答：(一) 行動支付愈方便對於貨幣的需求減少，將使LM曲線向右移，AD線同幅度向右移。

物聯網和創新服務將使消費需求增加，IS曲線向右移，AD線也同幅度的向右移。

(二) 生產使用的技術提升，將使成本下降，使得AS線向右移。

(三) AD線和AS線皆向右移，將使實質國民所得增加，但物價上升、下降或不變皆有可能，需視AD和AS移動幅度的相對大小而定。

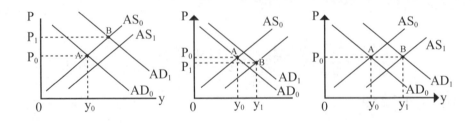

乙、測驗題

( )　1. 如果經濟體對每增加一單位Y財貨的生產要犧牲越來越多的X財貨，則其生產可能曲線是：　(A)一條垂直線　(B)一條負斜率直線　(C)一條凹向原點曲線　(D)一條凸向原點曲線。

( )　2. 假設披薩及漢堡互為替代品，則披薩價格下跌時，我們預期漢堡價格_____，漢堡消費數量_____。　(A)上升；增加　(B)上升；減少　(C)下降；增加　(D)下降；減少。

( )　3. 假定草莓醬和果凍是互補品，其他條件不變，如果果凍價格下跌，則草莓醬市場的生產者剩餘：　(A)會增加　(B)會減少　(C)不會改變　(D)不確定是否會增加或減少。

( )　4. 其他條件不變，不管漢堡價格如何變化，小民每天買2個漢堡，她對漢堡的需求價格彈性為：　(A)0　(B)1　(C)大於1　(D)小於1，但大於0。

( )　5. 如果消費者的所得增加，使得公共巴士的搭乘（bus ride）需求量減少，則公共巴士的搭乘是：　(A)炫耀財　(B)正常財　(C)劣等財　(D)季芬財。

( )　6. 如果小花想增加她賣玉蘭花的收入，且知道玉蘭花需求的價格彈性大於1，她應該：
(A)提高花價，因為需求量會同時增加
(B)提高花價，因為需求量減少的百分比將小於價格上升的百分比
(C)降低花價，因為需求量增加的百分比將大於價格下降的百分比
(D)降低花價，以增加需求，使需求曲線右移。

( )　7.假設某廠商生產9個烤餅的平均生產成本為5元，10個烤餅的平均生產成本為5.2元，則第10單位烤餅的邊際成本為：　(A)0.2元　(B)2元　(C)5.2元　(D)7元。

( )　8.小民願意支付750元而大維願意支付1,000元購買桌球拍，一隻桌球拍在市場的售價為800元，則二人之消費者剩餘合計是多少？　(A)100元　(B)150元　(C)200元　(D)250元。

( )　9.下列那一項不是完全競爭產業的特點？　(A)廠商家數很多　(B)短期內可有正的利潤　(C)廠商追求利潤最大化　(D)有許多差異化的產品。

( )　10.若一個市場內的競爭與進入受到公共特許權、政府執照、專利權或著作權的核發影響，則稱之為＿＿＿＿。　(A)自然獨占　(B)法定獨占　(C)單一價格獨占　(D)價格歧視獨占。

( )　11.公共財（public goods）的消費特性為：　(A)具排他性（excludable），但不具敵對性（rival）　(B)具敵對性，但不具排他性　(C)兼具敵對性與排他性　(D)不具敵對性，也不具排他性。

( )　12.下列何種資產的流動性（liquidity）最高？　(A)股票　(B)紙幣　(C)房地產　(D)活期存款。

( )　13.所謂停滯性膨脹（stagflation）係指下列何種現象？　(A)失業上升且通貨膨脹上升　(B)失業下降且通貨膨脹下降　(C)失業上升且通貨膨脹下降　(D)失業下降且通貨膨脹上升。

( )　14.菲利浦曲線（Phillips Curve）描述＿＿＿＿及＿＿＿＿的＿＿＿＿向關係。　(A)名目GDP；物價水準；正　(B)通貨膨脹率；利率；正　(C)通貨膨脹率；失業率；負　(D)經濟成長率；失業率；負。

( )　15.當失業率達到自然失業率時，代表無＿＿＿＿。　(A)摩擦性失業　(B)結構性失業　(C)循環性失業　(D)任何失業人口。

( )　16.根據費雪等式（The Fisher Equation），通貨膨脹率為正時，隱含＿＿＿＿。　(A)實質利率大於名目利率　(B)實質利率小於名目利率　(C)實質利率等於名目利率　(D)實質利率為0。

( )　17.根據貨幣數量理論（Theory of Quantity），在長期，_____的成長率增加導致_____的增加。　(A)實質GDP；通貨膨脹率　(B)實質GDP；貨幣流通速度成長率　(C)貨幣數量；實質GDP成長率　(D)貨幣數量；通貨膨脹率。

( )　18.當新臺幣_____，則我們預期臺灣的_____值_____。(A)貶值；出口；增加　(B)貶值；進口；增加　(C)升值；出口；增加　(D)升值；進口；減少。

( )　19.若經濟體系的均衡國內生產毛額（GDP）高於潛在產出（potential output），下列敘述何者正確？　(A)存在緊縮缺口，應採行擴張性財政政策　(B)存在膨脹缺口，應採行緊縮性財政政策　(C)存在緊縮缺口，應採行緊縮性財政政策　(D)存在膨脹缺口，應採行擴張性財政政策。

( )　20.以下何者為中央銀行用以刺激景氣的擴張型貨幣政策？　(A)調高法定存款準備率　(B)公開市場買入　(C)公開市場賣出　(D)調高重貼現率。

( )　21.若中央銀行在公開市場賣出債券，下列敘述何者正確？　(A)利率提高且貨幣供給增加　(B)利率提高且貨幣供給減少　(C)利率降低且貨幣供給增加　(D)利率降低且貨幣供給減少。

( )　22.若經濟體系處於流動性陷阱（liquidity trap），下列敘述何者正確？(A)貨幣與財政政策皆有效　(B)貨幣與財政政策皆無效　(C)財政政策有效，貨幣政策無效　(D)貨幣政策有效，財政政策無效。

( )　23.根據一般物價變動的財富效果（wealth effect），當物價下跌，資產的購買力將會？　(A)上升且消費者支出減少　(B)上升且消費者支出增加　(C)上升且投資支出減少　(D)上升且投資支出增加。

( )　24.當景氣低迷時，政府可採取_____公共支出或_____稅賦的財政政策來刺激景氣。　(A)增加；減少　(B)增加；增加　(C)減少；減少　(D)減少；增加。

( )　25.假如兩國的資產報酬率相同，則_____假說成立。　(A)購買力平價　(B)利率平價　(C)交換平價　(D)外匯平價。

➡ 解答與解析

1.(C)。 如圖：隨Y財貨的增加，要犧牲越來越多的X財貨。

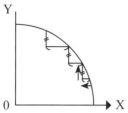

2.(D)。 令披薩為x，價格為P_x
漢堡為y，價格為P_y
若x和y互為替代品，即x↑，y↓
當P_x↓→x↑，y↓，對y的需求線由D_0向左
移到D_1，預期P_y↓，y↓。

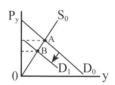

3.(A)。 令草莓醬為x，價格為P_x，
果凍為y，價格為P_y，
若x和y互為互補品，即x↑，y↑
當P_y↑→y↓，x↑，對x的需求增加，需求
線由D_0向右移到D_1，x市場的生產者剩餘由
0CA上升到0DB。

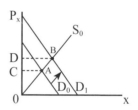

4.(A)。 對漢堡的需求線為一垂直線，線上每一點的需求彈性為零。

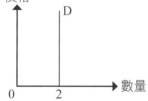

5.(C)。 I↑→Q_x↓，即 $\dfrac{\Delta Q_x}{\Delta I} < 0$，x財（公共巴士的搭乘）是劣等財。

6.(C)。 已知 $|\varepsilon^d| > 1$，由 $\dfrac{\Delta TR}{\Delta P} = Q\left(1 - |\varepsilon^d|\right) < 0$，即 $\dfrac{\Delta TR}{\Delta P} < 0$，
表示P↓→TR↑。

7.(D)。 $Q=9$，$AC=5$，$TC=Q \cdot AC=9 \times 5=45$
　　　　$Q=10$，$AC=5.2$，$TC=Q \cdot AC=10 \times 5.2=52$

$$MC=\frac{\Delta TC}{\Delta Q}=\frac{52-45}{10-9}=7$$

8.(C)。 售價800元>願意支付700元，則該消費者沒有交易動機。
　　　　售價800元<願意支付1000元，則該消費者的剩餘為1000－800＝200。
　　　　因此二人之消費者剩餘合計是0＋200＝200。

9.(D)。 完全競爭產業的特點是有許多同質性的產品。

10.(B)。 獨占市場就是市場上有「進入障礙」，「進入障礙」有兩種類型，第一種是法律限制的，另一種是經濟力量運作的結果，稱之為「自然獨占」。

11.(D)。 公共財具有共享（nonrival）以及無法排他（nonexclusive）兩項特性。

12.(B)。 流動性最高的資產就是通貨，包括紙幣和硬幣。

13.(A)。 停滯性膨脹是指產出(y)下降，物價(P)上升，或是升業率(u)上升，通貨膨脹率$\left(\dfrac{\Delta P}{P}\right)$上升。

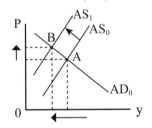

14.(C)。 菲利浦曲線是描述通貨膨率$\left(\dfrac{\Delta P}{P}\right)$及失業率(u)的負向關係。

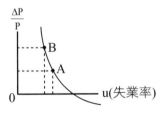

15.(C)。當勞動市場上只有摩擦性失業時，傳統上稱此為充分就業，如果市場上沒有循環性失業，此時的失業率稱為自然失業率。

16.(B)。R＝名目利率

r＝實質利率

$\Delta P/P$＝通貨膨脹率

由費雪等式：$R = r + \dfrac{\Delta P}{P}$ ，若 $R - r = \dfrac{\Delta P}{P} > 0$ ，即 $R - r > 0$

表示R>r，名目利率>實質利率。

17.(D)。由貨幣數量理論：$MV = Py$，改成成長率的關係，$\hat{M} + \hat{V} = \hat{P} + \hat{y}$

長期時 $\hat{V} = 0$ ，$\hat{y} = 0$ ，則 $\hat{M} = \hat{P}$ ，表示貨幣數量的成長率增加使得通貨膨脹率的增加。

18.(A)。當新台幣貶值，出口成本下降，預期台灣的出口值增加。

19.(B)。若均衡的GDP高於潛在產出，即$y^* > y_f$，則存在膨脹缺口，可採行緊縮性財政政策。

20.(B)。央行在公開市場買入有價證券，同時釋放等值的台幣，即擴張性貨幣政策，貨幣供給增加，使得利率下降，投資需求將會增加，透過乘數效果，使得產出倍數增加。

21.(B)。央行在公開市場賣出債券，同時收回等值的台幣，即緊縮性貨幣政策，貨幣供給減少，使得利率上升。

22.(C)。經濟體系處於流動性陷阱時，LM曲線為水平線，此時，擴張性貨幣政策完全無效，擴張性財政政策完全有效。

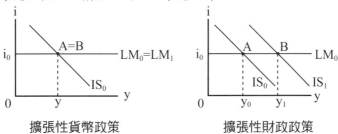

擴張性貨幣政策　　　　　擴張性財政政策

23.(B)。令A表示資產，$\dfrac{A}{P}$表示實質資產，$C=f(\dfrac{A}{P}, y_d)$表示消費函數受實

質資產和可支配所得的影響，當P↓，則$\dfrac{A}{P}$上升，將使C上升。

24.(A)。當$y<y_f$時，政府可採擴張性財政政策來刺激景氣，例如：政府支出增加或減稅等。

25.(B)。利率平價理論（Interest Rate Parity；IRP）：
假設當兩國間無貿易障礙及額外的交易成本時，設本國利率r，外國利率r_f，即期匯率e，投資者預期未來匯率e^E，則利率平價理論的關係式如下：

$$r = r_f + \frac{e^E - e}{e} \text{。}$$

NOTE

106年　高考三級（財經廉政）

甲、申論題

一、(一) 甲消費者對X財貨的需求函數為 $X = 12 + \dfrac{M}{10P_X}$ ，式中M為所得且等於240元。

若P_X由3元下降為2元，請計算此價格改變之Slutsky定義的替代效果與所得效果。

(二) 請說明實質商業循環（real business cycle）理論有關勞動跨時替代（intertemporal substitution of labor）的內涵。

(三) 假設一國各個部門的資料如下：

C＝400＋0.8Y；I＝350－100i；G＝250；

L＝800＋0.4Y－100i（**實質貨幣需求**）；M^S＝3200（**名目貨幣供給**）；

P＝2

1. 請分別計算出IS、LM的方程式，以及同時達到商品與貨幣市場均衡的所得與利率水準。

2. 如價格水準P是可以變動的，請計算AD曲線的數學式。

答：(一) $P_X X + P_y y = M$

當$X = 0$，$P_y y = M$

由右圖：

A點為$M_0 = 240$，$P_X = 3$，

代入 $X = 120 + \dfrac{M}{10P_X}$ ，得$X_0 = 20$

$M_0 = P_X X_0 + P_y y_0 = 3 \times 20 + P_y y_0 = 240$，得

$P_y y_0 = 240 - 60 = 180$

B點為$M_0 = 240$，$P_X = 2$，

代入 $X = 12 + \dfrac{M}{10P_X}$ ，得$X_1 = 24$

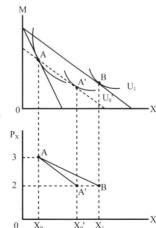

$M_1 = P_X X_0 + P_y y_0 = 2 \times 20 + 180 = 220$

A'點為$M_1 = 220$，$P_X = 2$，

代入 $X = 12 + \dfrac{M}{10P_X} = 12 + \dfrac{220}{10 \times 2} = 23$

替代效果為$X_0 X_0' = 23 - 20 = 3$。

所得效果為$X_1 X_0' = 24 - 22 = 1$。

(二)實質商業循環理論的勞動市場強調勞動的跨時替代效果：勞動供給的決策為與跨期之間的相對工資有關，如果預期下期工資相對本期工資上升，則勞動供給者會以下期的勞動供給增加來代替本期勞動供給的減少，做為最適的因應。勞動者在所得限制及兩期的時間限制條件下，追求效用的極大化。

$MaxU(\widetilde{Y}, \ell', \ell)$

限制 $\begin{cases} \widetilde{Y} = \dfrac{WN}{P} + \dfrac{W'N'}{(1+R)P} \\ \ell + N = H \\ \ell' + N' = H \end{cases}$

式中 $\dfrac{W'}{P'}$ 為預期下期的實質工資，ℓ 為本期的休閒，ℓ' 為下期的休閒。

本期的休閒函數、下期的休閒函數與本期的勞動供給函數分別表示如下：

$$\ell = \ell(\underset{(-)}{\dfrac{w}{p}}, \underset{(+)}{\dfrac{1}{1+r} \cdot \dfrac{w'}{p'}}) \cdots\cdots(1)$$

$$\ell' = \ell'(\underset{(+)}{\dfrac{w}{p}}, \underset{(-)}{\dfrac{1}{1+r} \cdot \dfrac{w'}{p'}}) \cdots\cdots(2)$$

$$N^s = N^s(\underset{(+)}{\dfrac{w}{p}}, \underset{(-)}{\dfrac{1}{1+r} \cdot \dfrac{w'}{p'}}) \cdots\cdots(3)$$

(1)(2)(3)表示 $\dfrac{1}{1+r} \cdot \dfrac{w'}{p'}$（預期下期實質工資的現值）上升，本期休閒($\ell$)

上升，下期休閒(ℓ')下降，即勞動者減少本期的勞動供給。這種勞動者

跨時的工作與休閒決策，稱為勞動的跨時替代效果。

(三) 1. IS：由 $Y = C + I + G$，得 $Y + 400 + 0.8Y + 350 - 100i + 250 \cdots\cdots(1)$

LM：由 $L = \dfrac{M^s}{p}$，得 $800 + 0.4Y - 100i = \dfrac{3200}{2} \cdots\cdots(2)$

將(1)代入(2)，$Y = 400 + 0.8Y + 350 - 100i + 250$，$0.2Y - 1000 = -100i$

代入 $800 + 0.4Y - 100i = \dfrac{3200}{2}$，得 $Y^* = 3,000$，

將 $Y^* = 3000$ 代入(1)，得 $i^* = 4$。

2. IS：$Y = 400 + 0.8Y + 350 - 100i + 250 \cdots\cdots\cdots(1)$

整理得 $0.2Y - 1000 = -100i$，

代入 $800 + 0.4Y - 100i = \dfrac{3200}{P}$，即 $800 + 0.4Y - 0.2Y - 1000 = \dfrac{3200}{p}$，

得 $Y = \dfrac{1,000}{3} + \dfrac{16,000}{3p} \cdots\cdots$AD曲線。

乙、測驗題

( )　1. 假設A國在一小時內可生產10公斤的橘子或3公斤的蘋果，而B國在一小時內可生產6公斤的橘子或5公斤的蘋果。按照專業分工理論，以下何者正確？　(A)A國應專業生產蘋果，而B國應專業生產橘子　(B)A國及B國都應專業生產蘋果　(C)兩國都能接受的1顆橘子換1顆蘋果的交易條件　(D)兩國都能接受的1顆蘋果換2顆橘子的交易條件。

( )　2. 隨著科技進步，頁岩油（shale oil）可以更低成本的方法生產，而新興的開發中國家因全球經濟不景氣而減少製造業產品的出口，試問此兩因素將對全球石油市場的影響，下列何種形況最可能發生？(A)石油價格一定會上漲　(B)石油價格一定會下跌　(C)石油的交易量一定會增加　(D)石油的交易量一定會減少。

( )　3.如果邊際成本呈下降趨勢，則下列敘述何者是正確的？　(A)平均成本會下降，且邊際成本低於平均成本　(B)平均成本會上升，且邊際成本低於平均成本　(C)平均成本會下降，且邊際成本高於平均成本　(D)平均成本會上升，且邊際成本高於平均成本。

( )　4.假設一個追求利潤最大的獨占廠商面對市場需求曲線$Q=20-2P$，其中P為價格，Q為其產量。廠商的總成本函數為$TC(Q)=Q+Q^2$。此獨占廠商所造成的社會無謂損失（deadweight loss）為：　(A)9/20　(B)11/20　(C)13/20　(D)19/20。

( )　5.下列對壟斷性競爭（monopolistic competition）市場的描述，何者為正確的？　(A)廠商數量少但不具有定價能力　(B)短期均衡下，價格會等於平均成本　(C)產品不具差異性與多樣性　(D)長期均衡下，價格會大於邊際成本但利潤為零。

( )　6.採行最低工資（minimum wage）對勞動市場的就業與失業會帶來何影響？下列敘述何者為正確？　(A)有更多的人會退出勞動市場　(B)有更多的勞工就業　(C)有更多的人會找不到工作　(D)原來就業的勞工的工資都會增加。

( )　7.在短期，一個完全競爭市場有100家相同的廠商。假設市場價格為9元，且每家廠商的總成本與產量的關係如右表，則市場總供給量為：　(A)200單位　(B)300單位　(C)400單位　(D)500單位。

產量	總成本
0	$1
1	$7
2	$14
3	$22
4	$31
5	$41

( )　8.消費者無異曲線呈負斜率的直線，下列敘述何者不正確？　(A)兩種財貨都具正效用　(B)兩種財貨存在完全替代關係　(C)無異曲線上兩物的任何組合不具有較高的偏好　(D)邊際替代率為遞減。

( )　9.如果一國經濟處於接近自然產出水準，但政府預算赤字居高不下，此時政府可採取何種政策組合以降低預算赤字和穩定經濟？　(A)緊縮性貨幣政策和擴張性財政政策　(B)擴張性貨幣政策和緊縮性財政政策　(C)緊縮性財政政策和緊縮性貨幣政策　(D)擴張性貨幣政策和擴張性財政政策。

( )　10.當貨幣供給增加時，利率會下降，在浮動匯率下，下列敘述何者正確？　(A)外國幣的需求會增加　(B)購買國外的資產減少　(C)本國幣升值　(D)總合需求減少。

➡ **解答與解析**

1.(D)。A國：1L＝10R＝3A，3A＝10R，A $\frac{10}{3}$ R，生產1單位A（蘋果）

機會成本為 $\frac{10}{3}$ 單位的R（橘子）。

B國：1L＝6R＝5A，A＝$\frac{6}{5}$R，生產1單位A（蘋果）機會成本為

$\frac{6}{5}$R（橘子）。

貿易條件（T.O.T）應介於兩國生產A（蘋果）的機會成本之間，即

$\frac{6R}{5}$ ＜ T.O.T ＜ $\frac{10R}{3}$ 。

2.(B)。生產成本下降，供給線向右移，對需求減少需求線向左移，價格下降，但交易量則增加、不變或減少都有可能。

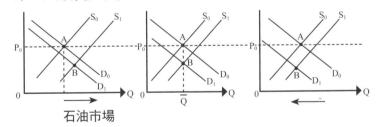

石油市場

3.(A)。如下圖：平均成本（AC）下降，且邊際成本（MC）低於平均成本（AC）。

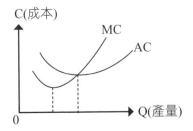

4.(A)。 $MC = \dfrac{dTC}{dQ} = 1 + 2Q$ ， $TR = P \cdot Q = (10 - \dfrac{Q}{2}) \cdot Q = 10Q - \dfrac{Q^2}{2}$ ，

$MR = \dfrac{dTR}{dQ} = 10 - Q$

$MR = MC$ ， $10 - Q = 1 + 2Q$ ，得 $Q_0 = 3$ ，將 $Q_0 = 3$ 代入 $MC = 1 + 2Q$ ，

得 $MC = 7$ ，將 $Q_0 = 3$ 代入 $P = 10 - \dfrac{Q}{2}$ ，得 $P = \dfrac{17}{2}$ ，

將 $MC = 1 + 2Q$ 代入 $P = 10 - \dfrac{Q}{2}$ ，得 $Q_1 = \dfrac{18}{5}$ ，如下圖：無謂損失

為斜線面積 $(\dfrac{17}{2} - 7) \times (\dfrac{18}{5} - 3) \times \dfrac{1}{2} = \dfrac{9}{20}$ 。

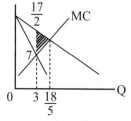

5.(D)。 如下圖：長期均衡點為E點，則 $Q = Q^*$ ， $P = P^*$ 且 $P^* > MC$ ，利潤 $\pi = 0$ 。

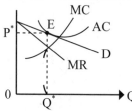

6.(C)。 如下圖：將最低工資設定在高於均衡工資(W^*)則有失業發生。

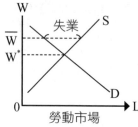

7.(C)。 如下圖：P＝MC＝9，得q＝4時，市場的線供給量為4×100(家)＝400。

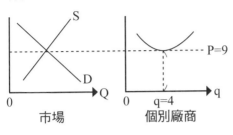

Q	TC	$MC = \dfrac{TC_1 - TC_0}{Q_1 - Q_0}$
0	1	—
1	7	6
2	14	7
3	22	8
4	31	9
5	41	10

8.(D)。 如下圖：消費者無異曲線呈負斜率的直線，則邊際替代率為固定常數。

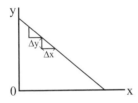

9.(B)。 透過貨幣供給增加，即擴張性的貨幣政策，使得LM曲線向右移。透過政府支出減少或增稅，即緊縮性的財政政策，使得IS曲線向左移。

10.(A)。 本國利率下降，將使本國資金外流，在外匯市場的外匯需求增加，使得匯率上升，即本國貨幣貶值。如下圖：

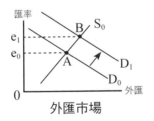

106年 普考（金融保險）

( ) 1. 甲、乙兩人對公園的邊際效益函數分別為$MB_甲 = 20-Q$及$MB_乙 = 10-Q$，其中Q為公園數量。假設每建造1單位公園的成本為12，則社會最適的公園數量為多少？　(A)6　(B)9　(C)16　(D)22。

( ) 2. 完全競爭市場裡有100個長期成本結構相同的廠商，在產量等於5時，廠商的邊際成本為最低等於6；而在產量等於8時，邊際成本與平均成本都等於12。由此可以推知，在長期均衡時，市場的供給量為：
(A)500　(B)600　(C)800　(D)1,200。

( ) 3. 若某一消費者僅消費X財與Y財，P_X與P_Y分別為X財與Y財的價格，MU_X與MU_Y分別為X財與Y財的邊際效用，當$\frac{MU_X}{P_X} > \frac{MU_Y}{P_Y}$時，關於此消費者的敘述，下列何者正確？　(A)已達最大效用　(B)已達均衡狀態　(C)多消費X財與少消費Y財，即可增加總效用　(D)少消費X財與多消費Y財，即可增加總效用。

( ) 4. 當規模經濟存在時，下列敘述何者錯誤？　(A)此時為規模報酬遞減階段　(B)長期邊際成本小於平均成本　(C)長期平均成本屬於遞減階段　(D)隨著廠商擴增生產規模時，長期平均成本將下降。

( ) 5. 下列何種情況是外部成本繼續存在的原因？　(A)污染防治的技術進步　(B)政府對污染排放的罰則過輕　(C)環保律師協助受害民眾免費打污染官司　(D)行車記錄器普及，使得交通違規的行為無所遁形。

( ) 6. 假設右圖為某國家消費財與資本財之生產可能線。下列敘述何者錯誤？　(A)選擇a點或b點的產品組合都具生產效率　(B)該國的生產呈現邊際機會成本遞增的情況　(C)該國可透過技術進步達成c點的產品組合　(D)在a點生產消費財的邊際機會成本高於b點。

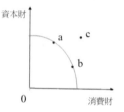

( )　7. 下列何種原因造成資源的使用具有機會成本？　(A)稀少且具有單一用途　(B)取之不盡且具有單一用途　(C)稀少且具有多種用途　(D)取之不盡且具有多種用途。

( )　8. 下列何者代表「貿易條件惡化」？　(A)出口品國際價格下降，進口品國際價格不變　(B)出口品國際價格不變，進口品國際價格下降　(C)出口品國際價格上升，進口品國際價格不變　(D)出口品國際價格上升，進口品國際價格下降。

( )　9. 假設一個農夫可生產的稻米及蔬菜最大可能組合如下表所示，則當生產點由B點移動到C點，生產1單位稻米之機會成本為：

生產組合	A	B	C	D
稻米	0	200	400	600
蔬菜	900	600	300	0

(A)1.5單位蔬菜　(B)0.67單位蔬菜　(C)300單位蔬菜　(D)600單位蔬菜。

( )　10. 假設H國及F國擁有相同的生產資源。H國利用此生產資源，可生產10公噸稻米或5公噸蔬菜；F國利用此生產資源，可生產8公噸稻米或3公噸蔬菜。根據比較利益法則，兩國開放貿易後，可能發生的結果為何？　(A)F國稻米及蔬菜產業均不敵競爭，全數倒閉　(B)H國之生產力較高，可以出口蔬菜及稻米　(C)兩國均可以實現生產可能線外部的消費點　(D)兩國的消費點均位於其各自的生產可能線上。

( )　11. 假設有一小國，在未開放國際貿易時，國內稻米價格為每公斤20元。若稻米國際市場價格為10元，則該國開放稻米自由貿易後，下列何種情況不會發生？　(A)國產稻米數量下降　(B)由國外進口稻米　(C)國內稻米價格維持為20元　(D)國內稻米消費者受益。

( )　12. 假設某一小國國內對香蕉的需求函數為$P = 14-2Q$，供給函數為$P = 2+Q$，其中Q的單位為公斤，P為每公斤價格。若香蕉的世界市場價格為每公斤10元，則該國開放香蕉自由貿易後，下列何種情況會發生？　(A)由國外進口香蕉　(B)國內香蕉產量增加　(C)國內香蕉價格為每公斤6元　(D)國內香蕉生產者受害。

( )　13.下列何種貿易管制措施的施行，不會使得國內產業的均衡生產量增加？　(A)出口稅　(B)進口關稅　(C)要求貿易對手國出口自動設限　(D)進口配額。

( )　14.下列有關比較利益法則的敘述，何者錯誤？　(A)可用以決定專業分工型態　(B)可應用至個人、公司行號之交易，以及國家間之貿易　(C)可用以決定生產數量及交易條件　(D)根據機會成本決定比較利益。

( )　15.假設一個追求利潤最大的完全競爭廠商的平均總成本及平均變動成本曲線為U字型，且邊際成本為正斜率曲線。當市場價格介於平均變動成本最低值與平均總成本最低值之間時，該廠商短期利潤極大的：
(A)產量為正值，且擁有正的經濟利潤
(B)產量為正值，且擁有負的經濟利潤
(C)產量為正值，且擁有零的經濟利潤
(D)產量為零，且擁有零的經濟利潤。

( )　16.下列何種市場結構下，追求利潤最大廠商在長期最有可能擁有正的經濟利潤？　(A)獨占市場　(B)完全競爭市場　(C)生產同質商品、邊際成本相同且進行價格競爭的雙占市場　(D)獨占性競爭市場。

( )　17.就自然獨占廠商而言，其邊際成本在每個產量下會：　(A)大於平均總成本　(B)等於平均總成本　(C)小於平均總成本　(D)因資訊不足而無法判斷。

( )　18.在下列何種市場結構，廠商最容易勾結？　(A)獨占市場　(B)寡占市場　(C)獨占性競爭市場　(D)完全競爭市場。

( )　19.下圖描述某完全競爭市場廠商的成本資訊，下列敘述何者正確？

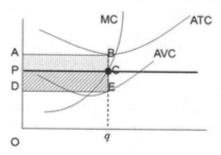

(A)當價格等於P時，廠商應該立即停工，因為平均總成本的最低值也超過P　(B)當價格等於P時，廠商的最佳決策是生產q產量，賺到PABC利潤　(C)當價格等於P時，廠商的最佳決策是生產q產量，並且用DPCE收入協助支付固定成本　(D)價格必須高於平均總成本廠商才能賺到正利潤，並且為求利潤極大，廠商會生產到平均總成本曲線的最低點。

( )　20.下表是某廠商的成本資料，其中甲、乙、丙三個空格的數值分別是：

Q產量	TFC總固定成本	TVC總變動成本	TC總成本	MC邊際成本	AFC平均固定成本	AVC平均變動成本	ATC平均總成本
1	120	50	170	50	120	50	170
2	120	—	210	—	—	45	—
3	—	110	甲	20	—	—	—
4	—	乙	—	—	—	—	70
5	—	—	360	—	30	—	丙

(A)甲空格：230，乙空格：140，丙空格：72
(B)甲空格：250，乙空格：160，丙空格：80
(C)甲空格：280，乙空格：160，丙空格：80
(D)甲空格：230，乙空格：160，丙空格：72。

( )　21.下表是某追求利潤最大的廠商其勞動雇用量與總產量之關係。在其他條件不變下，如果廠商生產之商品價格由$10上升為$15，廠商會：

勞動雇用量	1	2	3	4	5	6	7	8	9
總產量	12	26	42	57	70	82	92	100	107

(A)增加勞動需求　　　　　(B)減少勞動需求
(C)不改變勞動需求　　　　(D)增加勞動供給。

( )　22.在其他條件不變下，當日圓對新臺幣貶值時，臺灣居民對自日本進口原裝汽車的需求曲線：　(A)維持不變　(B)向右移動　(C)向左移動(D)為水平線。

( ) 23.下列關於市場供需的敘述何項正確？ (A)中國石油公司為因應世界原油價格上漲，只好降低汽油售價，薄利多銷，以增加銷售收入 (B)由於921地震的影響，使得餐飲業的需求量減少，同時餐飲業的平均售價亦降低，故餐飲實為季芬財（Giffen Goods） (C)市場均衡是否存在與供需曲線是否滿足供需法則無關 (D)若向先生對香菸的支出始終維持為其所得的八分之一，則向先生對香菸的需求價格彈性大於1。

( ) 24.下列何者最可能是廠商的變動成本？ (A)為員工支付的健保費用 (B)向銀行貸款所需支付的利息支出 (C)租用辦公室所需付出之租金 (D)公司電腦系統每月固定的上網費用。

( ) 25.由於CO_2的排放造成溫室效應，有人主張應該課徵碳稅，以減緩地球暖化。此種作法乃是根據那位經濟學家的主張？ (A)皮古（A. C. Pigou） (B)寇斯（R. Coase） (C)雷姆西（F. Ramsey） (D)亞當史密斯（Adam Smith）。

( ) 26.下列何項對失業者的敘述錯誤？ (A)目前無任何工作機會 (B)隨時可以工作 (C)有兼職但無全職工作 (D)已參加求職面試，目前在等候面試結果通知。

( ) 27.假設公債的名目利率在2013與2014年分別為1.1%與1.2%，而通貨膨脹率分別為0.9%與1.4%，則： (A)公債的實質利率分別為-0.2%與0.2% (B)公債的實質利率分別為0.2%與-0.2% (C)公債的實質利率分別為-0.2%與-0.2% (D)兩年的實質利率均為正0.2%，因為實質利率不可能為負。

( ) 28.假設其他條件不變。下列關於國民所得與物價的敘述，何者正確？ (A)一國的實質GDP會隨基期的改變而改變 (B)一國的名目GDP會隨基期的改變而改變 (C)一國的GDP平減指數不會隨基期的改變而改變 (D)一國的名目GNP會隨基期的改變而改變。

( ) 29.下列關於國民所得統計的敘述，何者正確？ (A)一國存貨價值的增加列為投資的加項 (B)一國存貨價值的增加列為名目GDP的減項 (C)一國存貨價值的增加列為實質GDP的減項 (D)一國存貨價值的增加列為GNP的減項。

( ) 30. 下列何者是中間財？　(A)進口的手機　(B)國產手機　(C)土地　(D)手機鏡頭。

( ) 31. 下表顯示某國關於物價的相關資料；那一籃子商品只包括10斤西瓜和5斤蘋果。根據該表：

年	西瓜的單價	蘋果的單價
2009	每斤$2	每斤$2
2010	每斤$3	每斤$4
2011	每斤$4	每斤$3

(A)2010年以CPI所計算的物價膨脹率為50%，2011年的為30%
(B)2010年以CPI所計算的物價膨脹率為50%，2011年的為15%
(C)2010年以CPI所計算的物價膨脹率為66.6%，2011年的為10%
(D)2010年以CPI所計算的物價膨脹率為66.6%，2011年的為33.3%。

( ) 32. 假設市場工資率具向下僵固性且高於均衡水準。在其他條件及民間人口數不變的情況下，失業率會隨勞動參與率的下降而：　(A)上升　(B)下降　(C)不受影響　(D)資料不足，無法判斷。

( ) 33. 假設棒棒糖與消費者物價指數成同比率變動。2010年一支棒棒糖賣10元，根據行政院主計總處公布歷年的消費者物價指數，應如何計算棒棒糖在1962年時的價格？　(A)10元×（$CPI_{2010} - CPI_{1962}$）　(B)10元×（$CPI_{1962} - CPI_{2010}$）　(C)10元×（CPI_{2010} / CPI_{1962}）　(D)10元×（CPI_{1962} / CPI_{2010}）。

( ) 34. 在凱因斯模型中，下列何者是景氣衰退的原因？　(A)總合需求增加　(B)總合需求減少　(C)總合供給增加　(D)總合供給減少。

( ) 35. 某一封閉經濟體系，其邊際消費傾向等於0.75，且當可支配所得Y_d＝1,000時，其民間儲蓄為零。該經濟體系的自發性消費為多少？　(A)200　(B)250　(C)300　(D)無法確定。

( ) 36. 在簡單凱因斯模型中，均衡所得水準由下列何者所決定？　(A)預擬投資等於實現的儲蓄　(B)預擬儲蓄等於實現的投資　(C)預擬儲蓄等於預擬投資　(D)自發性總支出除以邊際消費傾向。

( ) 37. 其他條件不變之下，下列那一項變動會使政府支出乘數下降？　(A)邊際消費傾向上升　(B)邊際進口傾向上升　(C)邊際所得稅率下降　(D)邊際儲蓄傾向下降。

( )　38.當經濟體系的名目工資具向下僵固性，但不具向上僵固性，且目前的所得水準低於充分就業的所得水準時，根據凱因斯總合供需模型，下列那一項變動會使得均衡所得水準上升、物價下跌？
(A)油價下跌　　　　　　　(B)稅率下降
(C)股價下跌　　　　　　　(D)房價下跌。

( )　39.某一國家正面臨到停滯性通貨膨脹。若該國政府的優先目標是降低通貨膨脹率，則該國政府應採取下列那一項措施？　(A)公務人員加薪　(B)貨幣供給上升　(C)減稅　(D)央行調高存款準備率。

( )　40.若政府對自然獨占產業不加以管制，則：
(A)追求利潤極大的自然獨占廠商會生產長期平均成本曲線最低點之產量
(B)追求利潤極大的自然獨占廠商會生產邊際成本等於長期平均成本之產量
(C)追求利潤極大的自然獨占廠商會生產邊際成本等於邊際收益之產量
(D)追求利潤極大的自然獨占廠商會以低成本生產足夠產量滿足市場需求。

( )　41.下列何種狀況會使大眾欲持有的貨幣數量減少？　(A)利率上升，因而提高持有貨幣的機會成本時　(B)利率下跌，因而提高持有貨幣的機會成本時　(C)利率上升，因而降低持有貨幣的機會成本時　(D)利率下跌，因而降低持有貨幣的機會成本時。

( )　42.重貨幣學派之經濟學家米爾頓·傅利曼（Milton Friedman）認為物價膨脹與失業之間的短期取捨關係來自於：　(A)物價膨脹本身　(B)失業本身　(C)預料之外的物價膨脹　(D)預料之外的失業。

( )　43.相較於貨幣政策，財政政策之那一種時間落後較為輕微？
(A)認知落後（recognition lag）　　(B)決策落後（decision lag）
(C)執行落後（execution lag）　　(D)效驗落後（impact lag）。

( )　44.當一經濟體系處於「流動性陷阱」（liquidity trap）時，對於擴張所得：　(A)貨幣政策極有效，財政政策幾無效果　(B)貨幣政策幾無效果，財政政策極有效　(C)貨幣政策與財政政策都完全無效果　(D)貨幣政策與財政政策都極有效。

( )　45. 假設X財貨的需求函數為$Q_X = 100 - 4P_X - 0.05M - 0.5P_Y$，其中$Q_X$與$P_X$分別為X的需求量與價格，M為所得，$P_Y$為財貨Y的價格，則：　(A)X財貨為正常財　(B)X財貨為劣等財　(C)X財貨的需求與所得無關　(D)X與Y財貨互為替代財貨。

( )　46. 1946-1971年實施的布列敦森林體系（Bretton Woods System）基本上是一種什麼樣的匯率制度？　(A)固定匯率　(B)浮動匯率　(C)匯率目標區（target zone），區內匯率浮動　(D)管理浮動匯率。

( )　47. 下列何者不屬於日本首相安倍晉三實施的安倍經濟學（Abenomics）中的三支箭？　(A)寬鬆貨幣政策　(B)擴大政府支出　(C)增加消費稅　(D)鬆綁法規使經濟結構轉型。

( )　48. 假設其他條件不變。當美國聯準會宣布即將結束量化寬鬆貨幣政策時，通常臺幣相對美元會因此：　(A)升值　(B)貶值　(C)不變　(D)先升值再貶值。

( )　49. 下列那一項政策無助於一國人力資本的累積？　(A)補助辦學　(B)獎勵研發　(C)貨幣供給增加　(D)提高識字率。

( )　50. 下列何者對提升長期經濟成長最沒有幫助？　(A)確立財產權　(B)良好的基礎建設　(C)累積人力資本　(D)使用貨幣政策提升景氣。

➡ 解答與解析

1.(B)。 $MB_甲 = 20 - Q$，$MB_乙 = 10 - Q$，加總$MB_甲 + MB_乙 = 20 - Q + 10 - Q = 30 - 2Q$
令$MB = MB_甲 + MB_乙$，得$MB = 30 - 2Q$，已知$MC = 12$，均衡時，$MB = MC$，$30 - 2Q = 12$，得$Q = 9$。

2.(C)。 長期均衡時，個別廠商僅有正常利潤，其個別產量為8，市場共有100家廠商，因此供給量為$100 \times 8 = 800$。

3.(C)。 若$\dfrac{MU_X}{P_X} > \dfrac{MU_Y}{P_Y}$，則消費者將多消費X財，少消費Y財，一直到$\dfrac{MU_X}{P_X} > \dfrac{MU_Y}{P_Y}$為止。

4.(A)。規模報酬遞減是指 $\dfrac{\Delta MP_L}{\Delta L} < 0$，是短期概念。

5.(B)。要使外部成本內部化，必須使得私人的邊際成本能夠移動到其產量等於社會最適產量，若污染排放的罰則過輕，可能使私人的邊際成本線局部移動，無法達到外部成本內部化的效果。

6.(D)。a、b點都是位於生產可能線上，但b點的邊際成本高於a點。

7.(C)。資源是稀少且具有多種用途，使得資源的使用具有機會成本。

8.(A)。貿易條件 = $\dfrac{出口品國際價格}{進口品國際價格}$，當出口品國際價格下降，進口品國際價格不變，表示「貿易條件」惡化。

9.(A)。從B點（200,600）移到C點（400,300），則1單位的稻米機會成本為 $\dfrac{300-600}{400-200} = \dfrac{-1.5}{1}$（單位：蔬菜）。

10.(C)。貿易後兩國在貿易條件下專業生產且出口其比較利益的產品，同時在生產可能曲線外部的點進行消費。

11.(C)。國內價格等於國際價格，每公斤10元。

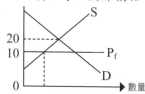

12.(B)。均衡時，需求函數＝供給函數，14－2Q＝2＋Q，得Q＝4，代入P＝14－2Q，得P＝6，當國際價格為P＝10，則貿易後該國會出口香蕉，將P＝10代入P＝14－2Q和P＝2＋Q，得Q_1＝2、Q_2＝8，即出口 $Q_2 - Q_1$＝8－2＝6(公斤)的香蕉，國內香蕉產量由Q＝4增加為Q_2＝8。

13.(A)。針對出口品課稅，將使國內供給線向左移，國內的均衡產量減少。

14.(C)。出產數量要由貿易秉賦來決定，即勞動量或資本量的多寡，而交易條件則由兩國的交易數量或進出口相對價格來決定。

15.(B)。 依題意，當AVC＜P＜AC，左右同乘產量Q，得Q·AVC＜P·Q＜Q·AC，即TVC＜TR＜TC，表示該廠商的產量是正值且TR＜TC，即經濟利潤為負值。

16.(A)。 長期均衡時，獨占廠商較有可能擁有正的經濟利潤。

17.(C)。 如下圖：自然獨占在任何產量水準，其AC（平均總成本）皆大於MC（邊際成本）。

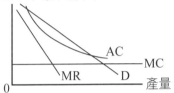

18.(B)。 寡占市場的特色是：市場上，廠商數目少，彼此策略互動頻繁，所以較易勾結。

19.(C)。 當P＝P時，MR＝MC的產量為q，則總收入為OPCq，總變動成本為ODEq，而DPCE是收入協助支付固定成本，固定成本為DABE。

20.(D)。 甲空格：當Q＝3時，TFC＝120，TVC＝110，TC＝TFC＋TVC＝120＋110＝230。
乙空格：當Q＝4時，TC＝ATC×Q＝70×4＝280，TVC＝TC－TFC＝280－120＝160。
丙空格：當Q＝5時，ATC＝TC/Q，已知TC＝360，則ATC＝360/5＝72。

21.(A)。 若$W＝W_0$的情況下，$P_0＝10$上升到$P_1＝15$，則VMP_L向右移，對勞動的需求增加。

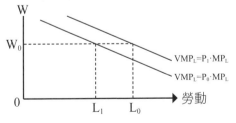

22.(B)。 日圓對新台幣貶值，表示台幣相對日圓升值，升值出口成本上升，進口成本下降，所以台灣居民對日本進口汽車的需求會增加，所以需求曲線向右移動。

23.(C)。均衡是指供給線和需求線相交的點，縱使違反供需規則，只要兩條線可以相交，均衡點仍是存在的。

24.(A)。若未聘用員工則該筆支出就可以省略，若聘用員工則必須支付該支出，所以該支出為變動成本。

25.(A)。透過課稅來減少外部成本，稱為外部成本內部化。

26.(C)。有兼職但無全職工作不符合失業的定義。

27.(B)。由費雪公式：名目利率＝實質利率＋通貨膨脹率
已知：2013年名目利率＝1.1%，通貨膨脹＝0.9%，由上式得
1.1%＝實質利率＋0.9%，即實質利率＝0.2%
已知2014年名目利率＝1.2%，通貨膨脹＝1.4%，由上式得
1.2%＝實質利率＋1.4%，即實質利率＝－0.2%

28.(A)。實質GDP是以基期價格衡量各期的生產價值，將完全排除物價變動所造成的扭曲。因此基期價格改變將影響實質GDP。

29.(A)。投資支出可分成四個項目：(1)固定投資、(2)住宅投資、(3)存貨變動、(4)企業電腦軟體支出及礦藏探勘費用。存貨變動代表本期最終產品的增減，所以也將之列為投資。

30.(D)。中間財（intermediate goods）是指該商品或勞務的購入，並非是「最終用途」而是生產其它商品或勞務的原料。依題意手機是最終用途的商品，而手機鏡頭則是中間財。

31.(C)。2009年 $10\times2+5\times2=30$
2010年 $10\times3+5\times4=50$
2011年 $10\times4+5\times3=55$

$$CPI = \frac{P_xQ_x^0 + P_yQ_y^0}{P_x^0Q_x^0 + P_y^0Q_y^0}\cdot100\%$$

2009年的 $CPI = \dfrac{30}{30}\times100\% = 100\%$

2010年的 $CPI = \dfrac{50}{30}\times100\% = \dfrac{50}{30}$

2011年的 $CPI = \dfrac{55}{30}\times100\% = \dfrac{55}{30}$

$$2010年的通貨膨脹率 = \frac{\frac{50}{30} - 1}{100} \times 100\% = 66.6\%$$

$$2011年的通貨膨脹率 = \frac{\frac{55}{30} - \frac{50}{30}}{\frac{50}{30}} \times 100\% = 10\%$$

32.(B)。如下圖：AB為失業人口，若勞動參與率下降，使得勞動供給線往左移到S_1，則在 $W = \overline{W}$ 時，失業人口減少為BC，即失業率下降。

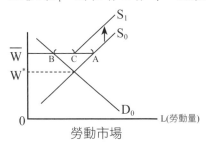

勞動市場

33.(D)。由 $CPI_{2010} = \frac{10}{P_x^0} \times 100\%$，x為1962年，$P_x^0$表示1962年的價格若以1962年為基期則$CPI_{1962} = 1$，即 $\frac{10}{P_x^0} = \frac{CPI_{2010}}{CPI_{1962}}$，故 $P_x^0 = \frac{10CPI_{1962}}{CPI_{2010}}$。

34.(B)。凱因斯認為在產能閒置下，因有效需求不足，即總合需求減少，使得產出減少，失業發生。

35.(B)。已知b＝0.75，$Y_d = 1,000$，由$Y_d = C + S$，$C = C_0 + bY_d$
當$1,000 = C + S$時，S＝0，則$1,000 = C$，即$1,000 = C_0 + 0.75 \times 1,000$
$1,000 = C_0 + 750$，得$C_0 = 250$。

36.(C)。如下圖：$I = I_0$，$S = -C_0 + (1-b)Y_d$，均衡時I＝S，決定均衡的Y*。

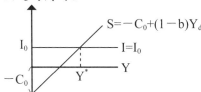

37.(B)。政府支出乘數為 $\dfrac{\Delta Y}{\Delta G}=\dfrac{1}{1-c+m}$，式中c為邊際消費傾向，以為邊際

進口傾向，若m上升則 $\dfrac{\Delta Y}{\Delta G}$ 下降。

38.(A)。油價下跌將使生產成本下降，所以總合供給線向右移，使得均衡所得上升，物價下跌。

39.(D)。央行調高存款準備率，將使得貨幣供給減少，總合需求曲線向左移，導致均衡所得下降、物價下跌。

40.(C)。自然獨占廠商若政府未加以管制，則追求利潤最大的自然獨占廠商將以MR＝MC來生產。

41.(A)。利率上升，持有貨幣的機會成本，即利息損失就上升，故大眾會減少貨幣數量的持有。

42.(C)。重貨幣學派認為短期的菲力普曲線為負斜率，即物價膨脹與失業之間有取捨關係，主要是對物價未形成預期。

43.(D)。貨幣政策和財政政策都具有四種時間落後，在決策落後與執行落後上，貨幣政策遠較輕微，但有較嚴重的效驗落後，反之，財政政策的效驗落後則較輕微。

44.(B)。流動陷阱存在時，LM曲線為水平線，任何的擴張性貨幣政策完全無效，而擴張性的財政政策則極有效，如下圖：

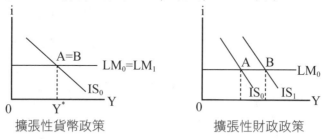

擴張性貨幣政策　　　　　擴張性財政政策

45.(B)。已知需求函數為 $Q_X=100-4P_X-0.05M-0.5P_Y$，

$\dfrac{\Delta Q_X}{\Delta P_X}=-4<0$ 符合需求法則。

$\dfrac{\Delta Q_X}{\Delta M}=-0.05<0$，X財為劣等財。

$\dfrac{\Delta Q_X}{\Delta P_Y}=-0.5<0$，X財和Y財互為互補品。

46.(A)。世界各國將其貨幣與美元的兌換率皆維持在一個固定的水準上，從而與美元以外的其他外幣也維持了一定的兌換比例，即固定匯率制度。

47.(C)。增加消費稅是屬於緊縮的財政政策。

48.(B)。擴張性貨幣政策使利率下降，反之，緊縮性貨幣政策使利率上升，本國資金將會流出到美國，使得外匯需求增加匯率上升，即台幣貶值。

49.(C)。貨幣供給增加這是擴張性的貨幣政策將使總合需求增加。

50.(D)。使用貨幣政策來提升景氣，長期而言，將對物價上漲率形成預期，最後將使得均衡所得不變僅引起物價上漲而已。

NOTE

106年　普考（財經廉政）

( )　1.「人在福中不知福」意指這個人不惜福，按經濟學的觀點則表示這個
　　　人：　(A)得到的福分始終不變，以致不產生任何效用　(B)得到的福
　　　分太少，以致反而產生負效用　(C)得到的福分過多，以致總效用為
　　　零　(D)得到的福分太多，以致邊際效用趨近於零。

( )　2.假設檸檬的供需原已達於均衡。現因種植檸檬所需的肥料價格下跌，
　　　而民眾也因廣告強調檸檬的功效而對檸檬的需求大增，請問檸檬市場
　　　的均衡改變為：　(A)價量都上升　(B)價量都下降　(C)價格上升，
　　　數量下降　(D)價格不一定，但數量一定增加。

( )　3.下表是準備財政學與經濟學期末考試投入的單位時間及所對應的邊際
　　　分數。如果財政學、經濟學的學分數相同，準備時間只有6小時，則
　　　請問應花_____小時在財政學？_____小時在經濟學？

準備時間（小時）	財政學的邊際分數	經濟學的邊際分數
1	52	52
2	24	20
3	16	16
4	6	12

　　　(A)2；4　(B)2.5；3.5　(C)3；3　(D)4；2。

( )　4.有兩種商品X與Y，令橫軸表示X，縱軸表示Y，某甲的無異曲線可以
　　　此來呈現，下列那一項敘述不正確？　(A)若無異曲線較陡，則邊際替
　　　代率較大　(B)邊際替代率愈小，則無異曲線平緩　(C)平緩的無異曲線
　　　表示必須以大量的X商品補償某甲在Y商品的小幅減少　(D)邊際替代
　　　率大則表示必須以大量的X商品來補償某甲在Y商品的小幅減少。

( )　5.下列何種情況下，獨占廠商短期下會關門停業？　(A)無論產量多少，邊際收益皆小於邊際成本　(B)無論產量多少，平均收益皆小於邊際成本　(C)無論產量多少，邊際收益皆小於平均變動成本　(D)無論產量多少，平均收益皆小於平均變動成本。

( )　6.差別訂價廠商會針對需求彈性較低的市場，採取：　(A)高訂價方式，因為市場較不穩定，客戶易流失　(B)高訂價方式，因為市場較穩定，客戶不易流失　(C)低訂價方式，因為市場較穩定，客戶不易流失　(D)低訂價方式，因為市場較不穩定，客戶易流失。

( )　7.甲、乙兩間餐廳經常進行價格競爭。當甲選擇高價策略時，乙的最適選擇是高價策略；當甲選擇低價策略時，乙的最適選擇仍為高價策略。則對「乙」而言，高價策略稱為：　(A)勾結策略　(B)劣勢策略　(C)優勢策略　(D)以牙還牙策略。

( )　8.已知消費函數C＝40＋0.8Y，則儲蓄函數S＝＿＿＿＿。(A)−40＋0.8Y　(B)40−0.8Y　(C)−40＋0.2Y　(D)40−0.2Y。

( )　9.假設政府財政收支平衡，令出口為X，進口為M，國內儲蓄為S，國內投資為I，下列何式為正確？　(A)S+X＝M＋I　(B)S＋I＝X+M　(C)X＝I，X＝M　(D)X–M＝S–I。

( )　10.在開放體系下，假設邊際消費傾向為0.8，邊際稅率為0.25，邊際進口傾向為0.1，充分就業產出為5,000萬元，而目前經濟體系的均衡產出為4,000萬元，則政府定額稅該採何種方式才會使經濟體系達到充分就業產出？　(A)減稅625萬元　(B)增稅625萬元　(C)減稅1,600萬元　(D)增稅1,600萬元。

( )　11.如果民眾儲蓄意願降低而導致物價上漲，政府可以採行何種政策因應？　(A)增加政府公共支出　(B)增加貨幣發行量　(C)增加存款準備率　(D)增加發放老人津貼。

( )　12.下列何種事件會增加貨幣供給數量？　(A)外幣存款激增　(B)中央銀行宣布提高法定存款準備率　(C)中央銀行宣布降低重貼現率　(D)為籌措災後重建基金，政府宣布增加發行公債。

( )　13.為何物價膨脹發生會使個人實質稅負加重？　(A)因為政府以累進稅制對名目所得課稅　(B)因為貨幣幻覺所造成　(C)因為名目工資具有僵固性　(D)因為無法預期所造成。

( )　14.有X與Y兩種商品，已知X的價格為6時，Y的需求量為120；X的價格是18時，Y的需求量是30，請利用上述資料採弧彈性計算方式，求出兩者的需求交叉彈性與關係。　(A)－1.2，替代品　(B)－1.2，互補品　(C)0.375，替代品　(D)0.375，互補品。

( )　15.生產可能性曲線的斜率，一般稱為：　(A)產品的價格比　(B)產品的邊際轉換率　(C)生產因素的邊際替代率　(D)生產因素的邊際技術替代率。

( )　16.何時廠商生產的虧損會比停工歇業的虧損大？
(A)P＜MC　(B)P＜AFC　(C)P＜AVC　(D)P＜ATC。

( )　17.假設在需求與成本條件相同下，比較完全競爭產業與壟斷產業，則相對於完全競爭產業，壟斷產業廠商在產量與訂價會如何？　(A)產量較少，訂價較便宜　(B)產量較多，訂價一致　(C)產量較多，但訂價較為昂貴　(D)產量較少，且訂價較為昂貴。

( )　18.若使某人的效用水準增加，而其他人不受損害，這種經濟情況的改變，稱為：　(A)Pareto效率　(B)Pareto最適　(C)Pareto改善　(D)Pareto組合。

( )　19.科技的發達逐漸取代了某些工作，例如：統計人員因為試算軟體的問世而失業，此種失業可視為：　(A)摩擦性失業　(B)循環性失業　(C)季節性失業　(D)結構性失業。

( )　20.下列何者為造成停滯性通貨膨脹（stagflation）的可能原因以及其結果的正確敘述？　(A)總合需求曲線向左下方移動，使得失業率與物價同時上升　(B)短期總合供給曲線往左上方移動，使得失業率與物價同時上升　(C)擴張性總體政策帶來失業與物價同時上升　(D)緊縮性的勞動政策導致通貨膨脹與失業率同時上升。

(　)　21.若某國採行固定匯率政策，當貿易出超甚多時，則可能在該國國內經
　　　　濟發生那一個現象？　(A)貨幣發行量下降　(B)物價上漲　(C)失業
　　　　率上升　(D)政府支出增加。

(　)　22.A與B兩國均生產手機。當A國的手機以該國的貨幣報價上漲15%，
　　　　而B國手機以該國貨幣的報價相對維持原價，因此依照購買力平價
　　　　理論（theory of purchasing power parity）並維持實質匯率為1，則B
　　　　國貨幣：　(A)應該升值　(B)應該貶值　(C)匯率維持不變　(D)無
　　　　法判斷。

(　)　23.下列那一種經濟情勢可能是成本推動型通貨膨脹的直接現象？　(A)中
　　　　央銀行寬鬆貨幣供給　(B)一般房貸利率持續高漲　(C)強勢工會要求薪
　　　　資調漲　(D)政府財政支出持續赤字惡化。

(　)　24.某國的相關經濟資料如下：失業率5.3%，退票率3.5%，實質工資
　　　　率1.2%，實質利率4.5%，名目利率6.5%，請說明該國的痛苦指數
　　　　（misery index）為何？　(A)4.7　(B)7.3　(C)8.8　(D)10.0。

(　)　25.甲乙兩國均生產A與B兩種產品，若甲國於兩產品生產均具絕對利
　　　　益，則兩國對於生產與出口產品的原則為：　(A)各國所選擇的產品
　　　　與產品生產的比較利益並無關係　(B)甲國可選擇利益相對較低的產
　　　　品生產　(C)乙國可任意選擇產品生產　(D)乙國可選擇具有比較利益
　　　　的產品生產。

➡ 解答與解析

1.(D)。　如下圖：當總效用達到最高（如B點），則邊際效用等於零（如B'點）。

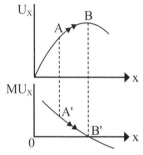

2.(D)。 肥料價格下降，即生產成本下降，供給線向右移。
廣告造成需求上升，總需求線向右移，均衡的數量會上升，但價格
上升、不變或下降都有可能。

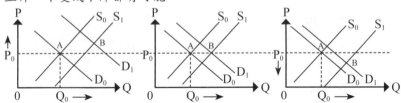

3.(C)。 由 $\dfrac{MU_x}{P_x} = \dfrac{MU_y}{P_y} = \lambda$ ，令 $P_x = P_y = 1$ ，則 $MU_x = MU_y = \lambda$

當 $h=3$ 時，財政學的 $MU=16$ 。
當 $h=3$ 時，經濟學的 $MU=16$ 。

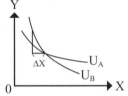

4.(D)。 如右圖：MRS_{XY} 愈大表示小量增加X商品，
但Y商品大幅度減少，U_A 的 MRS_{XY} 大於 U_B 的
MRS_{XY} ，表示相同的增加一單位X，而A放
棄的Y大於B放棄的Y。

5.(D)。 $AR=P<AVC$ 條件，廠商在短期內會關門停業。

6.(B)。 由 $P_1(1-\dfrac{1}{\left|\varepsilon_1^d\right|}) = P_2(1-\dfrac{1}{\left|\varepsilon_2^d\right|})$ ，當 $\varepsilon_1^d > \varepsilon_2^d$ ，$P_2 > P_1$ 。

7.(C)。 優勢策略：是指不管對手的選擇為何，參賽者會選擇對自己最有利
的策略。

8.(C)。 由 $S=Y-C$ ，將 $C=40+0.8Y$ 代入得 $S=Y-(40+0.8Y)=-40+0.2Y$ 。

9.(D)。 由 $Y=C+I+G+X-M$ ，$Y=C+S+T$ 。
均衡時，$C+I+G+X-M=C+S+T$ 。
已知 $G=T$ （財政收支平衡），
$G+X-M=S-I+T$ （因 $G=T$ ），
故 $X-M=S-I$ 。

10.(A)。 租稅乘數：$\dfrac{dY}{dT_0} = \dfrac{-b}{1-b+bt+m}$ ，已知 $b=0.8$ ，$t=0.25$ ，$m=0.1$

代入 $\dfrac{dY}{dT_0} = \dfrac{-0.8}{1-0.8+0.8 \times 0.25+0.1} = -1.6$ ，$\dfrac{\left|5000-4000\right|}{dT_0} = -1.6$ ，

即 $dT_0 = \dfrac{1000}{-1.6} = -625$ (萬)。

11.(C)。儲蓄減少即消費增加，將使總合需求增加。可透過貨幣供給的減少使得總合需求減少。

12.(C)。降低重貼現率將使貨幣供給增加。

13.(A)。所得稅是按貨幣所得課徵的，故累進稅率制度使得稅收增加得比物價還快，造成物價膨脹發生時，政府的實質稅收增加，民間實質稅上升的現象。

14.(B)。由交叉彈性 $\varepsilon_{XY} = \dfrac{\dfrac{dQ_Y}{Q_Y}}{\dfrac{dP_X}{P_X}} = \dfrac{\dfrac{dQ_Y}{Q_Y^0 + Q_Y^1}}{\dfrac{P_X}{P_X^0 + P_X^1}} = \dfrac{\dfrac{120-30}{120+30}}{\dfrac{6-18}{6-18}} = -1.2 < 0$

表示 $P_X \uparrow \rightarrow Q_Y \downarrow$，X和Y互為互補品。
（$Q_X \downarrow$）

15.(B)。如右圖：邊際轉換率是生產可能曲線的斜率，

$$MRT_{xy} = \frac{-\Delta y}{\Delta x} = \frac{MC_x}{MC_y}。$$

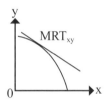

16.(C)。停工歇業點 P＝AVC，損失了固定成本。
生產虧損 P>AVC，損失了固定成本和部份的平均變動成本。

17.(D)。如右圖：獨占的產業為 Q_0，完成競爭為 Q_1。獨占的價格為 P_0，完全競爭的價格為 P_1。

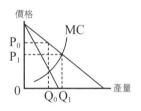

18.(C)。Pareto改善：指當經濟社會中稟賦重新分配，可在不損及他人的效用下，而使某些人的效用提升，稱之為柏拉圖（Pareto）改善。

19.(D)。結構性失業：導因於經濟結構改變所造成的失業。

20.(B)。如圖：AS_0 往左移到 AS_1，使得產出減少（失業率上升），物價上漲（物價膨脹）。

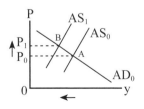

21.(B)。央行買入外匯，在國內市場釋放等值的貨幣即M^s上升，導致物價上升。

22.(A)。$e = \dfrac{E \cdot P_f}{P_d}$，已知e（實質匯率）＝1，代入得$1 = \dfrac{E \cdot P_f}{P_d}$，

改成成長率的方式，即$\hat{P}_d = \hat{E} + \hat{P}_f$，

若$\hat{P}_d = 0$，$\hat{P}_f = 15\%$，則$\hat{E} = -15\%$匯率下降15%，

表示B國的貨幣升值。

23.(C)。工資上升，廠商的生產成本上升，將使總合供給向左移，使得產出減少物價上升，稱為成本推動型的通貨膨脹。

24.(B)。名目利率＝實質利率＋通貨膨脹率
6.5%＝4.5%＋通貨膨脹率
則通貨膨脹率＝6.5%－4.5%＝2%
痛苦指數＝失業率＋通貨膨脹率＝5.3%＋2%＝7.3%。

25.(D)。一國會專業化生產其相對具有優勢較大，或相對具有劣勢較小的產品來出口，並換取相對於他國生產而言具有相對優勢較少，或相對劣勢較大的產品來進口，稱為比較利益法則。

106 年　地特三等（勞工行政）

甲、申論題

一、小明參加益智問答節目，已經過了幾關，在考慮是否進入下一關時，小明自
評有一半的機率答對並獲得獎金 100 萬元，有一半的機率答錯獎金全失。

(一) 此時，該節目提供小明選擇「得 30 萬元並放棄闖關」或是「繼續闖關」
的機會，若獎金帶給小明的效用為：u(獎金)=$\sqrt{\text{獎金}}$，請以數學推導論
述小明應如何選擇以使效用極大？

(二) 承題 (一)，「繼續闖關」的確定等值（certainty equivalent）獎金為多少？
確定等值的獎金高於或低於「繼續闖關」的期望值？為什麼？

答：(一) 1. 繼續闖關的預期效用

已知 $Y_1=100$，$Y_2=0$

$$E(u)=P_1 \times u(Y_1)+P_2 \times u(Y_2)=\frac{1}{2} \times \sqrt{100}+\frac{1}{2} \times \sqrt{0}=5 \text{ （萬）。}$$

2. 放棄闖關的效用

$u(30)=\sqrt{30} \doteqdot 5.477$ （萬）

結果：$\sqrt{30}>\frac{1}{2}\sqrt{100}$，即選擇放棄闖關。

(二) 1. 令繼續闖關的確定等值為 CE，即得到 CE 的效用要等於預期效用

$u(CE)=E(u)$

$\sqrt{CE}=5$

CE=25（萬）。

2. 繼續闖關的預期所得為

$$E(Y)=\frac{1}{2} \times 100+\frac{1}{2} \times 0=50 \text{ （萬）}$$

故 CE<E(Y)，兩者的差距就是
風險貼水，風險貼水計算如下：

令 RP：風險貼水

$$\frac{1}{2}\sqrt{100}+\frac{1}{2}\sqrt{0}=\sqrt{50-RP}$$

RP=25。

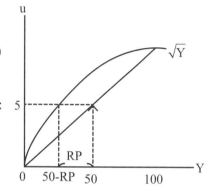

二、「當供給曲線與需求曲線同時移動且方向相反時，我們可確認均衡價格與均衡數量的變動方向。」以上論述是否為真？試論之。

答：供給增加，需求減少，可確定價格下降，但數量則不確定。

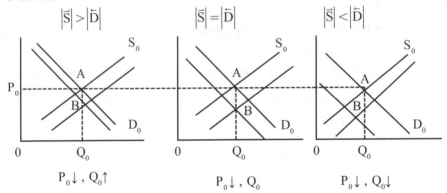

供給減少，需求增加，可確定價格上升，但數量則不確定。

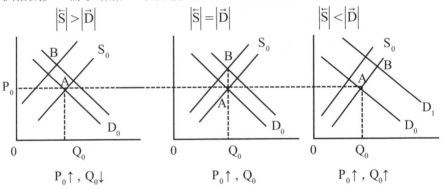

三、某開放體系的總體經濟模型如下：實質消費支出 $C=200+0.8Y_d$，其中可支配所得 $Y_d=Y-T$。可支配所得中的 Y 表示實質所得；稅 $T=125+0.25Y$。實質投資 $I=200-20r$，其中 r 為利率。實質淨出口 $NX=100-0.2Y-5r+0.1Y_f$，其中 Y_f 表示外國所得，屬於外生變數。貨幣需求 $M_d=(0.5Y-50r)P$，其中物價水準 P 屬於外生變數。定義總合需求 $AD=C+I+G+NX$，其中政府購買 G 屬於外生變數。商品市場均衡條件 $Y=AD$；貨幣市場均衡條件 $M_d=M$，其中貨幣供給 M 屬於外生變數。假設實質產出 $Y<Y_p$（充分就業下的產出水準）。

(一) 求導 IS 曲線與 LM 曲線的方程式及其斜率。

(二) 求導以外生變數表示的實質產出，並據此闡明財政政策或貨幣政策對實質產出有較大的影響。

(三) 外國景氣不佳（意即外國所得 (Y_f) 下降）對本國的實質產出與利率有何影響？

答：(一) IS：$Y = C + I + G + NX$

$Y = 200 + 0.8(Y - 125 - 0.25Y) + 200 - 20r + G + 100 - 0.2Y - 5r + 0.1Y_f$

.... IS 曲線的方程式

斜率：$Y = 200 + 0.8Y - 100 - 0.2Y + 200 - 20r + G + 100 - 0.2Y - 5r + 0.1Y_f$

$Y(1 - 0.8 + 0.2 + 0.2) = 200 - 100 + 200 - 20r + G + 100 - 5r + 0.1Y_f$

$Y(0.6) = 200 - 100 + 200 - 25r + G + 100 + 0.1Y_f$

$\dfrac{\Delta r}{\Delta Y} = \dfrac{-0.6}{25} = -0.024$

LM：$M_d = M$，$(0.5Y - 50r)P = M$ ....LM 曲線的方程式

斜率：$0.5Y - 50r = \dfrac{M}{P}$ ，$0.5\Delta Y - 50\Delta r = 0$ ，$\dfrac{\Delta r}{\Delta Y} = 0.01$ 。

(二) IS：$0.6Y + 25r = 400 + G + 0.1Y_f$

LM：$0.5Y - 50r = \dfrac{M}{P}$

$$Y^* = \frac{\begin{vmatrix} 400 + G + 0.1Y_f & +25 \\ \dfrac{M}{P} & -50 \end{vmatrix}}{\begin{vmatrix} 0.6 & +25 \\ 0.5 & -50 \end{vmatrix}}$$

$$= \frac{-20000 - 50G - 5Y_f - 25\dfrac{M}{P}}{-30 - 12.5} = \frac{-20000 - 50G - 5Y_f - 25\dfrac{M}{P}}{-42.5}$$

$$Y^* = \frac{\begin{vmatrix} 0.6 & 400 + G + 0.1Y_f \\ 0.5 & \dfrac{M}{P} \end{vmatrix}}{\begin{vmatrix} 0.6 & +25 \\ 0.5 & -50 \end{vmatrix}}$$

$$= \frac{0.6\dfrac{M}{P} - 0.5(400 + G + 0.1Y_f)}{-42.5} = \frac{0.6\dfrac{M}{P} - 200 - 0.5G + 0.05Y_f}{-42.5}$$

$$Y^* = \frac{-2000 - 50G - 5Y_f - 25\dfrac{M}{P}}{-42.5}$$

$$\frac{\Delta Y^*}{\Delta G} = \frac{-50}{-42.5} = 1.1764$$

$$\frac{\Delta Y^*}{\Delta \dfrac{M}{P}} = \frac{-25}{-42.5} = 0.5882$$

財政政策的效果大於貨幣政策的效果。

(三) $\dfrac{\Delta Y^*}{\Delta Y_f} = \dfrac{5}{42.5} = 0.117647$，當 Y_f 減少 1 單位，則本國的均衡產出減少

0.117647。

$\dfrac{\Delta r^*}{\Delta Y_f} = \dfrac{-0.05}{-42.5} = 0.0011764$，當 Y_f 減少 1 單位，則本國的均衡利率下降

0.0011764。

乙、測驗題

( )　1.當生產可能線為負斜率且凹向原點（向外凸出），表示：　(A) 生產效率遞減　(B) 不符合經濟效率　(C) 邊際效益遞減　(D) 機會成本遞增。

( )　2.下列何者是可能造成「無謂損失」（deadweight loss）的原因之一？(A) 增加一單位產量所帶來成本的增加　(B) 價格高於機會成本的某些產量，未被生產　(C) 生產者剩餘增加　(D) 願意支付最高價與實際價格的差異。

( )　3.已知 X 財的需求函數為 $Qd = 17 - 2P$，供給函數為 $Qs = 8 + P$，若政府對每一單位 X 財產量課徵固定稅額 3 元，則消費者購買每單位 X 財所需負擔的稅額為：　(A)0 元　(B)1 元　(C)1.5 元　(D)2 元。

( )　4.假設民眾對車票的需求維持不變，但油價上漲後造成營運成本提高，國道客運必須提高票價，此舉將造成下列何種情況？　(A) 消費者剩餘減少，生產者剩餘不變　(B) 消費者剩餘減少，生產者剩餘增加

(C) 生產者剩餘減少，消費者剩餘不變　(D) 消費者剩餘及生產者剩餘皆減少。

( )　5.已知 X 財與 Y 財的邊際效用比 MUx/MUy＝2，二財貨的相對價格比 Px/Py＝4，則在總支出不變的情況下，該消費者應如何調整二財貨的消費組合以提高效用？　(A)X 財與 Y 財的消費量均增加　(B)X 財與 Y 財的消費量均減少　(C) 增加 X 財的消費量，減少 Y 財的消費量　(D) 減少 X 財的消費量，增加 Y 財的消費量。

( )　6.若生產函數為 $Q=\min(\sqrt{2L}, K)$，則長期邊際成本線呈：　(A)U 字型　(B) 倒 U 字型　(C) 水平線　(D) 正斜率的直線。

( )　7.假設炸雞排市場為完全競爭，每個雞排廠商有相同的成本結構，每片雞排的市場價格為 30 元，廠商的均衡產量為 500 片，廠商的平均成本為 20 元，平均變動成本為 15 元，下列何者正確？　(A) 長期下的廠商利潤為 5,000 元　(B) 長期下的雞排價格低於 30 元　(C) 長期下的平均固定成本為 5 元　(D) 長期下的廠商產量為 0 片。

( )　8.市場上有二家生產同質商品的廠商，進行 Bertrand 競爭。二家廠商的邊際生產成本相同皆為 10，若市場的需求函數為 P＝50－0.5Q，則均衡的市場交易數量是：　(A)10　(B)40　(C)45　(D)80。

( )　9.下列何者不是獨占性競爭（monopolistic competition）廠商長期均衡的特性？　(A) 平均收益大於邊際成本　(B) 平均收益大於平均成本　(C) 邊際收益小於平均成本　(D) 價格大於邊際成本。

( )　10.某完全競爭廠商的長期總成本函數為：當產量 y＞0 時為 $c(y)=3y^2+675$；但產量 y＝0 時則 c(0)＝0。以 P 為市場價格，其長期供給函數應為：　(A) 若 P≥90，y＝P/6；若 P＜90，y＝0　(B) 若 P≥93，y＝P/6；若 P＜93，y＝0　(C) 若 P≥88，y＝P/3；若 P＜88，y＝0　(D) 若 P≥95，y＝P/3；若 P＜95，y＝0。

( )　11.若「市場均衡下的資源配置是有效率的」，則意謂：　(A) 所有資源都被使用　(B) 消費者所支付的價格最低　(C) 總剩餘最大　(D) 滿足分配公平。

( )　12.搭便車問題（free－rider problem）通常發生在：　(A)貿易財　(B)私有財　(C)公共財　(D)投資財。

( )　13.假如經濟體系僅生產蘋果與橘子兩種財貨。蘋果在1992年的單位價格為$0.50，1997年的單位價格$1；橘子在1992年的單位價格為$1，1997年的單位價格$1.50。蘋果在1992年生產4單位，1997年生產5單位；橘子1992年生產3單位，1997年生產4單位。若以1992年為基期，則1997年的CPI為：　(A)80　(B)100　(C)125　(D)170。

( )　14.甲國公司未分配盈餘20億元，工作單位代扣社會保險費5億元，公司所得稅15億元，政府對家戶的移轉性支出7億元，個人所得100億元，則甲國的國民所得為多少元？　(A)120億　(B)133億　(C)140億　(D)147億。

( )　15.志明考慮購買某公司的股票。如果公司經營良好，他將獲得1萬元，但如果公司經營不好，他將損失1萬元。志明是個風險趨避的人，意謂著與獲得1萬元的快樂相比，志明在損失1萬元時痛苦的程度將：　(A)相同　(B)較小　(C)較大　(D)無法確定，因為痛苦與快樂無法比較。

( )　16.下列對於「通貨緊縮」的敘述，何者錯誤？　(A)為一般性物價持續下跌現象　(B)可肇因為供給過剩　(C)會使實質債務負擔加重　(D)會刺激消費使景氣復甦。

( )　17.下列何者為盧卡斯評論（Lucas critique）的結論？　(A)技術衝擊為景氣波動的主要來源　(B)可預料到的貨幣政策無效　(C)勞動市場的效率工資造成工資具有僵固性　(D)貨幣在長期並不具有中立性。

( )　18.Solow成長模型中，在長期均衡時，資本與產出均有相同的成長率，稱為：　(A)收斂假說（convergence hypothesis）　(B)內生成長（endogenous growth）　(C)平衡成長（balanced growth）　(D)剃刀邊緣（knife edge）。

( )　19.依據梭羅模型（Solow model），下列何者會造成穩定狀態（steady state）下資本的成長率上升？　(A)利率上升　(B)折舊率上升　(C)儲蓄率上升　(D)人口成長率上升。

( )　20.某經濟體系原處於長期均衡狀態，而其短期總合供給線為一水平線。
　　　若貨幣流通速度增加，而其政府並沒有採取任何干預措施，則下列
　　　何者正確？　(A) 產出在長期以及短期均會調升　(B) 價格在長期以
　　　及短期均會調升　(C) 價格在短期會調升，而產出在長期會調升　(D)
　　　產出在短期會調升，而價格在長期會調升。

( )　21.依據 Mundell－Fleming 模型，假設國際資本完全移動，在固定匯率制
　　　度下，經濟體系引進自動櫃員機，對貨幣需求、所得、淨出口各有何
　　　影響？　(A) 貨幣需求減少；所得不變；淨出口增加　(B) 貨幣需求
　　　減少；所得不變；淨出口不變　(C) 貨幣需求增加；所得不變；淨出
　　　口增加　(D) 貨幣需求增加；所得增加；淨出口不變。

( )　22.當政府採取發行公債融通赤字方式暫時增加支出 10 億元時，若邊
　　　際消費傾向等於 0.75，根據李嘉圖等值定理（Ricardian equivalence
　　　theorem），在其他條件不變下，產出可增加：　(A)0 億元　(B)10 億
　　　元　(C)20 億元　(D)40 億元。

( )　23.小英的薪資所得都先進銀行帳戶，要消費時再從銀行提錢，今假設帳
　　　戶的存款年利率為 4.8%，而每次去銀行領錢均須扣手續費 7 元。若
　　　小英每月消費支出為 14,000 元，則依據 Baumol-Tobin 模型，你認為
　　　小英每次到銀行最適的提款金額應為多少？　(A)1,400 元　(B)2,800
　　　元　(C)3,500 元　(D)7,000 元。

( )　24.依據實質景氣循環理論（real business cycle theory），假如當期工資
　　　暫時性的上升，則勞動將選擇：　(A) 增加工時　(B) 減少工時　(C)
　　　維持原先工時　(D) 視替代與所得效果相對大小而定。

( )　25.假設貨幣的流通速度不變，根據奧岡法則（Okun's Law）與貨幣數量
　　　說來推論，央行增加貨幣供給會造成：　(A) 長期與短期失業率均降
　　　低　(B) 長期與短期失業率均不變　(C) 長期失業率降低，但短期失
　　　業率不變　(D) 長期失業率不變，但短期失業率降低。

解答與解析

1.(D)。如右圖，隨著 X 的增加，減少的 Y 是遞增的。（X 的機會成本）

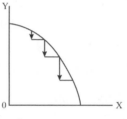

2.(B)。

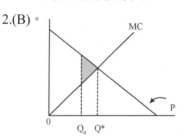

如圖：
當 $Q=Q_0$ 時，$P>MC$，有無謂的損失。
當 $Q=Q^*$ 時，$P=MC$，達成經濟效率。

3.(B)。$Q_d=17-2P \Rightarrow Q_s=8+P$（稅前）
$17-2P=8+P \Rightarrow P=3$
代入 $Q_d=17-2P$，得 $Q=11$
$Q_s=8+P$ 改成 $Q_s-8=P$
$P=Q_s-8+3=Q_s-5$（稅後）
$Q_s=P+5$，$Q_d=17-2P$
$17-2P=P+5 \Rightarrow P=4$
$4-3=1$（消費者負擔的稅），$3-1=2$（生產者負擔的稅）。

4.(D)。如右圖，油價上漲，國道客運提高票價，將使交通運輸市場的供給向左移，由 S_0 向左移到 S_1。消費者剩餘由 ABE 減少為 ACD，生產者剩餘由 0BE 減少為 FGE，故消費者剩餘與生產者剩餘皆減少。

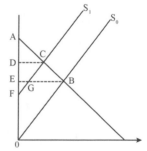

5.(D)。$\dfrac{MU_x}{MU_y}=\dfrac{1}{2}$ ，$\dfrac{P_x}{P_y}=4$

$\dfrac{MU_x}{MU_y}<\dfrac{P_x}{P_y} \Rightarrow \dfrac{MU_x}{MU_y}<\dfrac{MU_y}{P_y}$ ，故增加 Y 的消費，減少 X 的消費。

6.(D)。$Q=\min(\sqrt{2}L,k)$

令 $\sqrt{2L}=K=Q$，即 $K=Q$，$L=\dfrac{Q^2}{2}$，代入 $TC=P_L L+P_K K$，

得 $TC=P_L\cdot\dfrac{Q^2}{2}+P_K\cdot Q$，$LMC=\dfrac{\Delta TC}{\Delta Q}=P_L Q+P_K$，

式中 P_L、P_K 為固定常數，所以 LMC 為正斜率的直線。

7.(B)。 P=30，Q=500，AC=20，AVC=15，由 AC=AVC+AFC，
即 20=15+AFC，得 AFC=5。

8.(D)。 已知 P=50-0.5Q，MC=10，由 P=MC，即 50-0.5a=10，
得 Q=80。

9.(B)。 如右圖：當 Q=Q* 時，
AR>MC，AR=AC，
AC>MR，P=AR>MC。

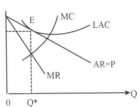

10.(A)。 先找出 AC 最低處所對應的價格，在 AC 線最低點以上的 LMC 就
是長期供給函數。

$$AC = \frac{3y^2 + 675}{y} = 3y + 675y^{-1} \qquad \frac{dAC}{dy} = 3 - 675y^{-2} = 3(1-225y^{-2}) = 0$$

y=15 或 y=-15（不合），將 y=15 代入 AC，得 AC=90，

即 P=90，$LMC = \frac{\Delta c}{\Delta y} = 6y$，即 P=6y，

故長期供給函數為：若 P≥90，y=P/6，P<90，y=0。

11.(C)。 當 P=MC 時，總剩餘達
到最大，如圖：0AB。

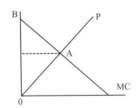

12.(C)。 搭便車的問題，通常發生在公共財。

13.(D)。 1992 年 $P_A^0 = 0.5$，$Q_A^0 = 4$，$P_B^0 = 1$，$Q_B^0 = 3$
1997 年 $P_A^1 = 1$，$Q_A^1 = 5$，$P_B^1 = 1.5$，$Q_B^1 = 4$

1997 年的 $CPI = \frac{P_A^1 \cdot Q_A^0 + P_B^1 \cdot Q_B^0}{P_A^0 \cdot Q_A^0 + P_B^0 \cdot Q_B^0} = \frac{1 \times 4 + 1.5 \times 3}{0.5 \times 4 + 1 \times 3} = 1.7 = 170\%$。

14.(B)。 PI=NI-(營利事業所得稅＋未分配盈餘＋政府財產與企業所得)
＋國內外對家戶的移轉性支付
100=NI-(20+5+15)+7，得 NI=133。

15.(C)。 風險規避者，是厭惡風險，喜歡報酬，
故無異曲線的形狀如右圖：

16.(D)。通貨緊縮發生時，消費者不願意消費，使得商品無法銷售，進而引發景氣衰退。

17.(B)。Lucas critique：傳統政策分析並未考慮政策改變對人們預期所造成的衝擊的批判。

18.(C)。根據 Solow（梭羅）模型，技術進步引起許多變數的數值在穩定狀態下一起上升，這個特性稱為平衡成長（balanced growth）。

19.(D)。穩定狀態均衡為 $\Delta k = sf(k) - (\delta + n)k$，移項 $\dfrac{\Delta k}{k} = \dfrac{sf(k)}{k} - (\delta + n)$。

$\dfrac{\Delta k}{k}$：平均每人的資本成長率，δ：折舊率，n：人口成長率，

若 n 下降，則 $\dfrac{\Delta k}{k}$ 上升。

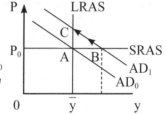

20.(D)。如右圖：若貨幣流通速度增加，使 AD_0 向右移前到 AD_1，短期時產出由 A 移動到 B，長期物價由 B 上升到 C。

21.(B)。如右圖：貨幣需求減少，產出 y_0 不變，匯率固定，淨出口不變。

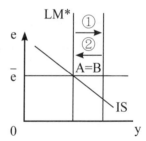

22.(B)。李嘉圖等值定理：以公債融通的減稅不會影響消費水準。

23.(D)。$N^* = \sqrt{\dfrac{i \times Y}{2 \times F}} = \sqrt{\dfrac{4.8\% \times 14000 \times 12}{2 \times 7}} = 24$

$Y = 14000(月) \times 12 = 168,000(年)$

每次最適的提領金額 $= \dfrac{168,000}{24} = 7,000$。

24.(A)。跨期替代工資 $= \dfrac{(1 + r)W_1}{W_2}$，

如果 W_1 上升或 r 上升，勞工會選擇工作；
反之，W_1 下降或 r 下降，勞工會減少工作，增加休閒。

25.(D)。奧岡法則是用來說明，實質 GDP 變動百分比和失業率的變動呈反向關係。
由貨幣數量學說，$MV = Py$，已知 $V = \overline{V}$，當 M 上升，短期時則 y 上升，失業率下降，長期時 $y = y_f$，所增加的 M 全部反應在 P 的上升，故長期的失業率不變。

106 年　地特四等（經建行政）

( )　1. 假設橫軸為數量，縱軸為價格。私有財的市場需求曲線是個別消費者需求曲線之：　(A) 垂直加總　(B) 水平加總　(C) 垂直相乘　(D) 水平相乘。

( )　2. 小明與小華分別願以 100 元及 150 元購買價格為 60 元的神魔卡，則下列何者正確？　(A) 神魔卡帶給小明的消費者剩餘為 100 元　(B) 神魔卡帶給小華的消費者剩餘為 150 元　(C) 小明買神魔卡的消費者剩餘一定高於小華的水準　(D) 小明買神魔卡的消費者剩餘一定低於小華的水準。

( )　3. 假設某國對 X 商品的國際價格沒有影響力，則若此國對 X 商品的進口課徵從量關稅，將會使得國內 X 商品的生產者剩餘和消費者剩餘各有何種改變？　(A) 兩者皆增加　(B) 前者增加，後者減少　(C) 前者減少，後者增加　(D) 兩者皆減少。

( )　4. 下列何種情況，屬於廠商的短期調整行為？　(A) 擴廠　(B) 關廠　(C) 採用自動化生產流程　(D) 解聘部分員工。

( )　5. 吳先生打算自銀行領出一筆錢幫助兒子買房子。對這筆錢的敘述，下列何者正確？　(A) 因為是自己的錢，所以沒有成本　(B) 雖然是自己的錢，但會有失去賺取利息的隱藏成本　(C) 失去的利息，是用這筆錢的外顯成本　(D) 這筆錢沒有機會成本。

( )　6. 甲國的生產可能線上的某一生產組合點是 1,300 台腳踏車和 500 輛汽車，另一生產組合點是 900 台腳踏車和 750 輛汽車，這兩點生產組合，代表生產一輛汽車的機會成本為：　(A)8／5 台腳踏車　(B)5／8 台腳踏車　(C)5／13 台腳踏車　(D)6／5 台腳踏車。

( )　7. 政府花費成本 90 安裝一盞路燈，帶給住戶甲的價值為 70，住戶乙的價值為 30，則下列決策何者正確？　(A) 總價值 100 超過成本 90，應該安裝　(B) 成本 90 高於平均價值 50，不應該安裝　(C) 成本 90 高於較低的價值 30，不應該安裝　(D) 成本 90 高於較高的價值 70，不應該安裝。

( )　8.假設有一個農夫耕種一甲地，生產蘋果與水梨。令 A 與 B 點為生產可能線上的其中兩點，這兩點之蘋果與水梨生產量如下表所示。下列那一種生產組合可能與 A、B 兩點位於同一條生產可能線上？

生產組合	蘋果	水梨
A	10	12
B	13	10

(A) 蘋果 13 單位，水梨 12 單位　(B) 蘋果 10 單位，水梨 10 單位　(C) 蘋果 12 單位，水梨 11 單位　(D) 蘋果 14 單位，水梨 11 單位。

( )　9.一小國政府課徵關稅限制進口，此一貿易干預政策的作用不包括下列何者？　(A) 增加政府關稅收入　(B) 提升國家整體經濟福利　(C) 保護幼稚產業　(D) 使國產品的價格更具競爭力。

( )　10.下表為某一國家未開放蘋果國際貿易時，不同的國內價格下蘋果的供給量與需求量。若蘋果的國際價格為 $30，當開放蘋果貿易後，該國的貿易量為何？　(A) 貿易量等於 0　(B) 進口 13 單位　(C) 出口 26 單位　(D) 出口 13 單位。

價格	供給量	需求量
$10	25	38
$20	30	30
$30	35	22
$40	40	14

( )　11.假設 A 國及 B 國擁有相同的勞動力，可用以生產蘋果及橘子，兩國生產 1 單位蘋果及 1 單位橘子所需之勞動投入（小時）資料如下表，表中 x 與 y 均為正數。若 A 國同時具有生產蘋果的絕對利益及比較利益，則 x 與 y 兩者之限制條件為何？　(A)$x < 2$ 且 $y < 5x$　(B)$x < 2$ 且 $y > 5x$　(C)$x > 2$ 且 $y < 5x$　(D)$x > 2$ 且 $y > 5x$。

生產組合	蘋果	橘子
A 國	x	y
B 國	2	10

( )　12. 下列何種廠商最有動機做廣告？　(A) 獨占廠商　(B) 完全競爭廠商　(C) 生產同質產品的寡占廠商　(D) 生產異質產品的寡占廠商。

( )　13. 假設一個追求利潤最大獨占廠商面對的需求曲線為 $p=11-q$，其中 p 及 q 分別為價格及產量。此獨占廠商的總成本函數為 $TC=5+3q$。假設政府對此廠商課徵 1 元的從量稅。在此情況下，消費者剩餘為：　(A)11　(B)10　(C)9　(D)8。

( )　14. 假設一個追求利潤最大的完全競爭廠商的平均總成本及平均變動成本曲線為 U 字型，且邊際成本為正斜率曲線。當市場價格大於平均總成本的最低值時，該廠商短期利潤極大的：　(A) 產量為正值，且利潤為正值　(B) 產量為正值，且利潤為負值　(C) 產量為零，且利潤為正值　(D) 產量為零，且利潤為負值。

( )　15. 追求利潤最大的獨占廠商其供給函數為：　(A) 正斜率　(B) 負斜率　(C) 水平線　(D) 不存在。

( )　16. 在其他條件不變下，當許多完全競爭廠商因為負的經濟利潤而退出市場時，會造成：　(A) 市場供給的減少　(B) 市場供給的增加　(C) 市場需求的減少　(D) 市場需求的增加。

( )　17. 小杉消費兩種財貨，X 與 Y。他從消費組合 (X, Y) 中所獲得的效用是 $U=\min\{2X, 4Y\}$。則對小杉而言，下列何者錯誤？　(A)X 與 Y 是完全互補　(B) 消費組合 (2, 2) 與 (3, 1) 一樣好　(C) 消費組合 (3, 2) 較 (2, 4) 好　(D) 當 X 消費量增加時，他的效用就會越高。

( )　18. 承上題，若 X 的價格為 2，Y 的價格為 3，小杉的所得為 35。則他的最適消費組合為下列何者？　(A)(X, Y)=(7, 7)　(B)(X, Y)=(10, 5)　(C)(X, Y)=(1, 11)　(D)(X, Y)=(4, 9)。

( )　19. 所謂的季芬財（Giffen goods）是指此種財貨符合下列那種性質？　(A) 其他條件不變，該財貨價格上漲時，該財貨的消費量增加　(B) 其他條件不變，所得增加時，該財貨消費量增加　(C) 其他條件不變，該財貨價格上漲時，該財貨的消費量減少　(D) 其他條件不變，其他財貨價格上漲時，該財貨的消費量增加。

（　）　20.下表為追求成本最小的某廠商的生產函數資料。如果勞動的單位價格6元，資本單位價格是15元，並且此廠商決定生產1單位產出時，下列敘述何者正確？

A 技術			B 技術		
產量	勞動	資本	產量	勞動	資本
1	3	1	1	2	2
2	6	3	2	2	4
3	8	4	3	4	5

(A) 應選擇使用A技術因為A技術總成本較低　(B) 應選擇使用B技術因為B技術總成本較低　(C) 使用A技術或B技術都可以因為二者總成本相同　(D) 應該遵照董事會的決議來決定選擇何種技術。

（　）　21.關於外部性之敘述，下列何者正確？　(A) 外部性是經濟行為對交易雙方之外的第三者所造成的成本或利益　(B) 外部性是公共財因為不具排他性所造成的現象　(C) 獨占產業內只有一家廠商所以一定不會發生外部性　(D) 外部性是消費者多消費一單位商品時所需付出的價格與效用之比例。

（　）　22.政府為保障無屋民眾故對臺北市出租房屋設定有效租金上限，下列何者不是此制度所產生的後續問題？　(A) 租屋市場供不應求，必須設計制度決定那些租戶能租到房子　(B) 租屋市場供給量太多，必須設計制度決定那些房子能夠找到租戶　(C) 租屋市場出現黑市，房客會有額外支出才能租到房子　(D) 因為租戶大排長龍且租金低廉，故屋主不積極維修房屋。

（　）　23.一般而言，下列何者的需求價格彈性為最低？　(A) 名貴珠寶　(B) 自用房屋　(C) 汽車　(D) 雞蛋。

（　）　24.假設油炸薯條為劣等財。則下列敘述何者錯誤？　(A) 其所得彈性為負　(B) 其與漢堡的交叉彈性為負值　(C) 其需求曲線可能符合需求法則　(D) 其需求曲線一定違反需求法則。

（　）　25.假設需求法則成立，且在原先的蛋糕市場價格下，其市場需求價格之點彈性絕對值為2。若現在蛋糕市場價格上升1%，則：　(A) 蛋糕市場需求量增加1%　(B) 蛋糕市場需求量減少1%　(C) 蛋糕市場需求量增加2%　(D) 蛋糕市場需求量減少2%。

( )　26.在 2012 到 2014 年間，臺灣服務業占全國就業人口的比率約為多少？
(A)10%　(B)30%　(C)60%　(D)90%。

( )　27.若去年的銀行存款利率為 2%，你存入 100 萬元。大家原本預期去年
到今年的通貨膨脹率會是 1%。但是一年後結果實際的通貨膨脹率為
3%，下列敘述何者正確？　(A) 你原先預期 1 年存款的實質利率為
2%，但是結果事後的實質利率為 3%　(B) 一年後你獲得本利和 102
萬元，其購買力比一年前的 100 萬元還來得低　(C) 你原先預期一年
存款的實質利率為 1%，但是結果事後的實質利率為 0%　(D) 一年後
你獲得本利和 103 萬元，其購買力比一年前的 100 萬元來得高。

( )　28.在 2014 年，臺灣的名目 GDP 約新臺幣：　(A)5 兆元　(B)15 兆元
(C)35 兆元　(D)55 兆元。

( )　29.假設其他條件不變。若央行採行緊縮性的貨幣政策，則下列何者最有
可能穩定產出？　(A) 政府調降關稅　(B) 減少政府支出　(C) 增加政
府稅收　(D) 增加預算赤字。

( )　30.關於國民所得的敘述，下列何者正確？　(A)GDP 是一存量概念　(B)
手機的出口值的變動會影響 GDP，但手機面板的出口值的變動不會
影響 GDP　(C) 手機與手機面板的出口值的變動都會影響 GDP　(D)
一國存貨價值的變動不會影響 GDP。

( )　31.如果經濟成長率為零，則：　(A) 名目 GDP 的變動率大於 GDP 平減
指數的變動率　(B) 名目 GDP 的變動率等於 GDP 平減指數的變動率
(C) 名目 GDP 的變動率小於 GDP 平減指數的變動率　(D) 資料不足，
無法判斷。

( )　32.假設其他條件不變。當政府的移轉性支出（transfer payment）增加時：
(A) 國民生產毛額與國民生產淨額都會增加　(B) 國民生產淨額與國
民所得都會增加　(C) 國民所得與個人所得都會增加　(D) 個人所得
與個人可支配所得都會增加。

( )　33.就行政院主計總處人力資源運用調查中，下列何者確定屬於非勞動力
（not in the labor force）？　(A) 沒有工作的人　(B) 衰老而無法工作
者　(C) 軍人　(D) 幫家屬從事營利工作每週 15 小時以上而不支領薪
資者。

（　）│34.太平洋群島上有 A、B 二小國。A 國的人口為 1,000 人，其勞動參與率為 80%，失業率為 5%，勞工的平均工時為 8 小時，總產值為 608,000 美元；B 國的人口為 2,000 人，其勞動參與率為 90%，失業率為 10%，勞工的平均工時為 6 小時，總產值為 972,000 美元。依據以上資訊，下列敘述何者正確？　(A) 相較於 B 國，A 國有較低的勞動生產力但較高的平均所得水準　(B) 相較於 B 國，A 國有較高的勞動生產力但相同的平均所得水準　(C) 相較於 B 國，A 國有較高的勞動生產力以及平均所得水準　(D) 相較於 B 國，A 國有相同的勞動生產力但較高的平均所得水準。

（　）│35.立侖在 1990 年以 30 元買了一個麵包。若 1990 年與 2010 年的消費者物價指數分別是 60 與 150，且麵包價格與消費者物價指數成同比率變動，則麵包在 2010 年的價格約是多少元？　(A)30　(B)50　(C)60　(D)75。

（　）│36.在簡單凱因斯模型中，如果可支配所得增加 1,500 元，則消費支出：　(A) 減少　(B) 不變　(C) 增加幅度小於 1,500 元　(D) 增加幅度大於 1,500 元。

（　）│37.邊際消費傾向等於：　(A)$\triangle C/\triangle S$　(B)$\triangle S/\triangle C$　(C)$\triangle C/\triangle Y_D$　(D)$\triangle S/\triangle Y_D$。

（　）│38.有關「貨幣基數」（monetary base）的敘述，下列何者錯誤？　(A) 又稱強力貨幣（high-powered money）　(B) 又稱強制貨幣（fiat money）　(C) 包括中央銀行所發行的通貨　(D) 又稱準備貨幣（reserve money）。

（　）│39.假設紅豆生產為完全競爭產業。若市場需求沒有改變，而生產技術進步使得種植紅豆生產成本下降，則下列敘述何者錯誤？　(A) 此技術進步將會使種植紅豆農夫在長期一直能賺到正利潤　(B) 此技術進步在長期將會使得紅豆價格下降　(C) 此技術進步可能使種植紅豆農夫在短期享有正利潤，這會造成更多農夫投入種植紅豆　(D) 完全競爭產業之長期均衡必定是價格等於平均總成本，利潤等於零。

（　）│40.下列為 A 國的資料：$Y=C+\bar{I}+G$；$C=b+c(Y-\bar{T})$，$b>0$，$0<c<1$。如果考慮以下三種方案：甲方案：$\bar{I}$ 增加一單位；乙方案：G 增加一單位；丙方案：$\bar{T}$ 減少一單位。依據上述模型，這三種方案所能提高的均衡

所得水準數量，其關係為何？　(A) 甲方案 = 乙方案 = 丙方案　(B) 甲方案 > 乙方案 > 丙方案　(C) 甲方案 = 乙方案 > 丙方案　(D) 甲方案 > 乙方案 = 丙方案。

( )　41.在簡單凱因斯模型中，支出乘數等於：　(A) 均衡所得／自發性支出　(B) 均衡所得／誘發性支出　(C) 均衡所得變動量／自發性支出變動量　(D) 均衡所得變動量／誘發性支出變動量。

( )　42.其他條件不變之下，下列那一個選項，會使得總合需求曲線向右方移動？　(A) 股價狂跌　(B) 物價下跌　(C) 房價大跌　(D) 稅率下降。

( )　43.某一經濟體系的總合需求曲線與短期總合供給曲線，相交於一個小於充分就業的所得水準之上。其他條件不變之下，在趨向長期均衡的過程中，此經濟體系會有下列那個變化？　(A) 名目工資上升，使得短期總合供給曲線向左上方移動　(B) 名目工資下降，使得短期總合供給曲線向左上方移動　(C) 名目工資上升，使得短期總合供給曲線向右下方移動　(D) 名目工資下降，使得短期總合供給曲線向右下方移動。

( )　44.下列何者不會提高大眾對實質貨幣的需求？　(A) 實質所得提高　(B) 一般物價水準提高　(C) 名目利率水準下降　(D) 將非貨幣資產變現的交易成本上升。

( )　45.短期來看，最可能會使一經濟體系到達菲力普曲線（Phillips curve）上高失業率與低物價膨脹率的位置，當屬於下列何項政策？　(A) 貨幣供給增加　(B) 政府支出提高　(C) 增稅　(D) 貨幣貶值。

( )　46.假設政府增加其消費支出 10 億元，但是總合需求並非提高 10 億元，其原因可能是現實的經濟體系：　(A) 同時存在乘數效果（multiplier effect）與排擠效果（crowding–out effect）　(B) 存在乘數效果，但不存在排擠效果　(C) 存在排擠效果，但不存在乘數效果　(D) 並非乘數效果或排擠效果可以解釋。

( )　47.當政府調低所得稅稅率，勞動者能淨賺更多收入，故其最不可能的反應是：　(A) 更努力工作，且總合供給曲線右移　(B) 減少工作，且總合供給曲線左移　(C) 更努力工作，且總合需求曲線右移　(D) 減少工作，且總合需求曲線左移。

( )｜48.若一國打算用增加出口來刺激景氣，此時該國央行應該設法讓該國貨幣幣值： (A)升值 (B)貶值 (C)釘住不動 (D)大幅上下波動。

( )｜49.中央銀行最主要的政策指標利率是： (A)一年期國庫券利率 (B)三年期公債利率 (C)十年期公債利率 (D)重貼現率。

( )｜50.下列那一個經濟體其資金的跨國自由移動程度最低？ (A)中國 (B)美國 (C)日本 (D)香港。

解答與解析

1.(B)。 私有財市場是由個別的需求曲線水平加總。

2.(D)。 小明的消費者剩餘為 $(100-60) \times 1 = 40$
小華的消費者剩餘為 $(150-60) \times 1 = 90$
小明的消費者剩餘低於小華的消費者剩餘。

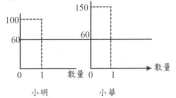

3.(B)。 課徵關稅後，價格由 $P_0 \uparrow \to P_1$，
即 $\overline{P_0 P_1} = t$。
消費者剩餘減少 a+b+c+d，
生產者剩餘增加 a。

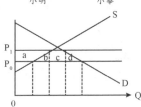

4.(D)。 變動成本的調整及廠商的短期調整行為。

5.(B)。 該筆現金為自有資金，但仍需試算利息成本。

6.(A)。 (腳踏車, 汽車)=(1300, 500)，(腳踏車, 汽車)=(900, 750)
$$\frac{\Delta 腳踏車}{\Delta 汽車} = \frac{900-1300}{750-500} = \frac{-400}{250} = \frac{-8}{5}$$
即生產 1 輛汽車要減少生產 $\frac{8}{5}$ 台腳踏車。

7.(A)。 $P_1 + P_2 = MC$，已知 $P_1 = 70$，$P_2 = 30$，$MC = 90$，
$P_1 + P_2 = 70 + 30 = 100 > MC = 90$，故應該安裝。

8.(C)。 設 x 為蘋果，y 為水梨，$A = (x_0, y_0) = (10, 12)$，$B = (x_1, y_1) = (13, 10)$
$$\frac{y_1 - y_0}{x_1 - x_0} = \frac{10-12}{13-10} = \frac{-2}{3}，\frac{y-12}{x-10} = \frac{-2}{3}，3y - 36 = -2x + 20$$
$3y + 2x = 56$，將 (12, 11) 代入，得 $3 \times 11 + 2 \times 12 = 33 + 24 = 57$，
接近 56，故 (12, 11) 可能與 A、B 位於同一條 PPC。

9.(B)。貿易干預政策，將減少國家的經濟福利。

10.(D)。當 P=30 時，供給量－需求量 =35－22=13（超額供給），故將此超額供給予以出口 13 單位。

11.(B)。A 國：1 單位蘋果 =x 小時，1 單位橘子 =y 小時，

即 1 小時 =$\dfrac{1}{x}$ 單位蘋果，即 1 小時 =$\dfrac{1}{y}$ 單位橘子，

$\dfrac{1}{x}=\dfrac{1}{y}$，即 $1=\dfrac{x}{y}$，即 1 單位蘋果 =$\dfrac{x}{y}$ 橘子。

B 國：1 單位蘋果 =$\dfrac{2}{10}$ 橘子。

A 國有生產蘋果的比較利益，即 $\dfrac{x}{y}<\dfrac{2}{10}$，故 $\dfrac{x}{y}<\dfrac{1}{5}$，5x<y，

A 國有生產蘋果的絕對利益，即 x<2。

12.(D)。寡占廠商以非價格競爭為手段。

13.(D)。$TR=p\times q=(11-q)q=11q-q^2$
$MR=11-2q$
$MR=MC$，
$11-2q=4\Rightarrow -2q=-7\Rightarrow q=-3.5$
$p=11-3.5=7.5$
$(11-7.5)(3.5)\times \dfrac{1}{2}=3.5\times 3.5\times \dfrac{1}{2}=6.125$

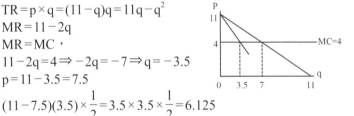

14.(A)。$MR=MC$，
$Q=Q_0$，
$\pi=ABCD$，
$Q_0>0$。

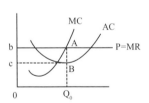

15.(D)。供給線不符合 1 對 1 的關係，故獨占廠商沒有供給線。

16.(A)。退出市場，則供給線往左移。

17.(D)。$U=mim（2X, 4Y）$，如右圖。
均衡時 2X=4Y，即 X=2Y 或 X：Y=2：1
當 X 的消費增加 X>2，若 Y=1，則 $U=U_0$。

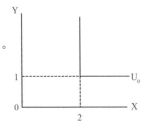

18.(B)。已知 $P_x=2$，$P_y=3$，$I=35$
$2x=4y$.....................................(1)
$P_x x+P_y y=I$，$2x+3y=35$.......(2)
解 (1)(2)，得 x=10，y=5。

19.(A)。$\dfrac{\Delta Q_x^d}{\Delta P_x} > 0$

20.(A)。$Q=1$，A 技術 $(L, K)=(3, 1)$，$TC=P_L L+P_K K=6\times 3+15\times 1=33$
$Q=1$，B 技術 $(L, K)=(2, 2)$，$TC=P_L L+P_K K=6\times 2+15\times 2=42$
故採用 A 技術的總成本較低。

21.(A)。外部性的定義。

22.(B)。有效的租金上限，是指租金低於市場均衡的租金（$\bar{P}<P^*$），則會有超額需求（ED）發生。

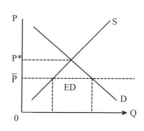

23.(D)。雞蛋為民生必需品，所以需求價格彈性低，即 $\dfrac{\Delta Q}{Q} < \dfrac{\Delta P}{P}$，需求量變動百分比小於價格變動百分比。

24.(D)。劣等財不一定是季芬財，但季芬財一定是劣等財。

25.(D)。已知：$|\varepsilon_d|=2$，$\varepsilon_d=\dfrac{\dfrac{\Delta Q}{Q}}{\dfrac{\Delta P}{P}}=-2$，若 $\dfrac{\Delta P}{P}=1\%$，則 $\dfrac{\Delta Q}{Q}=-2\%$，
即需求量減少 2%。

26.(C)。2012 － 2014 年服務業人口占就業人口 60%。

27.(B)。名目利率 = 實質利率 + 預期通貨膨脹率
$2\%=x+1\% \Rightarrow x=1\%$
以名目利率計算的本利和 $100(1+2\%)=102$ 萬
以實質利率計算的本利和 $100(1+1\%)=101$ 萬
即名目利率計算一年後的本利和低於實質利率計算一年後的本利和。

28.(B)。2014 年台灣的名目 GDP 為 15 兆元。

29.(D)。當央行採緊縮的貨幣政策使 $M_0\downarrow$ 到 M_1，產出由 $y_0\downarrow$ 到 y_1，政府再採取政府支出的擴張性財政政策，使 IS_0 向右移到 IS_1，產出由 y_1 增加到 y_0。

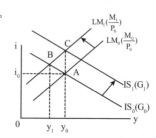

30.(C)。 GDP＝C＋I＋G＋X－M，若 X↓ 則 GDP↓；
反之，X↑ 則 GDP↑。

31.(B)。 由 y＝$\dfrac{Y}{P}$，實質 GDP＝名目 GDP／GDP 平減指數，$\hat{y}＝\hat{Y}－\hat{P}$。

實質 GDP 成長率＝名目 GDP 的變動率－GDP 平減指數的變動率。
當實質 GDP 成長率＝0，則名目 GDP 的變動率＝GDP 平減指數的變動率。

32.(D)。 PI＝NI－(營利事業所得稅 ＋ 未分配盈餘 ＋ 政府財產與企業所得)＋國內外對家戶的移轉性支付。

DI＝PI－直接稅。
當政府的移轉性支出增加時，個人所得（PI）和個人可支配所得（DI）都會增加。

33.(B)。 非勞動力包括想工作而未找工作、求學、料理家務、衰老、殘障。

34.(D)。 A 國平均所得 ＝$\dfrac{608000}{1000}＝608$，B 國平均所得 ＝$\dfrac{972000}{2000}＝486$，

A 國的勞動力 ＝1000×80%＝800，就業人口 ＝800×(1－5%)＝760
B 國的勞動力 ＝2000×90%＝1800，就業人口 ＝1800×(1－10%)＝1620

勞動生產力 ＝$\dfrac{Y}{L}$

A 國的勞動工時 ＝760×8＝6080，$\dfrac{Y}{L}＝\dfrac{608000}{6080}＝100$

B 國的勞動工時 ＝1620×6＝9720，$\dfrac{Y}{L}＝\dfrac{972000}{9720}＝100$。

35.(D)。 $30×\dfrac{150\%}{60\%}＝75$　　　$30：x＝\dfrac{60}{100}：\dfrac{150}{100}$

$\dfrac{60}{100}x＝30×\dfrac{150}{100}$，$x＝30×\dfrac{150}{100}＝75$。

36.(C)。 已知 C＝C_0＋bY_d，b＝$\dfrac{\Delta C}{\Delta Y_d}$，其中 0＜b＜1，

當 $\Delta Y_d＝1500$，則 $\Delta C＜1500$。

37.(C)。 MPC＝$\dfrac{\Delta C}{\Delta Y_D}$，邊際消費傾向。

38.(B)。 強制貨幣（fiat money）。

39.(A)。 在完全競爭市場，長期時，個別廠商僅賺到正常利潤。

40.(C)。$Y=C+\bar{I}+\bar{G}=b+c(Y-\bar{T})+\bar{I}+\bar{G}$，全微分，

$\Delta Y=\Delta b+c\Delta Y-c\Delta\bar{T}+\Delta\bar{I}+\Delta\bar{G}$，$\Delta Y(1-c)=\Delta b-c\Delta\bar{T}+\Delta\bar{I}+\Delta\bar{G}$，

甲方案：$\dfrac{\Delta Y}{\Delta\bar{I}}=\dfrac{1}{1-c}$　　　　乙方案：$\dfrac{\Delta Y}{\Delta\bar{G}}=\dfrac{1}{1-c}$

丙方案：$\dfrac{\Delta Y}{\Delta\bar{\bar{Y}}}=\dfrac{-c}{1-c}$

故甲方案＝乙方案＞丙方案。

41.(C)。乘數（multiplier）表示一自發性支出變動導致均衡所得變動之倍數。

42.(D)。稅率下降，消費會增加，總合需求曲線向右移動。

43.(D)。名目工資率下降，使得短期總合供給線向右下方移動，如右圖：

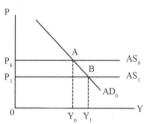

44.(B)。由 $\dfrac{M^d}{P}=m(Y, i)$，M^d：名目貨幣需求量，P：物價水準，

$\dfrac{M^d}{P}$：實質貨幣需求量，Y：實質國民所得，i＝利率，

若 P 上升則 M^d 不變下，$\dfrac{M^d}{P}$ 下降。

45.(C)。增稅使得總合需求減少，物價水準下降，產出減少，反應在菲力普曲線的情況是物價膨脹率下降，失業率上升。

46.(A)。當增加政府支出 10 億，IS_0 向右移到 IS_1，即 y_0y_0'，此為乘數效果，而產出 y_0y_1，小於 $y_0y_0'=10$ 億，其中因利率上升而減少的部份為 y_1y_0'，此為排擠效果。

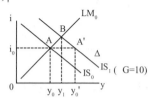

47.(D)。降低所得稅率，可支配所得增加，對總合需求增加。
降低所得稅率，勞動力增加，對總合供給增加。
降低所得稅率，增加休閒，減少勞動力，對總合供給減少。

48.(B)。本國貨幣相對外國貨幣貶值，則出口成本下降，有利於出口。

49.(D)。中央銀行的貨幣政策工具之一是重貼現率。

50.(A)。中國政府實施外匯管制，故國際資金自由移動程度最低。

107 年 關務四等

( )　1.下列何種情況一定會使均衡價格上升，但均衡數量的變動方向則不確定？　(A) 市場需求增加且市場供給增加　(B) 市場需求增加且市場供給減少　(C) 市場需求減少且市場供給增加　(D) 市場需求減少且市場供給減少。

( )　2.下列何者會造成需求線上點的變動？　(A) 消費者偏好改變　(B) 產品自身價格降低　(C) 消費者所得的改變　(D) 替代品價格的改變。

( )　3.X 與 Y 財貨的價格分別為 P_X 與 P_Y，I 表示消費者所得，X 財貨的需求函數可以表示為 $Q_X = 2 - P_X - P_Y - I$，則下列敘述何者正確？　(A)X 與 Y 為替代品，X 為正常財　(B)X 與 Y 為替代品，Y 為正常財　(C) X 與 Y 為互補品，X 為劣等財　(D)X 與 Y 為互補品，Y 為劣等財。

( )　4.水是生命所需，但其價格卻遠不如鑽石，此一矛盾可用下列何者加以解釋？　(A) 價格決定於總效用　(B) 價格決定於邊際效用　(C) 價格決定於偏好　(D) 價格決定於平均效用。

( )　5.當價格為 20 時，某廠商可銷售 1 單位商品；當價格為 15 時，該廠商可銷售 2 單位商品。該廠商銷售第 2 單位商品的邊際收益是多少？　(A)10　(B)15　(C)20　(D)35。

( )　6.在完全競爭市場達到短期均衡時，對任一廠商而言：　(A) 平均收益等於短期邊際成本　(B) 平均收益等於短期平均成本　(C) 邊際收益等於短期平均成本　(D) 邊際收益等於短期平均變動成本。

( )　7.廠商的短期勞動需求線的斜率為負，這是因為：　(A) 勞動的邊際產量遞減　(B) 消費者從商品得到的邊際效用隨消費量增加而遞減　(C) 勞工從休閒得到的邊際效用隨休閒時數增加而遞減　(D) 名目工資率有向下僵固性。

( )　8.假設一國對汽車和飛機的生產可能線從 AB 移動到 CD，如下圖。這可能表示：　(A) 兩部門都有研發新技術，但飛機部門技術進步幅度較汽車部門大　(B) 有移民生力軍加入，但飛機部門較為技術密集　(C) 飛機部門生產力提高，但汽車部門維持不變　(D) 汽車部門生產力提高，但飛機部門維持不變。

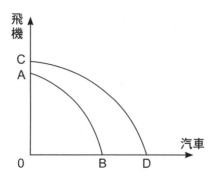

( )　9.假設供需法則成立。若對某種財貨生產者課稅，則下列敘述何者正確？　(A)該財貨的均衡數量會上升　(B)該財貨的均衡價格會上升　(C)課稅後的市場供給線會右移　(D)課稅後的市場需求線會右移。

( )　10.假設張三畢業後有 A、B、C 三個工作機會，給定其他條件一樣，A 工作月薪 2 萬元，B 工作月薪 4 萬元，C 工作月薪 6 萬元。根據前述資訊，下列敘述何者正確？　(A)張三選擇 A 或 B 工作，機會成本均為 6 萬元　(B)張三選擇 A 工作之機會成本為 4 萬元，選擇 B 工作之機會成本為 6 萬元　(C)張三選擇 B 工作之機會成本為 2 萬元，選擇 C 工作之機會成本為 4 萬元　(D)張三選擇 B 或 C 工作，機會成本均為 2 萬元。

( )　11.假設勞動為唯一的生產要素。A 國和 B 國生產 1 單位橘子及 1 單位蘋果所需之勞動投入（小時）資料如下表，根據比較利益法則，下列敘述何者正確？　(A)A 國專業化生產蘋果，B 國專業化生產橘子　(B)A 國專業化生產橘子，B 國生產橘子及蘋果　(C)A 國生產橘子及蘋果，B 國專業化生產蘋果　(D)A 國專業化生產橘子，B 國專業化生產蘋果。

	橘子	蘋果
A 國	3	8
B 國	12	8

( )　12.臺灣煉油業的市場結構為：　(A)獨占市場　(B)完全競爭市場　(C)寡占市場　(D)獨占性競爭市場。

( )　13.假設基改黃豆市場為完全競爭，且每家廠商都有相同的 U 字型平均總成本及遞增的邊際成本曲線。若消費者因為基因改造的憂慮而減少對黃豆的需求，在其他條件不變下，短期個別廠商的：　(A) 產量增加且利潤增加　(B) 產量增加且利潤減少　(C) 產量減少且利潤增加　(D) 產量減少且利潤減少。

( )　14.假設某家追求利潤最大的獨占廠商，面對市場需求曲線 $p = 20 - q$，其中 p 及 q 分別為價格及產量，且其邊際成本函數為 $MC(q) = 2q$。其最適價格及數量分別為：　(A)13 及 7　(B)14 及 6　(C)15 及 5　(D)16 及 4。

( )　15.假設小米機及三星兩家公司可採用的策略為：廣告（A）及不廣告（NA）。兩公司採用此兩種策略所能得到的報酬如下表。有幾個純粹策略（pure strategy）的 Nash 均衡解？

<table>
<tr><td colspan="2" rowspan="2"></td><td colspan="2">三星</td></tr>
<tr><td>A</td><td>NA</td></tr>
<tr><td rowspan="2">小米機</td><td>A</td><td>$90，$90</td><td>$90，$100</td></tr>
<tr><td>NA</td><td>$100，$90</td><td>$110，$110</td></tr>
</table>

(A)0 個　(B)1 個　(C)2 個　(D)3 個。

( )　16.就追求利潤最大的獨占性競爭廠商而言，下列敘述何者錯誤？　(A) 面對負斜率的需求曲線　(B) 邊際收益小於價格　(C) 廠商在長期可自由進入或退出市場　(D) 長期經濟利潤為正值。

( )　17.若小明只消費 X 與 Y 兩種物品，而他的效用函數為 $U = X + 2Y$，則下列敘述何者錯誤？　(A)X 與 Y 為完全替代　(B)X 與 Y 之間的邊際替代率會隨著 X 消費量的增加而遞減　(C) 他的無異曲線是一條直線　(D) 如果 X 的價格是 Y 的 3 倍，則他只會消費 Y。

( )　18.假設休閒為劣等財。令橫軸為工時，縱軸為工資。則勞動供給線會呈現什麼形狀？　(A) 一直是正斜率　(B) 一直是負斜率　(C) 工資低時是正斜率，工資高時是負斜率　(D) 工資低時是負斜率，工資高時是正斜率。

( )　19.假設縱軸為價格，橫軸為數量，且供給法則成立。下列有關商品供給曲線之敘述，何者錯誤？　(A) 如果技術進步使廠商生產成本降低，

則供給曲線將往左上方移動　(B) 說明價格與供給量之關係　(C) 顯示出價格越高時，廠商願意供給之數量越多　(D)是一條正斜率曲線。

( )　20.下列何種情況屬於市場失靈？　(A) 颱風後菜價狂飆使得消費者很痛苦　(B) 蔬菜盛產時價格狂跌使得農夫很痛苦　(C) 牛肉麵價格高於陽春麵價格　(D) 獲利豐厚的水泥工廠製造噪音及空氣污染。

( )　21.就效率觀點而言，下列何者會使商品的產量是最適的？　(A) 市場結構是完全競爭　(B) 市場結構是獨占　(C) 市場結構是寡占　(D) 市場結構是獨占性競爭。

( )　22.如果生產行為產生正的外部性，且廠商不能由此正的外部性得到收益，則廠商之產量：　(A) 低於社會效率極大之產量水準　(B) 等於社會效率極大之產量水準　(C) 高於社會效率極大之產量水準　(D) 無法與社會效率極大之產量水準進行比較。

( )　23.某人對商品 A 之消費，並不會使得其他人消費商品 A 之效用減少。商品 A 之此種特性被稱為：　(A) 非敵對性（non-rivalry）　(B) 敵對性（rivalry）　(C) 非排他性（non-excludability）　(D) 排他性（excludability）。

( )　24.下列的各種消費組合中，何者的交叉需求彈性最可能為負？　(A) 螃蟹與柿子　(B) 名牌皮包與平價眼鏡　(C) 汽油與汽車　(D) 雞排與豬排。

( )　25.當商品價格下降會導致總收益增加，表示該商品的需求價格彈性絕對值為：　(A) 大於 1　(B) 小於 1　(C) 等於 1　(D) 等於 0。

( )　26.在景氣蕭條時期，通常政府會採用那些財政政策？　(A) 加稅、增加公共支出、減少企業補貼　(B) 減稅、增加公共支出、增加企業補貼　(C) 加稅、減少公共支出、增加企業補貼　(D) 減稅、減少公共支出、減少企業補貼。

( )　27.若一國的短期菲力普曲線（Phillips curve）為 $\pi_t - 3\% = 2(5\% - u_t)$，其中 π_t 為 t 期的通貨膨脹率，u_t 為 t 期的失業率。若 10 年後經濟學家發現該國的短期菲力普曲線變成 $\pi_t - 4\% = 2(5\% - u_t)$，則表示：　(A) 該國短期菲力普曲線往右移　(B) 該國自然失業率下降　(C) 該國的長期通貨膨脹率下降　(D) 該國短期菲力普曲線的斜率變小。

( )　28.下表顯示只生產西瓜與芭樂的某國其價格與數量資料，基期年為
1990 年。根據該表，該國 1991 年的實質經濟成長率為：

年	西瓜價格	西瓜數量	芭樂價格	芭樂數量
1990	$3	200	$2	200
1991	$4	200	$3	300

(A)10%　(B)20%　(C)40%　(D)60%。

( )　29.假設其他條件不變。下列關於失業的敘述，何者正確？　(A) 自然失
業率（natural rate of unemployment）是固定的　(B) 循環性失業增加
會帶動自然失業率上升　(C) 循環性失業增加會帶動自然失業率下降
(D) 結構性失業增加會帶動自然失業率上升。

( )　30.假設其他條件不變，且新的就業者全部來自於原先的失業者。在此情
況下，勞動力會：　(A) 上升　(B) 下降　(C) 不變　(D) 先上升後下降。

( )　31.若 2010 年時，消費者物價指數為 110；而 2011 年時，消費者物價指
數則為 121。2011 年的上漲率為：　(A)21%　(B)11%　(C)10%　(D)
無法計算。

( )　32.歐肯法則（Okun's law）是描述那兩個總體經濟變數之間的關係？
(A) 經濟成長率和失業率　(B) 失業率和通貨膨脹率　(C) 通貨膨脹率
和實質利率　(D) 實質利率和經濟成長率。

( )　33.可支配所得（DI）等於：　(A) 消費加儲蓄　(B) 消費加所得稅　(C)
儲蓄加所得稅　(D) 儲蓄加消費加所得稅。

( )　34.若 2013 年 GDP 平減指數為 125，實質 GDP 為 1,000 億元；2014 年
GDP 平減指數為 200，實質 GDP 為 800 億元。則下列敘述何者正確？
(A)2014 年之名目 GDP 為 1,600 億元　(B)2014 年之名目 GDP 為 400
億元　(C)2013 年之名目 GDP 為 800 億元　(D)2013 年之名目 GDP
為 2,000 億元。

( )　35.在簡單凱因斯模型中，實質所得主要取決於下列那項因素？　(A) 物
價　(B) 總合支出　(C) 總合供給　(D) 租稅。

( )　36.資本邊際產量遞減，會造成下列那一種經濟現象？　(A) 高所得國家
低經濟成長率　(B) 高所得國家高經濟成長率　(C) 低所得國家低經
濟成長率　(D) 國與國間貿易更頻繁。

( )　37.下列何者不是中央銀行所採用的貨幣政策工具？　(A)法定存款準備率　(B)重貼現率　(C)公開市場操作　(D)銀行存款利率。

( )　38.在政府預算赤字增加時，若中央銀行增加國庫券的持有量，則下列何者是最不可能的情況？　(A)政府支出的排擠效果將縮小　(B)政府支出的排擠效果將擴大　(C)物價會上升　(D)利率會降低。

( )　39.根據總合供需模型，若勞動市場未達充分就業，則在其他條件不變下，嚴重乾旱缺水會導致：　(A)實質產出不變，但物價下降　(B)實質產出減少，且物價下降　(C)實質產出減少，但物價上升　(D)實質產出不變，但物價上升。

( )　40.在總合需求分析中，物價下跌會導致：　(A)自發性消費增加，總合需求線右移　(B)自發性消費減少，總合需求線左移　(C)自發性消費減少，總合需求線右移　(D)總合需求線不變。

( )　41.假設銀行的實際準備金不變。當存款準備率提高時，將會導致下列何種情形？　(A)超額準備及貨幣乘數皆增加　(B)超額準備減少，貨幣乘數增加　(C)超額準備增加，貨幣乘數減少　(D)超額準備及貨幣乘數皆減少。

( )　42.一般而言，當美元貶值時，美元計價商品（例如石油）的價格會：　(A)上升　(B)下降　(C)不變　(D)不確定如何改變。

( )　43.不論所得水準為何，甲國今年的投資皆為 500。若今年該國的所得水準為 2,000 時，該國預擬儲蓄總額為 250，若該國今年的所得水準為 3,000 時，該國人民預擬儲蓄總額為 500。根據這些資訊，在簡單凱因斯模型下，甲國今年的均衡所得水準為何？　(A)1,000　(B)2,000　(C)3,000　(D)4,000。

( )　44.下列何者不是古典學派的主張？　(A)流動性陷阱　(B)賽依法則　(C)貨幣中立性　(D)貨幣數量學說。

( )　45.下列為某一封閉經濟體系的資料：$Y=C+I+G$；$Y_d=Y-T$；$C=200+0.5Y_d$；$I=900$ 單位；$G=600$ 單位；$T=200$ 單位。此外，充分就業所得水準為 3,500 單位。則其他條件不變之下，此經濟體系若要達到充分就業，政府支出必須：　(A)增加 50 單位　(B)增加 100 單位　(C)增加 150 單位　(D)增加 300 單位。

( ) 46.貨幣政策影響所得之幅度，在下列那種狀況下最小？ (A) 利率對貨幣市場超額供需之反應較小；投資與消費需求對利率的反應也較小 (B) 利率對貨幣市場超額供需之反應較小；投資與消費需求對利率的反應卻較大 (C) 利率對貨幣市場超額供需之反應較大；投資與消費需求對利率的反應也較大 (D)利率對貨幣市場超額供需之反應較大；投資與消費需求對利率的反應卻較小。

( ) 47.下列有關「新興古典學派」（new classical school）的敘述，何者錯誤？ (A) 假設民眾具有理性預期 (B) 主張不論長期或短期，貨幣政策必然無效 (C) 認同短期總合供給線可為正斜率線 (D) 相信長期總合供給線為垂直線。

( ) 48.與財政政策相較，貨幣政策之那一種時間落後較為輕微？ (A) 認知落後（recognition lag）與決策落後（decision lag） (B) 決策落後（decision lag）與執行落後（execution lag） (C) 執行落後（execution lag）與效驗落後（impact lag） (D) 效驗落後（impact lag）與認知落後（recognition lag）。

( ) 49.當政府利用定額稅來融通其消費支出時，最可能造成： (A) 民間投資受到排擠 (B) 可支配所得維持不變 (C) 利率下降 (D) 物價水準下降。

( ) 50.在國際油價高漲的時候，若石油進口國打算降低通膨壓力，此時該國中央銀行應該設法讓： (A) 該國貨幣升值 (B) 該國貨幣貶值 (C) 該國貨幣供給不變 (D) 該國貨幣供給增加。

➡ 解答與解析

1.(B)。

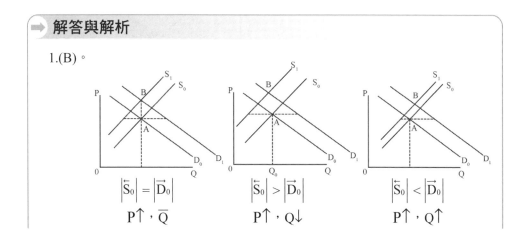

$$\left|\overleftarrow{S_0}\right| = \left|\overrightarrow{D_0}\right|$$

$P\uparrow，\overline{Q}$

$$\left|\overleftarrow{S_0}\right| > \left|\overrightarrow{D_0}\right|$$

$P\uparrow，Q\downarrow$

$$\left|\overleftarrow{S_0}\right| < \left|\overrightarrow{D_0}\right|$$

$P\uparrow，Q\uparrow$

2.(B)。

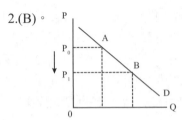

3.(C)。$\dfrac{\Delta Q_X}{\Delta P_Y}=-1<0$，X、Y 互為互補；$\dfrac{\Delta Q_X}{\Delta I}=-1<0$，X 為劣等財。

4.(B)。由 $\lambda=\dfrac{MU_x}{P_x}$，當 λ 固定時，$P_x\uparrow$，則 $MU_x\uparrow$，反之，$P_x\downarrow$，則 $MU_x\downarrow$。

5.(A)。$P_0=20$，$Q_0=1$，$TR_0=20$，$P_1=15$，$Q_1=2$，$TR_1=30$

　　　$MR=\dfrac{\Delta TR}{\Delta Q}=\dfrac{30-20}{2-1}=10$。

6.(A)。$MR=MC$，$P=MC$，$AR=MC$，即 $P=MR=AR=MC$。

7.(A)。線上每一點皆滿足 $MRP=MFC$，

　　　$MPP_LP=W$，

　　　$MPP_L=\dfrac{W}{P}$。

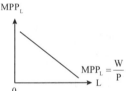

8.(B)。$L\uparrow$，使得 $\overline{AC}\uparrow<\overline{BD}\uparrow$

　　　表示 $L\uparrow$ 對汽車增加有較大的效果，反之，對飛機的增加效果較少，即飛機部門較為技術密集。

9.(B)。$t\uparrow$，則 $S\downarrow$，即 $\overleftarrow{S}$；$P\uparrow$，$Q\downarrow$。

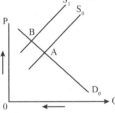

10.(A)。A＝2 萬，B＝4 萬，C＝6 萬

　　　選 A，則放棄最高的代價為 C＝6 萬（B, C 中作選擇）。

　　　選 B，則放棄最高的代價為 C＝6 萬（A, C 中作選擇）。

11.(D)。A 國：3 小時 ＝1 橘子，1 小時 ＝$\dfrac{1}{3}$橘子。

　　　8 小時 ＝1 蘋果，1 小時 ＝$\dfrac{1}{8}$蘋果。

　　　即 $\dfrac{1}{3}$橘子 ＝$\dfrac{1}{8}$蘋果，1 橘子 ＝$\dfrac{3}{8}$蘋果。

B 國：12 小時 = 1 橘子，1 小時 = $\frac{1}{12}$ 橘子。

8 小時 = 1 蘋果，1 小時 = $\frac{1}{8}$ 蘋果。

即 $\frac{1}{12}$ 橘子 = $\frac{1}{8}$ 蘋果，1 橘子 = $\frac{12}{8}$ 蘋果。

故 A 國生產橘子的機會成本低於 B 國，A 國應專業化生產橘子，B 國應專業化生產蘋果。

12.(C)。臺灣煉油業的市場為寡占市場。

13.(D)。

$Q\downarrow$，$\pi\downarrow$

市場　　　個別廠商

14.(C)。$TR = P \cdot q = (20-q)q = 20q - q^2$

$MR = \frac{dTR}{dq} = 20 - 2q$，$MC = MR$，$2q = 20 - 2q$，

$q = 5$ 代入 $P = 20 - q$，得 $P = 20 - 5 = 15$。

15.(B)。三星選 A，小米選 NA（100>90）
三星選 NA，小米選 NA（110>90）
小米選 A，三星選 NA（100>90）
小米選 NA，三星選 NA（110>90）
Nash 解為 (NA，NA) = (110, 100)。

16.(D)。$\pi = 0$

17.(B)。$U = X + 2Y$，令 $U = \overline{U}$，$\Delta\overline{U} = \Delta X + 2\Delta Y$

$0 = \Delta X + 2\Delta Y$，得 $\Delta X = -2\Delta Y$，$\frac{\Delta Y}{\Delta X} = \frac{1}{-2}$，$MRS = -\frac{1}{2}$。

18.(A)。當工資率上升時，休閒是劣等財，則所得效果為負的，所得效果小於替代效果，勞動供給線為正斜率。

19.(A)。供給線往右移動。

20.(D)。外部性是造成市場失靈的原因之一。

21.(A)。完全競爭市場 P＝LMC，達到經濟效率。

22.(A)。如右圖，Q_B（社會最適）$>Q_A$（私人最適）

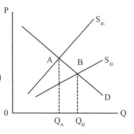

23.(A)。非敵對性：指商品或勞務可以被共享，
　　　　不因他人的使用而減少。

24.(C)。令汽油需求量為 x，汽車價格為 P_y，若 $\dfrac{\partial x}{\partial P_y}<0$，表示 x↑，

　　　　P_y↓(須符合需求法則，即 y↓)，當 x↑、y↓，表示 x、y 互為互補品。

25.(A)。由 $\dfrac{dTR}{dp}=Q(1-|\varepsilon_d|)<0$，即 $|1-|\varepsilon_d||<0$，

　　　　故 $1-|\varepsilon_d|<0$，$-|\varepsilon_d|<-1$，$|\varepsilon_d|>1$。

26.(B)。採擴張性財政政策，如：減稅，增加政府支出，增加企業補貼。

27.(A)。$\pi_t-3\%=2(5\%-u_t)$
　　　　$\Rightarrow \pi_t=3\%+2(5\%-u_t)$
　　　　$\pi_t-4\%=2(5\%-u_t)$
　　　　$\Rightarrow \pi_t=4\%+2(5\%-u_t)$
　　　　$\pi_t=3\%+2(5\%-u_t)$
　　　　令 $u_t=0$，則 $\pi_t=3\%+10\%=13\%$
　　　　令 $\pi_t=0$，則 $0=3\%+10\%-2u_t$，即 $u_t=6.5\%$
　　　　$\pi_t=4\%+2(5\%-u_t)$
　　　　令 $u_t=0$，$\pi_t=4\%+10\%=14\%$
　　　　令 $\pi_t=0$，$0=4\%+10\%-2u_t$，即 $u_t=7\%$
　　　　短期的菲力浦曲線向右移。

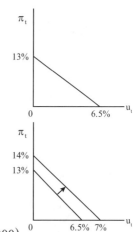

28.(B)。$\dfrac{y_{1991}-y_{1990}}{y_{1990}}=\dfrac{3\times200+2\times300-(3\times200+2\times200)}{3\times200+2\times200}$

　　　　　　　$=\dfrac{600+600-(600+400)}{600+400}=\dfrac{1200-1000}{1000}=\dfrac{200}{1000}=20\%$

29.(D)。自然失業率 ＝ 摩擦性失業率 ＋ 結構性失業率，
　　　　若結構性失業率上升，則自然失業率亦上升。

30.(C)。勞動力 ＝ 就業人口 ＋ 失業人口，
　　　　若就業人口↑＝失業人口↓，則勞動力不變。

31.(C)。 $\dfrac{P_1 - P_0}{P_0} = \dfrac{131\% - 110\%}{110\%} = 10\%$

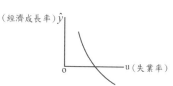

32.(A)。 歐肯法則是描述經濟成長率和
失業率，如右圖：經濟成長率和
失業率呈反向關係。

33.(A)。 DI＝C＋S，可支配所得＝消費＋儲蓄。

34.(A)。 2014 年 GDP 平減指數 ×2014 年實質 GDP
$= \dfrac{200}{100} \times 800 = 1600$（億元）。

35.(B)。 在名目工資和物價水準僵固的情況下，
所得由需求面來決定。如右圖：

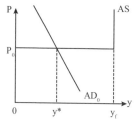

36.(A)。 高所得國家，其資本相對大於勞動量，當資
本的邊際產量遞減，將使產出減少，即經濟
成長率下降。

37.(D)。 銀行存款利率是由商業銀行決定的。

38.(B)。 增加國庫券的持有，則政府支出減少，將使排擠效果↓，利率↓，
總需求因貨幣供給的增加而增加，使得物價↑。

39.(C)。 總供給往左移，實質產出↓，物價↑。

40.(D)。 如圖，物價下跌，產出由 y_0 上升到 y_1，
總合需求曲線不變。

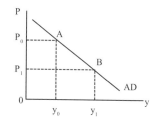

41.(D)。 由 $M = \dfrac{1+c}{1+r} \cdot B = m \cdot B$，

　　　B：貨幣基數　　　$c = \dfrac{C}{D}$

　　r＝存款準備率　　　m＝貨幣乘數
　　已知 $\overline{B}$、r↑，則 m↓，超額準備↓。

42.(A)。 已知商品為台幣 100 元，
$e_0 = \dfrac{1}{30}$，$100 \times \dfrac{1}{30} = \dfrac{100}{30}$（美元）　　$e_1 = \dfrac{1}{29}$，$100 \times \dfrac{1}{29} = \dfrac{100}{29}$（美元）

以美元計價時，商品價格由 $\dfrac{100}{30}$ 上升到 $\dfrac{100}{29}$。

43.(C)。$I_0=500$，$Y_0=2000$，$S_0=250$，$Y_1=3000$，$S_1=500$

$$\frac{S_1-S_0}{Y_1-Y_0}=\frac{500-250}{3000-2000}=\frac{250}{1000}=0.25$$

$$\frac{S-250}{Y-2000}=0.25=\frac{1}{4}，即\ 4S-250\times4=Y-2000，$$

$$4S=Y-2000+1000，4S=Y-1000，S=\frac{Y}{4}-250$$

$$I=S，500=\frac{Y}{4}-250，\frac{Y}{4}=750，Y^*=3000。$$

44.(A)。流動性陷阱是 keynes 的主張。

45.(C)。由 $Y=C+I+G$，$Y=200+0.5(Y-200)+900+600$

$Y=200+0.5Y-100+900+600$，$0.5Y=100+900+600$

$Y^*=3200$，由 $\frac{\Delta Y}{\Delta G}=\frac{1}{1-6}$，已知 $\frac{|3500-3200|}{\Delta G}=\frac{1}{1-0.5}$

$\Delta G=0.5\times300=150$。

46.(A)。利率對 M^d 的反應較小，即 LM 的斜率愈大，則貨幣政策的效果愈大（B>C）；利率對消費與投資的反應較小，即 IS 斜率愈小，則貨幣政策的效果愈大（B>C）。

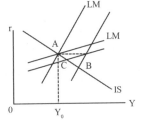

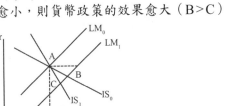

47.(B)。又稱理性預期學派，被完全預料到的政策完全無效，沒有長短期之分。

48.(B)。決策、執行的落後較輕微。

49.(A)。即政府的支出來源是定額稅，當政府支出增加，將使利率↑，私人投資↓。

50.(A)。本國貨幣升值則出口成本上升，進口成本下降，石油是進口品。故可以降低輸入性通貨膨脹的發生。

107 年　高考三級（勞工行政）

甲、申論題

一、政府為了顧及人民的健康，想要人民減少吸菸次數和數量。假設對香菸的反需求函數（inverse demand function）可表示為 $p=40-3q$，反供給函數（inverse supply function）可表示為 $p=20+2q$。假設政府開始對香菸供應商課徵每單位香菸 10 元的稅，則：

(一) 此時稅後均衡價格為何？

(二) 消費者每單位香菸多付多少錢？

(三) 這項租稅政策對減少人民吸菸量的效果大小，與需求彈性有何關係？

答：(一) 稅後

$P=40-3q$ .... (1)

$P=20+2q+10$ ... (2)

解 (1)(2)，$q=2$ 代入 (1)，得 $p=34$(元)。

(二) 稅前

$P=40-3q$ .... (1)

$P=20+2q$ .... (2)

解 (1)(2)，$q=4$ 代入 (1)，得 $p=28$(元)，$34-28=6$(元)，為消費者負擔的稅。

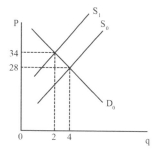

(三) 當政府對生產者課徵從量稅 10 元，需求彈性愈大，需求曲線愈平坦，如 D_0^A。稅後的均衡數量為 Q_A，需求彈性愈小，需求曲線愈陡，如 D_0^B。稅後的均衡數量為 Q_B，而 Q_A 大於 Q_B，表示需求彈性愈大，對減少人民吸菸量的租稅政策其效果較佳。

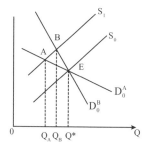

二、若一梭羅成長模型（Solow growth model）的生產函數為 $Y=5K^{0.5}N^{0.5}$，其中 Y 為總產出，K 為資本存量，N 為總勞動人口數。同時在此模型中折舊率為 0.2，人口成長率為 0.05，儲蓄率為 0.2。

(一) 請寫出平均每人生產函數。

(二) 穩定狀態（steady state）的條件為何？

(三) 在穩定狀態時的平均每人資本存量為何？

(四) 在穩定狀態時的平均每人資本產出為何？

(五) 在穩定狀態時的平均每人消費為何？

答：(一) 平均每人生產函數

$$\frac{Y}{N} = 5\frac{K^{\frac{1}{2}}N^{\frac{1}{2}}}{N} = 5K^{\frac{1}{2}} \cdot N^{\frac{1}{2}} \cdot N^{-1} = 5K^{\frac{1}{2}} \cdot N^{-\frac{1}{2}} = 5(\frac{K}{N})^{\frac{1}{2}} \Rightarrow y = 5k^{\frac{1}{2}} = 5\sqrt{k}$$

(二) 穩定狀態的條件，

$sf(k) = (\delta + n)k$

s：儲蓄率，δ：折舊率，n：人口成長率，k：平均每人資本存量。

(三) $sf(k) = (\delta + n)k$

$0.2(5\sqrt{k}) = (0.2 + 0.05)k \Rightarrow \sqrt{k} = 0.25k$

$\frac{\sqrt{k}}{k} = 0.25 \Rightarrow \frac{1}{\sqrt{k}} = \frac{1}{4}$，即 k=2。

(四) 將 k=2，代入 $y = 5\sqrt{k}$，得 $y = 5\sqrt{2}$，此為平均每人資本產出。

(五) $c = f(k) - sf(k) = 5\sqrt{k} - 0.2 \times 5\sqrt{k} = 5\sqrt{k} - \sqrt{k} = 4\sqrt{k}$

將 k=2 代入得 $c = 4\sqrt{2}$，此為平均每人消費。

乙、測驗題

( ) 1. 根據國際貿易比較利益法則，自由貿易比自給自足好，是因為自由貿易可以： (A) 增加參與貿易國家加總的產出與消費 (B) 降低出口部門的勞工工資 (C) 同時提昇進出口部門的勞動生產力 (D) 降低進出口產品的價格。

( ) 2. 有約束力的價格下限是_____設定_____均衡價格： (A) 最低價格；低於 (B) 最高價格；低於 (C) 最低價格；高於 (D) 最高價格；高於。

( ) 3. 假設價格 10 元時的需求量為 100，當價格下跌至 8 元，需求量上升至 130。請問此時需求的弧彈性為何？ (A)1.50 (B)1.17 (C)1.00 (D)0.85。

( ) 4. 已知某甲對於 x 與 y 商品的效用函數為 u(x, y)＝min{4x＋3y, 3x＋4y}，某乙的效用函數為 u(x, y)＝min{8x＋7y, 7x＋8y}。若二人所得相同且面對相同物價，在消費均衡點上，下列何者正確？ (A) 兩人的最適購買數量相同 (B) 甲購買的 x 數量較乙多，y 較乙少 (C) 甲購買的 x 數量較乙少，y 較乙多 (D) 甲購買的 x 和 y 都比乙來得多。

( ) 5. 假設 X 財貨對某人的邊際效用（MUx）如表所示，其貨幣的邊際效用為 3（MUm＝3），請問售價為 4 元時，以價格表示的消費者剩餘應為：

Qx	1	2	3	4	5	6
MUx	21	18	15	12	9	6

(A)18 (B)15 (C)12 (D)6。

( ) 6. 當完全競爭市場的廠商發現它的邊際收益小於邊際成本時，如何做可以提高利潤？ (A) 增加產量 (B) 減少產量 (C) 提高價格 (D) 降低價格。

( ) 7. 下列有關平均成本（average cost）和邊際成本（marginal cost）的敘述，何者正確？ (A) 平均成本一定會大於邊際成本 (B) 邊際成本一定會大於平均成本 (C) 平均成本曲線一定會通過邊際成本曲線的最低點 (D) 邊際成本曲線一定會通過平均成本曲線的最低點。

( ) 8. 下列那項不是獨占性競爭市場的特徵？ (A) 廠商生產異質性商品競爭 (B) 個別廠商面對負斜率的需求曲線 (C) 廠商以最低平均總成本生產 (D) 廠商的長期利潤為零。

( ) 9. 假設獨占廠商的總成本函數為 C＝2＋2q，其中 C 為總成本、q 為產品數量。產品的市場需求曲線則為 q＝10－P，其中 q 為產品數量、而 P 則為市場價格。試問此獨占廠商利潤極大化的價格為何？ (A)\$2 (B)\$4 (C)\$6 (D)\$8。

( ) 10. 下列有關「市場效率假說」的敘述，何者錯誤？ (A) 股價已反映所有公開資訊 (B) 股價變動為隨機漫步型式 (C) 未來股價最佳預測值為本期股價 (D) 買股要等待適當時機。

( ) 11.在1990年代，電腦程式設計員的邊際產出價值快速提高。其他條件不變下，這將如何影響電腦程式設計員的均衡僱用量？ (A)均衡僱用量提高 (B)均衡僱用量下降 (C)均衡僱用量不確定 (D)不可能知道均衡的僱用量。

( ) 12.下列那一項是逆向選擇的例子？ (A)投保健康保險之後，民眾可能越會越濫用健保 (B)開車較粗心的駕駛比較會來買意外保險 (C)有錢人比較會來買人壽保險 (D)窮人比較買不起汽車保險。

( ) 13.某一廠商的生產函數為 q=LK，其中 q 是總產量、L 是勞動要素投入量、K 則是資本要素投入量。目前勞動和資本的市場單位價格皆為 \$1，而資本投入量則被固定在 1 單位。在此廠商追求成本極小化的假設之下，其短期總成本函數為何？ (A)$C(q)=2q+1$ (B)$C(q)=2q^{0.5}$ (C)$C(q)=q$ (D)$C(q)=q+1$。

( ) 14.若實際失業率低於自然失業率，則下列何者正確？ (A)通貨膨脹率上升 (B)菲力普曲線（Phillips curve）會向左移動 (C)工資會下降 (D)自然失業率會下降。

( ) 15.下列何者總體變數是較合乎季節性順週期（seasonally procyclical）之性質？ (A)對勞務之支出 (B)失業率 (C)對耐久性財貨之支出 (D)真實工資。

( ) 16.根據貨幣數量學說，若貨幣供給增加10%，流通速率減少4%，實質GDP增加4%，則物價變動率為： (A)2% (B)4% (C)6% (D)10%。

( ) 17.由梭羅（Solow）模型中，假使關注的焦點是如何使長期穩定狀態下，讓消費（steady-state consumption）極大化之資本勞動比，下列何者正確？ (A)應由折舊率、人口成長率及技術成長率共同決定 (B)應找出黃金法則（golden rule）之最適技術成長率 (C)應由最適折舊率決定 (D)應先找出長期穩定狀態下之所得水準。

( ) 18.成長理論中，所謂有條件收斂（conditional convergence）是在說明，在長期間： (A)生活水準只在相似特質之國家之中會收斂 (B)生活水準只在初始之資本－勞動相同的國家之中會收斂 (C)全世界生活水準最後會一樣 (D)縱使人口成長率不一，生活水準最終仍會一樣。

(　)　19. 令橫軸變數為實質 GDP，縱軸變數為利率。就 IS-LM 模型而言，下列關於 LM 線的敘述，何者正確？　(A) 貨幣需求對所得的敏感程度愈高時，LM 線會愈平坦　(B) 貨幣需求對利率的敏感程度愈高時，LM 線會愈平坦　(C) 貨幣需求對物價的敏感程度愈高時，LM 線會愈平坦　(D) 貨幣需求對物價的敏感程度愈低時，LM 線會愈平坦。

(　)　20. 假設其他條件不變且政府的財政政策與中央銀行的貨幣政策均有效。根據 IS-LM 模型，當政府減少投資支出且中央銀行調高重貼現率時，可以確定：　(A) 均衡所得會增加　(B) 均衡所得會減少　(C) 一般物價會上漲　(D) 一般物價會下跌。

(　)　21. 已知社會只有張三、李四、王五及趙六等四個消費者，其個別消費函數分別為：張三：$C=140+0.8Y_d$；李四：$C=160+0.6Y_d$；王五：$C=100+0.7Y_d$；趙六：$C=50+0.9Y_d$，則社會消費函數應為：(A) $C=450+3.0Y_d$　(B) $C=450+0.75Y_d$　(C) $C=450+0.8Y_d$　(D) $C=450+0.9Y_d$。

(　)　22. 根據李嘉圖均等定理（Ricardian equivalence theorem），有關政府採取舉債方式增加政府支出對經濟的影響，下列敘述何者正確？　(A) 可貸資金需求增加，因此實質利率上升　(B) 可貸資金供給減少，因此實質利率上升　(C) 可貸資金供給和可貸資金需求等額增加，因此實質利率不變　(D) 可貸資金供給增加而可貸資金需求減少，因此實質利率下跌。

(　)　23. 政府財政支出的財源由下列何種方式來融通，會直接與貨幣供給產生關聯性？　(A) 增稅　(B) 發行公債由銀行買入　(C) 發行公債由大眾買入　(D) 發行公債由中央銀行買入。

(　)　24. 假定某一消費者的所得從 40,000 元增加為 48,000 元，使得消費由 35,000 元增加為 41,000 元，則：　(A) 消費函數的斜率是 0.75　(B) 平均消費傾向是 0.75　(C) 邊際儲蓄傾向是 0.2　(D) 邊際消費傾向是 0.6。

(　)　25. 貨幣政策的量化寬鬆效果可能會因下列因素而不彰？　①利率幾近於下限零　②銀行超額準備金增加　③通貨回存銀行　④對銀行超額準備金支付利息　(A) 僅①　(B) 僅③　(C) ①②④　(D) ②③④。

➡ 解答與解析

1.(A)。雙方同時生產兩種產品的場合，各人「機會成本」較低的產品就是他有生產上的比較利益。只要決定專業生產比較利益的產品，再交換，這種分工的方式可以使雙方都獲利。

2.(C)。有約束的價格下限：$P_L > P^*$。

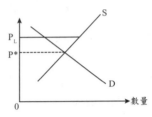

3.(B)。$\varepsilon^d = \dfrac{\Delta Q / Q_1 + Q_0}{\Delta P / P_1 + P_0} = \dfrac{130 - 100 / 130 + 100}{8 - 10 / 8 + 10} = 1.17$

4.(A)。甲均衡時，$4x + 3y = 3x + 4y$，即 $x = y$
乙均衡時，$8x + 7y = 7x + 8y$，即 $x = y$
在相同所得和物價下，
兩者的最適消費量相同。

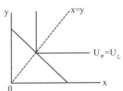

5.(D)。由 $\dfrac{MU_x}{P_x} = MU_m$，已知 $MU_m = 3$，$P_x = 4$，則 $MU_x = 12$，
$MU_x = 12$，所對應的消費量為 $x = 4$，願意支付 $= 7 + 6 + 5 + 4 = 22$
實際支付 $= 4 \times 4 = 16$，消費者剩餘 $= 22 - 16 = 6$。

Q_x	1	2	3	4	5	6
MU_x	21	18	15	12	9	6
P_x	7	6	5	4	3	1

6.(B)。$MR = \dfrac{\Delta TR}{\Delta Q}$，$MC = \dfrac{\Delta TC}{\Delta Q}$，若 $MR < MC$，則減少產量。

7.(D)。如圖：MC 一定通過 AC 的最低點。

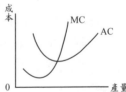

8.(C)。獨占競爭市場長期時，個別廠商僅得
　　　到正常利潤，但會在長期平均成本最
　　　低點的左邊生產，而不會在長期平均
　　　成本最低點處生產，如圖：

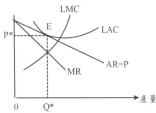

9.(C)。$TR=P \times q=(10-q) \times q=10q-q^2$
　　　$MR=\dfrac{dTR}{dq}=10q-2q^2$，$MC=\dfrac{dC}{dq}=2$，利潤最大條件 $MR=MC$
　　　$10-2q=2$，得 $q=4$，將 $q=4$ 代入 $q=10-P$，得 $P=6$。

10.(D)。市場效率假說是說明資訊與股價的關聯性，並非探討買股的時機。

11.(A)。勞動產值提高，則對勞動的需求增
　　　加，勞動需求線向右移。
　　　如圖：MPP_L^0 上升到 MPP_L^1，勞動雇
　　　用量由 L_0 上升到 L_1。

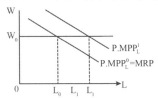

12.(B)。逆向選擇是指在簽約之前，已經清楚自己的特性，而作出對自己有
　　　利的自我選擇，故 (B) 選項即屬此例。

13.(D)。已知，$P_L=1=P_K$，$q=1$，$q=LK$，
　　　由 $\dfrac{MP_L}{P_L}=\dfrac{MP_K}{P_K}$……(1)，$q=LK$……(2)
　　　$\dfrac{K}{1}=\dfrac{L}{1}$……(1)'，$1=LK$……(2)'
　　　解 (1)'(2)'，得 $L=1$，$K=1$，因 $q=LK$，當 $K=1$ 時，$L=q$，
　　　短期成本函數為 $C(q)=P_L L+\overline{P_K}\overline{K}=1 \times L+1 \times 1=L+1=q+1$。

14.(A)。若實際的失業率 (u_1) 小於自然失
　　　業率 (u_n)，則短期的菲力普曲線
　　　（SRPC）向左移動。

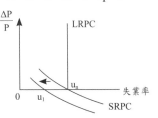

15.(C)。夏天（夏季）對於冷氣機（耐久性的財貨）的支出較大，反之，冬
　　　天（冬季）對於冷氣機的支出較少。

16.(A)。由 $MV=Py$，改成 $\hat{M}+\hat{V}=\hat{P}+\hat{y}$，已知 $\hat{M}=10\%$，$\hat{V}=-4\%$，
　　　$\hat{y}=4\%$，則 $10\%+4\%=\hat{P}+4\%$，$\hat{P}=2\%$。

17.(A)。穩定狀態下使消費水準極大化，$c^* = f(k^*) - (\delta + n + g)k^*$，

即 $\dfrac{dc^*}{dk} = 0$，$\dfrac{df(k)^*}{dk} - \dfrac{d(\delta + n + g)k^*}{dk} = 0$，$MPk = \delta + n + g$，

即資本的邊際產量＝折舊率＋人口成長率＋技術成長率。

18.(A)。一個經濟體系是否收斂，取決於一開始形成差異的原因，若兩個經濟體系恰有相同的穩定狀態，但一開始的資本存量卻不相同，則預期他們會彼此收斂。

19.(B)。令 LM 曲線為 $\dfrac{M}{P} = ky + \ell_0 - \ell_1 r$，

斜率為 $\dfrac{dr}{dy} = \dfrac{k}{\ell_1}$，$\dfrac{d(\dfrac{M^d}{P})}{dr} = -\ell_1$。

若貨幣需求對利率的敏感程度愈高則 ℓ_1 愈大，即 LM 愈平坦。

20.(B)。政府減少投資支出，表示 G 減少，IS 曲線向左移，中央銀行調高免貼現率，表示貨幣供給減少，LM 曲線向左移，均衡的利率可能上升，不變或減少，而均衡所得減少。

21.(B)。令社會的消費函數為 $C = C_0 + bY_d$，

$C_0 = \sum\limits_{i=1}^{4} C_0^i = 140 + 160 + 100 + 50 = 450$

$b = \sum\limits_{i=1}^{4} b_i / 4 = \dfrac{0.8 + 0.6 + 0.7 + 0.9}{4} = 0.75$

所以社會的消費函數為 $C = 450 + 0.75 Y_d$。

22.(C)。家計單位將額外的所得儲蓄下來，作為繳納因減稅所造成未來稅賦的增加。私人儲蓄的增加（可貸資金的供給增加），政府儲蓄的減少（可貸資金需求減少），相互抵銷，所以實質利率不變。

23.(D)。中央銀行買入政府的公債，同時釋放等額的台幣，即貨幣供給增加。

24.(A)。已知 $C_1 = 35000$，$y_1 = 40000$

　　　　$C_2 = 41000$，$y_2 = 48000$

則 $mpc = \dfrac{\Delta C}{\Delta Y} = \dfrac{C_2 - C_1}{Y_2 - Y_1} = \dfrac{41000 - 35000}{48000 - 40000} = \dfrac{6000}{8000} = 0.75$。

25.(C)。量化寬鬆的效果是希望透過貨幣供給增加來降低利率，若利率接近零，銀行超額準備金增加或對銀行超額準備金支付利息，則利率下降的效果有限。

107 年　普考（經建行政）

( )　1.下列何者不是市場失靈的原因？　(A) 獨占性競爭　(B) 公共財　(C) 外部效果　(D) 完全競爭。

( )　2.需求的價格彈性大於 1，表示：　(A) 價格變動的百分比等於需求量變動的百分比　(B) 價格變動的百分比大於需求量變動的百分比　(C) 價格變動的百分比小於需求量變動的百分比　(D) 價格愈高，需求量也愈高。

( )　3.廠商生產水泥的社會邊際效益函數為 $MB=30-Q$，廠商邊際成本函數為 $MC=Q$，其中 Q 為水泥產量。若生產 1 單位的水泥會排放 2 單位的污染，每單位污染對社會的損害為 2，則達到資源配置效率的水泥產量為多少？　(A)12　(B)13　(C)14　(D)15。

( )　4.在股票市場上常可見到當某一支股票價格上漲時，投資人購買的數量即跟著增加。以市場供需模型來詮釋此種現象是：　(A) 需求法則不成立　(B) 供給法則不成立　(C) 市場需求線因預期心理右移　(D) 市場供給線因預期心理右移。

( )　5.彈性之所以要用「變動率」來衡量，是因為：　(A) 方便計算　(B) 為了估計點彈性　(C) 可以直接看斜率　(D) 避免受到計價或計量單位影響。

( )　6.兩商品 X 與 Y 為互補品，P_X 與 P_Y 分別為 X 與 Y 的價格。就個別消費者而言，P_Y 上漲時會導致：　(A) 商品 X 的需求增加　(B) 商品 X 的需求減少　(C) 商品 X 的需求不變　(D)P_X 上漲。

( )　7.關於獨占市場，下列敘述何者正確？　(A)市場裡只有一家廠商獨大，其他的廠商都微不足道　(B) 市場裡沒有完全替代品，只能有近似替代品　(C) 市場均衡時，無法達到經濟效率　(D) 廠商進出市場容易。

( )　8.完全競爭市場短期均衡時，下列敘述何者錯誤？　(A) 廠商可能在平均成本最低點生產　(B) 廠商可能在平均收益小於邊際成本的時候生產　(C) 廠商可能有經濟損失　(D) 廠商在利潤最大的條件下生產。

( )　9.在其他條件不變下，追求利潤極大的廠商會調整其勞動需求量，直
　　　到下列何項條件成立為止？　(A)邊際生產收益等於實質工資率　(B)
　　　勞動邊際產量等於實質工資率　(C)邊際成本等於產品價格　(D)勞
　　　動需求量等於勞動供給量。

( )　10.勞動需求線描繪的是下列何種關係？　(A)工資率與產品需求量的關
　　　係　(B)勞動邊際產量與勞動需求量的關係　(C)勞動平均產量與工
　　　資率的關係　(D)工資率與勞動邊際產量的關係。

( )　11.下圖是某國生產 X 和 Y 的生產可能線。從 A 點移動到 F 點，這樣向
　　　外凸出的特性，可以看出生產 X 的機會成本：　(A)固定　(B)為零
　　　(C)遞增　(D)遞減。

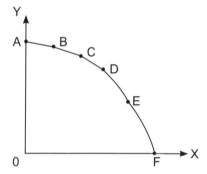

( )　12.商品市場在何種情況下，廠商完全無法將任何銷售稅轉嫁給消費者？
　　　(A)市場供給彈性無窮大　(B)市場需求彈性無窮大　(C)市場供給彈
　　　性等於 1　(D)市場需求彈性等於 1。

( )　13.下列關於「機會成本」的敘述，何者錯誤？　(A)假設某一稀少資源
　　　僅有一種用途，則該稀少資源沒有機會成本　(B)享受冬日午後陽光
　　　不需付費，故陽光沒有機會成本　(C)某一資源的機會成本，是指此
　　　一資源所有用途價值之總和　(D)某一經濟行為動用到好幾個資源，
　　　這個經濟行為的機會成本，是指所動用的資源之機會成本總和。

( )　14.阿明和小芬結婚後，談論到家務分擔。阿明可以在 40 分鐘做好晚餐，
　　　20 分鐘完成拖地，小芬可以在 30 分鐘做好晚餐，10 分鐘完成拖地。
　　　根據比較利益法則，兩人的家務應如何分擔？　(A)小芬同時負責煮
　　　晚餐及拖地　(B)阿明同時負責煮晚餐及拖地　(C)阿明負責煮晚餐，
　　　小芬負責拖地　(D)阿明負責拖地，小芬負責煮晚餐。

( )　15.臺灣美容美髮業的市場結構為：　(A) 獨占市場　(B) 完全競爭市場　(C) 寡占市場　(D) 獨占性競爭市場。

( )　16.假設燕麥市場為完全競爭，且處於長期均衡。每家廠商都有相同的 U 字型平均總成本及遞增的邊際成本曲線。若醫學報告指出多吃燕麥有益身體健康而增加燕麥的需求，在其他條件不變下，長期燕麥市場中：　(A) 廠商數目增加、總產量增加、且每家廠商的經濟利潤為零　(B) 廠商數目增加、總產量減少、且每家廠商的經濟利潤為負值　(C) 廠商數目減少、總產量增加、且每家廠商的經濟利潤為正值　(D) 廠商數目減少、總產量減少、且每家廠商的經濟利潤為零。

( )　17.假設一個獨占廠商面對的市場需求曲線為 $p=10-2q$，其中 p 及 q 分別為價格及產量，且其總成本函數為 $TC(q)=5+2q$。此廠商的最大利潤為：　(A)5　(B)4　(C)3　(D)2。

( )　18.下列何種追求利潤最大廠商的長期產量會具效率規模（efficient scale）？　(A) 獨占廠商　(B) 完全競爭廠商　(C) 寡占廠商　(D) 獨占性競爭廠商。

( )　19.某人的效用函數為 $U=\sqrt{x_1 x_2}$，則它跟下列何種效用函數會有相同的無異曲線？　(A)$U=x_1+x_2$　(B)$U=\log(x_1)+\log(x_2)$　(C)$U=\sqrt{x_1}+\sqrt{x_2}$　(D)$U=(x_1)^2(x_2)^3$。

( )　20.承上題的效用函數，若 x_1 的價格是 5，x_2 的價格是 10，某甲有所得 100 元，則最適時，他各會消費多少 x_1 與 x_2？　(A)$(x_1, x_2)=(16, 2)$　(B)$(x_1, x_2)=(10, 5)$　(C)$(x_1, x_2)=(8, 6)$　(D)$(x_1, x_2)=(4, 8)$。

( )　21.無異曲線會凸向原點，與下面何者的性質有關？　(A) 總效用遞減　(B) 規模報酬遞增　(C) 邊際替代率遞減　(D) 偏好的遞移性。

( )　22.若某產業具規模報酬遞增，則該產業的廠商 ① 生產規模時，平均總成本 ② 。前述文字①②應分別填入：　(A) 擴大，上升　(B) 擴大，下降　(C) 擴大，不變　(D) 縮小，下降。

( ) 23. 下圖是某市場需求與供給曲線。當市場達成均衡時，消費者剩餘與生產者剩餘分別是： (A) 消費者剩餘是 ABE，生產者剩餘是 APE (B) 消費者剩餘是 APE，生產者剩餘是 PBE (C) 消費者剩餘是 OBEQ，生產者剩餘是 APE (D) 消費者剩餘是 PBE，生產者剩餘是 APE。

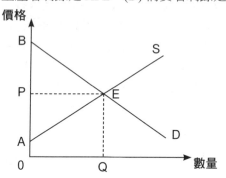

( ) 24. 設計有效的價格下限的目的是為了 ① ，設計有效的價格上限的目的是為了 ② 。前述文字①②應分別填入： (A) 保護供給者，保護需求者 (B) 保護需求者，保護供給者 (C) 保護供給者，增加政府稅收 (D) 追求公平，增加政府稅收。

( ) 25. 王小姐只消費兩種財貨，A 與 B。假設其他條件不變，在下列那種情況之下，A 與 B 之間是替代品的關係？ (A)A 的價格上漲時，B 的消費量減少 (B)B 的價格上漲時，A 的消費量增加 (C)A 的價格上漲時，A 的消費量減少 (D) 所得增加時，A 與 B 的消費量都增加。

( ) 26. 下列那一項為景氣衰退的領先指標？ (A) 存貨投資上升 (B) 耐久財消費上升 (C) 政府支出下降 (D) 進口上升。

( ) 27. 有關家庭所得五等分位差距倍數，下列敘述何者正確？ (A) 其值愈大表示家庭平均所得成長率愈高 (B) 其值為全國所得除以第五等分位所得 (C) 其值為全國所得除以第一等分位所得 (D) 其值愈大表示家庭所得分配愈不平均。

( ) 28. 下列關於物價膨脹率的敘述，何者正確？ (A) 如果物價膨脹率超過名目利率，則存款的購買力一定是上升的 (B) 如果物價膨脹率超過名目利率，則存款的購買力一定是下降的 (C) 事後的實質利率高於事前的實質利率 (D) 事後的實質利率低於事前的實質利率。

( )　29. 下表為某國的勞動資料。根據該表，該國的失業率：

年	2009	2010	2011
民間人口	2,000	3,000	3,200
就業人口	1,400	1,300	1,600
失業人口	200	400	400

(A) 從 2009 到 2010 是上升的，從 2010 到 2011 也是上升的　(B) 從 2009 到 2010 是上升的，從 2010 到 2011 是下降的　(C) 從 2009 到 2010 是下降的，從 2010 到 2011 是上升的　(D) 從 2009 到 2010 是下降的，從 2010 到 2011 也是下降的。

( )　30. 承上題，該國的勞動力：　(A) 從 2009 到 2010 是增加的，從 2010 到 2011 也是增加的　(B) 從 2009 到 2010 是增加的，從 2010 到 2011 是減少的　(C) 從 2009 到 2010 是減少的，從 2010 到 2011 是增加的　(D) 從 2009 到 2010 是減少的，從 2010 到 2011 也是減少的。

( )　31. 根據李嘉圖對等命題（Ricardian equivalence proposition）的論點，當政府減稅但其支出未減少時，下列敘述何者正確？　(A) 政府儲蓄減少，民間儲蓄也減少　(B) 政府儲蓄減少，民間儲蓄增加　(C) 政府儲蓄增加，民間儲蓄也增加　(D) 政府儲蓄增加，民間儲蓄減少。

( )　32. 麵包店製造麵包，製造過程中花費 1 萬元買糖，2 萬元買麵粉，3 萬元支付工資，4 萬元支付店租，已知其生產的附加價值為 8 萬元，則麵包店銷售麵包的收益為多少？　(A)10 萬元　(B)11 萬元　(C)15 萬元　(D)18 萬元。

( )　33. 當一國以提高政府支出刺激經濟成長時，則本國貿易餘額與利率最可能的走向分別是：　(A) 貿易餘額增加且利率上升　(B) 貿易餘額增加且利率下降　(C) 貿易餘額減少且利率上升　(D) 貿易餘額減少且利率下降。

( )　34. 在一個簡單的封閉經濟體系中，下列敘述何者正確？　(A) 總工資等於總利潤　(B) 總消費等於總儲蓄　(C) 總所得等於總產出　(D) 總工資等於總消費。

( )　35. 當 $Y = C + I + G$，$C = 100 + 0.75 Y_D$，$I = 50$，$G = 70$，$Y_D = Y - T$，$T = 60$，其均衡所得為：　(A)500　(B)600　(C)700　(D)800。

( ) 36.根據總合供需模型，在其他條件不變下，實質 GDP 下降將導致：
(A) 總合供給線左移　(B) 總合生產函數下移　(C) 勞動供給線左移
(D) 沿著總合供給線由右往左做線上移動。

( ) 37.下列何者不會造成總合需求線移動？　(A) 原物料價格上漲　(B) 廠
商對未來景氣樂觀　(C) 國際景氣好轉　(D) 自發性儲蓄增加。

( ) 38.中央銀行所發行的通貨屬於：　(A) 強力貨幣　(B) 國債　(C) 存款貨
幣　(D) 外匯存底。

( ) 39.當經濟景氣過熱時，中央銀行可能採取下列何種措施？　(A) 降低法
定存款準備率　(B) 放寬選擇性信用管制　(C) 在債券市場買進債券
(D) 在外匯市場賣出外匯。

( ) 40.假設其他條件不變。如果預期美元升值（相對於臺幣），在資金可以
自由移動下，國際資金會：　(A) 匯出臺灣　(B) 匯入臺灣　(C) 不會
移動　(D) 同時匯入和匯出且金額相等。

( ) 41.無論所得水準為何，A 國今年打算投資 100 單位。此外，若該國今年
的所得水準為 1,200 單位時，該國的預擬（planned）消費為 1,060 單位；
若該國今年的所得水準為 900 單位時，該國的預擬（planned）消費
為 780 單位。根據這些資訊，在簡單凱因斯模型下，A 國今年的均衡
所得水準為何？　(A) 大於 1,200 單位　(B) 小於 900 單位　(C) 介於
1,200 單位及 900 單位之間　(D) 介於 1,300 單位及 1,100 單位之間。

( ) 42.根據凱因斯的總合供需模型，當經濟體系的名目工資具向下僵固性，
但不具向上僵固性，且目前均衡所得水準小於充分就業水準時，政府
若對軍公教人員加薪，則該國均衡的：　(A) 利率、物價、產出及就
業水準皆增加　(B) 利率下降，但物價、產出及就業水準皆增加　(C)
物價下降，但利率、產出及就業水準增加　(D) 利率、物價、產出及
就業水準皆下降。

( ) 43.當我國中央銀行調高重貼現率（rediscount rate）時，在其他條件不變
下，則：　(A) 貨幣乘數會下降　(B) 市場利率會下降　(C) 總合需求
會減少　(D) 總合需求會增加。

( )　44.根據供給學派經濟學（supply-side economics）的主張，當政府調降所得稅稅率時：　(A) 總合供給會增加　(B) 總合供給會減少　(C) 總合供給不變　(D) 資料不足，無法判斷。

( )　45.下列敘述當中，何者最能代表「凱因斯經濟學（Keynesian economics）」的觀點？　(A) 政府藉由舉債來融通增加的財政支出時，家戶會預期未來的稅負增加　(B) 減稅不單可以增加總合需求，也可能使總合供給增加　(C) 減稅不會造成物價上升　(D) 減稅會使家戶增加其消費支出。

( )　46.經濟學人雜誌（The Economist）每年公布的大麥克指數（Big Mac Index）主要是關於那一種匯率的統計？　(A) 名目匯率　(B) 實質匯率　(C) 固定匯率　(D) 浮動匯率。

( )　47.令縱軸為勞動平均產出，橫軸為資本－勞動比率（capital－labor ratio）。在此座標平面下，若生產函數曲線下移，可能的原因是：　(A) 資本存量上升　(B) 勞動生產力上升　(C) 勞動僱用量下降　(D) 發生不利的供給衝擊。

( )　48.下列關於支出乘數效果的敘述，何者正確？　(A) 其為誘發性支出變動，導致均衡所得作倍數的同方向變動　(B) 其為自發性支出變動，導致均衡所得作倍數的同方向變動　(C) 其為誘發性支出變動，導致均衡所得作倍數的反方向變動　(D) 其為自發性支出變動，導致均衡所得作倍數的反方向變動。

( )　49.下列何者會使「貨幣乘數」增加？　(A) 央行擴大實施公開市場操作　(B) 因應企業風險增高，銀行的放款日益謹慎　(C) 央行提高應提準備率　(D) 央行調降應提準備率。

( )　50.當物價指數從 120 上升至 126，則物價膨脹率為：　(A)3%　(B)4%　(C)5%　(D)6%。

➡ 解答與解析

1.(D)。完全競爭是 P＝MC，可達成經濟效率，不是市場失靈的原因。

2.(C)。$\varepsilon^d = \dfrac{\dfrac{\Delta Q}{Q}}{\dfrac{\Delta P}{P}} > 1$，即 $\dfrac{\Delta Q}{Q} > \dfrac{\Delta P}{P}$。

3.(B)。每 1 單位的水泥排放 2 單位的污染，即 $MC = Q + 2$，
每單位污染對社會的損害為 2，即 $MB = 30 - Q - 2$，
均衡時，$MB = MC$，$30 - Q - 2 = Q + 2$，得 $Q = 13$，
故達到配置效率的產量為 13。

4.(C)。預期股票價格上升，則對股票的需求增加，市場需求線向右移動。

5.(D)。價格的單位是元，數量的單位是個，改成變動率才可比較相對大小。

6.(B)。X、Y 互補，當 P_Y 上漲，Y 下降，X 的需求也減少。

7.(C)。獨占均衡時，$P > MC$，而經濟效率為 $P = MC$。

8.(B)。完全競爭市場短期均衡時，$MR = MC$，而 $AR = MR$，故 $AR = MC$。

9.(B)。由 $MRP_L = MFC_L$，即 $P \cdot MPP_L = W$，故 $MPP_L = \dfrac{W}{P}$，
表示勞動邊際產量等於實質工資率。

10.(D)。勞動需求曲線描述的是工資率與
勞動邊際產量的關係，如右圖：
MPP_L 和 $\dfrac{W}{P}$，呈反向關係。

11.(C)。每增加 1 單位的 X，需減少的 Y（即 X 的機會成本）是遞增的。

12.(B)。市場需求彈性無窮大時，稅完全由廠商來負擔。

13.(C)。某一資源的機會成本，是指使用此一資源的最大代價。

14.(C)。阿明：1 分鐘 $= \dfrac{1}{40}$晚餐或 1 分鐘 $= \dfrac{1}{20}$拖地
$\dfrac{1}{40}$晚餐 $= \dfrac{1}{20}$拖地，晚餐 $= \dfrac{40}{20}$拖地
小芬：1 分鐘 $= \dfrac{1}{30}$晚餐或 1 分鐘 $= \dfrac{1}{10}$拖地
$\dfrac{1}{30}$晚餐 $= \dfrac{1}{10}$拖地，晚餐 $= \dfrac{30}{10}$拖地
故阿明做晚餐的機會成本小於小芬做晚餐的機會成本，因此阿明負責煮晚餐，小芬負責拖地。

15.(D)。臺灣美容美髮市場結構的特點為對市場的價格有影響力，且可以自由的加入或退出，所以是獨占性競爭市場。

16.(A)。市場需求由 D_0 增加到 D_1，產量由 Q_0 增加到 Q_1，廠商的數目增加但個別廠商長期仍只有正常利潤。

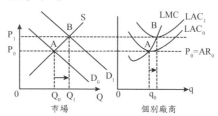

17.(C)。$P=10-2q$，$TR=p \cdot q=(10-2q) \cdot q=10q-2q^2$，

$MR=\dfrac{dTR}{dq}=10-4q$，$MC=\dfrac{dTC}{dq}=2$，利潤最大條件 $MR=MC$，

$10-4q=2$，得 $q=2$，代入 $P=10-2q$，得 $P=10-2 \times 2=6$，

利潤 $=TR-TC=p \cdot q-(5+2q)=6 \times 2-(5+2 \times 2)=3$。

18.(B)。在長期平均成本最低點處生產，所使用的規模稱為效率規模。

19.(B)。相同的無異曲線，是指 MRS_{xy} 相同，

$$U=\sqrt{x_1+x_2}=(x_1+x_2)^{\frac{1}{2}}=x_1^{\frac{1}{2}}x_2^{\frac{1}{2}}$$

$$MRS=\frac{\Delta x_2}{\Delta x_1}=\frac{MU_1}{MU_2}=\frac{\dfrac{1}{2}x_1^{-\frac{1}{2}}x_2^{\frac{1}{2}}}{\dfrac{1}{2}x_2^{-\frac{1}{2}}x_1^{\frac{1}{2}}}=\frac{x_2}{x_1}$$

$$U=\log(x_1)+\log(x_2)，MRS=\frac{\Delta x_2}{\Delta x_1}=\frac{MU_1}{MU_2}=\frac{\dfrac{1}{x_1}}{\dfrac{1}{x_2}}=\frac{x_2}{1}=\frac{x_2}{x_1}。$$

20.(B)。由 $MRS=\dfrac{-\Delta x_2}{\Delta x_1}=\dfrac{MU_1}{MU_2}=\dfrac{x_2}{x_1}$，$\dfrac{-\Delta x_2}{\Delta x_1}=\dfrac{P_1}{P_2}=\dfrac{5}{10}=\dfrac{1}{2}$，

$MRS=\dfrac{P_1}{P_2}$，$\dfrac{x_2}{x_1}=\dfrac{1}{2}$，即 $x_1=2x_2$......(1)

由預算線 $P_1x_1+P_2x_2=I$，已知 $P_1=5$，$P_2=10$，$I=100$，

代入 $5x_1+10x_2=100$......(2)

(1)(2) 解聯立 $5(2x_2)+10x_2=100$，得 $x_2=5$，代入 $x_1=2x_2$，

得 $x_1=10$，即 $(x_1, x_2)=(10, 5)$。

21.(C)。x_0 的 MRS_A，x_1 的 MRS_B，當 $x_0\uparrow\rightarrow x_1$，

$MRS_A\downarrow\rightarrow MRS_B$，即 $\dfrac{\Delta MRS}{\Delta X}<0$，

表示隨著 x 的增加，MRS 下降。

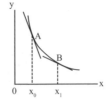

22.(B)。S_L：長期市場供給線。

LAC_0：原來的長期平均成本。

LAC_1：變動後的長期平均成本。

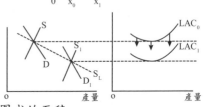

23.(D)。需求線以下的與均衡的 P 和 Q 所圍成的面積，
稱為消費者剩餘 PBE。
供給線以下的與均衡的 P 和 Q 所圍成的面積，
稱為生產者剩餘 APE。

24.(A)。價格下限：保護供給者　　價格上限：保護需求者

25.(B)。$P_B\uparrow\rightarrow B\downarrow$ 符合需求法則，若 $B\downarrow$ 而 $A\uparrow$，則 A，B 互為替代品。

26.(A)。存貨投資上升是景氣衰退的領先指標。

27.(D)。家庭所得五等分位差距倍數愈大表示家庭所得分配愈不平均。

28.(B)。由費雪公式：名目利率 = 實質利率 + 預期通貨膨脹率
若預期通貨膨脹率超過名目利率則實質利率下降，即存款的購買力
下降。

29.(B)。失業率 $=\dfrac{失業人口}{失業人口 + 就業人口}$

2009 年的失業率 $=\dfrac{200}{1400+200}=0.125$

2010 年的失業率 $=\dfrac{400}{1300+400}=0.2352$

2011 年的失業率 $=\dfrac{400}{1600+400}=0.2$

2009 年至 2010 年是上升的，2010 年至 2011 年是下降的。

30.(A)。勞動力 ＝ 失業人口 ＋ 就業人口
　　　　2009 年的勞動力 ＝1400＋200＝1600
　　　　2010 年的勞動力 ＝1300＋400＝1700
　　　　2011 年的勞動力 ＝1600＋400＝2000
　　　　2009 年至 2010 年的增加的，2010 年至 2011 年也是增加的。

31.(B)。家計單位將額外所得儲蓄下來，作為繳納因減稅所造成未來稅賦的
　　　　增加。民間儲蓄增加，而政府儲蓄的減少，兩者相互抵銷。

32.(B)。附加價值 ＝ 總收益 － 中間投入
　　　　8＝總收益 －(1＋2)，故總收益 ＝11。

33.(C)。政府採增加支出，會使國民儲蓄
　　　　減少，利率上升，導致貿易赤字。
　　　　如圖：S_1 向左移至 S_2，r* 上升，
　　　　貿易赤字 NX。

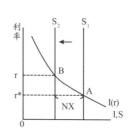

34.(C)。由所得面計算：國民所得毛額（GNI），
　　　　GNI＝GDP＋國外要素所得淨額。

35.(C)。Y＝C＋I＋G＝100＋0.75(Y－60)＋50＋70，得 Y＝700。

36.(D)。當 $y_0 \downarrow \rightarrow y_1$，
　　　　沿著 AS 由右往左線上移動。

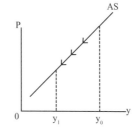

37.(A)。原物料價格上漲，將造成成本增加，總合供給線向左移。

38.(A)。準備貨幣、貨幣基數與強力貨幣是指中央銀行所發行出來的通貨。

39.(D)。央行在外匯市場賣出外匯，同時收回等額的貨幣，即貨幣供給減
　　　　少，如同緊縮的貨幣政策。

40.(A)。預期美元升值，對美元的需求增加，國際資金會匯出台灣。

41.(B)。已知 I＝100，y_1＝1200，C_1＝1060，Y_2＝900，C_2＝780
　　　　$C＝b＋cY$，$I＝\bar{I}$，$Y＝C＋I$，$Y＝\dfrac{1}{1-c}(b＋\bar{I})$，
　　　　$C＝\dfrac{\Delta C}{\Delta Y}＝\dfrac{C_1-C_2}{Y_1-Y_2}＝\dfrac{1060-780}{1200-900}＝\dfrac{280}{300}＝0.93$

$C=b+0.93Y$，將 $Y=1200$，$C=1060$ 代入得 $1060=b+0.93\times1200$，

$b=-56$，$Y^*=\dfrac{b+\bar{I}}{1-c}=\dfrac{-56+100}{1-0.93}=\dfrac{44}{0.07}=628.57$。

42.(A)。加薪後，消費增加，IS 曲線向右移，AD 線也向右移。
　　利率由 $i_0\uparrow\rightarrow i_1$　　　物價由 $P_0\uparrow\rightarrow P_1$　　　產出由 $y_0\uparrow\rightarrow y_1$
　　失業率由 $u_0\downarrow\rightarrow u_1$　　即就業水準增加。

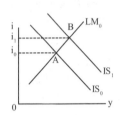 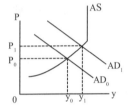 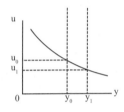

43.(C)。調高重貼現率，則商業銀行信用創造的能力下降貨幣供給減少，
　　總合需求線往左移。

44.(A)。減稅使得勞動供給增加，總合供給線向右移。

45.(D)。減稅使得可支配所得提高，消費增加。

46.(B)。大麥克指數是關於實質匯率的統計，
　　實質匯率 $=\dfrac{\text{名目匯率}\times\text{本國商品價格}}{\text{外國商品價格}}$。

47.(D)。生產函數 $Q=f(L\cdot K)$，$\dfrac{Q}{L}=f(1,\dfrac{K}{L})$，
　　$AP_L=f(\dfrac{K}{L})$
　　如右圖，在 $(\dfrac{K}{L})_0$ 固定下，AP_L 由 A
　　移到 B，表示整條生產函數受到不利
　　的供給衝擊而往下移動。

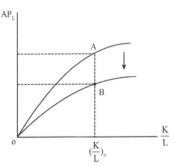

48.(B)。$\dfrac{\Delta Y}{\text{自發性支出}}=$ 乘數，自發性支出增加，均衡所得呈倍數增加，
　　反之，自發性支出減少，均衡所得呈倍數減少。

49.(D)。貨幣乘數 $=\dfrac{1}{\text{應提準備率}}$，若應提準備率調降，則貨幣乘數上升。

50.(C)。物價膨脹率 $=\dfrac{126\%-120\%}{120\%}=5\%$。

107 年 地特三等

甲、申論題

一、假設在某產品的生產過程製造空氣污染,帶來負的外部性。請以圖形說明下列各問題:

(一) 私人最適化與社會最適化相比,價格和數量各是如何?

(二) 如何解決負的外部性問題?

(三) 社會最適均衡時,減少的污染量多寡與供需彈性有何關係?

(四) 社會最適均衡時,供需雙方的負擔多寡與供需彈性有何關係?

答: (一) 負的外部性使得社會的邊際成本由 S 向左移到 S',社會最適的汙染量為 Q^*,若由市場自行決定的產量,則為 PMB=PMC,產量為 Q_1,價格為 P_1,故社會最適的汙染量 Q^* 小於市場決定的最適汙染量 Q_1,且市場決定的價格 P_1 低於社會最適的價格 P^*。

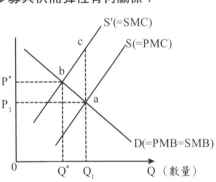

(二) 解決負的外部性的方法:

1. 賦予財產權:將汙染的權利變成有主物,要使用或汙染就需付費予所有主,那麼資源的使用就不致流於過量,浪費或者不足了。

2. 外部效果內部化:將產生外部成本的行為者課稅,可使外部效果讓產生者自行負擔。

3. 政府直接管制:政府對各種汙染製造者與汙染物質,訂定可容忍的汙染標準,透過這種方式來降低汙染水準,或減輕汙染造成的社會成本。

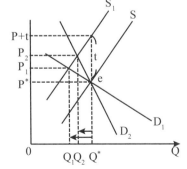

(三) 若政府對供給者採課稅的方式來降低汙染量,則供給線由 S 往左移到 S_1,此時均衡價格提高,但需求彈性較大的 D_1,價格由 P^* 上升到 P_1,數量由 Q^* 減少到 Q_1,反之,需求彈性較小的 D_2,價格由 P^* 上升到 P_2,數量由 Q^* 減少到 Q_2,故需求彈性愈大,經由課稅減少的汙染量愈大。

(四) 供給彈性愈大，生產者負稅小，需求彈性愈大，消費者負稅小。

圖 (一) 供給者的彈性大於需求者的彈性，生產者負擔的稅 P_0P_2，消費者負擔的稅 P_0P_1，而 P_0P_1 大於 P_0P_2。

圖 (二) 需求者的彈性大於供給者的彈性，生產者負擔的稅 P_0P_2，消費者負擔的稅 P_0P_1，而 P_0P_2 大於 P_0P_1。

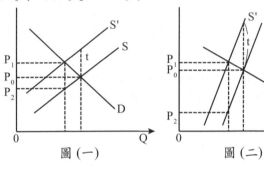

圖 (一)　　　　　圖 (二)

二、試分別利用菲力普曲線及 AS/AD/LRAS（Long-run aggregate supply）兩個圖形作圖，詳細繪出下列兩種總體經濟情況（二者獨立）並分析其效果（需標註座標、標明變數變動或整條曲線移動方向）：

(一) 經濟原低於長期均衡，政府採取擴張政策。

(二) 經濟原位於長期均衡，現發明新技術，可使晶片製造成本減少。

答：(一) 當 $y < y_f$ 時，政府採擴張政策使 AD_0 向右移到 AD_1，物價由 P_0 上升到 P_1，產出由 y_0 上升到 y_1，失業率由 u_0 下降到 u_1，物價上漲率為 $\dfrac{\Delta P}{P_0} = \dfrac{P_1 - P_0}{P_0}$。

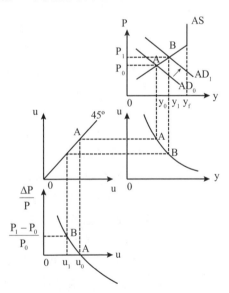

(二) 當 $y = y_f$ 時，發明新技術使得生產成本下降，長期的總合供給線 $LRAS_0$ 向右移到 $LRAS_1$，物價由 P_0 下降到 P_1，產出由 y_f^0 上升到 y_f^1，失業率由 u_0 下降到 u_1。

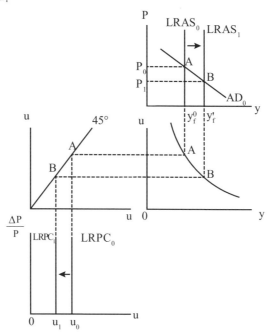

乙、測驗題

( )　1.假設甲國及乙國皆生產相同的兩項商品，請問在何種情況下，既沒有比較利益也沒有絕對利益的存在？　(A) 甲、乙兩國的生產可能線斜率不同但不相交　(B) 甲、乙兩國的生產可能線重合　(C) 甲、乙兩國的生產可能線交叉相交於一點　(D) 甲、乙兩國的生產可能線平行分開。

( )　2.排隊名店供不應求，根據供需模型理應價格要上漲，但是通常這些名店並不因排隊人多而漲價。此情況下模型如何達到均衡？　(A) 排隊時間不計入成本效益　(B) 排隊的邊際效益大於邊際成本　(C) 排隊的邊際效益小於邊際成本　(D) 加計排隊時間的機會成本如同漲價。

( ) 3. 如果政府徵稅的目的是為了「寓禁於徵」，對下列那一種財貨徵稅效果較大？ (A) 替代品少的財貨 (B) 替代品多的財貨 (C) 互補品少的財貨 (D) 互補品多的財貨。

( ) 4. 已知甲對烏龍茶 (X) 與鐵觀音 (Y) 的效用函數為 U(X, Y)=2X+4Y，乙對烏龍茶與鐵觀音的效用函數為 U(X, Y)=3X+4Y。若有天兩人同時走進茶行買茶葉，而甲離開時只買了烏龍茶，則乙會買何種茶葉？ (A) 只買烏龍茶 (B) 只買鐵觀音 (C) 烏龍茶、鐵觀音都買 (D) 什麼都不買。

( ) 5. 下表為奶油夾心酥市場，當政府規定的價格上限為 1.20 元，從下表可以看出，價格上限會造成：

價格	需求數量	供給數量
$1.10	9,000	3,000
1.20	8,000	5,000
1.30	7,000	7,000
1.40	6,000	9,000
1.50	5,000	1,100

(A) 奶油夾心酥短缺 3,000   (B) 奶油夾心酥短缺 5,000
(C) 奶油夾心酥剩餘 8,000   (D) 奶油夾心酥剩餘 3,000。

( ) 6. 某廠商的生產函數為 $q=L^{0.5}K^{0.5}$，其中 q 為產量、L 為勞動投入量、K 則為資本投入量。假設勞動和資本的市場單位價格皆為 \$1。在此廠商追求成本極小化的假設之下，其長期成本函數為何？ (A)C(q)=0 (B)C(q)=q (C)C(q)=2q (D)C(q)=4q。

( ) 7. 在完全競爭市場中，如果廠商的平均總成本因工資上升而上升，則廠商的： (A) 長期利潤上升 (B) 長期利潤下降 (C) 長期均衡價格上升 (D) 長期均衡價格下降。

( ) 8. 下列有關完全競爭市場中個別廠商短期供給曲線的敘述，何者正確？ (A) 個別廠商短期供給曲線斜率可能是負數 (B) 個別廠商短期供給曲線是透過利潤極大化推導得出 (C) 個別廠商短期供給曲線的高度等於其平均成本 (D) 個別廠商短期供給曲線的高度等於其平均變動成本。

( )　9.假設某獨占廠商的成本函數為 $C = q^2$，其中 C 為總成本、而 q 為產品數量。目前的市場需求函數為 $q = 30 - P$，其中 q 為產品數量、而 P 則為市場價格。假設此獨占廠商採行一級差別取價（或是完全的差別取價），則在利潤極大化時，此獨占廠商的產量為何？　(A) 5　(B) 10　(C) 15　(D) 20。

( )　10.廠商生產一般使用勞動及資本兩項要素，請問下列那個說明和生產要素互補不相符？　(A) 固定資本投入增加時，勞動邊際產量會增加　(B) 勞動投入增加時，固定資本的邊際產量會上升　(C) 固定資本投入增加時，勞動需求會增加　(D) 勞動投入增加時，固定資本需求會減少。

( )　11.小明大學剛畢業，找到兩個工作。第一個月薪不確定，有 70% 拿 30,000 元，30% 拿 60,000 元；第二個工作為固定月薪。假設小明為一個風險中立者，請問第二個工作月薪最少要多少，小明才會選擇第二個工作？　(A) 45,000 元　(B) 42,000 元　(C) 39,000 元　(D) 37,000 元。

( )　12.當政府執行所得重分配的政策，下列何者不會發生？　(A) 人們將改變他們的行為　(B) 行為動機將受到扭曲　(C) 總效用將不變　(D) 資源配置將較平均。

( )　13.下列敘述何者錯誤？　(A) 實質 GDP 指以基期價格衡量之最終財貨與勞務之價值　(B) 名目 GDP 指以當期價格衡量之最終財貨與勞務之價值　(C) GDP 平減指數可表示基期價格相對於當期價格之比率　(D) GDP 平減指數可衡量物價變動。

( )　14.紡紗廠向農民購進棉花 1,000 元，向電力公司購進電力 200 元，向其他企業購進其他物料 300 元，而後將棉花紡成棉紗售與織布廠，售價 2,000 元。則中間產品的價值為：　(A) 500 元　(B) 1,000 元　(C) 1,500 元　(D) 2,000 元。

( )　15.內生成長理論主要的任務是：　(A) 以內含貨幣成長取代 Solow 成長模型無貨幣之缺陷　(B) 要解釋社會如何可達黃金比例的成長　(C) 顯示人口成長如何導致資本及產出之減少　(D) 要解釋何以生產力會改變。

( )　16.隨經濟景氣變化所產生的失業為：　(A) 摩擦性失業　(B) 自然性失業　(C) 循環性失業　(D) 結構性失業。

( )　17.根據貨幣數量學說，貨幣中立性可在下列何條件下成立？　(A) 貨幣供給與實質產出不變　(B) 貨幣供給與物價不變　(C) 流通速度與實質產出不變　(D) 流通速度與物價不變。

( )　18.根據 Solow 成長模型，達到穩定狀態（steady state）時：　(A) 人口不再成長　(B) 儲蓄率不再上升　(C) 技術進步率不變　(D) 人均資本量不再增加。

( )　19.有關乘數原理，下列敘述何者正確？　(A) 增加儲蓄將使投資增加，因而導致產出增加的現象　(B) 開放經濟體系支出乘數比封閉經濟體系支出乘數大　(C) 同樣增加支出 100 與減稅 100 比較，二者乘數效果一樣大　(D) 平衡預算乘數 =1，表示支出增加 100 且增稅 100 則所得會增加 100。

( )　20.假設其他條件不變且政府的財政政策有效，根據 IS－LM 模型，當政府增稅且一般物價上漲時，可以確定：　(A) 均衡所得會增加　(B) 均衡所得會減少　(C) 一般物價會上漲　(D) 一般物價會下跌。

( )　21.根據凱恩斯的消費函數理論，下列敘述何者正確？　(A) 邊際消費傾向與平均消費傾向之和等於 1　(B) 邊際消費傾向大於平均消費傾向　(C) 邊際消費傾向小於平均消費傾向　(D) 邊際消費傾向等於平均消費傾向。

( )　22.若一個經濟體存在顯著的內在穩定機制（built－in stabilizer），則實質 GDP 上升，稅收應當：　(A) 下降比率大於實質 GDP 的變動率　(B) 下降比率小於實質 GDP 的變動率　(C) 上升比率大於實質 GDP 的變動率　(D) 上升比率小於實質 GDP 的變動率。

( )　23.若法定準備率為 10% 而且銀行體系無超額準備與無現金流失時，一般民眾提走存款 10 億元時，對銀行體系存款貨幣的最大影響為：　(A) 減少 100 億元　(B) 減少 90 億元　(C) 減少 50 億元　(D) 減少 10 億元。

( )　24.根據恆常所得理論，下列敘述何者正確？　(A) 消費決定於目前的可用所得　(B) 消費決定於恆常所得，因此當所得意外增加時，消費者會多消費　(C) 消費決定於恆常所得，因此當所得恆久性的增加時，消費者才會多消費　(D) 無論所得是暫時性增加，或是恆久性增加，消費行為都不會受影響。

( )　25.下列那個理論主張生產力的未意料波動是引發景氣循環的原因？　(A) 凱因斯學派景氣循環理論（Keynesian Cycle Theory）　(B) 實質景氣循環理論（Real Business Cycle Theory）　(C) 貨幣學派景氣循環理論（Monetarist Cycle Theory）　(D) 新古典景氣循環理論（New Classical Cycle Theory）。

➡ 解答與解析

1.(B)。(A) 斜率不同，則有比較利益發生。
(B) 重合則沒有比較利益和絕對利益。
(C) 一國有絕對利益，另一國也有絕對利益。
(D) 一國有完全的絕對利益，沒有比較利益。
圖形：
(A) 甲國：$5X = 2Y$

　　　　$1X = \dfrac{2}{5}Y$

　　乙國：$6X = 3Y$

　　　　$1X = \dfrac{3}{6}Y$

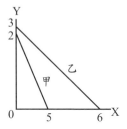

(B)

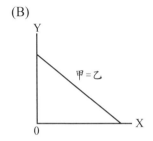

(C)

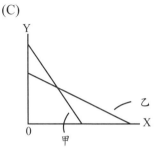

甲國對Y有絕對利益。
乙國對X有絕對利益。

(D) 乙國對X和Y都有絕對利益，

X：4>2，Y：6>3，但沒有比較利益發生，

因為甲國：4X=6Y$\Rightarrow$1X=$\frac{6}{4}$Y

乙國：2X=3Y$\Rightarrow$1X=$\frac{3}{2}$Y

甲和乙國生產1X的機會成本都相等，
故沒有比較利益發生。

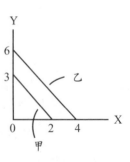

2.(D)。政府徵稅的目的是為了「寓禁於征」，即藉著提高價格來節制消費
量，若替代品愈多，替代能力愈大，該物的需求彈性愈大，則課稅
後減少的數量愈大，即財貨徵稅的效果愈大。

3.(B)。消費者支付的代價除了貨幣支出外，還包括等待排隊的時間成本，
消費者願意排隊等待，只要是店家將漲價的部份自行吸收，用來補
償消費者等待的時間，即漲價的部份折抵等待的時間成本。

4.(A)。甲：$\overline{U}(X\cdot Y)=2X+4Y$

式中X：烏龍茶，Y：鐵觀音

$-\frac{dY}{dX}=\frac{1}{2}$

預算線：$P_xX+P_yY=\overline{M}$

$\frac{-dy}{dx}=\frac{P_x}{P_y}$

當$\frac{-dy}{dx}=\frac{1}{2}>\frac{-dy}{dx}=\frac{P_x}{P_y}$，則甲全部買X（烏龍茶）

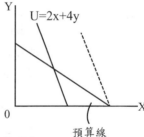

乙：$U(X\cdot Y)=3X+4Y$

$\frac{-dY}{dX}=\frac{3}{4}$

因$\frac{-dy}{dx}=\frac{3}{4}>\frac{-dy}{dx}=\frac{1}{2}$，

而$\frac{-dy}{dx}=\frac{1}{2}>\frac{-dy}{dx}=\frac{P_x}{P_y}$，

故$\frac{-dy}{dx}=\frac{3}{4}>\frac{-dy}{dx}=\frac{P_x}{P_y}$，

則乙全部買X（烏龍茶）

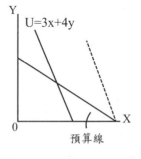

5.(A)。當P=1.2時，$Q^d=8,000$，$Q^s=5,000$，
即$Q^d-Q^s=8,000-5,000=3,000$（短缺）

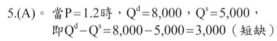

6.(C)。由 $\dfrac{MP_L}{P_L}=\dfrac{MP_K}{P_K}$，得 $L=K$ 代入 $q=L^{0.5}K^{0.5}$，得 $L=K=q$，成本函數為

$TC=P_LL+P_KK$，已知 $P_L=1$，$P_K=1$，$L=K=q$，代入得 $TC=2q$。

7.(C)。個別廠商的LAC上升，在固定的市場價格下，產生了虧損，進而退出市場，市場的總合供給減少，總合供給線往左移，市場的均衡價格上升。

8.(B)。個別廠商的短期供給線，線上每一點都是 $MR=MC$。

9.(B)。完全差別取價，決定的產量條件是 $P=MC$，已知 $C=q^2$，$q=30-P$，

即 $P=30-q$，則 $MC=\dfrac{\Delta C}{\Delta q}=2q$，代入 $P=MC$，$30-q=2q$，得 $q=10$。

10.(D)。(A) $K\uparrow \longrightarrow MP_L\uparrow$，$MP_L=\dfrac{\Delta Q}{\Delta L}>0$，即 $L\uparrow \longrightarrow Q\uparrow$，故 L、K互補。

(B) $L\uparrow \longrightarrow MP_K\uparrow$，$MP_K=\dfrac{\Delta Q}{\Delta K}>0$，即 $K\uparrow \longrightarrow Q\uparrow$，故 L、K互補。

(C) $K\uparrow \longrightarrow D_L\uparrow \longrightarrow L\uparrow$，故 L、K互補。

(C) $L\uparrow \longrightarrow D_K\downarrow \longrightarrow K\downarrow$，故 L、K互為替代。

11.(C)。$70\%\times 30,000+30\%\times 60,000=39,000$
第二個工作月薪最少不少於第一個工作月薪的期望值。

12.(C)。政府執行所得重分配政策，不會影響總效用。

13.(C)。GDP平減指數是實質GDP和名目GDP的比率。

14.(C)。中間投入 $=1000+200+300=1500$（元）。

15.(D)。內生成長理論主要是解釋造成生產力改變的原因。

16.(C)。因經濟景氣的變化所造成的失業，稱為循環性失業。

17.(C)。由 $MV=P\cdot y$，當 $V=\overline{V}$，$y=y_f$ 時，$M\uparrow$ 使 $P\uparrow$，反之，$M\downarrow$ 使 $P\downarrow$。

18.(D)。如圖：均衡點為E，則 $k=k^*$，
平均每人資本量（k）
就不再變動。

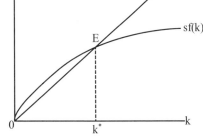

19.(D)。已知 $\Delta B=\Delta G_0=\Delta T$，則 $\dfrac{\Delta Y}{\Delta B}=1$。

20.(B)。 增稅 ──→ IS線向左移，
物價上升 ──→ LM線向左移，
產出減少，利率下降，不變或上升，皆有可能。

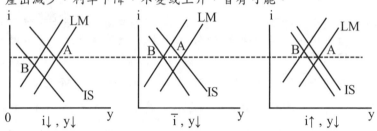

21.(C)。 已知 $C=C_0+bY_d$，$mpc=\dfrac{\Delta C}{\Delta Y_d}=b$，$apc=\dfrac{C}{Y_d}=\dfrac{C_0}{Y_d}+b$

即 $apc=\dfrac{C_0}{Y_d}+mpc$，故 $apc>mpc$。

22.(C)。 令 $T=tY$，T：稅收，t：稅率，Y：所得，
$T=tY$，$\ln T=\ln tY$，$\ln T=\ln t+\ln Y$，$d\ln T=d\ln t+d\ln Y$
即 $\dot{T}=\dot{t}+\dot{Y}$，故 $\dot{T}>\dot{Y}$。

23.(A)。 存款貨幣 $=10$億$\times\dfrac{1}{\text{決定準備率}}=10$億$\times\dfrac{1}{10\%}=100$億（減少）

24.(C)。 由 $C=kY_P$，當 Y_P 上升，則 C 上升。

25.(B)。 實質景氣循環的觀點：
來自供給面的正向衝擊，使AS向右，產出增加；
來自供給面的負向衝擊，使AS向左，產出減少。

107 年　地特四等

( )　1.在預算限制的情況下，若 X 的價格為 5，Y 的價格為 2，X 的邊際效用為 10，Y 的邊際效用為 6，則追求效用極大的消費者其購買行為應如何調整？　(A) 多買 X，少買 Y　(B) 多買 Y，少買 X　(C) 不用再調整，已達最佳　(D) 多買 X，多買 Y。

( )　2.假設某一小國國內對小麥的需求函數為 $P=32-2Q$，供給函數為 $P=4+2Q$，其中 Q 的單位為公斤，P 為每公斤價格。若小麥的世界市場價格為每公斤 12 元，則該國開放小麥自由貿易後之貿易量為何？　(A) 進口小麥 6 公斤　(B) 進口小麥 8 公斤　(C) 出口小麥 6 公斤　(D) 出口小麥 8 公斤。

( )　3.假定某國的所得稅制為邊際稅率遞增的累進稅制，若該國國民甲、乙、丙、丁四人的情形為：
①甲的邊際稅率為 13%　　　　②乙的平均稅率為 13%
③丙的綜合所得淨額不低於丁　　④丙的綜合所得淨額不高於甲。
根據上述情形，請判斷甲、乙、丙、丁四人，何者的綜合所得淨額最高？　(A) 甲　(B) 乙　(C) 丙　(D) 丁。

( )　4.假設某一國家的資源與技術固定，且都已充分使用於生產機械及汽車兩種產品，該國的生產可能線為負斜率且向外凸出。如果該國希望多生產汽車，則下列敘述何者錯誤？　(A) 用於機械生產的資源必須減少　(B) 在汽車產量增加後，生產機械的機會成本下降　(C) 無法同時增加機械產量　(D) 在汽車產量增加後，生產汽車的機會成本下降。

( )　5.假設某國生產蘋果與橘子的生產可能線為負斜率，且為向外凸出之曲線。在該國的生產可能線上，當蘋果產量為 2 單位時，多生產 1 單位蘋果，橘子的生產需減少 2 單位。請問當蘋果產量為 4 單位時，多生產 1 單位蘋果，下列何者可能為橘子所需減少的產量單位？
(A)0.5　(B)1　(C)2　(D)3。

( )　6.假設一國生產機械及汽車,其生產可能線為直線,如下圖所示。今該國之生產可能線平行外移（如圖中箭頭方向所示）,下列敘述何者錯誤？ (A) 該國生產機械之機會成本不變 (B) 汽車增加數量較機械為多,故該國應多生產汽車 (C) 給定技術不變下,該國生產資源增加 (D) 給定資源不變下,該國發生技術進步。

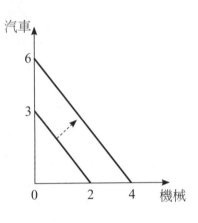

( )　7.兩個國家從事貿易則兩國均可受益,主要原因為： (A) 每個國家之需求更具彈性 (B) 每個國家之商品價格降低 (C) 每個國家的生產力提高 (D) 每個國家出口具比較利益之產品。

( )　8.假設某一小國政府原已開放稻米進口,現增設稻米進口配額管制政策,下列敘述何者正確？ (A) 不會影響進口稻米的國內價格 (B) 對於進口稻米的需求將會增加 (C) 將使得該小國國家經濟福利下降 (D) 國內稻米生產量下降。

( )　9.一小國政府降低汽車進口關稅,則下列何者最有可能因此受益？ (A) 國外汽車消費者 (B) 汽車出口國政府 (C) 國內汽車生產者 (D) 國內汽車消費者。

( )　10.圖為某一小國國內稻米之供給線與需求線,在該國未開放稻米貿易時,國內稻米均衡價格為 Po。假設稻米的世界價格為 Pw,則該國開放貿易後,國內消費者剩餘與生產者剩餘之淨變化為何？ (A) 增加面積 C (B) 增加面積 B+D (C) 增加面積 A+C (D) 增加面積 D。

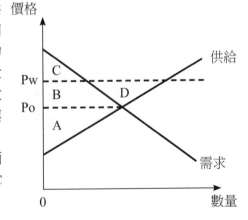

( )　11.假設消費者對臺素自來水公司的需求曲線為 $p=12-2q$，其中 p 及 q 分別為價格及產量。臺素公司為一獨占廠商且其總成本函數為 $TC(q)=10+2q$。假設政府對臺素自來水公司每單位的水課徵 2 元的從量稅。臺素公司的稅前最大利潤為：　(A)4　(B)3　(C)2　(D)1。

( )　12.假設一個追求利潤最大的完全競爭廠商的平均總成本及平均變動成本曲線為 U 字型，且邊際成本為正斜率曲線。當市場價格小於平均變動成本的最低值時，在短期該廠商的：　(A) 產量為正值，且利潤為正值　(B) 產量為正值，且利潤為負值　(C) 產量為零，且利潤為正值　(D) 產量為零，且利潤為負值。

( )　13.在其他條件不變下，當一個獨占性競爭廠商因為負的經濟利潤而退出市場時，會造成：　(A) 市場供給的減少　(B) 市場供給的增加　(C) 其他未退出廠商所面對的需求減少　(D) 其他未退出廠商所面對的需求增加。

( )　14.下列何者不是正常（well-behaved）的無異曲線的性質？　(A) 無異曲線上每一點的效用均相同　(B) 無異曲線可以相交　(C) 無異曲線為負斜率　(D) 無異曲線嚴格凸向原點。

( )　15.曉月只消費兩種財貨，衣服與食物。則下列那一種情況「一定不會」讓她的預算線向外移動？　(A) 衣服價格下降，食物價格不變，所得不變　(B) 衣服價格上升，食物價格不變，所得下降　(C) 衣服價格下降，食物價格下降，所得下降　(D) 衣服價格不變，食物價格上升，所得上升。

( )　16.下表是某追求利潤最大的工廠其勞動僱用量與總產量之關係，假設商品市場完全競爭，商品價格是 $10，勞動市場完全競爭。當工資由 $120 下降到 $80，則廠商會增加僱用幾個工人？

勞動僱用量（人）	1	2	3	4	5	6	7	8	9
總產量	12	26	42	57	70	82	92	100	107

(A)0 人　(B)1 人　(C)2 人　(D)3 人。

( )　17.關於勞動邊際產值（value of marginal product of labor），下列敘述何者正確？　(A) 對於完全競爭廠商，邊際產值之計算方法是商品價格乘上勞動的邊際產量　(B) 對於完全競爭廠商，邊際產值之計算方法是商品價格乘上勞動的平均產量　(C) 對於獨占廠商，邊際產值之計算方法是商品價格乘上勞動的平均產量　(D) 如果規模報酬遞增，則邊際產值曲線也會上升。

( )　18.關於自然獨占，下列敘述何者正確？　(A) 自然獨占往往是因為廠商具有專利權而產生　(B) 自然獨占產業具有規模經濟，其長期平均成本隨著產量增加而逐漸下降　(C) 自然獨占產業具有規模經濟，其長期平均成本隨著產量增加而逐漸上升　(D) 自然獨占產業具有規模不經濟，其長期平均成本隨著產量增加而逐漸上升。

( )　19.下列何者不屬於經濟學所敘述的外部性？　(A) 水泥工廠排放空氣污染　(B) 王太太美麗的花園讓路人免費欣賞　(C) 颱風使得菜價上漲　(D) 新建的高樓擋住旁邊鄰居的陽光。

( )　20.下圖是某市場需求與供給曲線，政府為了保護廠商，所以將價格下限設定為比原均衡價格還要高的數值，但是因為國庫財源有限，所以政府不會以此下限價格收購商品。此政策造成：　(A) 消費者剩餘變大，因為現在售價高於原均衡價格　(B) 消費

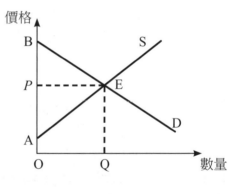

者剩餘變大，因為現在售出的數量比原均衡數量要少　(C) 消費者剩餘變小，因為現在售價高於原均衡價格　(D) 消費者剩餘不變，因為此一價格下限政策是無效的。

( )　21.在其他條件不變下，瑋筱裑用於 KTV 娛樂費用每月固定為 5,000 元，則他對 KTV 的需求價格彈性為：　(A) 大於 1　(B) 小於 1　(C) 等於 0　(D) 等於 1。

( )　22.在其他條件不變，會造成稻米市場供不應求的原因為：　(A) 稻米生產技術進步　(B) 個人所得增加　(C) 有效的價格上限　(D) 有效的價格下限。

( )　23.若經證實食用油的需求價格點彈性絕對值小於 1，則下列敘述何者正確？　(A) 其價格變動與市場總收益變動為同方向　(B) 其價格變動與市場總收益變動為反方向　(C) 其價格變動不影響市場總收益　(D) 市場總收益隨價格變動而先增加後減少。

( )　24.若快樂麵包店的麵包價格由 10 元上升為 20 元時，其收益由 2,500 元增加為 7,000 元，則以中點法為基礎，快樂麵包店的需求價格彈性絕對值為：　(A)0.5　(B)0.8　(C)1　(D)1.5。

( )　25.在下圖中，S1、S2、S3 為三條皆自原點開始的供給曲線，且皆符合供給法則，假設在價格為 P1 時，X、Y、Z 分別為三條供給線上對應的點，則就供給價格彈性而言：　(A)X 的彈性大於 1　(B)Y 的彈性小於 1　(C)Z 的彈性等於 1　(D)X 的彈性等於 0。

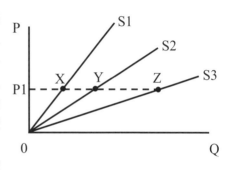

( )　26.在景氣蕭條時期，中央銀行通常會採取那些政策？　(A) 提高利率、使匯率升值、增加公開市場買入　(B) 提高利率、使匯率升值、增加公開市場賣出　(C) 降低利率、使匯率貶值、增加公開市場買入　(D) 降低利率、使匯率貶值、增加公開市場賣出。

( )　27.某國在 2013 年的失業率為 10%，失業人口為 100 萬。在其他條件不變之下，該國在 2014 年有 20 萬名全職的家庭主婦決定進入職場，但是其中有 1,000 人找不到工作，那麼，該國之失業率會：　(A) 上升　(B) 下降　(C) 不變　(D) 不一定。

( )　28.假設其他條件不變。當一國發生通貨膨脹使得人們的名目所得增加，若該國的所得稅率為累進稅率，則：　(A) 人們所付出的所得稅增加　(B) 人們所付出的所得稅不變　(C) 人們所付出的所得稅下降　(D) 人們所付出的所得稅的變動方向不一定。

( ) 29.當發生未預期到的通貨緊縮時,下列敘述何者正確? (A) 事後的實質利率會比原先預期的還高 (B) 事後的實質利率會維持不變 (C) 名目利率會跟著上升 (D) 通常景氣會跟著上揚。

( ) 30.短期菲力普曲線(Phillips Curve)是指: (A) 通貨膨脹率與利率之間的反向關係 (B) 通貨膨脹率與利率之間的正向關係 (C) 通貨膨脹率與失業率之間的正向關係 (D) 通貨膨脹率與失業率之間的反向關係。

( ) 31.當經濟成長率為負值時: (A) 名目 GDP 確定減少 (B) 實質 GDP 確定減少 (C) 實質利率確定上升 (D) 實質利率確定下降。

( ) 32.下列何者最可能是中間財? (A) 出口的蓮霧 (B) 出口的機器人 (C) 國產水泥 (D) 進口的機器人。

( ) 33.假設其他條件不變,當基期年改變時: (A)CPI 與以 CPI 計算的物價膨脹率都跟著變動 (B)CPI 與以 CPI 計算的物價膨脹率都不會變動 (C)CPI 會變動,但以 CPI 計算的物價膨脹率不會變動 (D)CPI 不會變動,但以 CPI 計算的物價膨脹率會變動。

( ) 34.就原物料進口國而言,當原物料國際價格上漲時,在其他情況不變下,會產生下列何種情形? (A) 總需求增加 (B) 成本推動的物價上漲 (C) 總供給增加 (D) 需求拉動的物價上漲。

( ) 35.當政府以減稅來刺激經濟成長時,下列何項中央銀行之措施最可能會抵銷部分減稅的效果? (A) 賣出定期存單 (B) 買入政府公債 (C) 降低重貼現率 (D) 採量化寬鬆政策。

( ) 36.下列何者最可能引發需求拉動的通貨膨脹? (A) 政府支出減少 (B) 關稅下降 (C) 貨幣供給增加 (D) 房貸利率上升。

( ) 37.根據總合供需模型,在其他條件不變,且勞動市場未達充分就業下,減稅最可能導致: (A) 進口需求增加,實質工資率上升 (B) 進口需求增加,實質工資率下降 (C) 進口需求減少,實質工資率上升 (D) 進口需求減少,實質工資率下降。

( ) 38.根據總合需求分析,本國貨幣升值將導致: (A) 總合需求線右移,貨幣需求增加 (B) 總合需求線右移,貨幣需求減少 (C) 總合需求線左移,貨幣需求增加 (D) 總合需求線左移,貨幣需求減少。

( )　39.在引入政府部門的簡單凱因斯模型中,下列關係何者錯誤?(Y:所得;C:民間消費;S:民間儲蓄;I:投資;T:政府課稅;G:政府支出) (A)S+T=I+G　(B)S−I=T−G　(C)Y=C+I+G　(D)Y=C+S+T。

( )　40.在簡單凱因斯模型中,均衡所得等於:　(A)自發性消費除以邊際消費傾向　(B)自發性儲蓄除以邊際儲蓄傾向　(C)自發性支出除以邊際消費傾向　(D)自發性支出除以邊際儲蓄傾向。

( )　41.以下為一開放經濟體系的資料:
$Y=C+I+G+X-M$；$C=C_a+cY_d$；$0<c<1$；$Y_d=Y-T$；$I=\bar{I}$；$G=\bar{G}$；$X=\bar{X}$；$T=T_a+tY$，$0<t<1$；$M=mY$，$0<m<1$。
政府支出乘數為:
(A)$\dfrac{1}{1-c(1-t)}$　(B)$\dfrac{1}{1-c(1-t)m}$　(C)$\dfrac{1}{1-c(1-t)+m}$　(D)$\dfrac{1}{1-c(1-t)-m}$。

( )　42.給定其他條件,若貨幣需求增加,但貨幣供給不變,則:　(A)利率會提高　(B)利率不會變　(C)利率會下降　(D)利率不一定會改變,但物價必會上升。

( )　43.假設貨幣市場原處於均衡狀態,如果其他條件不變而物價上升5%,將會:　(A)提高名目貨幣需求5%,因此減低均衡利率　(B)減少名目貨幣需求5%,因此提高均衡利率　(C)提高實質貨幣供給5%,因此減低均衡利率　(D)降低實質貨幣供給5%,因此提高均衡利率。

( )　44.某開放體系家計單位的可支配所得邊際消費傾向為0.8,所得的邊際稅率為0.25,所得的邊際進口傾向為0.1。若政府以定額補貼方式無償移轉給家計單位1,000萬,則均衡產出增加:　(A)1,600萬　(B)2,000萬　(C)4,000萬　(D)5,000萬。

( )　45.依照跨期選擇理論,假設經濟個體為具前瞻性眼光(forward looking)的理性決策者,若政府支出及其他因素不變,且政府暫時性地減稅,則下列敘述何者錯誤?　(A)政府將來可能增稅　(B)民間消費並不會因此提高　(C)國民儲蓄會提高　(D)民間儲蓄會提高。

( )　46.當美國聯準會升息時,若其他條件不變,此時美元相對於其他貨幣會:　(A)升值　(B)貶值　(C)不變　(D)不一定。

( )　47.美國聯邦準備體系的公開市場委員會最主要的政策指標利率是：
　　　　(A)十年期公債利率　(B)二十年期公債利率　(C)房貸抵押證券利率
　　　　(D)聯邦資金利率（federal funds rate）。

( )　48.對一個小型開放，資金完全自由移動，且採取固定匯率的國家而言，
　　　　政府支出增加（假設全由公債融通）會使：　(A)該國國民所得增加
　　　　(B)該國國民所得減少　(C)該國利率下降　(D)該國物價下跌。

( )　49.在其他條件不變下，下列何者會造成長期均衡的每人產出下降？
　　　　(A)資本存量上升　(B)生產技術進步　(C)勞動人口增加　(D)勞動
　　　　生產力提升。

( )　50.下列何者最適合用來衡量一國經濟成長的變化？　(A)名目GDP成
　　　　長率　(B)實質GDP成長率　(C)消費者信心指數　(D)對外投資成
　　　　長率。

➡ 解答與解析

1.(B)。已知$P_x=5$，$P_y=2$，$MU_x=10$，$MU_y=6$，
　　　則$\dfrac{MU_x}{P_x}=\dfrac{10}{5}=2$，$\dfrac{MU_y}{P_y}=\dfrac{6}{2}=3$，$3>2$，故多買y，少買x。

2.(A)。將$P=12$代入$P=32-Q$，得$Q=10$
　　　將$P=12$代入$P=4+2Q$，得$Q=4$
　　　即$Q^d-Q^s=10-4=6$，有超額需求，需進口小麥6公斤。

3.(B)。假設所得40萬以下，邊際稅率為6%，40-100萬，邊際稅率為
　　　13%，100-200萬，邊際稅率為21%，令Y表示某乙的總所得，已
　　　知某乙的平均稅率為13%，即稅額／總所得＝13%
　　　$\dfrac{T}{Y}=\dfrac{40\times6\%+(100-40)\times13\%+(Y-100)\times21\%}{Y}=13\%$
　　　得$Y=135$
　　　$T=40\times6\%+(100-40)\times13\%+(135-100)\times21\%=17.55$
　　　所得稅淨額$=Y-T=135-17.55=117.45$
　　　令某甲的總所得為100，因其邊際稅率為13%，
　　　$T=40\times6\%+(100-40)\times13\%=10.2$
　　　所得稅淨額$=100-12.2=89.8$
　　　依題意：丙>丁，丙<甲，依所得稅淨額排序為乙>甲>丙>丁，故
　　　某乙的所得稅淨額最高。

4.(D)。若汽車產量增加後，生產汽車的機會成本上升。

5.(D)。已知產量x＝2，多生產1單位的蘋果，要少生產兩單位的橘子。產量x＝4，多生產1單位的蘋果，要少生產的橘子數量應大於2單位。

6.(B)。變動前：2機＝3汽，即1機＝$\frac{3}{2}$汽（機會成本）

變動後：4機＝6汽，即1機＝$\frac{6}{4}$汽（機會成本）

所以變動前後生產1機的機會成本不變，汽車和機械的產量同比例增加2倍。

7.(D)。每個國家出口具有比較利益之產品而從事國際間的交換，則兩國均可受益。

8.(C)。進口配額管制後，消費者的剩餘減少，斜線部份的面積是減少的經濟福利。

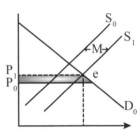

9.(D)。如圖，P_0↓到P_1，則國內供給量增加，國內消費者支付的價格由P_0下降到P_1。

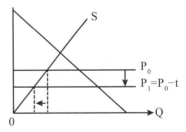

10.(D)。未開放前：C·S＝C＋B　　　P·S＝A
開放後：C·S＝C　　　　　　P·S＝B＋D＋A
故開放後增加D。

11.(C)。課2元的從量稅，則TC＝10＋2q＋2q＝10＋4q，

$MC=\frac{\Delta TC}{\Delta q}=4$，$TR=p\cdot q=(12-2q)\cdot q=12q-2q^2$

$MR=\frac{\Delta TR}{\Delta q}=12-4q$，由MR＝MC，12－4q＝4，得q＝2，

代入p＝12－2q，得p＝8，
利潤＝TR－TC＝p·q－(10＋4q)＝8×2－(10＋4×2)＝2

12.(D)。因P＜AVC，利潤為負值，廠商會停產，故產量為零。

13.(D)。單一廠商退出生產，則其他未退出的廠商所面對的需求增加。

14.(B)。如圖，A和B的效用相同，A和C的效
用相同， 故B和C的效用也應相同，
但B的效用卻高於C的效用，無異曲
線相交造成分析的矛盾。

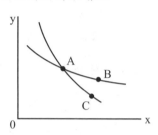

15.(B)。由預算線：$P_x X + P_y Y = M$，若P_y上升且
M下降，則$\dfrac{M}{P_y}$減少，所以預算線應往
內移動。

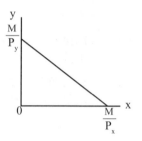

16.(C)。

L	1	2	3	4	5	6	7	8	9
Q	12	26	42	57	70	82	92	100	107
$MP_L = \dfrac{\Delta Q}{\Delta L}$	—	14	16	15	13	12	10	8	7

由$P \cdot MP_L = W$，已知$P = 10$，$W = 120$，
代入得$10 \cdot MP_L = 120$，$MP_L = 12$，對應的$L = 6$，$P \cdot MP_L = W$，
已知$P = 10$，$W = 80$，代入得$10 \cdot MP_L = 80$，$MP_L = 8$，對應的$L = 8$，
故勞動量由6人增加為8人，即增加2人。

17.(A)。由$VMP_L = \dfrac{\Delta TR}{\Delta L} = \dfrac{\Delta TR}{\Delta Q} \cdot \dfrac{\Delta Q}{\Delta L} = MR \cdot MP_L = P \cdot MP_L$。

18.(B)。當長期平均成本隨著產量的增加而逐漸下降，稱為規模經濟。

19.(C)。颱風使得蔬菜的供給線往左，菜價上漲，產量減少。

20.(C)。如圖，假設價格下限為$\bar{p}$，則$C \cdot S$
（消費者剩餘）由原先的BEP下降
為$BF\bar{p}$。

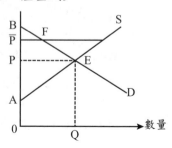

21.(D)。由 $\dfrac{dTE}{dp}=Q(1-|\varepsilon|)$，當 $dp>0 \longrightarrow dTE=0$，則 $|\varepsilon|=1$。

22.(C)。如圖，假設設定的價格為 $\overline{p}$，造成需求大於供給。

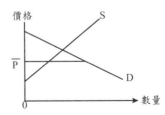

23.(A)。由 $\dfrac{dTR}{dp}=Q(1-|\varepsilon|)$，當 $|\varepsilon|<1$，則 $\dfrac{dTR}{dp}>0$，表示 $dp\uparrow$，$dTR\uparrow$。

24.(A)。$P=10$，$TR=2,500$，$TR=p\cdot q$，故 $2,500=10\cdot q_0$，即 $q_0=250$

$P=20$，$TR=7,000$，$TR=p\cdot q$，故 $7,000=20\cdot q_1$，即 $q_1=350$

中點法：$|\varepsilon|=\dfrac{\Delta Q}{\Delta P}\cdot\dfrac{P_1+Q_2}{P_1+Q_2}=\dfrac{350-250}{20-10}\cdot\dfrac{20+10}{350+250}=0.5$

25.(C)。如圖：$\varepsilon_Z=\dfrac{\Delta Q}{\Delta P}\cdot\dfrac{P}{Q}=\dfrac{0A}{AZ}\cdot\dfrac{AZ}{0A}=1$

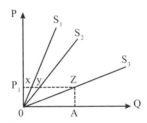

26.(C)。降低利率使投資增加，透過乘數效果，使產出增加，

匯率貶值使出口增加，進口減少，透過乘數效果，使產出增加，

增加公開市場買入，同時釋放等值的貨幣，如同貨幣供給增加，使

利率下降，進而投資增加，透過乘數效果，使產出增加。

27.(B)。失業率 $=\dfrac{失業人口}{勞動人口}=\dfrac{100萬}{勞動人口}=10\%$

$\dfrac{100萬+1000}{勞動人口+20萬}<10\%$

28.(A)。令 $T=tY$，t：稅率，當 $Y\uparrow \longrightarrow T\uparrow$。

29.(A)。由名目利率＝實質利率＋預期通貨膨脹率

當名目利率不變時，預期通貨膨脹率下降，由實質利率上升。

30.(D)。短期菲力普曲線是說明失業率（u）和
　　　通貨膨脹率（$\frac{\Delta P}{P}$）之間呈反向關係。

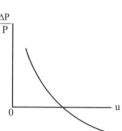

31.(B)。令y＝實質GDP，成長率g＝$\frac{y_1-y_0}{y_0}$，
　　　若g＜0，表示y_1-y_0＜0，即y_1＜y_0，實質GDP下降。

32.(C)。水泥為中間投入。

33.(C)。CPI＝$\dfrac{\sum\limits_{i=1}^{n}P_iQ_i^0}{\sum\limits_{i=1}^{n}P_i^0Q_i^0}\cdot100$，由公式可得知分子和分母都以基期成交$Q_i^0$量當

　　　權數，所以當基期年改變時，CPI會改變，但以CPI計算的物價膨脹
　　　不會改變。

34.(B)。成本推動的物價上漲，使總合供給線向左移動。

35.(A)。減稅使得總合需求增加，但賣出定期存單同時收回貨幣供給，使得
　　　總合需求減少。

36.(C)。貨幣供給增加，使LM線向右移，且總合需求線也向右移。

37.(C)。減稅使得總合需求增加，均衡的物價上升，產出增加，物價上升，
　　　使實質工資下降，產出增加，使進口需求增加。

38.(D)。升值有利於進口，進口品增加，總合需求向左移，均衡的物價上
　　　升，實質的貨幣需求減少。

39.(B)。由S＋T＝I＋G，移項，S－I＝G－T。

40.(D)。由$\dfrac{dY}{dG}=\dfrac{1}{1-b}=\dfrac{1}{1-mpc}=\dfrac{1}{mps}$，即$dY=\dfrac{dG}{mps}$。

41.(C)。$Y=C+I+G+X-M=C_a+c(Y-T_a-ty)+\bar{I}+\bar{G}+\bar{X}-mY$
　　　$Y=C_a+cY-cT_a-ctY+\bar{I}+\bar{G}+\bar{X}-mY$
　　　$(1-c+ct+m)Y=C_a-cT_a+\bar{I}+\bar{G}+\bar{X}$
　　　$(1-c+ct+m)dY=d\bar{G}$
　　　$\dfrac{dY}{d\bar{G}}=\dfrac{1}{1-c+ct+m}=\dfrac{1}{1-c(1-t)+m}$

42.(A)。 如圖，貨幣需求增加，利率由i_0上升到i_1。

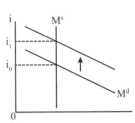

43.(D)。 貨幣市場均衡時，$\dfrac{M^d}{P}=m$，M^d：名目貨幣需求，P：一般物價水

準，m：實質貨幣供給，$\ln\dfrac{M^d}{P}=\ln m$，$d\ln M^d-d\ln p=d\ln m$

$d\ln M^d-d\ln m=d\ln p$，若$d\ln p$上升5%，則$d\ln m$下降5%，即貨幣供給
往左移，利率上升。

44.(A)。 由$\dfrac{dY}{dTR}=\dfrac{-c}{1-c(1-t)+m}$ 已知$c=0.8$，$t=0.25$，$m=0.1$，$dTR=1000$，

代入上式得$\dfrac{dY}{1000}=\dfrac{-0.8}{1-0.8(1-0.25)+0.1}$，$dY=-1600$

45.(C)。 國民儲蓄會提高，即消費減少。

46.(A)。 美國升息，則本國的資金流出，對外匯需求增加，使匯率上升，
即本國貨幣貶值，而美元則相對升值。

47.(D)。 政策指標利率是聯邦資金利率。

48.(A)。 如圖，政府支出增加則IS_0向右移到IS_1，
LM_0向右移到LM_1，則$i=i_0$，y由y_0上升
到y_1。因LM向右移則物價上升。

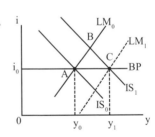

49.(C)。 勞動人口增加則均衡點往左移，即平均每人產出下降。

50.(B)。 經濟成長率：$g=\dfrac{當期實質GDP-前期實質GDP}{前期實質GDP}$。

108 年 關務四等

( ) 1.若臺灣 2014 年的名目 GDP 為 1 兆八千億元,實質 GDP 為 1 兆五千億元,則臺灣該年的 GDP 平減指數為: (A)67 (B)83 (C)110 (D)120。

( ) 2.在一國生產 X、Y 兩種產品的生產可能線上,如果從 A 點到 B 點,增加一單位 X 產品的機會成本為 $\frac{2}{3}$ Y,則從 B 點到 A 點增加一單位 Y 產品的機會成本為: (A)3X (B)$\frac{3}{2}$ X (C)$\frac{2}{3}$ X (D)$\frac{1}{3}$ X。

( ) 3.電鍍工廠排放廢水對環境造成污染,下列何者無法解決此種外部性? (A) 市場機能 (B) 對廠商課徵皮古稅(Pigovian tax) (C) 政府將污染權售予廠商 (D) 政府限制污染排放總量。

( ) 4.假設縱軸為價格、橫軸為數量,且小王對稻米的需求曲線為一條符合需求法則的直線。若稻米價格下降,則:
(A) 需求曲線斜率絕對值降低,且需求價格點彈性絕對值亦降低
(B) 需求曲線斜率絕對值上升,且需求價格點彈性絕對值亦上升
(C) 需求曲線斜率絕對值不變,但需求價格點彈性絕對值上升
(D) 需求曲線斜率絕對值不變,但需求價格點彈性絕對值降低。

( ) 5.王先生的香菸需求曲線函數為 $Q_D = a - bP$,$a, b > 0$,其中 Q_D 為香菸的需求數量,而 P 為香菸價格。當價格愈高時,其需求價格點彈性(絕對值): (A) 愈高 (B) 愈低 (C) 維持不變 (D) 資料不足,無法判斷。

( ) 6.假設礦泉水市場為完全競爭市場,市場需求函數為 $P = 14 - Q$,市場供給函數為 $P = 2 + Q$。若多喝水公司為其中一家廠商,總成本函數為 $TC = 10 + 0.5q^2$,則在其他條件不變下,追求利潤極大的多喝水公司,其短期利潤為: (A)8 (B)16 (C)22 (D)64。

( ) 7.市場上有二位供給者,供給函數分別為 $Q_1^S = P - 1$ 與 $Q_2^S = P - 4$,市場需求函數為 $Q^d = 10 - P$。則: (A) 市場均衡數量為 5 (B) 市場均衡數量為 9 (C) 市場均衡價格為 2.5 (D) 市場均衡價格為 7。

( )　8.在其他條件不變下，若某財貨的需求價格彈性絕對值小於 1，則當財貨價格上漲時，消費總支出會：　(A) 增加　(B) 減少　(C) 不變　(D) 無法判斷。

( )　9.在個人電腦的生產技術進步之同時，消費者所得大幅增加，則在其他條件不變下，個人電腦的均衡數量（Q）及均衡價格（P）會如何變動？　(A)P 上漲，但 Q 的變動方向不確定　(B)P 下跌，但 Q 的變動方向不確定　(C)Q 增加，但 P 的變動方向不確定　(D)Q 減少，但 P 的變動方向不確定。

( )　10.關於季芬財的敘述，下列何者錯誤？　(A) 季芬財一定是劣等財　(B) 季芬財不一定是劣等財　(C) 劣等財不一定是季芬財　(D) 季芬財一定違反需求法則。

( )　11.下列四個圖都在描述小音所得 M 與財貨 X 消費量之間的關係。考慮下列狀況：小音在當學生時所得少，無法上餐館吃飯，只能吃泡麵。但當他出了社會找到工作，所得增加到某程度後，他開始可以上餐館吃飯，不必再天天吃泡麵。若 X 代表泡麵消費量，則下列那一個圖最能描繪 X 與 M 之間的關係？

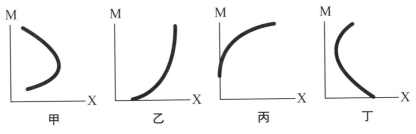

甲　乙　丙　丁

(A) 甲圖　(B) 乙圖　(C) 丙圖　(D) 丁圖。

( )　12.承上題。如果 X 現在代表上餐館消費量，則那一個圖最能描繪 X 與 M 的關係？　(A) 甲圖　(B) 乙圖　(C) 丙圖　(D) 丁圖。

( )　13.假設 X 財貨價格為 1 元，而 Y 財貨價格為 0.5 元。如果此時某消費者對 X 財貨的邊際效用是 8 單位，對 Y 財貨的邊際效用是 5 單位，則在追求效用極大下，該消費者應：　(A) 多購買 X 財貨及多購買 Y 財貨　(B) 少購買 X 財貨及少購買 Y 財貨　(C) 多購買 X 財貨及少購買 Y 財貨　(D) 少購買 X 財貨及多購買 Y 財貨。

( )　14.已知預算限制式為 $20X + 10Y = 100$，橫軸為 X，縱軸為 Y，則預算限制線的斜率為：　(A)-2　(B)$-\dfrac{1}{2}$　(C)2　(D)5。

( )　15.小張對橘子在不同價格下的需求量如下表所示。假設現在的市場價格是 12 元，則他享受到的消費者剩餘有多少？

價格（元）	23	20	17	15	11	8
需求量（個）	1	2	3	4	5	6

(A)22　(B)23　(C)27　(D)63。

( )　16.當短期生產要素只有勞動可調整下，有關總產量、邊際產量與平均產量的關係，下列敘述何者正確？　(A) 平均產量必大於邊際產量　(B) 邊際產量必為正　(C) 總產量達到極大值時，平均產量為 0　(D) 邊際產量為負時，表示總產量處在遞減階段。

( )　17.假設橫軸為數量，縱軸為價格。若毛巾的市場需求線為負斜率，但市場供給線為水平線，則：　(A) 生產者剩餘為正　(B) 生產者剩餘為零　(C) 生產者剩餘為負　(D) 交易數量少時生產者剩餘為正，交易數量多時生產者剩餘為負。

( )　18.假設勞動邊際產量遞減，下列敘述何者錯誤？　(A) 勞動邊際產量為勞動投入量增加 1 單位時，產出增加的數量　(B) 勞動投入量愈大時，勞動邊際產量愈大　(C) 勞動投入量愈大時，勞動邊際產量愈小　(D) 勞動投入量愈大時，勞動平均產量愈小。

( )　19.有關追求利潤最大的獨占者，下列敘述何者錯誤？　(A) 在平均成本線負斜率的地方生產　(B) 在需求價格彈性大於等於一的地方生產　(C) 為了多賣一單位商品，廠商必須降價　(D) 長期會在長期平均成本線的最低點生產。

( )　20.生產決策區分為長期與短期，有關長期與短期之區分，下列敘述何者正確？　(A) 長期至少 1 年以上　(B) 短期是指 1 個月以內　(C) 當所有要素數量皆可調整時，才稱為長期　(D) 當所有要素數量皆固定時，才稱為短期。

( )　21.在完全競爭市場達到長期均衡時，對任一廠商而言：　(A) 平均收益等於平均固定成本　(B) 平均收益大於邊際成本　(C) 邊際成本大於平均總成本　(D) 邊際成本等於平均總成本。

( )　22.某小鎮只有兩家生產同質商品的店，兩家店的邊際生產成本都是10，且因為兩家都在自家開店，故都沒有固定成本。它們從事價格競爭。下列有關長期均衡結果的敘述，何者錯誤？　(A) 兩家店的價格相同　(B) 兩家店的利潤都是正值　(C) 兩家店的產量相同　(D) 消費者剩餘為正值。

( )　23.假設供給法則與需求法則成立。下列何者是對競爭廠商補貼可能造成的後果？　(A) 買方支付的價格上漲　(B) 均衡交易量增加　(C) 無絕對損失　(D) 有經濟效率。

( )　24.獨占性競爭市場和完全競爭市場的長期均衡，具備的共同性質為：(A) 經濟利潤為零　(B) 都位於平均成本最低處生產　(C) 產品都是同質　(D) 都在邊際成本小於平均成本處生產。

( )　25.就自然獨占廠商而言，若政府要求此廠商依照價格等於邊際成本來訂價，則此廠商的經濟利潤為：　(A) 正值　(B) 零　(C) 負值　(D) 正值、零或負值。

( )　26.某獨占者面對的市場需求狀況如下表所示。如果生產只有固定成本，沒有變動成本，它應該生產幾個產品才能得到最大利潤？

價格（元）	50	45	40	35	30	25	20	15	10
需求量（個）	1	2	3	4	5	6	7	8	9

(A)2　(B)4　(C)6　(D)8。

( )　27.某完全競爭廠商在短期達到利潤極大時，如果多生產一個產品所增加的成本，小於平均變動成本。此時該廠商應該：　(A) 增加產量擴大營業　(B) 減少產量繼續營業　(C) 產量不變繼續經營　(D) 暫時停業。

( )　28.下列何者不屬於政府財政支出的經濟目標？　(A) 減緩物價的波動
　　　　(B) 降低所得分配的不均度　(C) 追求整體社會的最大產出　(D) 極大
　　　　化公營事業的利潤。

( )　29.阿志及阿明對路燈的邊際效益函數分別為 $MB=20-0.5Q$ 及
　　　　$MB=20-Q$，其中 Q 為路燈數量。若設置一盞路燈的成本為 16 元，
　　　　則政府應花多少錢設置路燈，才能達到最大經濟效率？　(A)16 元
　　　　(B)64 元　(C)128 元　(D)256 元。

( )　30.下列那些貿易政策將促使國內生產者剩餘上升？　(A) 進口關稅、出
　　　　口稅　(B) 進口關稅、出口補貼　(C) 進口補貼、出口稅　(D) 進口補
　　　　貼、出口補貼。

( )　31.假設甲國及乙國擁有相同的生產要素數量，甲國使用這些要素 1 年可
　　　　生產 x 部汽車或 15 部機械，乙國 1 年可生產 y 部汽車或 10 部機械。
　　　　根據比較利益原則，若甲國會專業化生產汽車，則 x 與 y 兩個數字的
　　　　限制條件為何？　(A)0.3y<x　(B)0.6y<x　(C)1.2y<x　(D)1.5y<x。

( )　32.假設 A 國與 B 國的生產可能線如下
　　　　圖所示。倘若兩國根據比較利益原則
　　　　從事自由貿易，且兩國均同時獲利，
　　　　雙方之貿易條件（1 部汽車可交換的
　　　　機械數量）為何？　(A) 介於 x 及 y
　　　　之間　(B) 介於 x/z 及 y/z 之間　(C)
　　　　介於 z/y 至 z/x 之間　(D) 介於 xz 至
　　　　yz 之間。

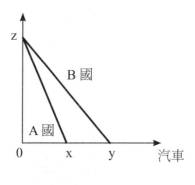

( )　33.下列為某一封閉體系的資料：$C=150+0.8(Y-T)$，$I=I_0=300$，
　　　　$G=G_0$，$T=50+0.1Y$。若該體系的均衡所得為 2,000 單位，則在均衡
　　　　時，下列有關政府預算餘額的敘述，何者正確？　(A) 該體系有政府
　　　　預算盈餘 100 單位　(B) 該體系有政府預算赤字 100 單位　(C) 該體
　　　　系有政府預算盈餘 150 單位　(D) 該體系有政府預算赤字 150 單位。

( )　34.消費者物價指數可以讓我們比較同一金額在不同時期的：　(A) 報酬
　　　　率　(B) 本利和　(C) 購買力　(D) 邊際效用。

( )　35.下表顯示只生產南瓜與龍眼的某國其價格與數量資料，基期年為 2013 年。根據該表，該國 2014 年的 GDP 平減指數的年增率為：

年	南瓜價格	南瓜數量	龍眼價格	龍眼數量
2013	\$3	100	\$2	100
2014	\$4	200	\$4	300

　　(A)33.3%　(B)66.6%　(C)100%　(D)133.3%。

( )　36.當最終財的產量固定但價格變動時，則：　(A) 名目 GDP 不變　(B) 名目 GNP 不變　(C) 實質 GDP 不變　(D)GDP 平減指數不變。

( )　37.下列何者被歸類於非勞動力？　(A) 張小姐大學畢業後，卻賦閒在家不肯找工作　(B) 王先生白天在超商工作，晚上念大學夜間部　(C) 李先生被公司辭退，正在尋找新的工作　(D) 張先生目前處於無薪休假狀態，在家中等待被公司召回。

( )　38.當一般大眾預期未來通貨膨脹率會上升時：　(A) 名目利率會跟著上升　(B) 實質利率會跟著上升　(C) 菲利浦曲線（Phillips Curve）會往下移動　(D) 菲利浦曲線的斜率會變大。

( )　39.當一國進口增加，其他條件不變時，該國貨幣幣值一般而言會：　(A) 升值　(B) 貶值　(C) 不變　(D) 先升值再貶值。

( )　40.根據總合供需模型，若勞動市場未達充分就業，在其他條件不變下，增稅最可能導致：　(A) 實質產出和物價皆下降　(B) 實質產出和物價皆上升　(C) 實質產出不變但物價上升　(D) 實質產出下降但物價不變。

( )　41.在下圖中，CF 代表消費函數，AB 線為 45 度線。消費支出與可支配所得何時會相等？　(A) 恆相等　(B) 當儲蓄水準為 100 兆與可支配所得為 400 兆時　(C) 可支配所得為 0 時　(D) 可支配所得為 200 兆時。

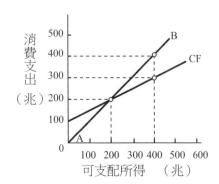

（　）42.實質所得增加，會帶動：　（A) 總合預擬（planned）支出下降　(B) 總合預擬支出不變　(C) 總合預擬支出增加　(D) 總合預擬支出變動與實質所得無關。

（　）43.假設 C＝100＋0.8Y，I＝100，G＝100，其中，C 為消費，Y 為所得水準，I 為投資，G 為政府支出在此簡單凱因斯模型中，若政府支出變為 G＝120，則均衡所得會如何？　(A) 增加 20　(B) 增加 100　(C) 增加 160　(D) 增加 220。

（　）44.下列何者不屬於 M1B？　(A) 活期儲蓄存款　(B) 活期存款　(C) 支票存款　(D) 定期存款。

（　）45.在法定貨幣（fiat money）制度下：　(A) 國民不得持有超過政府規定之貨幣數量　(B) 積欠本國銀行之貸款不得以外幣償還　(C) 限制國民向銀行兌換黃金的數量　(D) 賦予紙幣「無限法償」之地位。

（　）46.假定某銀行有下列資產與負債資料：庫存現金 60 億元；活期存款 250 億元；定期存款 180 億元；在中央銀行存款 30 億元；十筆不動產市價 45 億元；放款 240 億元與持有政府長期公債 55 億元。則其準備金為：　(A)60 億元　(B)90 億元　(C)430 億元　(D)520 億元。

（　）47.根據流動性偏好理論（liquidity preference theory），持有貨幣的機會成本是：　(A) 通貨膨脹率　(B) 債券的利息　(C) 將債券轉換成貨幣的交易成本　(D) 債券的利率減去通貨膨脹率。

（　）48.總體經濟的「自動穩定因子」（automatic stabilizers）是指：　(A) 政府以財政政策做穩定景氣波動的工具時，自動助長政策效果落後的問題　(B) 景氣若步入衰退，將有稅收或政府支出之自動改變而提升總合需求，不需政府刻意調整政策　(C) 立法設計政府可自動於不景氣時同意降低稅率　(D) 財政設計使政府收支可於不景氣時自動維持平衡。

（　）49.民眾存入 100 元到銀行的活期帳戶中，但銀行並未增加放款，則：　(A) 對貨幣供給沒有影響　(B) 使得貨幣供給增加　(C) 使得貨幣供給減少　(D) 對於貨幣供給的影響並不確定。

（　）50.次級房貸風暴產生，和美國下列那種現象較無關係？　(A) 美元升值　(B) 低利率　(C) 房貸抵押債務增加　(D) 房貸債權證券化。

➡ 解答與解析

1.(D)。GDP平減指數$=\dfrac{\text{名目 GDP}}{\text{實質 GDP}}=\dfrac{1.8}{1.5}\times100\%=120\%$

2.(B)。A$\longrightarrow$B：$1X=\dfrac{2}{3}Y$

B$\longrightarrow$A：$1X=\dfrac{2}{3}Y$，$3X=2Y$，$1Y=\dfrac{3X}{2}$

3.(A)。市場機能無法解決外部性的問題。

4.(D)。由A$\longrightarrow$B，$P_0\downarrow\longrightarrow P_1$

$|\varepsilon|=\dfrac{\dfrac{\Delta Q}{Q}}{\dfrac{\Delta P}{P}}=\dfrac{P_0}{Q_0}\dfrac{\Delta Q}{\Delta P}$

當$P_0\downarrow$，$Q_0\uparrow$，則$|\varepsilon|\downarrow$。

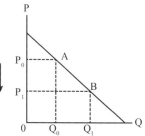

5.(A)。$|\varepsilon|=\dfrac{\dfrac{\Delta Q}{Q}}{\dfrac{\Delta P}{P}}=\dfrac{P_0}{Q_0}\dfrac{\Delta Q}{\Delta P}$

$=\dfrac{P_0\uparrow}{Q_0\downarrow}\cdot\dfrac{\Delta Q}{\Delta P}=\uparrow\dfrac{P_0}{Q_0}\cdot\dfrac{\Delta Q}{\Delta P}$，即$|\varepsilon|\uparrow$。

6.(C)。由$\begin{cases}P=14-Q\\P=2+Q\end{cases}$，得$P=8$，$Q=6$

由$MR=MC$，$P=MR=MC$，$MC=\dfrac{\Delta TC}{\Delta q}=q$，已知$P=8$，故$8=q$，

$\pi=TR-TC=PQ-TC=8\times8-[10+0.5(8)^2]=22$

7.(A)。由$Q_1^s+Q_2^s=P-1+P-4=2P-5$，即$Q^s=2P-5$

$\begin{cases}Q^s=2P-5\\Q^d=10-P\end{cases}$，得$P=5$，$Q=5$。

8.(A)。由$\dfrac{\Delta TE}{\Delta P}=Q(1-|\varepsilon|)>0$，則$\dfrac{\Delta TE}{\Delta P}>0$，即$P\uparrow\longrightarrow TE\uparrow$。

9.(C)。技術進步，供給曲線向右移，消費者所得大幅增加，需求曲線向右移動，個人電腦市場的均衡產出增加，但P上升、不變、下降皆有可能。

10.(B)。季芬財一定是劣等財。

11.(A)。X：泡麵消費量，M：所得

若X為正常財，則$\frac{\Delta X}{\Delta M}>0$；若X為劣等財，則$\frac{\Delta X}{\Delta M}<0$。

先正常財之後轉成劣等財，如圖形(甲)圖。

12.(C)。X：上餐館的消費量，M：所得

若X為正常財，則$\frac{\Delta X}{\Delta M}>0$，如圖形(丙)圖。

13.(D)。由$\frac{MU_x}{P_x}=\frac{MU_y}{P_y}$，已知$P_x=1$，$P_y=0.5$，$MU_x=8$，$MU_y=5$，則代入上

式$\frac{8}{1}<\frac{5}{0.5}$，故x↓，y↑。

14.(A)。預算線$20x+10y=100$，$20\Delta x+10\Delta y=\Delta100$，$20\Delta x=-10\Delta y$，

$\frac{\Delta y}{\Delta x}=\frac{-20}{10}=-2$

15.(C)。消費者剩餘＝願意支付－實際支付的
$$=23+20+17+15-12\times4=27$$

16.(D)。當MP<0，則TP下降，
如圖：超過B'時，$MP_L<0$，則TP下降

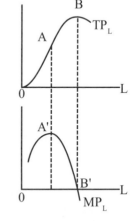

17.(B)。如圖：生產者剩餘為零。

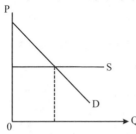

18.(B)。勞動邊際產量遞減是指$\frac{\Delta MP_L}{\Delta L}<0$。

19.(D)。獨占廠商沒有誘因在LAC最低點處生產。

20.(C)。當所有要素數量皆可調整，稱為長期。

21.(D)。由MR＝AC，P＝AC，即$\pi=0$。

22.(B)。最後是P＝MC（假設兩家廠商的邊際成本都相等）。

23.(B)。補貼後，總合供給線向右移，則均衡價格下降，產量上升。

24.(A)。長期時兩市場都僅有正常利潤，即π＝0。

25.(C)。自然獨占廠商採P＝MC訂價後，則經濟利潤為負值。

26.(C)。

P	50	45	40	35	30	25	20	15	10
Q	1	2	3	4	5	6	7	8	9
TR＝P·Q	50	90	120	140	150	150	140	120	90

已知TVC＝0，利潤＝TR－TC＝TR－(TFC＋TVC)＝TR－TFC
利潤最大的產量，如同使TR（總收入）最大的產量，由上表可知
q＝5或q＝6的產量皆可以使TR最大。

27.(D)。停止生產，P＜AVC，完全競爭P＝MC，故可寫成MC＜AVC。

28.(D)。極大化公營事業的利潤並非財政支出的經濟目標。

29.(D)。$MB_1+MB_2=20-0.5Q+20-Q=40-1.5Q$
即$MB_1+MB_2=40-1.5Q$，寫成$MB=40-1.5Q$，
已知$MC=16$，由$MB=MC$，得$16=40-1.5Q$
即$Q=16$，總支出為$MC\times Q=16\times16=256$。

30.(B)。課徵進口關稅，每單位為t，
則生產者剩餘增加（斜線部分）。

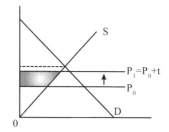

政府每單位補貼a，則供給線由S_0
右移到S_1，生產者剩餘由P_0e_0b
增加到P_1e_1b。

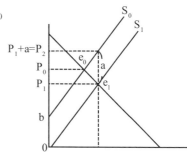

31.(D)。甲：x汽＝15機，1汽＝$\frac{15}{x}$機（機會成本）

乙：y汽＝10機，1汽＝$\frac{10}{y}$機（機會成本）

若甲專業化生產汽車，即$\frac{15}{x}<\frac{10}{y}$，1.5y＜x。

32.(C)。A國：0z機＝0x車，1車＝$\frac{0z}{0x}$機

B國：0z機＝0y車，1車＝$\frac{0z}{0y}$機

雙方的貿易條件一定介於兩國生產1部汽車的機會成本之間，即介於$\frac{0z}{0y}$至$\frac{0z}{0x}$之間。

33.(A)。已知y*＝2,000，代入C＝150+0.8(y－50－0.1y)，得C＝1,550，
再由y＝C+I+G，已知Y＝2,000，C＝1,550，I＝300，得G＝150，
而T＝50+0.1Y＝50+0.1×2,000＝250，
則T－G＝250－150＝100（政府有預算盈餘）

34.(C)。消費者物價指數可用來比較同一金額在不同時期的購買力。

35.(B)。2013年：3×100+2×100＝500
2014年名目GDP：4×200+4×300＝2,000
2014年實質GDP：3×200+2×300＝1,200
$\frac{名目GDP}{實質GDP}=\frac{2,000}{1,200}=1.66$，$\frac{1.66-1.00}{1.00}×100\%=66.6\%$

36.(C)。名目GDP＝$p\cdot\bar{q}$，當p上升，名目GDP上升；
實質GDP＝$\bar{p}\cdot q$，當q上升，實質GDP上升。

37.(A)。非勞動力包括：想工作而未找工作、求學、料理家務、衰老、殘障。

38.(A)。由名目利率＝實質利率+預期通貨膨脹率，
若預期通貨膨脹率上升，則實質利率不變時，名目利率也會上升。

39.(B)。進口增加，則對外匯需求增加，外匯需求曲線向右移，則匯率上升，即該國貨幣貶值。

40.(A)。增稅使得總合需求減少，總合需求線向左移，則產出(y)和物價(p)皆下降。

41.(D)。當CF＝B，則Y_d＝200(兆)。

42.(C)。實質所得增加，則總合預擬支出增加。

43.(B)。由 $\dfrac{\Delta Y}{\Delta G} = \dfrac{1}{1-b}$，已知 $\Delta G = 120 - 100 = 20$，$b = 0.8$，

代入得 $\dfrac{\Delta Y}{20} = \dfrac{1}{1-0.8}$，即 $Y = 5 \times 20 = 100$。

44.(D)。$M_{1B} = M_{1A} + 活儲$
$M_{1A} = 通貨淨額 + 支存 + 活存$

45.(D)。決定貨幣制度是賦予紙幣「無限法償」之地位。

46.(B)。準備金 = 庫存現金 + 在中央銀行存款 = 60 + 30 = 90(億元)。

47.(B)。持有貨幣就不能買債券，所以喪失債券的利息。

48.(B)。自動穩定因子是指當景氣衰退，經濟體系內的累進稅制和移轉支出可減緩不景氣所造成的衝擊。

49.(A)。若商銀未增加放款，即沒有信用創造，則貨幣供給不變。

商銀 B/S	
現金 100	活存 100

50.(A)。美國國內產生的次貸風暴和美元升值無關。

108 年 高考三級（勞工行政）

甲、申論題

一、你擁有一個小鎮電影院，目前每張門票售價為 5 元，請根據下圖回答以下問題：

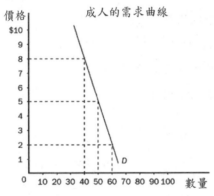

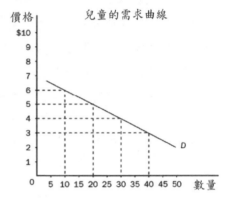

(一) 目前電影院之總收入為多少？

(二) 那一個市場的需求彈性較大？

(三) 成人市場的票價在 5 元到 2 元之間的需求彈性為何？其為具有彈性或缺乏彈性？

(四) 根據上圖，可以採取何種價格策略增加戲院的總收入？並請舉一例計算說明之。

答：(一) 成人市場：P＝5，Q＝50，TR＝P·Q＝250

兒童市場：P＝5，Q＝20，TR＝P·Q＝100

TR＝250＋100＝350

(二) 成人市場的需求曲線較陡，所以需求彈性小，

兒童市場的需求曲線較平坦，所以需求彈性大。

(三) 已知 $P_1＝5$，$Q_1＝50$，$P_2＝2$，$Q_2＝60$，

$$\varepsilon^D = -\frac{\frac{\Delta Q}{Q_1+Q_2}}{\frac{\Delta P}{P_1+P_2}} = -\frac{\frac{60-50}{50+60}}{\frac{2-5}{5+2}} = \frac{7}{33}$$，因 $\varepsilon^D < 1$，故缺乏彈性。

(四) 成人市場的 $|\varepsilon^D|=\dfrac{7}{33}$，即 $|\varepsilon^D|<1$，

由 $\dfrac{\Delta TR}{\Delta P}=Q(1-|\varepsilon^D|)>0$，即 $P\uparrow \longrightarrow TR\uparrow$，

兒童市場：$P_1=5$，$Q_1=20$，$P_2=4$，$Q_2=30$，

$\varepsilon^D=-\dfrac{\dfrac{30-20}{30+20}}{\dfrac{4-5}{5+4}}=\dfrac{9}{5}$，即 $|\varepsilon^D|>1$，

由 $\dfrac{\Delta TR}{\Delta P}=Q(1-|\varepsilon^D|)<0$，即 $P\downarrow \longrightarrow TR\uparrow$，

表示該戲院要提高總收入，在成人市場的價格策略是漲價，在兒童市場的價格策略是降價。

二、某國的產出為 Cobb-Douglas 之固定份額函數，其中資本份額為 0.3，勞動份額為 0.7，假設從 2015 年初至 2016 年初，該國之產出由 4,000 增至 4,500，且資本存量由 10,000 增至 12,000，另勞動力由 2,000 降到 1,750，請問：

(一) 資本對該年度經濟成長的貢獻為何？

(二) 勞動對該年度經濟成長的貢獻為何？

(三) 生產力（productivity）對該年度經濟成長的貢獻又為何？

(四) 如果本模型納入人力資本（human capital），Cobb-Douglas 產出函數，要如何修正？請寫出一函數並說明之。

答：由 $Y=AK^\alpha L^{1-\alpha}$，取自然對數，再全微分，改成

$\dfrac{\Delta Y}{Y}=\alpha\dfrac{\Delta K}{K}+(1-\alpha)\dfrac{\Delta L}{L}+\dfrac{\Delta A}{A}$

(一) 資本對經濟成長的貢獻：$\alpha\dfrac{\Delta K}{K}=0.3\times\dfrac{12,000-10,000}{10,000}=0.06$

(二) 勞動對經濟成長的貢獻：$(1-\alpha)\dfrac{\Delta L}{L}=0.7\times\dfrac{1,750-2,000}{2,000}=-0.0875$

(三) 生產力對經濟成長的貢獻：

$\dfrac{\Delta A}{A}=\dfrac{\Delta Y}{Y}-\alpha\dfrac{\Delta K}{K}-(1-\alpha)\dfrac{\Delta L}{L}=0.125-0.06+0.0875=0.1525$

(四) 原式：Y=AF(L, K)，即 Y=AK$^{\alpha}$L$^{1-\alpha}$，

加入人工資本 E：Y=AF(LE, K)，即 Y=AK$^{\alpha}$(LE)$^{1-\alpha}$，

取自然對數，再全微分，可改寫成：

$$\frac{\Delta Y}{Y} = \frac{\Delta A}{A} + (1-\alpha)(\frac{\Delta L}{L} + \frac{\Delta E}{E}) + \alpha\frac{\Delta K}{K} \text{。}$$

乙、測驗題

( )　1.下列何者敘述不是壟斷性競爭（monopolistic competition）市場的特性？　(A) 產品間存在差異化　(B) 廠商家數多於寡占市場　(C) 個別廠商所面對的需求曲線都是水平線　(D) 個別廠商有部分的定價能力。

( )　2.假設目前勞動（L）和資本（K）的市場單位價格皆為 \$1。試問：下列那一個生產函數所對應的成本函數具有平均成本遞減的特性？(A)q=L+K　(B)q=2L+3K　(C)q=LK　(D)q=L$^{0.5}$K$^{0.5}$。

( )　3.在外部性存在的前提下，寇氏定理（Coase theorem）隱含的要義是：(A) 只要財產權明確界定，即可達到效率境界　(B) 只要協商成本為零，即可達到效率境界　(C) 財產權明確界定且協商成本為零，才可達到效率境界　(D) 只要有外部性，效率境界就不可能達到。

( )　4.假設甲國的秉賦，可以生產 500 輛汽車或 1,000 支手機；乙國的秉賦，可以生產 200 輛汽車或 500 支手機。請問下列敘述何者正確？　(A) 乙國生產手機具有比較利益　(B) 乙國生產汽車具有絕對利益　(C) 甲國無法透過與乙國貿易而獲利　(D) 兩國生產技術不同，故無法比較。

( )　5.為何在吃到飽的餐廳吃飯，食量通常比去一般餐廳吃飯來得大？因為吃到飽的餐廳：　(A) 多吃邊際成本下降　(B) 食物較多成本較低　(C) 多吃沒有邊際成本　(D) 比一般餐廳便宜。

( )　6.某大速食店對木柵附近居民而言是獨占，其漢堡之需求如下：Q＝80－5P 式中 Q 為需求量、P 為價格。假設每個漢堡的成本是 8 元，且固定成本為零。請問老闆可以賺多少錢？最適定價為多少？會賣出多少個漢堡？　(A)60 元；12.5 元；25 個漢堡　(B)70 元；13.5 元；21 個漢堡　(C)65 元；12 元；22 個漢堡　(D)80 元；12 元；20 個漢堡。

( )　7.若 MUx/Px＞MUy/Py，則某人應採取何種消費策略？　(A) 增加 X 消費與減少 Y 消費　(B) 維持現狀　(C) 增加 X 消費與增加 Y 消費　(D) 減少 X 消費與增加 Y 消費。

( )　8.在完全競爭市場中，如果每家廠商的生產成本完全相同，則個別廠商的：　(A) 短期利潤一定為零　(B) 短期利潤一定大於零　(C) 長期利潤一定為零　(D) 長期利潤一定大於零。

( )　9.某產品的市場需求函數為 Q＝200－P，固定生產成本為 30，邊際生產成本為固定值 20，如果只有一家廠商生產該產品，使其利潤極大之最適定價為：　(A)80　(B)90　(C)100　(D)110。

( )　10.在獨占市場中，廠商不小心把價格訂到超過獨占（最適）價格，相較於獨占定價的情況：　(A) 市場交易量上升　(B) 消費者剩餘上升　(C) 生產者剩餘下降　(D) 生產者剩餘上升。

( )　11.需求線的斜率反映財貨特性。需求線斜率很陡的可能原因是市場上：(A) 缺乏互補品　(B) 缺乏替代品　(C) 充斥替代品　(D) 充斥互補品。

( )　12.下列有關獨占廠商的敘述，何者錯誤？　(A) 獨占廠商的長期和短期利潤一定都是正數　(B) 獨占廠商所選定的利潤極大化價格，一定不是在價格需求彈性絕對值小於一的地方　(C) 獨占廠商利潤極大化的一階條件為邊際收入等於邊際成本　(D) 獨占廠商進行差別取價時，其利潤一定會大於或等於單一定價時的利潤。

( )　13.價格 _____ 是一個管制的 _____，它要產生效果需要設在均衡價格之下。　(A) 下限（floor）；價格　(B) 下限（floor）；數量　(C) 上限（ceiling）；價格　(D) 上限（ceiling）；數量。

( )　14.近年來鐵礦價格大漲，請問易導致下列何種狀況：（CPI 為消費者物價指數，WPI 為躉售物價指數）　(A) 只有 WPI 上升　(B)WPI 上升；CPI 不一定上升　(C)WPI 上升；CPI 下降　(D) 只有 CPI 上升。

( )　15.長期菲利浦曲線為：　(A) 正斜率　(B) 負斜率　(C) 垂直線　(D) 水平線。

( )　16.國民生產毛額（Gross National Product）為：　(A) 國內生產毛額 + 國外要素淨所得　(B) 國內生產毛額 – 國外要素淨所得　(C) 國內生產毛額 + 淨投資　(D) 國內生產毛額 – 淨投資。

( )　17.相較於新古典經濟學，內生性成長模型之強調有所不同，下列何者不是其關注點？　(A) 規模報酬遞減（decreasing returns to scale）　(B) 人力資本累積（human capital accumulation）　(C) 將外部性內生化（endogenizing externality）　(D) 從作中學（learning by doing）。

( )　18.梭羅剩餘（Solow residual）常被用來衡量下列何種經濟概念？　(A) 經濟成長　(B) 國民所得　(C) 資本勞動比　(D) 技術進步。

( )　19.令 Y_d 表所得（Y）減去賦稅（T）的可支配所得，且某國為消費（C）=100+0.8Y_d；投資（I）=100；政府支出（G）=50；T=50 之封閉經濟，則下列何者錯誤？　(A) 均衡所得為 1,050　(B) 若充分就業所得為 850，則有 200 的膨脹缺口　(C) 若充分就業所得為 850，則僅政府內部單獨減少支出 40，即可達充分就業　(D) 若充分就業所得為 850，則僅政府內部單獨增稅 50，即可達充分就業。

( )　20.根據恆常消費理論，儘管股市大跌，但消費若只受到微小影響的原因，是下列何者發揮作用？　(A) 財富效果　(B) 消費平滑（consumption smoothing）　(C)跨期替代效果　(D) 李嘉圖均等定理。

( )　21.令橫軸變數為實質 GDP，縱軸變數為利率。就 IS–LM 模型而言，下列關於 IS 線的敘述何者正確？　(A) 當邊際消費傾向之值愈大且民間投資對利率的敏感程度愈高時，IS 線會愈平坦　(B) 當邊際消費傾向之值愈大且民間投資對利率的敏感程度愈低時，IS 線會愈平坦　(C) 當邊際消費傾向之值愈小且民間投資對利率的敏感程度愈高時，IS 線會愈平坦　(D) 當貨幣需求對利率的敏感程度愈高且貨幣需求對實質 GDP 的敏感程度愈低時，IS 線會愈平坦。

( )　22.假設其他條件相同且中央銀行的貨幣政策有效。根據 IS－LM 模型，當中央銀行買進債券時，下列何者會讓均衡所得增加的幅度愈大？(A) 邊際消費傾向愈低　(B) 貨幣需求對所得的敏感程度愈高　(C) 貨幣需求對利率的敏感程度愈低　(D) 民間投資對利率的敏感程度愈低。

( )　23.設政府稅收函數為 $T=100$ 億元 $+0.1Y$，而政府支出：$G=198$ 億元，式中 Y 為產出所得。如果潛在產出為 1,000 億元但實際產出等於 950 億元時，請問政府的結構性預算和循環性預算餘額各為多少？　(A) 結構性預算盈餘 2 億元和循環性預算赤字 3 億元　(B) 結構性預算赤字 2 億元和循環性預算盈餘 3 億元　(C) 結構性預算盈餘 2 億元和循環性預算赤字 5 億元　(D) 結構性預算赤字 5 億元和循環性預算盈餘 3 億元。

( )　24.如果銀行大量倒閉，則：　(A) 通貨相對於存款比率增大　(B) 通貨相對於存款比率不變　(C) 通貨相對於存款比率減小　(D) 如果中央銀行不採取行動，通貨會減少。

( )　25.若一國之國際收支有逆差，則可採取何種政策以減少逆差？　(A) 降低本國利率　(B) 本國貨幣貶值　(C) 調高基本工資　(D) 本國貨幣升值。

➡ **解答與解析**

1.(C)。 完全競爭市場的個別廠商所面對的需求曲線都是水平線。

2.(C)。 由 $\dfrac{MP_L}{P_L}=\dfrac{MP_K}{P_K}$，$\dfrac{K}{1}=\dfrac{L}{1}$，即 $L=K$，代入 $q=LK$，得 $L=K=\sqrt{q}$，

$TC=P_L L+P_K K=1\times L+1\times K=L+K=\sqrt{q}+\sqrt{q}=2\sqrt{q}=2q^{\frac{1}{2}}$

$AC=\dfrac{TC}{q}=\dfrac{2q^{\frac{1}{2}}}{q}=2q^{-\frac{1}{2}}$，$\dfrac{dAC}{dq}=2\times(-\dfrac{1}{2}q^{-\frac{3}{2}})=-q^{-\frac{3}{2}}<0$。

3.(C)。 Coase定理是將外部性作為財產財的歸屬，在交易成本不考慮及可確定財產權的歸屬下，可以達成汙染量的最適化。

4.(A)。甲國：500車＝100手機，即1車＝$\frac{1}{5}$手機，

　　　乙國：200車＝500手機，即1車＝$\frac{5}{2}$手機，

　　　故甲國生產車有比較利益，乙國生產手機有比較利益，
　　　甲國生產車有絕對利益，因500車＞200車，
　　　甲國生產手機有絕對利益，因1,000手機＞500手機。

5.(C)。吃到飽餐廳是TC＝$\overline{TC}$，總成本是固定的，

　　　故邊際成本（MC）＝$\frac{\Delta TC}{\Delta Q}=\frac{\Delta \overline{TC}}{\Delta Q}=0$。

6.(D)。Q＝80－5P，即P＝$16-\frac{Q}{5}$，

　　　TR＝P·Q＝$16Q-\frac{Q^2}{5}$，MR＝$\frac{\Delta TR}{\Delta Q}=16-\frac{2}{5}Q$

　　　已知MC＝8，由MR＝MC，$16-\frac{2}{5}Q=8$，得Q＝20，

　　　代入P＝$16-\frac{Q}{5}$，即P＝12，

　　　π＝TR－TC＝P×Q－8×Q＝12×20－8×20＝80。

7.(A)。若$\frac{MU_x}{P_x}>\frac{MU_y}{P_y}$，則增加x，將使$MU_x$下降，減少y，將使$MU_y$上升，

　　　最後達成$\frac{MU_x}{P_x}=\frac{MU_y}{P_y}$。

8.(C)。完全競爭市場因可以自由加入或退出市場，故長期而言，個別廠商
　　　僅有正常利潤，即經濟利潤為零。

9.(D)。已知Q＝200－P，即P＝200－Q，

　　　TR＝P×Q＝(200－Q)Q＝$200Q-Q^2$，MR＝$\frac{\Delta TR}{\Delta Q}=200-2Q$，

　　　已知MC＝20，由MR＝MC，200－2Q＝20，得Q＝90，
　　　代入P＝200－Q，得P＝110。

10.(C)。如圖，獨占廠商利潤最大的產量為
　　　MR＝MC，得到的Q＝Q_0，P＝P_0，消費者
　　　剩餘為ACP_0，若定比P_0還要高的價格，例
　　　如P_1，則消費者剩餘減少為ABP_1。

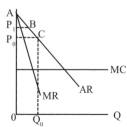

11.(B)。如圖，需求曲線D_1較陡，D_2較平坦，則供給由S_0增加到S_1，則$Q_2 > Q_1$，表示需求線愈陡，當價格下降時，需求量增加的幅度較小，可能原因是缺乏替代品。

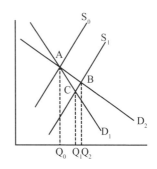

12.(A)。獨占廠商長期的利潤大於零，短期的利潤則大於、等於或小於零，都有可能。

13.(C)。價格上限是用來管制價格，它要產生效果需設定在均衡價格之下。如圖：有效的價格上限，$P = \overline{P}$。

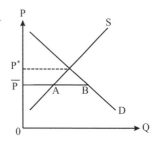

14.(C)。WPI是根據大宗物資批貨價格的加權平均價格編製的物價指數，包括原料、中間產品、最終產品與進出口。
CPI是以消費者的立場來衡量財貨與勞務的價格。
依題意，鐵礦價格上漲則WPI上升，如果生產者未把原料價格上漲的部分移轉給消費者，則CPI不變，反之，生產者把原料價格上漲的部分轉嫁給消費者，則CPI上升。

15.(C)。長期菲利浦曲線為垂直線。

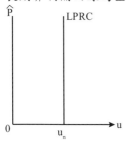

16.(A)。國民生產毛額−外國人在本國的所得＋本國人在國外的所得
　　　＝國內生產毛額
　　　即國民生產毛額
　　　　＝國內生產毛額＋外國人在本國的所得−本國人在外國的所得
　　　　＝國內生產毛額＋國外要素淨所得。

17.(A)。內生成長模型並不關注於成本面的議題。

18.(D)。由 $\dfrac{\Delta Y}{Y}=\alpha\dfrac{\Delta K}{K}+(1-\alpha)\dfrac{\Delta L}{L}+\dfrac{\Delta A}{A}$，表示

　　　產出的成長＝資本的貢獻＋勞務的貢獻＋總要素生產力的成長，

　　　其中 $\dfrac{\Delta A}{A}$ 稱為總要素生產力的成長或稱為梭羅剩餘。

19.(B)。已知 $C=100+0.8Y_d$，$I=100$，$G=50$，$T=50$，式中 $b=0.8$，
　　　由 $Y=C+I+G$，即 $Y=100+0.8(Y-50)+100+50$，
　　　得 $Y^*=1,050$（均衡所得）
　　　$\dfrac{dY}{dG_0}=\dfrac{1}{1-b}$，$\dfrac{1,050-850}{dG_0}=\dfrac{1}{1-0.8}$，得 $dG_0=40$，政府支出要減少40
　　　$\dfrac{dY}{dT_0}=\dfrac{-b}{1-b}$，$\dfrac{1,050-850}{dT_0}=\dfrac{-0.8}{1-0.8}$，得 $dT_0=50$，要增稅50
　　　缺口 $=\dfrac{Y-Y_f}{乘數}=\dfrac{Y-Y_f}{\dfrac{1}{1-b}}$，因 $Y=1,050>Y_f=850$，有膨脹缺口，
　　　缺口 $=\dfrac{1,050-850}{\dfrac{1}{1-0.8}}=40$

20.(B)。假設臨時所得和臨時消費無關，即 $cov(Y^T, C^T)=0$。

21.(A)。假設 $C=C_0+bY_d$，$T=T_0+tY$，$I=I_0-rv$，$G=G_0$
　　　由 $Y=C+I+G$，代入上式，得 $Y=C_0+b(Y-T_0-tY)+I_0-rv+G_0$
　　　$(1-b+bt)Y=C_0-bT_0+I_0-rv+G_0$，全微分，
　　　$(1-b+bt)dY=dC_0-bdT_0+dI_0-vdr+dG_0$
　　　$\dfrac{dr}{dy}=\dfrac{1-b(1-t)}{-v}$，若邊際消費傾向之值(b)愈大，且民間投資對利率
　　　的敏感程度愈高，即 v 愈大，則IS線的斜率愈小，即IS線愈平坦。

22.(C)。假設 $\dfrac{M^D}{P} = ky + l_0 - l_1 r$，$M^s = \overline{M}$，

由 $\dfrac{\overline{M}}{P} = ky + l_0 - l_1 r$，全微分，

$kdy - l_1 dr = 0$，即 $\dfrac{dr}{dy} = \dfrac{k}{l_1}$，

若貨幣需求對利率的敏感程度愈低，
即 l_1 愈小，則 LM 的斜率愈大，
即 LM 線愈陡，當中央銀行買進債券
時，貨幣供給增加，LM 線向右移，
則 LM 線愈陡的所增加的產出大於
LM 線較平坦的所增加的產出。如圖：LM 移動的幅度相同，但
LM 較陡的產出增加為 y_2，LM 較平坦的產出增加為 y_1，而 $y_2 > y_1$。

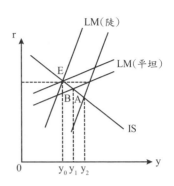

23.(C)。將潛在產出 $Y = 1{,}000$ 代入 $T = 100 + 0.1Y$，得 $T = 100 + 0.1 \times 1000 = 200$
已知 $G = 198$，則結構性預算 $= T - G = 200 - 198 = 2$（盈餘）
將實際產出 $Y = 950$，代入 $T = 100 + 0.1Y$，得 $T = 100 + 95 = 195$，
已知 $G = 198$，
則循環性預算 $= T - G - 結構性預算 = 195 - 198 - 2 = -5$（赤字）。

24.(A)。銀行大量倒閉，則民眾對存款貨幣需求減少，持有通貨會上升，則
通貨相對於存款比率增大。即 $\dfrac{C}{D} = k$，k 上升。

25.(B)。如圖：當國際收支有赤字，即外匯市場在 $e = e_0$ 時有超額需求
（ED），可以讓匯率上升，即本國貨幣貶值，使超額需求縮小。

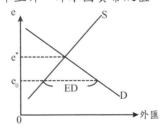

108 年　普考（經建行政）

( )　1.假設民國 105 年的物價指數為 105，民國 106 年的物價指數為 110，民國 107 年的物價指數為 115；則下列敘述何者錯誤？　(A) 這三年的整體物價水準一年比一年高　(B) 這三年經濟體系中的每一個商品都越來越貴　(C) 民國 105 年至民國 106 年的通貨膨脹率大於民國 106 年至民國 107 年的通貨膨脹率　(D) 民國 105 年至民國 106 年的通貨膨脹率為正，民國 106 年至民國 107 年的通貨膨脹率也為正。

( )　2.丁丁麵包店花新臺幣 80 元買了一包台製麵粉，並用這包麵粉製作售價新臺幣 300 元的麵包賣給消費者；另一包台製麵粉在金聯超市被消費者以新臺幣 120 元購買。試問前述三筆交易對臺灣國內生產毛額（gross domestic product）的影響：　(A) 國內生產毛額增加新臺幣 120 元　(B) 國內生產毛額增加新臺幣 200 元　(C) 國內生產毛額增加新臺幣 420 元　(D) 國內生產毛額增加新臺幣 500 元。

( )　3.根據勞動部的資料，民國 53 年的基本工資為每月新臺幣 450 元，民國 108 年的基本工資為每月新臺幣 23,100 元。給定民國 53 年與民國 108 年的消費者物價指數（consumer price index，簡稱 CPI），則我們如何計算民國 108 年的基本工資相當於民國 53 年的多少錢？
(A)($23,100/$450)× 民國 53 年的 CPI
(B)$450×(民國 108 年的 CPI/ 民國 53 年的 CPI)
(C)$23,100×(民國 108 年的 CPI/ 民國 53 年的 CPI)
(D)$23,100×(民國 53 年的 CPI/ 民國 108 年的 CPI)。

( )　4.小明每週工作 20 小時；小華處於暫時解雇（temporary layoff，又稱臨時解雇）狀態；小強為全職大學生，試問誰屬於「民間勞動力」？
(A) 小明　(B) 小華　(C) 小明和小華　(D) 小明和小強。

( )　5.勞動參與率告訴我們民間人口中 ＿＿＿＿＿＿＿ 的比例。　(A) 從未就業　(B) 受雇勞工　(C) 選擇參與勞動市場　(D) 可以參與勞動市場。

( )　6.下列那一個選項將不同資產由流動性最高排到流動性最低？　(A) 通貨、債券、汽車、房子　(B)通貨、汽車、房子、債券　(C)債券、通貨、汽車、房子　(D) 債券、汽車、通貨、房子。

( )　7.當物價攀升的幅度超過目標通膨，中央銀行可以採行下列何者以減輕通膨壓力？　(A) 購買國庫券或提高貼現率　(B) 購買國庫券或降低貼現率　(C)出售國庫券或降低貼現率　(D) 出售國庫券或提高貼現率。

( )　8.在簡單凱因斯模型中，假設消費函數為 $C = 200 + 0.8(Y - T)$。若均衡產出為 8,000，政府課稅為 1,000，投資為 1,600，則政府支出為：(A)800　(B)600　(C)400　(D)200。

( )　9.在簡單凱因斯模型中，若均衡 GDP 為 \$5,000，消費為 \$3,000，政府支出為 \$600，政府收入為 \$1,000，則下列何者正確？　(A) 投資為 \$2,000　(B) 投資為 \$1,200　(C) 政府儲蓄為 \$600　(D) 私人儲蓄為 \$1,000。

( )　10.下列何種情況會造成貨幣政策無效？　(A) 政府有預算赤字　(B) 流動性陷阱　(C) 浮動匯率制度　(D) 投資對利率具有彈性。

( )　11.下列那個議題較符合個體經濟學的研究範疇？　(A) 個別廠商的決策　(B) 各國人均所得的差異　(C) 一國物價水準的跨期比較　(D) 一國國內生產毛額的跨期比較。

( )　12.當以一單位外國貨幣兌換多少本國貨幣作為匯率的表示方式時，此匯率上升代表本國貨幣：　(A)升值　(B)貶值　(C)不一定　(D)不受影響。

( )　13.根據經濟部國際貿易局的資料，臺灣在民國 107 年的淨出口值（net exports）為 496 億美元，並且從其他國家購買的商品與勞務價值為 2,863 億美元，則下列敘述何者錯誤？　(A) 我國有貿易盈餘（trade surplus）　(B) 我國進口總值為 2,863 億美元　(C) 我國出口總值為 (2,863−496) 億美元　(D) 我國貿易總值為 (2,863＋496＋2,863) 億美元。

( )　14.當購買力平價成立（purchasing power parity，簡稱 PPP）時，若同一籃子的商品在臺灣的售價為新臺幣 100 元，在中國的售價為人民幣 25 元，則新臺幣與人民幣的名目匯率為：　(A) 一單位新臺幣兌換一單位人民幣　(B) 四單位新臺幣兌換一單位人民幣　(C) $\frac{1}{4}$ 單位新臺幣兌換一單位人民幣　(D) 介於「$\frac{1}{4}$ 單位新臺幣兌換一單位人民幣」與「四單位新臺幣兌換一單位人民幣」之間。

( )　15.政府降低個人所得稅稅率的政策屬於：　(A) 擴張性財政政策　(B) 緊縮性財政政策　(C) 擴張性貨幣政策　(D) 緊縮性貨幣政策。

( )　16.當中央銀行施行寬鬆性貨幣政策後，在其他條件不變下，下列何者不是合理出現的影響或狀況？　(A) 物價上漲　(B) 新臺幣趨貶　(C) 市場實質利率下跌　(D) 經濟成長衰退。

( )　17.請就總合供給總合需求模型（aggregate－supply and aggregate－demand model），分析石油價格提升，在其他條件不變之下，以短期而言，對實質產出與物價的影響為何？　(A) 物價提高，實質產出增加　(B) 物價不變，實質產出增加　(C) 物價提高，實質產出減少　(D) 物價提高，實質產出不變。

( )　18.下列何者會造成短期物價與實質產出同時增加？　(A) 總合需求曲線向左移動　(B) 總合需求曲線向右移動　(C) 短期總合供給曲線向左移動　(D) 短期總合供給曲線向右移動。

( )　19.下列何者會造成長期總合供給曲線（long－run aggregate supply curve）向右移動？　(A) 物價水準提高　(B) 物價水準降低　(C) 實質資本增加　(D) 實質資本減少。

( )　20.請就總合供給總合需求模型（aggregate－supply and aggregate－demand model），分析政府採行擴張性財政政策，在其他條件不變之下，以長期而言，對實質產出與物價的影響為何？　(A) 物價提高，實質產出增加　(B) 物價不變，實質產出增加　(C) 物價提高，實質產出減少　(D) 物價提高，實質產出不變。

(　)　21.若經濟已在長期均衡產出，當中央銀行採取緊縮性貨幣政策，對經濟會有何影響？　(A) 短期產出會減少，長期物價會上漲　(B) 短期產出會減少，長期物價會下降　(C) 短期物價會下降，長期產出會上漲　(D) 短期物價會下降，長期產出會減少。

(　)　22.關於景氣循環的描述，下列何者正確？　(A) 每一次景氣波動幅度不固定　(B) 每一次的景氣循環都以 15 個月為周期　(C) 同時指標比領先指標更能預測景氣波動　(D) 當經濟成長率低於長期趨勢時，表示經濟正處於擴張期。

(　)　23.下列敘述何者正確？　(A) 只有新興國家面臨景氣波動　(B) 大部分廠商在經濟緊縮期面臨訂單增加　(C) 造成景氣循環的最大因素為消費支出變動　(D) 實質國內生產毛額下降通常伴隨失業率上升。

(　)　24.假設烹飪課只要求炒菜與煮湯，已知小華炒菜具有絕對利益，小明炒菜具有比較利益。則：　(A) 小華應該既炒菜又煮湯，小明完全不用做　(B) 小華應該煮湯，小明應該炒菜　(C) 小華應該炒菜，小明應該煮湯　(D) 小華與小明不應該合作。

(　)　25.完全競爭市場中的均衡價格與均衡數量由：　(A) 單一賣家所決定　(B) 單一買家所決定　(C) 所有買家所決定　(D) 所有買家與所有賣家所決定。

(　)　26.小明打算開店賣咖啡，他正考慮選擇生產使用全自動咖啡機的「一鍵即享香醇義式咖啡」或「手沖單品豆咖啡」。下列何者描述了小明所面對的決策問題？　(A) 生產什麼　(B) 何時生產　(C) 為誰生產　(D) 何地生產。

(　)　27.當新聞預報今年夏天將創高溫新紀錄，最有可能帶來的影響為：　(A) 冷氣的需求減少　(B) 涼感衣的需求增加　(C) 防曬產品的需求量不變　(D) 綿綿冰的需求減少。

(　)　28.假設在現行工資下，勞動市場中對能應用人工智慧的勞工的需求量大於能應用人工智慧的勞工的供給量，我們預期：　(A) 能應用人工智慧的勞工的薪資上升　(B) 對能應用人工智慧的勞工的需求下降　(C) 對能應用人工智慧的勞工的替代品需求下降　(D) 使用能應用人工智慧的勞工為投入的產品價格下降。

( )　29.假設家事機器人的供需法則成立。現若市場上對於家事機器人的需求增加，同時生產家事機器人的技術有革命性的進步，使生產成本降低，則家事機器人市場的均衡價格與均衡數量會有何影響？　(A) 均衡價格下降，均衡數量不確定　(B) 均衡價格上升，均衡數量不確定　(C) 均衡數量下降，均衡價格不確定　(D) 均衡數量上升，均衡價格不確定。

( )　30.「薄利多銷」指的是廠商藉由降價吸引顧客多買之策略，試問廠商對產品降價能增加收入的條件為：　(A) 該產品之市場需求的價格彈性絕對值小於 1　(B) 該產品之市場需求的價格彈性絕對值大於 1　(C) 該產品之市場需求的價格彈性絕對值等於 1　(D) 該產品之市場需求的價格彈性絕對值等於 0。

( )　31.當政府移除有效的價格上限（binding price ceiling），對該產品市場的均衡價格與均衡數量有何影響？　(A) 均衡價格與均衡數量皆下降　(B) 均衡價格與均衡數量皆上升　(C) 均衡價格上升，均衡數量下降　(D) 均衡價格下降，均衡數量上升。

( )　32.小明、小華、小強、小米對某商品的願付價格（willingness to pay）分別為：50、30、20、10。假設該商品的價格為 18，則總消費者剩餘（consumer surplus）為多少？　(A)32　(B)44　(C)46　(D)82。

( )　33.開放國際貿易前臺灣玉米售價為每台斤新臺幣 100 元，玉米在國際市場上的售價是每台斤新臺幣 60 元。假設臺灣玉米的產量很小，在國際市場上為價格接受者，則臺灣開放玉米貿易後的影響為：　(A) 玉米消費者與玉米生產者同時福利增加　(B) 玉米消費者與玉米生產者同時福利受損　(C) 玉米消費者福利增加，玉米生產者福利受損，整體而言，福利增加　(D) 玉米消費者福利增加，玉米生產者福利受損，整體而言，福利受損。

( )　34.假設在香香果園勞力是唯一的變動成本，已知當勞力為 0，產出為 0。此外，當勞力為 2，總成本為 100；當勞力為 3，總成本為 120。若每單位勞力的成本是一樣的，試問固定成本為何？　(A)40　(B)60　(C)80　(D)100。

( )　35. 小華每個月去看一場電影，電影院提供四種套餐組合：一號餐售價新臺幣 150 元，包含小杯的飲料與小包的爆米花；二號餐售價新臺幣 210 元，包含中杯的飲料與中包的爆米花；三號餐也是售價新臺幣 210 元，包含大杯的飲料與小包的爆米花；四號餐售價新臺幣 270 元，包含大杯的飲料與大包的爆米花。根據小華每次都選擇購買三號餐，我們得知： (A) 小華買不起四號餐 (B) 小華買不起二號餐 (C) 小華偏好 $\frac{爆米花}{飲料}$ 比例比較小的組合 (D) 小華偏好 $\frac{爆米花}{飲料}$ 比例比較大的組合。

( )　36. 在其他條件不變下，當寒流來襲凍死許多魚塭的虱目魚，且偏好吃虱目魚的人口增加，則下列敘述何者正確？ (A) 虱目魚價格會下降，交易數量會減少 (B) 交易數量會增加，虱目魚價格會下降或增加 (C) 虱目魚價格會上漲，交易數量會增加或減少 (D) 交易數量會減少，虱目魚價格會下降或增加。

( )　37. 如果牛肉漢堡與豬肉包子為替代品，則牛肉價格上漲，對兩種產品有何影響？ (A) 牛肉漢堡和豬肉包子的價格都會上漲 (B) 牛肉漢堡和豬肉包子的價格都會下降 (C) 牛肉漢堡的價格上漲和豬肉包子的價格下降 (D) 牛肉漢堡的價格上漲和豬肉包子的價格不變。

( )　38. 公共財的市場需求曲線是由下列何者產生？ (A) 個人需求曲線的平均 (B) 個人需求曲線的垂直加總 (C) 個人需求曲線的水平加總 (D) 無法由個人需求曲線導出。

( )　39. 為了照顧無殼蝸牛的租屋者，政府採取限制租房價格，對房租訂定有效的價格上限，則下列敘述何者正確？ (A) 市場將出現超額供給 (B) 市場將出現超額需求 (C) 房租將高於市場均衡價格 (D) 社會福利將增加。

( )　40. 最低工資政策，對勞動市場產生的影響，下列敘述何者正確？ (A) 勞動市場將出現超額供給 (B) 勞動市場將出現超額需求 (C) 勞動市場的就業量不受影響 (D) 勞動市場的失業率會減少。

( )　41. 短期完全競爭廠商何時應停止生產？ (A) 當邊際成本大於平均成本 (B) 當價格小於平均成本 (C) 當價格小於邊際成本 (D) 當價格小於平均變動成本的最小值。

(　) 42.完全競爭市場為何最有效率？　(A) 經濟利潤為零　(B) 因為廠商數多　(C) 廠商會在總產量最高處生產　(D) 價格等於邊際成本。

(　) 43.在完全競爭市場，下列敘述何者正確？　(A) 價格小於邊際成本　(B) 廠商數多，但產品無法替代　(C) 個別廠商所面對需求曲線為水平線　(D) 價格高於邊際成本。

(　) 44.對於獨占性競爭市場而言，下列敘述何者正確？　(A) 廠商為價格接受者　(B) 長期存在超額利潤　(C) 短期均衡也等於長期均衡　(D) 個別廠商所面對需求曲線為負斜率。

(　) 45.獨占性競爭市場中廠商長期利潤為零的原因為：　(A) 廠商無法影響價格　(B) 價格相對不穩定　(C) 市場沒有進入障礙　(D) 合作優於競爭。

(　) 46.在完全競爭市場中，追求利潤最大廠商的最適策略為：　(A) 價格大於邊際成本　(B) 價格大於平均成本　(C) 邊際成本等於邊際收益　(D) 邊際收益大於邊際成本。

(　) 47.獨占廠商差別取價的理由為？　(A) 不知道市場的需求特性　(B) 促進消費者大量消費　(C) 攫取消費者剩餘　(D) 服務不同的客群滿足其需求。

(　) 48.在獨占市場中，若廠商面臨 A、B 兩個市場，則下列敘述何者正確？　(A)A、B 兩市場的價格一定相同　(B) 需求彈性愈小的市場，價格越高　(C) 需求彈性愈大的市場，價格越高　(D) 價格與兩市場的需求彈性無關。

(　) 49.下列有關追求利潤最大獨占廠商的敘述，何者正確？　(A) 在最適生產量，邊際收益大於邊際成本　(B) 在最適生產量，邊際收益等於零　(C) 價格等於邊際成本　(D) 廠商沒有供給曲線。

(　) 50.若獨占廠商能進行完全差別取價，則下列敘述何者正確？　(A) 沒有社會無謂損失　(B) 價格會等於邊際成本　(C) 消費者剩餘將會極大化　(D) 廠商完全不知道消費者的偏好。

➡ 解答與解析

1.(B)。消費者物價指數是用來衡量正常家庭平時主要消費物品價格相對變化程度的物價指數，所以當物價指數上升，不一定是指所有商品價格都上升，如果價格較高的上升，但其他價格相對低的商品價格沒有變動，也有可能造成物價指數的上升。

2.(C)。衡量GDP是以「最終用途」，因此，僅300＋120＝420，使國內生產毛額（GDP）增加。

3.(D)。民國108年的基本工資相當於民國53的價值為何？
先以民國108年的基本工資消除物價上漲的部分，

即民國108年的實質基本工資＝$\dfrac{23100}{民國108年的CPI}$，再以民國108年

的實質基本工資乘上民國53年的CPI，即得到民國105年的名目基本

工資，即$\dfrac{23100}{民國108年的CPI}$×民國53年的CPI。

4.(C)。勞動力包括就業和失業，非勞動力是指想工作而未找工作、求學、料理家務、衰老、殘障等。
依上述分類，勞動力為小明和小華，非勞動力為小強。

5.(C)。勞動參與率＝$\dfrac{勞動力}{十五足歲以上之人口}$。

6.(A)。流動性即變現程度，依題意，通貨＞債券＞汽車＞房子。

7.(D)。有通膨的壓力，表示景氣過熱，央行可採緊縮性的貨幣性政策，出售國庫券，將收回等值的臺幣，市場的貨幣供給減少，提高重貼現率，將使商業銀行放款減少，信用創造能力下降，市場的貨幣供給減少。

8.(B)。由支出面Y＝C＋I＋G，已知Y＝8,000，T＝1,000，I＝1,600，
代入上式，Y＝200＋0.8(Y－100)＋1,600＋G，
8,000＝200＋0.8(8,000－1,000)＋1,600＋G，得G＝600。

9.(D)。由Y＝C＋I＋G，已知Y＝5,000，C＝3,000，G＝600，T＝1,000，代入上式得5,000＝3,000＋I＋600，得I＝1,400，再由Y＝C＋S＋T，代入上式，5,000＝3,000＋S＋1,000，得S＝1,000（私人儲蓄），T－G＝1,000－600＝400（政府儲蓄）。

10.(B)。當貨幣需求曲線呈水平線時，央行採擴張性貨幣政策，也無法降低利率，稱為流動性陷阱。

11.(A)。個別廠商和消費者的行為乃個體經濟學的研究範疇。

12.(B)。例如：$\dfrac{臺幣}{美元}=\dfrac{30}{1}$，表示1個新臺幣可以兌換$\dfrac{1}{30}$個美元，若匯率上升

至31，表示個新臺幣可兌換到$\dfrac{1}{31}$個美元，即本國貨幣的購買力下

降，稱為本國貨幣貶值。

13.(C)。出口淨值＝出口總額－進口總額，已知出口淨值＝496，
進口總額＝2,863，代入上式得496＝出口總值－2,863，
出口總值＝2,863＋496

14.(B)。名目匯率＝$\dfrac{本國物價}{外國物價}$

同一籃商品＝新臺幣100元＝人民幣25元，

即新臺幣100元＝人民幣25元，1人民幣＝$\dfrac{100}{25}$新臺幣，

故1單位人民幣可兌換4單位新臺幣。

15.(A)。減稅使民間消費增加，是擴張性的財政政策。

16.(D)。貨幣供給增加，使利率下降，產出增加，物價上漲，本國利率相對
低於外國利率，資金將會流出，對外匯需求增加，匯率上升，即新
臺幣貶值。

17.(C)。如圖：總合供給減少，AS_0向左移到
AS_1，物價由P_0上升到P_1，產出由y_0下
降到y_1。

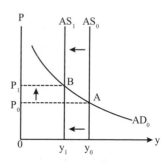

18.(B)。如圖：總合供給增加，總合需求曲線
向右移動，物價由P_0上升到P_1，產出
由y_0上升到y_1。

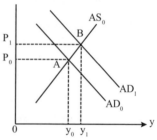

19.(C)。實質資本增加，總合供給線向右移，產出增加，物價水準下降。

20.(D)。如圖：總合需求由AD$_0$向右移到AD$_1$，短期在P＝P$_0$情況下，產出由y$_0$增加到y$_0$'，長期時，物價水準上升到P$_1$，產出回到y$_0$。

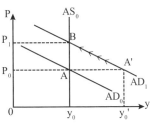

21.(B)。如圖：當y＝y$_0$達長期均衡時，央行採緊縮性貨幣政策，短期時在p＝p$_0$時，產出由y$_0$減少到y$_0$'，長期時，物價水準由p$_0$下降到p$_1$，產出回到y$_0$。

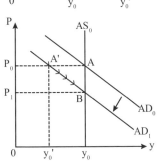

22.(A)。景氣循環變動的幅度每年都不相同。

23.(D)。由奧崗法則（Okun's rule）得知，產出和失業率呈反向關係。

24.(B)。就比較利益的觀點，小明炒菜有比較利益，則小華在煮湯有比較利益，則小明應炒菜，小華應煮湯。

25.(D)。完全競爭市場的均衡價格與均衡數量是由市場的供給和需求共同決定的。

26.(A)。該決策問題是生產什麼。

27.(B)。(A)冷氣的增加。(C)防曬產品的需求量增加。(D)綿綿冰的需求增加。

28.(A)。如圖：勞動市場的需求線移動幅度大於供給線向右移動幅度，則工資由W$_0$上升到W$_1$。

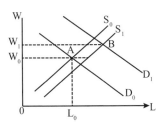

29.(D)。需求增加，需求線向右移，技術進步，供給增加，供給線向右移，則均衡數量上升，均衡價格上升、不變、下降都有可能。

30.(B)。由 $\frac{\Delta TR}{\Delta P} = Q(1-|\varepsilon^D|)$，$P\downarrow \longrightarrow TR\uparrow$，即 $\frac{\Delta TR}{\Delta P} = Q(1-|\varepsilon^D|)<0$

故 $Q(1-|\varepsilon^D|)<0$，$1-|\varepsilon^D|<0$，$|\varepsilon^D|>1$。

31.(B)。有效的價格上限，$P=\overline{P}$，經政府移除後，超額需求$\overline{AB}$將隨著價格的上升而縮小，最後到達新均衡點C。

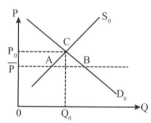

32.(C)。總消費者剩餘$=(50-18)+(30-18)+(20-18)=32+12+2=46$。

33.(C)。開放進口前，消費者剩餘為ABP_0，生產者剩餘為P_0BE，開放進口後消費者剩餘增加為ACP_1，生產者剩餘減少為P_1DE。整體的福利多增加了BDC。

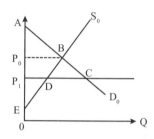

34.(B)。由$TC=TVC+TFC=P_LL+TFC$，
已知$L=2$時，$TC=100$，$L=3$時，$TC=120$，代入上式得
$100=2P_L+TFC$......①，$120=3P_L+TFC$......②，
解①②得$P_L=20$，$TFC=60$。

35.(C)。二號餐和三號餐的售價皆相同，但卻選擇三號餐，表示偏好三號餐，而三號餐的$\frac{爆米花}{飲料}$比例較小的組合。

36.(C)。在虱目魚市場的供給減少，供給線往左移，而需求增加，需求線往右移，則均衡價格上升，均衡數量增加、不變或減少，都有可能。

37.(A)。牛肉價格上漲，則對牛肉漢堡的供給減少，牛肉漢堡的價格上升，而牛肉漢堡的需求量減少，因豬肉包子和牛肉漢堡互為替代品，所以對豬肉包子的需求增加，則對豬肉包子的需求曲線向右移，豬肉包子的價格上升，且豬肉包子的需求量增加。

38.(B)。公共財的市場需求曲線是每個人對公共財需求線垂直加總的。

39.(B)。　如圖：有效的價格上限$P=\overline{P}$，是低於均衡
　　　　價格P*，則市場將出現超額需求$\overline{AB}$。

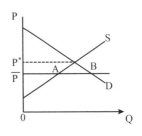

40.(A)。　如圖：最低工資$W=\overline{W}$，是高於均衡工資
　　　　W*，則勞動市場有超額的供給$\overline{CD}$。

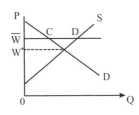

41.(D)。　完全競爭市場個別廠商在短期時P＜AVC將停止生產。

42.(D)。　P＝MC，價格＝邊際成本，達成經濟效率。

43.(C)。　完全競爭市場的個別廠商，面對市場所決定的均衡價格可無限提供
　　　　產量，如同一條水平需求曲線般。

44.(D)。　獨占性競爭市場的個別廠商對價格有影響力，故面對的需求曲線為
　　　　負斜率。

45.(C)。　個別廠商在利潤大於零時，其它廠商會加入，供給增加，使得利潤
　　　　下降，反之，個別廠商在利潤小於零時，將會選擇退出，供給減
　　　　少，利潤上升。當利潤等於零時，個別廠商就不會再加入或退出，
　　　　所以長期而言，獨占性競爭市場的個別廠商，它的長期利潤為零。

46.(C)。　任何市場追求利潤最大的生產條件皆是MR＝MC。

47.(C)。　差別取價的目的是獨占廠商用來攫取消費者剩餘。

48.(B)。　由$P_A(1-\frac{1}{|\varepsilon_A|})=P_B(1-\frac{1}{|\varepsilon_B|})$，可知需求彈性愈小的市場訂的價格愈
　　　　高，即$\varepsilon_A>\varepsilon_B$，則$P_A<P_B$。

49.(D)。　獨占廠商一個價格可能對應兩個產量，或一個產量可能對應兩個價
　　　　格，所以獨占廠商沒有供給曲線。

50.(A)。　第一級的差別取價是消費者剩餘完全被獨占廠商拿走，所以沒有社
　　　　會無謂損失發生。

108 年 中華郵政甄試營運職

一、假設消費者的效用函數為 $U(x,y)=xy$，其中 x 為 x 財貨之消費量，y 為 y 財貨之消費量，x 財貨的市場價格為 Px，y 財貨的市場價格為 Py，消費者的所得為 I。

(一) 請說明此效用函數所代表的偏好是否滿足「越多越好」的假設？

(二) 請詳細推導出此消費者效用極大化之下，其對於 x 財貨的需求函數，及對於 y 財貨的需求函數。

(三) 請說明就此消費者而言，財貨 x 和財貨 y 是否為正常財？

答：(一) 若 $MU_X > 0$，$MU_Y > 0$，則效用函數滿足「越多越好」的假設。

$$MU_X = \frac{\Delta U}{\Delta X} = \frac{\Delta XY}{\Delta X} = Y > 0 \text{。}$$

$$MU_Y = \frac{\Delta U}{\Delta Y} = \frac{\Delta XY}{\Delta Y} = X > 0 \text{。}$$

(二) 根據消費者均衡條件：

$$\frac{MU_X}{MU_Y} = \frac{P_X}{P_Y} \cdots (1) \quad P_X X + P_Y Y = M \cdots (2) ,$$

可知 $\dfrac{Y}{X} = \dfrac{P_X}{P_Y} \cdots (1)$，$P_X X + P_Y Y = I \cdots (2)$。

由 (1) 可知 $\dfrac{Y}{X} = \dfrac{P_X}{P_Y}$，所以 $X = Y \cdot \dfrac{P_Y}{P_X}$ 代入 (2)

$P_X (Y \dfrac{P_Y}{P_X}) + P_Y Y = I$，經過整理可得

$$Y = \frac{1}{1+1} \cdot \frac{I}{P_Y} = \frac{1}{2} \cdot \frac{I}{P_Y} \text{（Y 的需求函數）。}$$

$$X = \frac{1}{1+1} \cdot \frac{I}{P_X} = \frac{1}{2} \cdot \frac{I}{P_X} \text{（X 的需求函數）。}$$

(三) $\dfrac{\Delta X}{\Delta I} = \dfrac{1}{2} \cdot \dfrac{I}{P_X} > 0$，故 X 為正常財。

$\dfrac{\Delta Y}{\Delta I} = \dfrac{1}{2} \cdot \dfrac{I}{P_Y} > 0$，故 Y 為正常財。

二、請利用貨幣的供給線與需求線圖形分析下列事件對利率的影響：

(一) 其他條件不變下，社會的實質所得水準提高。

(二) 其他條件不變下，物價水準上升。

(三) 其他條件不變下，民眾預期物價水準上升。

(四) 中央銀行降低法定存款準備率。

(五) 商業銀行選擇持有較多的超額準備。

答：(一)社會的實質所得提高，交易量增加，則貨幣需求上升，貨幣需求曲線由 $\dfrac{M_0^D}{P_0}$ 向右移到 $\dfrac{M_1^D}{P_0}$，利率由 i_0 上升到 i_1。

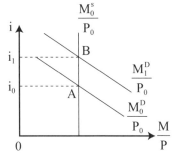

(二) 物價水準上升，則實質貨幣需求減少，

貨幣需求曲線由 $\dfrac{M_0^D}{P_0}$ 向左移到 $\dfrac{M_0^D}{P_1}$，利率由 i_0 下降到 i_1。

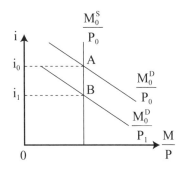

(三) 民眾預期物價水準上升，則貨幣需求減少，

貨幣需求曲線由 $\dfrac{M_0^D}{P_0}$ 向左移到 $\dfrac{M_1^D}{P_0}$，利率由 i_0 下降到 i_1。

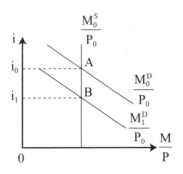

(四) 中央銀行降低法定存款準備率，則商業銀行可貸放的資金增加，將使貨

幣供給由 —— 增加到 $\dfrac{M_1^S}{P_0}$。利率由 i_0 下降到 i_1。

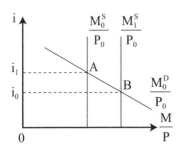

(五) 商業銀行選擇持有較多的超額準備，則商業銀行可貸放的資金減少，將

使貨幣供給由 $\dfrac{M_0^S}{P_0}$ 減少為 $\dfrac{M_1^S}{P_0}$，利率由 i_0 上升到 i_1。

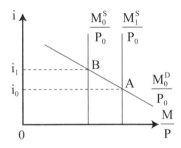

108 年　經濟部所屬事業機構甄試（企管類）

一、假設台灣為採行浮動匯率制度的小型開放經濟社會，面對國際資本市場具有完全移動（perfect capital mobility）的特質，請問：

(一) 根據 Mundell-Fleming 模型架構，且假設民眾對匯率變動的預期為靜態預期，此時政府欲刺激短期產出，身為幕僚的你，會建議使用擴張性貨幣政策或擴張性財政政策？請以 IS-LM-BP 模型，分別說明擴張性貨幣政策及擴張性財政政策，對所得、利率、國際收支及匯率之影響。

(二) 若民眾對匯率變化為適應性預期（adaptive expectation），如政府當局採取擴張性貨幣政策，請以 AD-AS 模型，說明政策在短期與長期分別如何影響物價膨脹率、失業率，以及菲利浦曲線（Phillips curve）。

答：(一) 1. 擴張性的貨幣政策，M_0 上升到 M_1，LM_0 向右移到 LM_1，與 IS_0 相交於 E' 點，E' 點國際收支有赤字，在浮動匯率制度下，匯率將由 e_0 上升到 e_1，匯率上升使得 IS_0 向右移到 IS_1，BP_0 向右移到 BP_1，最後均衡點為 F 點。即 y_0 上升到 y_1，利率仍是 r_0，匯率由 e_0 上升到 e_1，國際收支達成均衡。

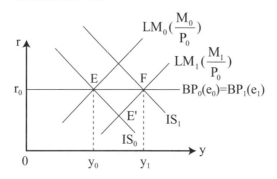

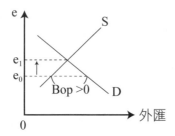

2. 擴張性的財政政策，$G_0\uparrow$ 上升到 G_1，IS_0 向右移到 IS_1，與 LM_0 相交於 E' 點，E' 點國際收支有盈餘，在浮動匯率制度下，匯率將由 e_0 下降到 e_1，匯率下降將使得 IS_1 向左移到 IS_2，BP_0 向左移到 BP_1，最後均衡點為 F 點。即 y_0 不變利率仍維持不變 $r=r_0$，匯率由 e_0 下降到 e_1，國際收支達成均衡。

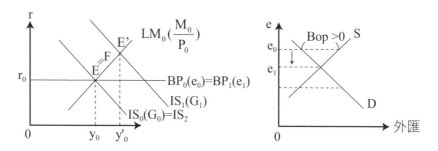

由上述的討論可知貨幣政策有效，財政政策無效。

（二）

短期：擴張性的貨幣政策，使 AD_0 向右移到 AD_1，物價由 P_0 上升到 P_1，產出由 y_0 上升到 y_1，失業率由 u_n 下降到 u_1。

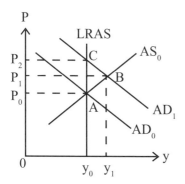

長期：SRPC 因預期物價上升而往上移，由 B 點移動到 C 點，一直到
$u = u_n$，而 AS_0 也因預期物價上升而往上移動，一直到 $y = y_0$，$P = P_2$。

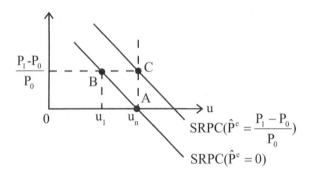

二、近年來，全球暖化使得夏季溫度不斷飆升，造成夏季用電需求遠高於冬季用
電需求。假夏季用電消費者之需求函數為 $P1 = 150 - Q1$，冬季用電消費者之需
求函數為 $P2 = 60 - (Q2/2)$，電力公司生產電力之固定成本為 1,000 元，邊際
成本為 10 元。假設電力公司價格策略，採取第三級差別取價，請問：
(一) 夏季與冬季每度電的最適價格分別為多少？
(二) 電力公司的總利潤為多少？

答：(一) 由 $P_1 = 150 - Q_1$，$TR_1 = Q_1 P_1 = 150 Q_1 = Q_1{}^2$，

$MR_1 = \dfrac{\Delta TR_1}{\Delta Q_1} = 150 - 2Q_1$，均衡時，$MR_1 = MC$，

即 $150 - 2Q_1 = 10$，得 $Q_1 = 70$，代入 $P_1 = 150 - Q_1$，
則 $P_1 = 150 - 70 = 80$。

由 $P_2 = 60 - \dfrac{1}{2} Q_2$，$TR_2 = Q_2 P_2 = 60 Q_2 - \dfrac{1}{2} Q_2{}^2$，

$MR_2 = \dfrac{\Delta TR_2}{\Delta Q_2} = 60 - Q_2$，均衡時，$MR_2 = MC$，即 $60 - Q_2 = 10$，得 $Q_2 = 50$，代

入 $P_2 = 60 - \dfrac{1}{2} Q_2$，則 $P_2 = 60 - \dfrac{1}{2} \times 50 = 35$。

(二) π =P₁×Q₁+P₂×Q₂-Q₁×MC-Q₂×MC-TFC

　　=80×70+35×50-70×10-50×10-1000

　　=5150。

三、石油輸出國組織（OPEC）與俄羅斯等非 OPEC 產油國的聯盟（OPEC 盟國），去年同意自 2019 年 1 月 1 日起減產。根據 2019 年 6 月 11 日《路透》之報導，阿拉伯聯合大公國能源部長馬茲魯伊（Suhail bin Mohammed al-Mazroui）在美洲國際經濟論壇上表示，鑑於現有的石油庫存水平，OPEC 及其 OPEC 盟國非常接近達成延長石油減產的協議。馬茲魯伊稱，減產措施應該繼續保留或至少延長到年底。假設 OPEC 與 OPEC 盟國的策略與對應之報酬（payoff）表示如下表，請問：

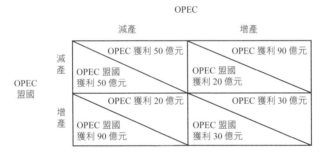

(一) 經濟學中何謂優勢策略（dominant s trategy），並說明 OPEC 與 OPEC 盟國的優勢策略分別為何？

(二) 請找出此賽局之 Nash 均衡（Nash equilibrium）以及是否存在囚犯困境（prisoner's dilemma），並說明分析之過程。

答：(一) 1. 優勢策略（dominant strategy）是指不管對手的選擇為何，參賽者會選擇對自己最有利的策略。

　　　2. 當 OPEC 減產，則 OPEC 盟國選擇增產（90 ＞ 50）

　　　　當 OPEC 增產，則 OPEC 盟國選擇增產（30 ＞ 20）

　　　　故 OPEC 盟國的優勢策略為增產。

　　　　當 OPEC 盟國減產，則 OPEC 選擇增產（90 ＞ 50）

　　　　當 OPEC 盟國增產，則 OPEC 選擇增產（30 ＞ 20）

　　　　故 OPEC 的優勢策略為增產。

(二) 1. Nash 均衡是指在其它參賽者，策略選定情況下，每個參賽者選擇報酬最高的策略，由上述的討論 OPEC 盟國的優勢策略為增產，OPEC 的優勢策略為增產，故最佳策略的集合為（增產,增產）＝（30,30）。

2. OPEC 盟國的推理如下：當 OPEC 增產時，OPEC 盟國的最佳策略為增產（因為 30 ＞ 20）。

當 OPEC 減產時，OPEC 盟國的最佳策略為增產（90 ＞ 50）。因此，不論 OPEC 是否增產，OPEC 盟國的最佳策略都是增產。

OPEC 的推理如下：當 OPEC 盟國增產時，OPEC 的最佳策略為增產（30 ＞ 20）。

當 OPEC 盟國減產時 OPEC 的最佳策略是增產（90 ＞ 50）。

結果雙方都選擇增產，該最佳策略集合為（增產,增產）＝（30,30），但雙方都選擇減產的策略集合為（減產,減產）＝（50,50），優於（增產,增產）＝（30,30），故囚犯兩難是存在的。

109 年　桃園國際機場新進從業人員

( )　1.經濟學是一門學科，探討關於下列何者？　(A) 資源稀少性的選擇
　　　(B) 錢的賺取　(C) 貧窮　(D) 銀行業。

( )　2.如果台南生產玉米的機會成本低於台北生產玉米的機會成本，則下列
　　　敘述何者正確？　(A) 台南在玉米生產上，具有比較優勢　(B) 台南
　　　在玉米生產上，具有絕對優勢　(C) 台南應從台北購買玉米　(D) 台
　　　北應生產足夠的玉米以滿足其居民需求。

( )　3.如果供給彈性為 0.8，且價格上漲 21%，則供給數量將：　(A) 增加
　　　26.25%　(B) 增加 16.8%　(C) 減少 16.8%　(D) 減少 26.25%。

( )　4.最低工資法規定了下列何者？　(A) 公司必須給付的明確工資　(B)
　　　公司給付的薪水上限　(C) 公司給付的薪水下限　(D) 公司給付的薪
　　　水上限與下限。

( )　5.廠商衡量機會成本時包含下列何者？　(A) 為了生產商品，所必須放
　　　棄的所有東西之價值　(B) 商品出售金額減去其生產的費用　(C) 消
　　　費者剩餘　(D) 生產商品的金錢支出，但是不包含時間價值。

( )　6.有關純公共財之敘述，下列何者正確？　(A) 有排他性，人們可以搭
　　　便車，可以免費享用　(B) 有排他性，人們無法搭便車，不能免費享
　　　用　(C) 無排他性，人們可以搭便車，可以免費享用　(D) 無排他性，
　　　人們無法搭便車，不能免費享用。

( )　7.出版書籍時，下列哪些費用是固定成本？　(A) 每本書 5% 的作者版
　　　稅　(B) 紙張和裝訂費用　(C) 運費及郵費　(D) 書籍的組成，排版和
　　　封面設計。

( )　8.完全競爭市場的主要特徵為下列何者？　(A) 政府反托拉斯法規範競
　　　爭　(B) 生產者銷售幾乎相同的產品　(C) 消費者具有定價權　(D) 廠
　　　商具有定價權。

( )　9.壟斷性競爭產業的特點為下列何者？　(A) 許多公司、差異化產品、
　　　進入壁壘　(B) 許多公司、差異化產品、入場門檻低　(C) 少數公司、
　　　相同的產品、入場門檻低　(D) 少數公司、差異化產品、進入壁壘。

( )　10.如果一家廠商離開了雙寡頭市場,而廠商間沒有合作,則下列敘述何者正確?　(A) 價格和數量都會上升　(B) 價格將上升而數量將下降　(C) 數量將上升而價格將下降　(D) 數量和價格都會下降。

( )　11.生產過程中,當勞動供給持續增加時,下列敘述何者正確?　(A) 工人的邊際生產力始終在提高　(B) 利潤最大化的廠商肯定減少勞工雇用人數　(C) 只要勞動供給曲線為向上傾斜,此時工資就會增加　(D) 只要勞動需求曲線為向下傾斜,此時工資就會下降。

( )　12.下列何者為所得暫時變化的例子?　(A) 每年的工資隨生活費調整　(B) 與您的學歷掛鉤的工作晉升帶來的收入增加　(C) 由於雲林的橘子致死性霜凍導致屏東橘子種植者的收入增加　(D) 因轉為兼職而非全職工作而導致的收入減少。

( )　13.若該商品為正常財,當消費者購買的數量減少時,代表下列何者?　(A) 所得下降　(B) 商品價格下降　(C) 互補品價格下跌　(D) 所得上升。

( )　14.下列何者是逆向選擇的例子?　(A) 一位顧客購買了因受損而降價的四個蘋果　(B) 一家禮品店將於 11 月 1 日節後特賣其萬聖節商品　(C) 一名年輕的求職者沒有透露他因為工作效率不佳而被上一份工作解雇　(D) 一個人對於租來的車使用上較不小心,並且加較便宜的汽油。

( )　15.根據下表,第二個工人的邊際生產為多少?

勞動量	產出 (單位)	固定成本 (元)	變動成本 (元)	總成本 (元)
0	0	50	0	50
1	90	50	20	70
2	170	50	40	90
3	230	50	60	110
4	240	50	80	130

(A)90 單位　(B)85 單位　(C)80 單位　(D)20 單位。

( )　16.台灣的 GDP(gross domestic products)跟 GNP(gross national products)之間的關係為下列何者?　(A)GNP=GDP+ 出口貨物價值 - 進口貨物價值　(B)GNP=GDP- 出口貨物價值 + 進口貨物價值　(C)

GNP=GDP+ 在台灣的外國人的收入 - 在外國的台灣人的收入　(D) GNP=GDP- 在台灣的外國人的收入 + 在外國的台灣人的收入。

( )　17.如果消費者價格指數在第一年為 93，第二年為 97，第三年為 100，則基準年必須為下列何者？　(A) 第二年　(B) 第三年　(C) 第一年　(D) 任意一年皆可。

( )　18.若您能在今天拿到 200 元或是在 2 年後拿到 235 元，在什麼樣的利率下，會選擇今天拿到 200 元？　(A)10%　(B)8%　(C)5%　(D)3%。

( )　19.中央銀行能採取下列哪些政策來增加貨幣供應量？　(A) 降低銀行法定準備率要求　(B) 增加銀行法定準備率要求　(C) 增加抵押貸款自付額要求　(D) 出售政府債券。

( )　20.去年的名目工資為每小時 300 元，物價水準為 120。今年的名目工資為每小時 330 元，但是無法買到與去年相同的商品，則今年的物價水準為多少？　(A)135　(B)132　(C)125　(D)121。

( )　21.有關名目匯率之敘述，下列何者正確？　(A) 一個國家的名目利率除以另一國家的名目利率　(B) 外國利率與本國利率之比　(C) 一個國家的貨幣換成另一個國家貨幣的兌換率　(D) 實際匯率減去通貨膨脹率。

( )　22.從短期來看，生產成本的增加會造成下列何種影響？　(A) 產量和價格雙雙上漲　(B) 產量上升，價格下降　(C) 產量下降，價格上升　(D) 產量和價格雙雙下降。

( )　23.若中央銀行增加貨幣供給量，則下列敘述何者正確？　(A) 利率上升，也導致股價上漲　(B) 利率上升，也導致股價下跌　(C) 利率下跌，也導致股價上漲　(D) 利率下跌，也導致股價下跌。

( )　24.若政府減少支出，那麼在短期內將會產生下列何種影響？　(A) 總體價格下降而失業率上升　(B) 總體價格上升和失業率下降　(C) 總體價格和失業率皆上升　(D) 總體價格和失業率皆下降。

( ) 25.當國外資金大量流入，為維持匯率及利率穩定，中央銀行應採取下列何種措施？ (A)賣匯，公開市場賣出債券 (B)賣匯，公開市場買入債券 (C)買匯，公開市場買入債券 (D)買匯，公開市場賣出債券。

( ) 26.下表為某地區的勞動力，若當地政府規定最低工資為每小時4塊錢，將有多少人失業？

每小時薪資	需求量	供給量
8	6,000	16,000
7	9,000	14,000
6	12,000	12,000
5	15,000	10,000
4	18,000	8,000

(A)0人 (B)2,000人 (C)3,000人 (D)10,000人。

( ) 27.如果貨幣流通速率為8，貨幣數量為2,400，物價水準為3，則產出的數量約為多少？ (A)7,200 (B)6,400 (C)2,397 (D)800。

( ) 28.假設某商品的供給價格彈性為0，則： (A)該產品有短缺 (B)既使價格變動，該產品的利潤不變 (C)既使價格變動，該產品的供給量不變 (D)供給曲線是水平的。

( ) 29.如果某品牌手機需求的價格彈性是-2.5，若品牌手機降價50%，則品牌手機的銷售量會： (A)增加200% (B)增加125% (C)增加100% (D)增加25%。

( ) 30.假設預期物價膨脹率為2%，名目利率為7%，經濟成長率則為3%，則實質利率為何？ (A)1% (B)5% (C)6% (D)12%。

( ) 31.假設某一經濟體的消費是 $2,000,000, 投資是 $400,000, 政府支出是 $600,000, 稅收為 $700,000, 出口是 $200,000, 進口則為 $400,000, 則國民所得（GDP）為何？ (A)$2,800,000 (B)$2,700,000 (C)$2,400,000 (D)$2,100,000。

( ) 32.根據下列統計數字，失業率約為何？
就業人數：10,000
失業人數：500
非勞動力：3,000
(A)5.0% (B)4.8% (C)3.7% (D)3%。

( )　33.下列何者非屬總合需求？　(A) 消費　(B) 投資　(C) 政府支出　(D) 貨幣供給。

( )　34.何謂中間財（Intermediate goods）？　(A) 即資本財，如廠房，辦公室，車輛與機器設備　(B) 所有廠商的投入，包含勞動力與原料　(C) 廠商所購入原料，零件及半成品，並將其生產成最終商品　(D) 進口財。

( )　35.有關供需理論的應用，下列何者錯誤？　(A)如果市場存在超額需求，該產品物價會上漲　(B) 如果市場存在超額需求，該產品物價會下跌　(C) 如果市場存在超額供給，該產品物價會下跌　(D) 當市場出現超額需求或超額供給時，價格通常會迅速調整。

( )　36.某商場採用會員制，除了商品銷售外，會員年費收入亦為其主要收入來源之一。假設年費的價格彈性很低（亦即消費者不在意年費的高低），但對銷售商品的價格彈性很高（消費者對價格很敏感）。若商場要提高總營收，則合理的策略為何？　(A) 同時提高年費與商品定價　(B) 同時降低年費與商品定價　(C) 提高年費與降低商品定價　(D) 降低年費與提高商品定價。

( )　37.假設某商品的價格從 12 漲到 20，而需求量則由 50 降到 45，準此，需求的價格需求彈性為何？　(A)0.15　(B)-0.15　(C)6.67　(D)-6.67。

( )　38.某商品的供需達到均衡時，則：　(A) 該商品的供給量等於其需求量　(B) 該商品的價格會上漲　(C) 該商品有超額需求　(D) 該商品有超額供給。

( )　39.所謂「通貨膨脹」（inflation）意指下列何者？　(A) 一般物價持續上漲　(B) 某代表性商品價格持續上漲　(C) 一般物價一次性上漲　(D) 某代表性商品價格一次性上漲。

( )　40.根據貨幣數量學說（quantity theory ofmoney），若長期貨幣供給成長 10%，長期物價為何？　(A) 不變　(B) 長期物價上漲，但小於 10%　(C) 長期物價上漲 10%　(D) 長期物價上漲，但大於 10%。

( )　41.假如最近盛傳板藍根有助於防止感染 COVID-19,有關板藍根的市場價格與數量的敘述，下列何者正確？　(A) 價格與數量都會增加　(B) 價格與數量都會減少　(C) 價格增加，數量減少　(D) 價格減少，數量增加。

( )　42.有關邊際成本的敘述，下列何者正確？　(A)邊際成本與平均成本相同　(B)邊際成本是變動成本　(C)邊際成本是固定成本　(D)邊際成本等於固定成本減去變動成本。

( )　43.一位全職學生沒有工作也沒有求職，則他（她）屬於下列何者？　(A)就業　(B)失業　(C)不屬於勞動力　(D)特殊就業。

( )　44.COVID-19疫情爆發，衝擊消費者信心與消費意願，政府可以採取以下何種措施以穩定經濟？　(A)減少貨幣供給　(B)減少政府支出以平衡預算　(C)提高稅率，增加政府稅收　(D)增加政府支出，以提升總合需求。

( )　45.中央銀行應採取下列何者措施以減少貨幣供給？　(A)買入政府公債　(B)賣出政府公債　(C)降低存款準備率　(D)降低重貼現率。

( )　46.天下沒有白吃的午餐意指下列何者？　(A)每個人的午餐都需付費　(B)消費任何商品都需付費　(C)當使用任何資源用來生產商品與勞務時，總會有機會成本　(D)沒有人有時間慢慢吃午餐。

( )　47.某一國家的電力供給依賴數個火力發電廠。因為建造的時間與技術不同，這些發電廠每瓦電力所產生的CO_2也不同。該國政府決議降低CO_2的排放，但也擔心電力不足對經濟成長的影響。準此，最適的法規應該為何？　(A)規定每瓦電力所能產生CO_2的上限　(B)對電力的用戶課稅　(C)對排放的CO_2課稅　(D)放任不管，讓市場機能自行解決。

( )　48.下列何者非屬肇因於不對稱訊息？　(A)新車市場中的劣車驅除良車　(B)二手車市場中的劣車驅除良車　(C)銀行貸款申請的逆向選擇（adverse selection）　(D)癌症險申請的逆向選擇。

( )　49.假設需求曲線方程式為 p=20-0.25q。則當價格為10時，消費者剩餘為何？　(A)400　(B)220　(C)200　(D)180。

( )　50.根據「貨幣中立性」（money neutrality）學說，下列敘述何者正確？　(A)增加貨幣供給，實質薪資會上漲　(B)增加貨幣供給，實質利率會下跌　(C)增加貨幣供給，實質國民所得會增加　(D)增加貨幣供給，名目薪資會上漲。

➡ 解答與解析

1.(A)。經濟學是探討資源稀少性的選擇。

2.(A)。生產機會成本低的產品,具有比較優勢。

3.(B)。$\varepsilon^S = \dfrac{供給量變動的百分比}{價格變動的百分比} = \dfrac{供給量變動的百分比}{21\%} = 0.8$。

　　　得供給量變動的百分比$= 0.8 \times 21\% = 16.8\%$

4.(C)。最低工資是指制定高於均衡工資的薪資水準。最低工資又稱價格下限。

5.(A)。機會成本的意義:為了生產商品,所必須放棄的所有東西之價值。

6.(C)。純公共財的特性:無排他性,無敵對性。

7.(D)。固定成本是指廠商必須負擔的所有固定要素成本之總和,即短期內不會隨著產量變動而變動的成本。

8.(B)。完全競爭市場的主要特徵之一是產品是同質性的。

9.(B)。壟斷性競爭產業的特性是公司家數多,產品有差異性,廠商加入與退出是自由的。

10.(B)。雙寡占市場中的一家廠商離開市場,就變成獨占市場,獨占市場的個別廠商,追求利潤最大化生產,將是價格上升,而產量下降。

11.(D)。由勞動市場的供給與需求曲線,當勞動需求不變動的情況下,勞動供給持續增加,使得供給曲線向右移動,此時工資會下降,勞動供給量增加。

12.(C)。由於兩地的產品具有完全的替代性,但該產品在某地區的減少是突發性的,所以導致另一地區所得的增加也是暫時性的。

13.(A)。正常財是隨著所得增加,需求量也增加,反之,所得減少,需求量也減少。

14.(C)。因資訊不對稱,產生「逆選擇」與「道德危險」,依題意在勞動市場因資訊不對稱,使得雇主產生了逆選擇。

15.(C)。$MPP_L = \dfrac{\Delta Q}{\Delta L} = \dfrac{170-90}{2-1} = 80$(單位)。

16.(D)。GDP和GNP的差異在於本國人與外國人的收入,即GNP=GDP+在外國的臺灣人的收入-在臺灣的外國人的收入

17.(B)。物價指數設定為100,該年為基準年。

18.(A)。當i=10%，$\frac{235}{(1+10\%)^2}$=194，當i=8%，$\frac{235}{(1+8\%)^2}$=201.47

當i=5%，$\frac{235}{(1+5\%)^2}$=213。

故當i=10%時，選擇今天拿200元是最有利的。

19.(A)。降低銀行法定準備率，可以使商銀的超額準備增加，信用創造的能力上升。即貨幣供給量增加。

20.(A)。去年的實質工資=$\frac{300}{120}$=250，假設去年的實質工資和今年的實質工資相同，則250=$\frac{330}{物價水準}$，得物價水準132。即高於132，就無法買到與去年相同的商品了。

21.(C)。名目匯率=$\frac{本國貨幣}{外國貨幣}$。

22.(C)。生產成本增加，將使供給線往左移，使得產量下降，價格上升。

23.(C)。貨幣供給增加，利率下跌，資金將會流入股市，使得股價上漲。

24.(A)。政府支出減少，使得總合需求線往左移，導致價格下降，產出減少，即失業率上升。

25.(D)。國外資金流入使得外匯供給增加，外匯供給線向右移，將使匯率下降，央行為了維持匯率穩定，在外匯市場買入外匯，將使貨幣供給增加，再透過公開市場操作出售債券，把增加的貨幣供給再收回。

26.(A)。依題意，均衡薪資為6，當供給量=需求量時，若制定薪資為4，則需求量大於供給量，勞動市場有超額需求，故有超額供給，故失業為零。

27.(B)。由MV=Py，已知V=8，M=2400，P=3，則2400×8=3×y，得y=6400。

28.(C)。如圖：當需求增加或減少，僅使價格上升或下降,但產出維持不變。

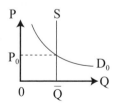

29.(B)。 由 $\varepsilon^d = \dfrac{-需求量變動百分比}{價格變動百分比}$，即 $-2.5 = \dfrac{-需求量變動百分比}{50\%}$，得需求量變動百分比$=2.5 \times 50\% = 1.25$。

30.(B)。 名目利率＝實質利率＋預期通貨膨脹率，已知預期通貨膨脹率為2%，名目利率＝7%，則實質利率＝7%-2%＝5%。

31.(A)。 GDP=C+I+G+X-M
=2,000,000+400,000+600,000+200,000-400,000=2,800,000

32.(B)。 失業率＝$\dfrac{失業人數}{就業人數＋失業人數} = \dfrac{500}{10,000+500} = 4.8\%$

33.(D)。 貨幣供給非屬於總合需求。

34.(C)。 中間財是指廠商所購入原料、零件及半成品，並將其生產成最終商品。

35.(B)。 市場存有超額需求，則透過價格機能，該產品的價格會上漲。

36.(C)。 價格彈性低的要訂高價，價格彈性高的要訂低價，故提高年費與降低商品訂價。

37.(B)。 $\varepsilon^d = \dfrac{Q}{P} \cdot \dfrac{P_1}{Q_1} = \dfrac{-5}{8} \cdot \dfrac{12}{50} = -0.15$

38.(A)。 均衡時，商品的供給量等於需求量，且價格不再變動。

39.(A)。 通貨膨脹是指一般的物價持續上漲。

40.(C)。 由MV=Py，已知$V=\bar{V}$，$y=y_f$，則$\hat{M}=\hat{P}$，當$\hat{M}=10\%$，則$\hat{P}=10\%$。

41.(A)。 對板藍根的需求增加，使得需求曲線往右移，則價格和數量都會增加。

42.(B)。 MC=$\dfrac{\Delta TC}{\Delta Q} = \dfrac{\Delta(TVC+TFC)}{\Delta Q} = \dfrac{\Delta TVC}{\Delta Q} + \dfrac{\Delta TFC}{\Delta Q} = \dfrac{\Delta TVC}{\Delta Q}$。

43.(C)。 全職學生沒有工作也沒有求職所以不屬於勞動力。

44.(D)。 要提高總合需求，例如增加政府支出。

45.(B)。 賣出政府公債，將收回等額的新臺幣，如同貨幣供給減少。

46.(C)。 「天下沒有白吃的午餐」是指使用任何資源用來生產商品與勞務時，總會有機會成本。

47.(C)。 採使用者付費的方式，對電力的用戶課稅。

48.(A)。 新車市場的劣車驅除良車，並非資訊不對稱所造成的。

49.(C)。令q=0，則p=20，將p=10，代入p=20-0.25q，得q=40，消費者剩餘
　　　　$=(20\text{-}10)\times40\times\dfrac{1}{2}=200$。

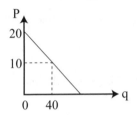

50.(D)。「貨幣中立性」是指貨幣供給增加，僅造成名目變數上升，而實質
　　　　變數不變。依題意名目薪資是名目變數，故會隨貨幣供給的增加而
　　　　上漲。

109 年　經濟部所屬事業機構甄試（企管類）

一、假設黑熊餐點外送公司面對一條如下的需求曲線（單一消費者）：

D=40-1.5P+0.002Y，其中 D 是每月餐點外送需求量，P 是外送單價，Y 是消費者平均的每月所得。請利用弧彈性法回答下列問題

(一) 假設所得為 3 萬元，且原先外送價格為 40 元。若外送價格上升 25%，請計算消費者的價格彈性（計算至小數點後第 2 位，以下四捨五入）。

(二) 承（一），假設在外送價格上漲之後，消費者平均所得上漲 10%。請計算此時消費者的所得彈性（計算至小數點後第 2 位，以下四捨五入）。

(三) 承（一），請問消費者所得至少應該上漲多少百分比，才能彌補原先外送價格上漲後外送公司減少的收益（計算至整數位，以下四捨五入）？

答：(一) 已知 Y_0=30,000，P_0=40 代入 D=40-1.5P+0.002Y（這裡以 Q 取代 D，方便說明），得 Q_0=40，已知 $\dfrac{P_1 - P_0}{P_0}$ =25％，將 P_0=40 代入得 P_1=50，

再將 P_1=50，Y_0=30,000 代入 Q=40-1.5P+0.002Y，得 Q_1=25。

對 Q=40-1.5P+0.002Y 全微分，得 $\dfrac{\Delta Q}{\Delta P}$ =-1.5。

$$\varepsilon_d = \frac{\Delta Q}{Q_1 + Q_0} \cdot \frac{P_0 + P_1}{\Delta P} = \frac{\Delta Q}{\Delta P} \cdot \frac{P_0 + P_1}{Q_0 + Q_1} = -1.5 \cdot \frac{40 + 50}{40 + 25} = -2.077。$$

(二) 已知 Y_0=30,000，P_0=40，代入 Q=40-1.5P+0.002Y，得 Q_0=40。

已知 $\dfrac{I_1 - I_0}{I_0}$ =10％，將 Y_0=30,000 代入得 Y_1=33,000，

再將 Y_1=33,000，P_1=50 代入 Q=40-1.5P+0.002Y，得 Q_1=31

對 Q=40-1.5P+0.002Y 全微分，得 $\dfrac{\Delta Q}{\Delta Y}$ =0.002。

$$\varepsilon_I = \frac{\Delta Q}{\Delta Y} \cdot \frac{Y_0 + Y_1}{Q_0 + Q_1} = \frac{0.002}{1} \cdot \frac{30,000 + 33,000}{40 + 31} = 1.775。$$

(三) 已知

P₀=40，Q₀=40，Y₀=30,000

$P_0=40$，$Q_0=40$，$Y_0=30,000$

$P_1=50$，$Q_1=$ ？，$Y_1=$ ？

TR=P·Q，若 TR 要維持不變，則 $TR_0=TR_1$，即 $P_0 \times Q_0 = P_1 \times Q_1$

$40 \times 40 = 50 \times Q_1$，得 $Q_1=32$，將 $Q_1=32$，

代入 D=40-1.5P+0.002Y，則 $32=40-1.5 \times 50+0.002Y_1$，

得 $Y_1=33,500$。

$$\frac{\Delta Y}{Y} = \frac{Y_1 - Y_0}{Y_0} = \frac{33,500 - 30,000}{30,000} = 0.117。$$

二、公司股東支持新廠設廠位置的人數比率與偏好如下表，請回答下列問題

股東派別	甲派	乙派	丙派
人數比率	35%	40%	25%
第一優先	A 城	B 城	C 城
第二優先	B 城	C 城	A 城
第三優先	C 城	A 城	B 城

(一) 若以多數決方式擇一，則新廠會設於何城？

(二) 若考慮股東們的選擇順序，以兩輪投票，則 A 城與 B 城先投票；勝出者再與 C 城投票，則新廠會設於何城？

(三) 若以權值考慮股東的選擇順序：第一優先權值為 3，第二優先權值為 2，第 3 優先權值為 1，則新廠會設於何城？

答：(一) 方案是由某個較高比例以上之具有投票權的人的大多數成員贊成，就能通過，即股東派別的乙派的人數比率 40％最高，而其第一優先的方案為 B 城。

(二) 甲、乙、丙三派以簡單多數決的方式，對 A、B、C 方案來進行表決，茲以兩兩配對方式來決定方案的偏好排序：

情況一：當以 A、B 兩方案表決時，甲派選 A 方案，乙派選 B 方案，丙派選 A 方案，故 A 方案通過。

情況二：當以 A、C 兩方案表決時，甲派選 A 方案，乙派選 C 方案，丙派選 C 方案，故最後是 C 方案通過。

(三)

投票者 ＼ 方案	A	B	C
甲	3	2	1
乙	1	3	2
丙	2	1	3
總點數	6	6	6

上述為「偏好定差投票」法，要求投票人對相鄰偏好方案必須給予相同差距的點數，結果三個方案的總點數皆為6，因此，循環多數決的現象仍然存在。

三、請說明以下情境對於失業率的影響
(一) 青少年人口比例下降，對於自然失業率的影響為何？
(二) 政府推動「縮小城鄉數位落差」與「普及偏鄉寬頻接取環境」等政策，力求進一步提升全國網路普及率，這對何種失業率造成較大影響，影響為何？
(三) 政府推廣二次技職教育，會對何種失業率造成較大影響，影響為何？
(四) 提升婦女就業率與自然失業率的關聯為何？

答：由自然失業率 $= \dfrac{\text{摩擦性失業} + \text{結構性失業}}{\text{勞動力}}$

失業率 $= \dfrac{\text{失業人數}}{\text{勞動力}}$

(一) 青少年（不滿十五足歲之人口）人口比例下降，因不計入勞動力，故對自然失業率不受影響。
(二) 提升全國網路普及率，乃增加勞工的移動能力，可以降低結構性失業。
(三) 政府推廣二次技職教育，可增加勞工的移動能力，可以降低結構性失業。
(四) 提升婦女就業率，使勞動力增加，非勞動力減少，進而降低自然失業率。

109 年 關務四等

( ) 1.假設某農家為了多生產 45 公斤稻米必須少生產 15 公斤蔬菜,則生產一公斤稻米的機會成本為:　(A)3 公斤稻米　(B)3 公斤蔬菜　(C)1/3 公斤蔬菜　(D)1/3 公斤稻米。

( ) 2.下圖為某國生產資本財與消費財之生產可能線。下列敘述何者正確?

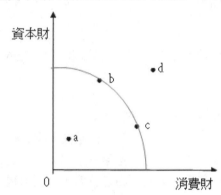

(A) 若沒有技術進步或資源增加的情況發生,實際生產點無法由 a 點變動為 b 點

(B) 若沒有技術進步或資源增加的情況發生,實際生產點無法由 b 點變動為 d 點

(C) 實際生產點由 b 點變動為 c 點,將使得生產消費財之邊際機會成本下降

(D) 實際生產點由 b 點變動為 c 點,表示消費財之生產技術進步。

( ) 3.當恩格爾曲線(Engle curve)斜率為正時,該財貨為:　(A) 劣等財　(B) 正常財　(C) 季芬財　(D) 自由財。

( ) 4.一般而言,面對負斜率的線性需求函數,下列敘述何者正確?　(A) 價格愈高,需求價格點彈性愈大　(B) 價格愈高,需求價格點彈性愈低　(C) 價格愈低,需求價格點彈性愈大　(D) 需求曲線上每一點的需求價格點彈性皆為 1。

( )　5.根據下圖，若利用弧彈性方法計算，則 A 點到 B 點的需求價格彈性值為：

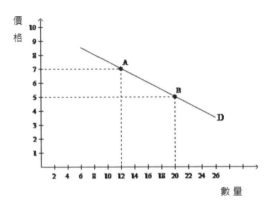

　　(A)-0.33　(B)-1.33　(C)-1.5　(D)-2.33。

( )　6.假設縱軸為價格，橫軸為數量。在其他條件不變下，若政府宣布對稻農提供從量補貼，則下列敘述何者正確？　(A) 若稻米市場符合供需法則，則稻農一定可以獲得全部補貼利益　(B) 若稻米市場符合供需法則，則消費者一定可以獲得全部補貼利益　(C) 若需求法則成立，且稻農的稻米供給曲線為完全無彈性，稻農一定可以獲得補貼的全部利益　(D) 若需求法則成立，且稻農的稻米供給曲線為完全彈性，稻農一定可以獲得補貼的全部利益。

( )　7.如果其他條件不變，某甲加薪後，開始常去牛排館而少去吃路邊攤，路邊攤對他而言是：

　　(A) 季芬財　(B) 劣等財　(C) 正常財　(D) 中性財。

( )　8.在下列何項供需函數下，會有正的市場均衡價格與數量？

　　(A)D=12-3P，S=-18+2P

　　(B)D=16-2P，S=20-2P

　　(C)D=70-5P，S=10+10P

　　(D)D=10+2P，S=50+6P。

( )　9.若需求函數為負斜率曲線，在其他條件不變下，則下列關於需求價格點彈性的敘述，何者正確？
(A) 需求曲線任何一點的點彈性必小於 1
(B) 需求曲線中點的點彈性等於 1
(C) 需求曲線任何一點的點彈性必大於 1
(D) 必須再提供相關資料，才能衡量需求價格點彈性的大小。

( )　10.在其他條件不變下，下述何項會使汽油需求曲線向右移動？　(A) 大眾運輸工具的單位價格大幅上升　(B) 自用汽車銷售價格下降　(C) 汽油價格下降　(D) 發現新油田。

( )　11.電影票漲價使得電影院的爆米花銷售量減少，則兩產品為：　(A) 互補品　(B) 替代品　(C) 必需品　(D) 奢侈品。

( )　12.小玉喜歡休閒（L），但不喜歡做功課（H）。下列何者可能是她的效用函數？　(A)U=min{L,H}　(B)U=L+H　(C)U=L-2H　(D)U= $\sqrt{LH}$ 。

( )　13.承上題，如果小玉有 12 小時可以分配在休閒（L）與做功課（H）上，而休閒的機會成本（即價格）為 2，做功課的機會成本為，小玉會各花多少小時在休閒和做功課上？　(A)12 小時在 L，0 小時在 H　(B)6 小時在 L，6 小時在 H　(C)4 小時在 L，8 小時在 H　(D)10 小時在 L，2 小時在 H。

( )　14.假設小瑛只消費食物（F）與休閒（H）。她一天中有 12 個小時可以用來分配在工作與休閒活動。假設目前的工資率是 2，食物的價格是 3。除了工資她沒有其他所得，則小瑛的預算限制是下列何者？　(A)3F+2H=12　(B)2F+3H=12　(C)3F+2H=24　(D)3F+H=24。

( )　15.承上題，假設小瑛的效用函數是 U（F,H）=F‧H，則在最適時小瑛的工作時間有多少？　(A)3 小時　(B)5 小時　(C)6 小時　(D)8 小時。

( )　16.某人消費某財貨的願付價格如下表。假設現在市場的價格是 10，則他得到的消費者剩餘是多少？

單位	1	2	3	4	5	6
願付價格	20	16	11	8	5	1

(A)1　(B)11　(C)17　(D)37。

( )　17.下表是某工廠勞動僱用量與總產量之關係，則僱用第幾單位勞動時，會開始發生勞動邊際產量遞減現象？

勞動僱用量	1	2	3	4	5	6	7	8	9
總產量	12	26	42	57	70	82	92	100	107

(A) 第 2 單位　(B) 第 4 單位　(C) 第 6 單位　(D) 第 8 單位。

( )　18.當產量遞增時：　(A) 短期平均固定成本必遞減　(B) 短期平均總成本必遞減　(C) 短期平均變動成本必遞減　(D) 短期邊際成本必遞減。

( )　19.生產決策區分為長期與短期，有關長期與短期的概念，下列敘述何者正確？　(A) 短期生產要素不包含企業家精神　(B) 長期必有生產要素無法調整　(C) 長期必有固定成本　(D) 短期時廠商有可能虧損仍生產。

( )　20.對一家電子公司的成本結構而言，下列敘述何者正確？　(A) 公司開辦費屬於邊際成本　(B) 勞工薪資屬於平均固定成本　(C) 研發支出屬於沉積成本（sunk cost）　(D) 廠房建置支出屬於邊際成本。

( )　21.下圖描述某個完全競爭廠商的成本資訊，下列敘述何者錯誤？

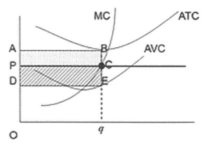

(A) 邊際成本曲線與平均總成本曲線相交於平均總成本曲線的最低點

(B) 邊際成本曲線與平均變動成本曲線相交於平均變動成本曲線的最低點

(C) 平均固定成本隨著產量增加而變小，所以平均總成本與平均變動成本之差距隨著產量增加而逐漸縮小

(D) 為求利潤極大，廠商會依照「市場價格等於平均總成本」原則來決定其產量。

( ) 22.假設無外部性。當競爭市場達到長期均衡時，下列敘述何者正確？
(A) 消費者剩餘達到最大　(B) 生產者剩餘達到最大　(C) 資源配置達到最公平　(D) 生產者剩餘加消費者剩餘達到最大。

( ) 23.某完全競爭廠商的短期邊際成本函數為 SMC=6+2q，q 為產量，市場價格至少要多少，廠商才願意生產？　(A)2　(B)3　(C)4　(D)6。

( ) 24.就生產同質產品的寡占廠商而言，若他們進行勾結，形成卡特爾（cartel），則下列何者正確？　(A) 勾結之後的市場價格低於勾結前的市場價格，且產量低於勾結前的產量　(B) 勾結之後的市場價格低於勾結前的市場價格，但產量高於勾結前的產量　(C) 勾結之後的市場價格高於勾結前的市場價格，但產量低於勾結前的產量　(D) 勾結之後的市場價格高於勾結前的市場價格，且產量高於勾結前的產量。

( ) 25.完全競爭市場裡的個別廠商是價格接受者，所以：　(A) 市場需求線是水平的　(B) 單一廠商大幅度增加產量不會影響價格　(C) 市場供給線是水平的　(D) 一旦虧損，只好立即停業。

( ) 26.關於獨占廠商，下列敘述何者正確？　(A) 其供給線是負斜率的　(B) 其供給線是整條邊際成本線　(C) 其供給線是高於平均成本線以上的邊際成本線　(D) 沒有供給線。

( ) 27.在其他條件相同下，追求利潤最大的獨占廠商相較於完全競爭廠商，其：　(A) 價格較高，數量較高　(B) 價格較高，數量較低　(C) 價格較低，數量較高　(D) 價格較低，數量較低。

( ) 28.假設一個追求利潤最大的完全競爭廠商的平均總成本及平均變動成本曲線為 U 字型，且邊際成本為正斜率曲線。此廠商的短期供給曲線在市場價格大於平均變動成本最低值部分的斜率為：　(A) 正值　(B) 零　(C) 負值　(D) 不確定。

( )　29.若市場需求線為一負斜率的直線，則邊際成本為正的獨占者，其利潤最大的生產點是賣到需求線的何處？　(A) 左上半段　(B) 中點　(C) 右下半段　(D) 不一定會在那一段。

( )　30.在短期，某廠商僱用的第 5 個工人可以使總產量增加 12，但是第 6 個工人只能使總產量增加 9，此現象稱為：　(A) 規模報酬遞增　(B) 規模報酬遞減　(C) 邊際報酬遞增　(D) 邊際報酬遞減。

( )　31.小陳對某財貨之消費會使得其他人必須負擔一些成本，下列敘述何者正確？　(A) 小陳消費此財貨會產生正的外部性　(B) 小陳消費此財貨會產生負的外部性　(C) 小陳消費的財貨是公共財　(D) 就社會觀點而言，小陳消費的數量太少。

( )　32.假設有 A 及 B 兩個國家，兩國均生產與消費 X 與 Y 兩種產品，A 國的生產可能線可表示為 X+5Y=10，B 國的生產可能線可表示為 X+Y=10。根據比較利益法則，兩國開放貿易後之商品貿易狀況為何？　(A)A 國出口 X，B 國出口 Y　(B)A 國出口 Y，B 國出口 X　(C)B 國同時出口 X 與 Y　(D) 國家間不交易 X，僅 B 國出口 Y。

( )　33.在一般情況下，下列何種政策無法達到改善貿易赤字之目的？　(A) 匯率升值　(B) 對進口品設限　(C) 施行出口補貼　(D) 調升進口關稅。

( )　34.下列何者包含在 GDP 的統計？　(A) 自用住宅所提供的住屋服務（housing service）價值　(B) 家庭主婦所提供的家務價值　(C) 老農津貼　(D) 在大陸台商的利潤。

( )　35.某一封閉經濟體系，其充分就業的所得水準為 2,000 單位，邊際儲蓄傾向為 0.2。在簡單凱因斯模型下，若該經濟體系目前的自發性支出為 500 單位，則該國目前：　(A) 有膨脹缺口 200 單位　(B) 有緊縮缺口 200 單位　(C) 有膨脹缺口 100 單位　(D) 有緊縮缺口 100 單位。

( )　36.下列有關人力資源運用的敘述，何者正確？　(A) 趙先生為失業者，他必然屬於勞動力　(B) 張先生目前沒有工作，他必然屬於失業人口　(C) 王先生在獄中服刑，他必然屬於非勞動力　(D) 李先生在軍中服役，他必然屬於就業者。

( ) 37.下列那一個政策最容易造成通貨膨脹？ (A)政策補助企業的資本投資 (B)政府增加支出建造高速公路 (C)中央銀行擴大公開市場賣出 (D)政府採用「貨幣融通」支應預算赤字。

( ) 38.當新臺幣相對美元貶值，其它條件不變時，臺灣對美國的進口量，一般而言會如何變動？ (A)增加 (B)減少 (C)不變 (D)無法確定。

( ) 39.下列何者屬於國民所得統計中的「投資」？ (A)廠商對新機器設備與新建築物的支出 (B)家戶對舊住宅的購買支出 (C)廠商與家戶對土地的購買支出 (D)股票與債券等金融投資。

( ) 40.在其他條件不變之下，若一國有些全職的家庭主婦決定進入職場找尋工作，則此國的勞動參與率會如何變化？ (A)上升 (B)下降 (C)不變 (D)不一定。

( ) 41.某開放體系家計單位的可支配所得邊際消費傾向為 0.8，所得的邊際稅率為 0.25，所得的邊際進口傾向為 0.1，充分就業產出為 5,000 萬。假設目前經濟體系的產出為 4,000 萬，請問政府購買應該增加多少，才會使經濟體系最接近充分就業產出？ (A)167 萬 (B)200 萬 (C)333 萬 (D)500 萬。

( ) 42.根據總合供需模型，在其他條件不變，且勞動市場未達充分就業下，政府的消費支出增加最可能導致： (A)勞動需求線右移，勞動僱用量增加 (B)勞動需求線右移，勞動僱用量不變 (C)勞動需求線不變，勞動僱用量增加 (D)勞動需求線不變，勞動僱用量不變。

( ) 43.當可支配所得為 2,000 元時，消費支出等於 1,200 元，而自發性消費支出為 200 元，則儲蓄與誘發性消費分別為： (A)600 元與 1,200 元 (B)600 元與 1,000 元 (C)800 元與 1,200 元 (D)800 元與 1,000 元。

( ) 44.在簡單的凱因斯模型（Keynesian model）中，平均消費傾向： (A)等於邊際消費傾向 (B)小於邊際消費傾向 (C)為消費占可支配所得的比例 (D)為可支配所得增加一單位所引起消費增加量。

( ) 45.當一國的可支配所得為 120 萬元時，該國的民間總消費為 50 萬元。當此一國家的可支配所得為 160 萬元時，根據凱因斯（Keynesian）學派的看法，下列何者不可能是該國的民間總消費？ (A)60 萬元 (B)70 萬元 (C)80 萬元 (D)90 萬元。

( )　46.所謂量化寬鬆貨幣政策是指中央銀行：　(A) 單純印鈔，像直升機在空中撒錢一樣　(B) 印鈔並賣出黃金準備　(C) 印鈔並大量買進債券　(D) 印鈔並大量賣出債券。

( )　47.下列何者未包含在我國貨幣統計量 M1B 當中？　(A) 志偉皮夾中的零錢三千元　(B) 保達公司新增其第一銀行的支票存款三百萬元　(C) 欣然食品存放在玉山銀行的定期存款五十萬元　(D) 鴻海公司新增其華南銀行的活期存款兩百萬元。

( )　48.政府進行貨幣融通，主要是指：　(A) 中央銀行對某銀行給予資金融通　(B) 中央銀行擴大發行定期存單，擴大貨幣供給　(C) 中央銀行發行貨幣作為政府支出的財源　(D) 銀行間互相借貸資金，以融通短期資金的需求。

( )　49.相對於凱因斯模型，古典（classical）模型較適合分析經濟體系的：　(A) 短期現象，因為名目變數與實質變數在短期是互相糾纏在一起的　(B) 短期現象，只要貨幣政策不具中立性　(C) 長期現象，因為貨幣政策不具長期中立性　(D) 長期現象，因為實質變數與名目變數在長期是分開決定的。

( )　50.下列何者不屬於總體經濟的「自動穩定因子」（automatic stabilizers）？　(A) 法定最低工資　(B) 失業補助計畫　(C) 綜合所得稅　(D) 社會福利制度。

➡ 解答與解析

1.(C)。　45公斤稻米=15公斤蔬菜，1公斤稻米=$\frac{15}{45}$ 公斤蔬菜=－公斤蔬菜。

2.(B)。　在有限的資源與技術下，實際有效率的生產，只能在原生產可能曲線線上的任何一個點生產，無法超出線外生產。

3.(B)。　$\frac{\Delta Q}{\Delta T} < 0$，I：所得，Q：財貨需求量。

4.(A)。　由 $\varepsilon^d = \frac{\Delta Q}{\Delta P} \cdot \frac{P}{Q}$。

A點：$\varepsilon_A^d = \dfrac{\Delta Q}{\Delta P} \cdot \dfrac{P_0}{Q_0}$

B點：$\varepsilon_B^d = \dfrac{\Delta Q}{\Delta P} \cdot \dfrac{P_1}{Q_1}$

A、B皆在同一直線上，故 $\dfrac{\Delta Q}{\Delta P}$ ，皆相等，而 $\dfrac{P_0}{Q_0} > \dfrac{P_1}{Q_1}$ ，故 $\varepsilon_d^A > \varepsilon_d^B$ 。

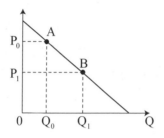

5.(C)。 $\varepsilon^d = \dfrac{\Delta Q}{\Delta P} \cdot \dfrac{P_1 + P_0}{Q_1 + Q_0} = \dfrac{20-12}{7-5} \cdot \dfrac{7+5}{20+12} = 1.5$ 。

6.(C)。 如圖：原均衡點e，若政府制定保證價格於
P1銷貨量下降為Q，保證價格下的政府負擔
是 $P_1 \times (Q_0 - Q_1)$ ，所得津貼下的政府負擔是 $(P_1 -
P_0) \times Q_0$ 。即稻農一定可以獲得補貼的全部利
益。

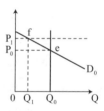

7.(B)。 所得增加，對該財貨的需求量減少，表示該財貨為劣等財。

8.(C)。 已知：D=70-5P，S=10+10P，聯立求解得P=4，Q=50。

9.(D)。 $\varepsilon_d^A = \dfrac{\Delta Q}{\Delta P} \cdot \dfrac{P_0}{Q_0}$ ，需知道 $\dfrac{\Delta Q}{\Delta P}$ 、P_0、Q_0的資訊，才可計算 ε_d^A 。

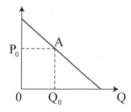

10.(B)。 自用汽車銷售價格下降，對自用汽車的需求量增加，而自用汽車和
汽油互為互補品，所以汽油的需求增加，使得汽油的需求曲線向右
移動。

11.(A)。電影票價上漲，將使電影票的需求量減少，而電影票和爆米花互為互補品，所以對爆米花的需求減少。

12.(C)。由U=L-2H，$\dfrac{\Delta U}{\Delta L}=1＞0$，$\dfrac{\Delta U}{\Delta H}=-2＜0$，喜歡休閒（L），不喜歡功課（H）。

13.(A)。U=L-2H的MRS=$\dfrac{\Delta H}{\Delta L}=\dfrac{1}{2}$，2L+H=12的斜率$\dfrac{\Delta H}{\Delta L}=\dfrac{2}{1}$。

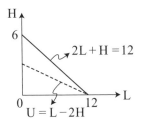

14.(C)。已知H+L=12，若L=0則H=12，而$P_H=2$，故總所得I=2×12=24，預算線為$P_H H+P_F F=I$，已知$P_H=2$，$P_F=3$，I=24，代入得2H+3F=24。

15.(C)。$\dfrac{H}{3}=\dfrac{F}{2}$……(1)
3F+2H=24……(2)
(1)和(2)聯立求解，得L=6，F=4。

16.(C)。願意支付的價格，第1單位+第2單位+第3單位=20+16+11=47
實際支付的價格3×10=30
消費者剩餘=願意支付-實際支付=47-30=17。

17.(B)。

L	1	2	3	4	5	6	7	8	9
Q	12	26	42	57	70	82	92	100	107
MP_L	—	14	16	15	13	12	10	8	7

當L=4時，MP_L開始發生遞減。

18.(A)。平均固定成本AFC=$\dfrac{TFC}{Q}$，式中TFC為固定，當Q增加時，AFC下降。

19.(D)。在短期廠商只有P＞AVC仍可繼續生產。

20.(C)。沉沒成本是過去已發生的成本，而研發支出即是沉沒成本。

21.(D)。利潤極大的生產條件是MR=MC，即C點，其市場價格為p，產量為q。

22.(D)。如圖：完全競爭市場均衡時，CS+PS達到最大。

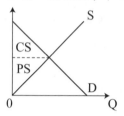

23.(D)。由P≥AVC，$AVC=\dfrac{TVC}{q}$，

式中$TVC=\int SMC=\int 6+2q\,dq=6q+q^2$，

而$AVC=\dfrac{TVC}{q}=\dfrac{6q+q^2}{q}=6+q$，

當q=0時AVC=6，故至少p=6。

24.(C)。形成卡特爾後的市場價格高於形成前，產量則低於形成前。

25.(B)。如圖：在短期完全競爭市場的個別廠商，在市場價格P_0產量為q_0，若生產到q_1在P_0不變下，利潤反而變小。

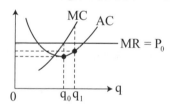

26.(D)。獨占廠商，有可能一個價格對應兩個產量，或一個產量對應兩個價格，所以獨占廠商沒有供給線。

27.(B)。如圖：完全競爭的產量Q*大於獨占的產量Q'，完全競爭的價格P*小於獨占的價格P'。

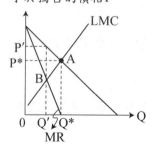

28.(A)。 如圖：AVC以上之MC曲線即為完全競爭個別廠商短期之供給曲
線，在市場價格P_0以上的MC的斜率為正斜率。

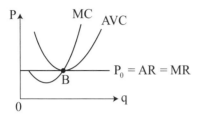

29.(A)。 如圖：獨占廠商，會在$\varepsilon>1$的位置生產，即需求線的左上半段。

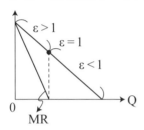

30.(D)。 當L=5時，$MP_L=12$，當L=6時，$MP_L=9$，即$\frac{dMP_L}{\Delta L}<0$。

31.(B)。 對某財貨的消費會使得其他人必須負擔一些成本，即產生負的外
部性。

32.(A)。 A國：X+5Y=10，即$\frac{-\Delta Y}{\Delta X}=\frac{0.2}{1}$，表示生產1單位X的機會成本為0.2。

B國：X+Y=10，即$\frac{-\Delta Y}{\Delta X}=1$，表示生產1單位X的機會成本為1。

故A國出口X，B國出口Y。

33.(A)。 匯率升值，造成進口品成本下降，出口品成本上升，貿易赤字反而
擴大。

34.(A)。 自用住宅所提供的住屋服務價格，要計算租金收入，應包括在當期
的GDP的統計。

35.(C)。 由mpc+mps=1，已知mps=0.2，故mpc=0.8，由Y=C+I+G，已知
Y=500+0.8Y，得Y*=2500，Y*=2500>Y_f=2000，有膨脹缺口，缺

口$=\frac{|2500-2000|}{\frac{1}{1-0.8}}=100$。

36.(A)。勞動力=失業人口+就業人口。

37.(D)。政府支出若採用「印鈔票」的方式,最容易造成通貨膨脹。

38.(B)。若臺幣相對美元的貶值,將使進口品成本上升,則臺灣對美國的進口量減少。

39.(A)。廠商對新機器設備與新建築物的支出,是屬於國民所得統計中的「投資」。

40.(A)。勞動參與率$=\dfrac{勞動力}{15足歲以上人口}$,全職的家庭主婦原屬於非勞動力人口,現轉成勞動力,則勞動參與率上升。

41.(D)。由$\dfrac{\Delta Y}{\Delta G}=\dfrac{1}{1-b+bt+m}$,已知$\Delta Y=5000-4000$,$b=0.8$,$t=0.25$,$m=0.1$代入,得$\dfrac{1000}{\Delta G}=2$,即$\Delta G=500$。

42.(C)。如圖:當政府支出增加,將使物價由P_0上升到P_1,在名目工資W_0不變下,實質工資率由$\dfrac{W_0}{P_0}$下降至$\dfrac{W_0}{P_1}$,將使勞動雇用量由N_0上升到N_1,但勞動需求曲線不變。

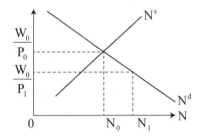

43.(D)。已知$Y_D=2000$,$C=1200$,$C_0=200$,由$C=C_0+bY_D$,將已知代入得$1200=200+b\times2000$,即$b=0.5$,而$S=Y_D-C$,故$S=2000-1200=800$,誘發性消費為bY_D,將$b=0.5$,$Y_D=2000$代入得$bY_D=0.5\times2000=1000$

44.(C)。平均消費傾向為$\dfrac{C}{Y_D}$,即消費(C)占可支配所得(Y_D)的比例。

45.(D)。 $Y_0=120$，$C_0=50$，
$Y_1=160$，$C_1=$?

由 0<mpc<1，而 mpc$=\dfrac{\Delta C}{\Delta Y_D}=\dfrac{C-50}{160-120}$，即 $\dfrac{C_1-50}{160-120}<1$，得 $C_1=90$。

46.(C)。 量化寬鬆政策是指央行買進債券，再以印鈔的方式支付。

47.(C)。 $M_2=M_1+$ 準貨幣，式中準備幣=定期存款+儲蓄存款+外幣存款+郵政局轉存款。

48.(C)。 政府進行貨幣融通，是指央行以發行通貨作為政府支出的財源。

49.(D)。 古典學派的貨幣中立性是指，均衡的實質變數（實質所得、實質利率、就業量、實質儲蓄），不受貨幣變數的影響，貨幣僅與物價同比例增減。

50.(A)。 自動穩定機能（因子）是指在財政制度中，實際已包含一種自我調整的功能，可緩和景氣波動之幅度，例如，誘發性租稅，失業保險制度。

110 年　中華郵政甄試營運職／郵儲業務甲

一、假設某消費者的效用函數為 U（X,Y）=$X^{0.5}Y^{0.5}$，其中 X 和 Y 分別為財貨的數量。同時 P_X 和 P_Y 為財貨 X 和 Y 的市場價格，I 為此消費者的所得。請回答下列問題：

(一) 根據上述的效用函數，此消費者的偏好是否滿足越多越好的假設？

(二) 請推導此消費者對財貨 X 和 Y 的需求函數。

(三) X 和 Y 財貨是否皆為正常財？並說明之。

答：(一) 消費越多越好

如果 $X_1=X_2$，和 $Y_1>Y_2$，則 $A \succ B$。

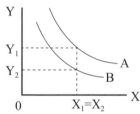

令 $X_1=4$，$Y_1=9$ 則 U(4,9)= $4^{\frac{1}{2}} \times 9^{\frac{1}{2}}$ =2×3=6

$X_2=4$，$Y_2=16$，則 U(4,16)= $4^{\frac{1}{2}} \times 16^{\frac{1}{2}}$ =2×4=8

而 $U(4,16) \succ U(4,9)$，故滿足越多越好的假設。

(二) 由 $\begin{cases} \dfrac{MU_x}{P_x} = \dfrac{MU_y}{P_y} ......(1) \\ P_x X + P_y y = I ......(2) \end{cases}$　解 x* 和 y*。

$MU_x = \dfrac{\Delta U}{\Delta x} = Y^{\frac{1}{2}} \cdot \dfrac{1}{2} X^{\frac{1}{2}-1} = Y^{\frac{1}{2}} \dfrac{1}{2} X^{-\frac{1}{2}}$

$MU_y = \dfrac{\Delta U}{\Delta y} = X^{\frac{1}{2}} \dfrac{1}{2} Y^{\frac{1}{2}-1} = X^{\frac{1}{2}} \dfrac{1}{2} Y^{\frac{-1}{2}}$

$\dfrac{Y^{\frac{1}{2}} \dfrac{1}{2} x^{-\frac{1}{2}}}{P_x} = \dfrac{X^{\frac{1}{2}} \dfrac{1}{2} Y^{-\frac{1}{2}}}{P_y}$，即 X= $\dfrac{P_y y}{P_x}$，代入 (2)

$$P_x \frac{P_y y}{P_x} + \frac{P_y y}{P_x} = I，即 2Py=I，故 y^*= \frac{I}{2P_y}。$$

$$x^*= \frac{P_y y}{P_x} = \frac{P_y \frac{I}{2P_y}}{P_x} = \frac{\frac{I}{2}}{P_x} = \frac{I}{2P_x}。$$

(三) $\frac{\Delta x^*}{\Delta x} = \frac{1}{2P_x} > 0$，$\frac{\Delta y^*}{\Delta I} = \frac{1}{2P_y} > 0$，故 x* 和 y* 皆為正常財。

二、為控制新冠肺炎疫情擴散與減少國民感染的機會，許多國家限制民眾外出的權利，同時也造成自主性消費減少。在同一時間點，各國央行採行低利率政策，例如聯準會將聯邦資金利率目標區間降至 0%~0.25%。請利用 IS-LM 模型分析長期低利率環境下，政府限制民眾外出的政策對於總體經濟社會有何影響？倘若政府想要刺激景氣，應該採行貨幣政策還是財政政策較適合？請說明之。

答：(一) 當消費減少，將使 IS 向左移，當貨幣供給增加將使 LM 向右移。

分成三種情況討論

1. $\overline{IS} > \overline{LM}$：y↑，r↑。　　　　2. $\overline{IS} = \overline{LM}$：y 不變，r↑。

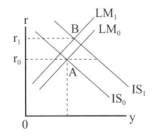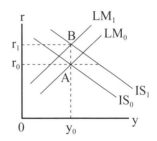

3. $\overline{IS} < \overline{LM}$：y↓，r↑。

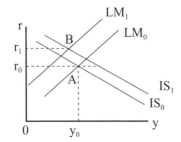

(二) 低利率在流動性陷阱存在的情況下，採財政政策較貨幣政策有效。即採
貨幣政策 $y=y_0$，而採財政政策 y_0 上升為 y_1。

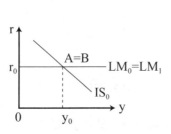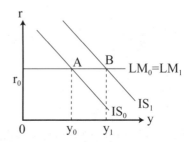

110 年 中華郵政甄試專業職 (一)／郵儲業務丙

一、請回答下列問題：

(一) 請同時使用文字和圖形，說明在短期完全競爭市場中，個別廠商的供給曲線推導過程。

(二) 哪些因素變動時，會導致廠商短期供給曲線整條移動？請至少舉出兩個因素說明。

答：(一)完全競爭廠商可能會面對不同的市場價格，只要 $P \geq AVC$，根據 $P=MR==MC$ 的原則，沿著 MC 線便可找到利潤最大的產量。

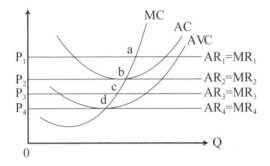

1. 當價格為 P_1 時，均衡點為 a 點，此時 $AR > AC$，廠商有超額利潤，會繼續生產。

2. 當價格為 P_2 時，均衡點為 b 點，此時 $AR=AC$，廠商有正常利潤，會繼續生產。

3. 當價格為 P_3 時，均衡點為 c 點，此時 $AVC < P < AC$，廠商有損失部分的 TFC，會繼續生產。

4. 當價格為 P_4 時，均衡點為 d 點，此時 $P=AVC$ 最低點，廠商不論是繼續生產或選擇歇業，都會損失全部的 TFC，即 d 點為廠商的短期歇業點。

結論：在價格 P 等於 AVC 最低點（d 點）以上的 MC 線段，就是完全競爭廠商的短期供給曲線。

(二)假設 L 表示勞動，K 表示資本，W 表示勞動價格，r 表示資本價格，MPP_L 表示勞動的邊際產出，MPP_K 表示資本的邊際產出。

TR 表示總收入，TC 表示總成本，Q 表示產量，利潤極大：

π=TR(Q)-TC(Q)，式中 Q=f(L,K) 或 π=TR(L,K)-TC(L,K)=TR(L,K)-WL-rK

$\dfrac{d\pi}{dQ}$ =MR-MC=0，即 MR=MC。

對要素投入量微分，如下：

$$\begin{cases} \dfrac{\partial \pi}{\partial L} = \dfrac{dTR}{dQ} \times \dfrac{\partial Q}{\partial L} - W = 0 \to MR \times MPP_L = W \\[2mm] \dfrac{\partial \pi}{\partial K} = \dfrac{dTR}{dQ} \times \dfrac{\partial Q}{\partial K} - r = 0 \to MR \times MPP_K = r \end{cases}$$

故 MR= $\dfrac{W}{MPP_L}$ = $\dfrac{r}{MPP_K}$ ，又 MR=MC，所以 MC= $\dfrac{W}{MPP_L}$ = $\dfrac{r}{MPP_K}$

當 W 上升，或 r 上升，皆會使 MC 往左移，當 MPP_L 上升或 MPP_K 上升，皆會使 MC 往右移。

二、若新臺幣存款與美金存款對民眾來說是完全替代的金融商品。假設新臺幣一年期定存利率為 0.85%、美金一年期定存利率為 0.38%，而匯率為 1 元美金可以兌換 28.2 元新臺幣，請問如果您是位理性預期者，你預期一年後的匯率水準為何？新臺幣可能會升值還是貶值？原因為何？

答：(一) 由拋補利率平價說

F=S× $\dfrac{(1 \quad i^{NT})}{(1 \quad i^S)}$ ，

F：表示遠期匯率

S：表示即期匯率

i^{NT}：表示臺幣一年期利率

i^S：表示美金一年期利率

已知 S=28.2，i^{NT}=0.85％，i^S=0.38％，代入上式，

得 F=28.2× $\dfrac{(1+0.85\%)}{(1+0.38\%)}$ =28.332。

(二) 匯率由 28.2 上升到 28.332，貶值幅度 = $\dfrac{28.332-28.2}{28.2}$ ×100％ =0.468％。

(三) i^{NT}=0.85％ >i^S=0.38％，利率高的國家，表示通貨膨脹率也高，將導致該國貨幣貶值。

110 年 ｜ 經濟部所屬事業機構甄試（企管類）

一、假定總體經濟原處於長期均衡，現在總需求突然增加，而離開原來的長期均衡，請回答下列問題：

（一）請利用總供給與總需求的圖形來表達上述之改變。

（二）上述總需求的增加對總體經濟的物價、產出與就業，在短期與長期分別有何影響？

答：（一）總需求由 AD_0 上升到 AD_1，短期的總合供給線 SR，在物價為 P_0 時，有 AA' 的超額需求，物價由 P_0 上升到 P_1，短期均衡的產出由 y_0 上升到 y_1。

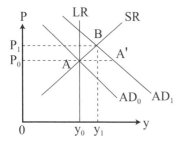

（二）短期：物價由 P_0 上升到 P_1，產出由 y_0 上升到 y_1，就業量由 N_0 上升到 N_1。

長期：預期物價水準由 P_0^e 上升，使得 SR_0 上移到 SR_1，均衡時，物價由 P_1 上升到 P_2，產出由 y_1 下降到 y_0，就業量由 N_1 下降到 N_0。

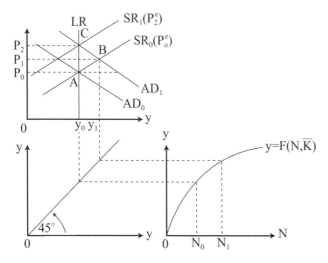

二、假設一個缺乏現金的小鎮政府，決定對銷售短袖上衣（T-shirt）的廠商，每
銷售一件課 6 元的稅。下表為每個價格下的市場需求與供給：

每件短袖上衣的價格（元）	需求量	供給量
19	0	60
16	10	50
13	20	40
10	30	30
7	40	20
4	50	10

(一) 在課稅之前，均衡需求量與均衡供給量分別為多少？請算出消費者剩
餘與生產者剩餘。

(二) 在課稅之後，均衡需求量與均衡供給量分別為多少？請算出課稅之後的
消費者剩餘與生產者剩餘。

(三) 請問此小鎮政府可從短袖上衣課到多少稅？

答：(一) 當 P=10 時，需求量 = 供給量 =30

　　　消費者剩餘 =16×10+13×20-10×30=120

　　　生產者剩餘 =10×30-(20×7+10×4)=120

(二) 稅後，當 P=13 時，需求量 = 供給量 =20

　　　消費者剩餘 =16×10+13×10-13×20=30

　　　生產者剩餘 =13×20-(10×10+13×10)=30

P（稅前）	P+6（稅後）	需求量	稅後需求量	供給量
19	25	0	0	60
16	22	10	0	50
13	19	20	0	40
10	16	30	10	30
7	13	40	20	20
4	10	50	30	10

(三) 政府的稅收 (30-20)×6=60

三、2020 年初，COVID-19 疫情爆發，為因應國內外口罩需求的大幅增長，我國政府亦於第一時間頒布口罩出口禁令（國內生產口罩不得輸出），引發大眾討論。假設在疫情爆發當下，國內醫療口罩生產商對市場的供給為 Q^S=-2400+500P，而國內民眾的需求則為 Q^D=9600-300P。其中，Q^S 為國內口罩的每週供給量，Q^D 為國內民眾對口罩的每週需求量，單位皆為萬片，而 p 為每片價格。我國為小型開放經濟體，假設口罩國內市場的變動不會影響到國際價格，請回答下列問題：

(一) 假設於頒布出口禁令的當下，國際口罩價格折合為每片 12 元。請問此出口禁令對口罩的國內市場價格有何影響？又會如何影響到國內市場整體的經濟剩餘？

(二) 假設於頒布出口禁令的當下，國際口罩價格折合為每片 18 元。請問此出口禁令對口罩的國內市場價格有何影響？又會如何影響到國內市場整體的經濟剩餘？

(三) 此出口禁令是否能增加國內民眾的口罩持有數量？對口罩購買者的福利影響為何？

(四) 假設現今我國政府未採取出口禁令，而改用補貼政策；國內民眾每購買一片口罩，補貼其 1.6 元，補貼所需經費則以人頭稅支應。國際價格為每片 18 元。請問此補貼政策對國內市場整體的經濟剩餘影響為何（相較於無補貼、無禁令的情形）？與出口禁令相比，請問哪種政策較能增加國內民眾的口罩持有數量？

答：(一) 由 Q^s=Q^d，-2,400+500P=9,600-300P， 得 P=15，Q=5,100

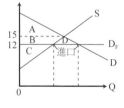

若國際價格 P=12，消費者剩餘由原本面積 A，增加為 A+B+D，生產者剩餘由原本面積 B+C，減少 C。淨利益增加的面積 D。

(二) 採取出口禁令時，消費者剩餘由 a 增加為 a+b。生產者剩餘由 b+c+d，減少 c。

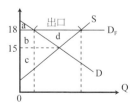

原來的消費者剩餘 + 生產者剩餘 =a+b+c+d。
現在的消費者剩餘 + 生產者剩餘 =a+b+c。
淨利益減少 d。

(三) 在國際價格低於國內價格的情況下：如 (一) 的圖形，出口禁令可增加
　　口罩的持有量，消費者剩餘由原來的面積 A，增加為 A+B+D，即提高
　　了 B+D。

(四) 1. 出口補貼後，國際價格由 P_1=18，上升為 P_2=18+1.6=19.6。

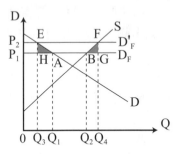

	補貼前	補貼後	福利效果
消費者剩餘	P_1DA	P_2DE	減少 P_1P_2EA
生產者剩餘	$0P_1$B	$0P_2$F	增加 P_1P_2FB
補貼負擔	0	EFGH	減少 EFGH
福利變動			減少 EHA+FBG

2. 補貼前，國內對口罩需求為 $0Q_1$，補貼後為 $0Q_3$，即減少 Q_3Q_1。

110 年 關務四等

( ) 1. 下列有關賽局理論中「囚犯困境」（Prisoners' Dilemma）的敘述，何者正確？ (A) 描述犯罪嫌疑犯們可能要在獄中服刑，無法逃離監獄的困境 (B) 描述犯罪嫌疑犯們採取對自身有利的辯詞，但可能陷入讓大家都受害的困境 (C) 描述犯罪嫌疑犯們面對員警刑求時，是否要說真話的困境 (D) 描述犯罪嫌疑犯後悔已經從事犯罪行為的困境。

( ) 2. 有貿易關係的 A 國與 C 國發生貿易摩擦，因此兩國都提高對方進口產品的關稅，下列何者正確？ (A)A 國的消費者剩餘上升 (B)A 國的生產者剩餘上升 (C)A 國的社會福利上升 (D) 兩國的貿易量上升。

( ) 3. 關於規模經濟（economies of scale）的敘述，下列何者錯誤？ (A) 小型經濟體為了追求規模經濟，往往採納更開放的貿易政策 (B) 顯著的規模經濟是造成市場結構出現獨占者的原因之一 (C) 規模經濟又稱為學習效果，是因為生產過程中犯錯減少而使生產成本降低 (D) 規模經濟的定義為廠商在生產過程中，隨著產量的增加，平均成本逐漸下降。

( ) 4. 假設一消費者消費 X 與 Y 兩種財貨，其預算線如下圖 bc 線段，無異曲線與預算線相切於 A 點。若兩財貨價格不變下，所得增加 5 元時，消費者會選擇 d 點，則下列敘述何者錯誤？

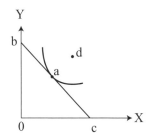

(A) d 點的效用水準較 A 點高

(B) A 點與 d 點的邊際替代率相等

(C) X 與 Y 均為正常財

(D) 最適消費點由 A 點變動到 d 點之總效果可分解為所得效果與替代效果。

( )　5.在國際貿易模型的圖形中，一國利用其生產可能前緣（Production Possibility Frontier）曲線決定出其生產點，再透過國際價格與他國交易，達到最後的消費點。有關生產點與消費點之間的敘述，下列何者正確？　(A) 生產點位於生產可能前緣曲線上、消費點位於生產可能前緣曲線上　(B) 生產點位於生產可能前緣曲線外、消費點位於生產可能前緣曲線上　(C) 生產點位於生產可能前緣曲線上、消費點位於生產可能前緣曲線外　(D) 生產點位於生產可能前緣曲線外、消費點位於生產可能前緣曲線外。

( )　6.某甲一天可捕 10 斤的魚貨或是織 10 尺的布匹，某乙一天只能捕 8 斤的魚貨或是織 4 尺的布匹。請問甲、乙兩人各捕 1 斤魚貨的機會成本加總起來是多少？　(A)1/2 尺布匹　(B)1 尺布匹　(C)3/2 尺布匹　(D)2 尺布匹。

( )　7.牛奶的市場需求函數為：$QD=100-3P+2PS$，其中 PS 為豆漿的市場價格。牛奶的需求對於豆漿價格的交叉價格彈性為：　(A)-3　(B)-2　(C)-3/2　(D) 資訊不足，無法得知。

( )　8.假設 A 國採行市場經濟體制，其紅酒市場的需求函數為：$QD=120-3P$，供給函數為：$QS=5P-40$,市場處於均衡狀態。但在一次政權更迭之後，A 國改採行指令型經濟體制，其生產與分配決策，例如要生產什麼商品、生產多少、產出後如何分配，都由政府決定。若是 A 國採行指令型經濟體制後，並沒有將紅酒納入生產分配計畫中，則紅酒廠商的生產者剩餘將如何變化？　(A) 從 360 增加到 600　（B）從 600 減少到 0　(C) 從 360 減少到 0　(D) 不受影響。

( )　9.蘋果汁的市場需求函數為：$QD=2000-50P$。若是目前蘋果汁的售價為一瓶 30 元，則蘋果汁的需求之價格彈性為：　(A)缺乏彈性（inelastic）　(B) 單位彈性（unitary elastic）　(C) 富有彈性（elastic）　(D) 完全彈性（perfectly elastic）。

( )　10.某國 A 產業的勞動市場，勞動供給函數為 $LS=3W-32$,勞動需求函數為 $LD=-5W+96$，W 為工資率。假設政府針對 A 產業訂定了基本工資 W=18 元，此政策將造成產業 A 出現＿＿＿，缺口為＿＿＿人。　(A) 人力不足；16　(B) 人力不足；28　(C) 失業；16　(D) 失業；28。

( )　11.某一市場僅有二家供應商 A 和 B，廠商 A 的供給函數是 q1=-3+2p，其中 q1 是數量，p 是價格，廠商 B 的供給函數是 q2=-5+3p，其中 q2 是數量。當市場價格為 p=2 時，市場總供給量為何？　(A)1　(B)2　(C)3　(D)4。

( )　12.某國政府為了抑制水泥的需求，宣布將對每包水泥課稅 t=10，該國水泥市場的需求函數為 Q=100-p，其中 Q 是數量，P 是價格，而水泥市場的供給函數為 Q=20+p。課稅政策造成多少的社會無謂損失？　(A)25　(B)50　(C)75　(D)100。

( )　13.2003 年石油價格上漲，隨即天然氣的價格也跟著上漲，由此可推論石油與天然氣互為：　(A) 互補品，石油價格上漲促使天然氣需求增加　(B) 替代品，石油價格上漲促使天然氣需求增加　(C) 互補品，石油價格上漲促使天然氣需求減少　(D) 替代品，石油價格上漲促使天然氣需求減少。

( )　14.政府將最低工資從每小時 150 元提高到每小時 200 元，下列何種情況一定不會發生？　(A) 勞動供給量大於勞動需求量　(B) 勞動供給量小於勞動需求量　(C) 勞動供給量等於勞動需求量　(D) 每小時工資等於 300 元。

( )　15.中東軍事衝突導致原油價格大幅上漲，政府要求中油與臺塑石化不得漲價，此限價政策將使：　(A) 消費者剩餘一定上升　(B) 生產者剩餘一定上升　(C) 消費者剩餘一定下降　(D) 生產者剩餘一定下降。

( )　16.如果電動機車大幅降價，則下列敘述何者正確？　(A) 汽油機車的需求上升　(B) 汽油機車的供給減少　(C) 腳踏車的需求上升　(D) 汽油機車市場的生產者剩餘上升。

( )　17.若一追求效用極大化的消費者擁有固定預算，用於消費兩種財貨 x 與 y，邊際效用分別表示為 MUx 與 MUy，兩財貨的價格分別為 Px 與 Py，則下列敘述何者正確？　(A) 消費者總效用最大的必要條件為 $MU_x=MU_y$　(B) 當（MU_x/P_x）＞（MU_y/P_y）時，消費者應增加 y 的消費　(C) 若 $P_x=P_y$，則兩種財貨消費數量應相等　(D) 若 MU_x 與 MU_y 均為固定常數，則總效用極大時，消費者可能只消費其中一種財貨。

( )　18.假設一消費者僅消費 X 與 Y 兩種財貨，效用函數為 U（X,Y）=X0.2Y0.3，若此消費者所得為 100，則其在效用極大化時，會花多少錢購買財貨 X？　(A)20　(B)30　(C)40　(D)60。

( )　19.若廠商生產產品的兩要素可以完全替代，而 X 要素的價格高於 Y 要素，若 X 要素使用量為 X 軸，Y 要素使用量為 Y 軸，則其擴張線應該為：　(A) 通過原點的垂直線　(B) 通過原點的水平線　(C) 通過原點的 45 度線　(D) 斜率為負一的直線。

( )　20.在完全競爭市場中，長期的均衡價格與下列何者相等？　(A) 長期平均變動成本最低點　(B) 長期平均固定成本最低點　(C) 長期平均總成本最低點　(D) 長期邊際成本最低點。

( )　21.小華在繪製某廠商擴張線時發生錯誤，導致畫出的擴張線斜率比正確的陡，此錯誤為：　(A) 高估 X 軸（橫軸）生產要素的價格　(B) 高估 Y 軸（縱軸）生產要素的價格　(C) 低估 X 軸（橫軸）要素的邊際生產力　(D) 低估 Y 軸（縱軸）要素的邊際生產力。

( )　22.在完全競爭市場當中，個別廠商的生產技術提升，進而降低生產的邊際成本時，下列對個別廠商供給曲線移動的敘述，何者正確？　(A) 個別廠商的供給曲線會往右邊移動　(B) 個別廠商的供給曲線會往左邊移動　(C) 個別廠商的供給曲線移動方向不確定　(D) 個別廠商的供給曲線不會移動。

( )　23.假設某完全競爭市場財貨之市場供給曲線是正斜率，市場需求曲線是負斜率；若其替代財貨價格上升，則下列有關此完全競爭市場的敘述，何者正確？　(A) 市場供給會增加　(B) 市場均衡時的供給量會增加　(C) 市場需求會減少　(D) 市場均衡時的需求量會減少。

( )　24.房子出租市場是一個完全競爭市場，其供給函數是 Q=P，需求函數是 Q=50,000–P，其中 P 為租金價格，Q 是出租房屋數量。如果現在租金管制的上限為 $30,000 時，市場出租房屋的數量為：　(A)10,000　(B)25,000　(C)30,000　(D)50,000。

( )　25.阿郎是一個價格接受的玉米農夫，其投入產出的生產函數如下表；假設工人的工資是 $150，每單位玉米的價格是 $10。為追求利潤最大化，阿郎應該僱用多少個工人？

阿郎的生產函數

工人數量（投入）	玉米的產量（產出）
0	0
1	30
2	58
3	79
4	94
5	104
6	108
7	110

(A)2　(B)3　(C)4　(D)6。

( )　26.在一段時間內，多僱用一單位要素讓廠商總收入增加的金額，稱為：
(A) 邊際產值　(B) 平均產量　(C) 邊際要素成本　(D) 邊際實質產出。

( )　27.經濟行為有外部利益時，令其實際均衡產出與社會最適產出分別為
Q1 與 Q2；若經濟行為有外部成本時，令其實際均衡產出與社會最適
產出分別為 Q3 與 Q4。試問下列敘述何者正確？　(A)Q1 ＞ Q2，Q3
＞ Q4　(B)Q1 ＞ Q2，Q3 ＜ Q4　(C)Q1 ＜ Q2，Q3 ＞ Q4　(D)Q1 ＜
Q2，Q3 ＜ Q4。

( )　28.下列關於提供公共財的「林達爾模型」（Lindahl model）之敘述，何
者錯誤？　(A) 其均衡滿足柏瑞圖效率　(B) 每人分攤之成本比率皆
相同　(C) 每人享用的公共財數量皆相同　(D) 適用於參與人數不多
的情況。

( )　29.下列何者為「寇斯定理」（Coase theorem）能夠成立之條件？　(A)
必須假設勞動供給為固定　(B) 參與的人數要很多　(C) 協商成本要夠
低　(D) 不能有外部性存在。

( )　30.如果電力公司以火力發電會造成空氣污染，則表示電力之：　(A) 邊
際社會利益曲線位於邊際私人利益曲線之上　(B) 邊際社會成本曲線
位於邊際私人成本曲線之上　(C) 邊際社會利益曲線位於邊際私人利
益曲線之下　(D) 邊際社會成本曲線低於邊際私人成本曲線。

( )　31.下列關於「市場失靈」（Market Failure）之敘述，何者錯誤？　(A) 其會造成市場均衡不滿足柏瑞圖效率（Pareto efficiency）　(B) 公共財為肇因之一　(C) 資訊不對稱為肇因之一　(D) 完全競爭市場會造成市場失靈。

( )　32.假設甲國國內生產毛額（GDP）資料如下表（單位千億元）

	2016 年	2017 年
民間消費	90	80
資本形成	30	40
政府消費	30	20
商品及服務輸出	100	120
商品及服務輸入	50	60
國外要素所得淨額	5	4

2017 年甲國的國民生產毛額（GNP）為：
(A)176 千億元　(B)186 千億元　(C)196 千億元　(D)204 千億元。

( )　33.假設一國經濟的實際 GDP 等於潛在（potential）GDP，則下列何者將引起該國成本推動型通貨膨脹？　(A) 稅率降低　(B) 勞動力增加　(C) 旱災使穀物價格上升　(D) 股票市場大漲。

( )　34.若甲國的可支配所得由 11 兆美元增加至 12 兆美元，假定該國的邊際消費傾向為 0.8，則民間消費將由 4.2 兆美元增加為：　(A)6.0 兆美元　(B)5.0 兆美元　(C)4.4 兆美元　(D)5.5 兆美元。

( )　35.下列有關無異曲線之敘述，何者正確？　(A) 顯示消費者想要買的各個消費組合 (B) 顯示帶給消費者不同滿足程度的所有消費組合　(C) 凹向原點表示邊際替代率遞減　(D) 當兩物品彼此之間完全替代時，無異曲線為直線。

( )　36.下列各項有關於景氣循環的敘述，正確的有幾項？
(1) 由於認定及執行的誤差，政府的政策可能加劇經濟景氣的波動
(2) 由於景氣循環的不可預測性，景氣循環的判定都是採事後認定
(3) 供給面變動所造成景氣循環會導致停滯性通貨膨脹
(4) 若國外需求下降造成本國經濟不景氣，則本國淨出口一定下降
(A)1 項　(B)2 項　(C)3 項　(D)4 項。

( )　37.擴張期是指景氣脫離谷底後（不含谷底），到達高峰的期間；而收縮期是指景氣脫離高峰後（不含高峰），逐漸衰退到谷底的期間。下表為臺灣景氣循環谷底與高峰的認定，表中谷底（或高峰）的月份代表整個月都是谷底（或高峰）。

循環次序	谷底	高峰
第一次循環	1954 年 11 月	1955 年 11 月
第二次循環	1956 年 9 月	1964 年 9 月
第三次循環	1966 年 1 月	1968 年 8 月

依據該表，下列敘述何者正確？
(A) 第一次循環擴張期的持續月份大於第二次循環擴張期的持續月份
(B) 第一次循環收縮期的持續月份大於第二次循環收縮期的持續月份
(C) 第一次循環全循環的持續月份大於第二次循環全循環的持續月份
(D) 第二次循環擴張期的持續月份大於第三次循環擴張期的持續月份。

( )　38.當經濟不景氣發生時，下列敘述何者錯誤？　(A) 循環性失業一定會出現　(B) 實質國民所得水準一定小於充分就業時的水準　(C) 失業率一定大於自然失業率　(D) 經濟成長率一定為負。

( )　39.某一總體經濟變數隨景氣波動而變動。當該變數下降到最低點時，該國景氣燈號為紅燈；當該變數上升到最高點時，該國景氣燈號為藍燈。下列有關於該總體經濟變數的敘述，何者正確？　(A) 屬於逆循環變數　(B) 屬於順循環變數　(C) 可當成落後指標　(D) 可當成領先指標。

( )　40.對於一個採取固定匯率制度的國家，如果它的外國居民投資金額小於它的本國居民對外投資，若無統計誤差，則該國的經常帳為一，而資本與金融帳為一。　(A) 入超；淨資本流入　(B) 出超；淨資本流出　(C) 入超；淨資本流出　(D) 出超與入超皆可能；淨資本流出。

( )　41.若人們預期歐元會由 1 歐元兌換新臺幣 35 元跌至 1 歐元兌換新臺幣 33 元，在其他條件不變下，這將對外匯市場會造成什麼影響？　(A) 歐元供給減少　(B) 歐元供給增加　(C) 歐元供給量減少　(D) 歐元供給量增加。

( )　42.當美國升息而臺灣未升息時，下列敘述何者正確？　(A) 美元供給曲線左移　(B) 美元供給曲線右移　(C) 美元供給曲線不受影響　(D) 美元供給量沿著美元供給曲線減少。

（　）43.在簡單凱因斯模型裡，商品市場的超額供給會造成：　(A)民間消費增加　(B)民間儲蓄增加　(C)實現的（realized）民間投資增加　(D)一般物價下跌。

（　）44.假設一國經濟原先處在長期均衡狀態下，根據總合供給與總合需求模型，當其政府恆常性調高對家戶所課徵的定額稅時，在其他條件不變下：　(A)短期均衡實質 GDP 會增加　(B)長期均衡實質 GDP 會減少　(C)短期均衡一般物價會上漲　(D)長期均衡名目 GDP 會減少。

（　）45.在一般情況下，如果窮人和富人的消費函數相同，則窮人的平均消費傾向會比富人的平均消費傾向：　(A)小　(B)大　(C)二者相同，且都大於零　(D)二者相同，且都等於零。

（　）46.在短期凱因斯模型中會產生較大規模的失業，主要是來自下列那一個假設？　(A)價格僵固　(B)名目工資向上僵固（不易調高）　(C)名目工資向下僵固（不易調低）　(D)貨幣中立。

（　）47.股價有如「隨機漫步」，此意指：　(A)股市投資者購買熱門股可賺大錢　(B)雖然個股股價不易預測，專家可以預測市場一般走勢　(C)股價的變動易受突發事件影響，難以預測　(D)有操盤者之共同基金的成效高於指數型基金。

（　）48.貨幣的定義為：　(A)任何廣被接受的媒介，用來支付商品或勞務或償還負債　(B)某段期間的流量收入　(C)所有儲存資產價值的總和　(D)總以貴重金屬如金與銀的形式存在。

（　）49.假設只有一種存款且法定準備率為 20%，且銀行保有 5% 的超額準備。如果中央銀行買了 200 元的債券，且通貨淨額占貨幣供給的比率為 20%，則貨幣供給最大的可能增加金額為：　(A)250 元　(B)500 元　(C)750 元　(D)1,000 元。

（　）50.所謂貨幣中立性（neutrality of money）是指中央銀行的貨幣政策只會引起下列那一個變數的變動？　(A)實質產出　(B)實質消費　(C)實質利率　(D)一般物價水準

➡ **解答與解析**

1.(B)。 囚犯兩難說明,即使選擇合作行動的集體利益最大,參賽者會選擇非合作行動。

2.(B)。 假設未課徵關稅,國際價格為P_0,提高課稅後,國際價格上升為P_1,生產者剩餘增加a。

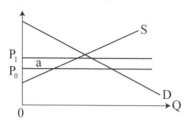

3.(C)。 規模經濟:是指以低於兩倍的成本生產兩倍的商品數量。

4.(D)。 最適消費點由a點變動到d點之總效果為所得效果。

5.(C)。 原消費點在A點,因貿易條件改善,新的消費點在B點。

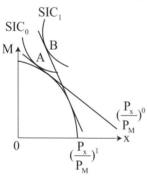

6.(C)。 甲:1天=10斤=10尺,即1斤=1尺
乙:1天=8斤=4尺,即8斤=4尺,1斤=4/8尺
甲+乙=$1+\dfrac{1}{2}=\dfrac{3}{2}$(尺)。

7.(D)。 由交叉彈性$\varepsilon_{ji}=\dfrac{\dfrac{dQ_j}{Q_j}}{\dfrac{dP_i}{P_i}}=\dfrac{dQ_j}{Q_j}\times\dfrac{P_i}{dP_i}=\dfrac{dQ_j}{dP_i}\times\dfrac{P_i}{Q_j}$,

由$Q_D=100-3P+2P_S$得$\dfrac{dQ}{dP_S}=2$,但P_S和Q未知,故無法計算交叉彈性。

8.(C)。 市場經濟存在時，由 $Q_D=120-3P$，$Q_S=5P-40$ 聯立求解得，$P=20$，$Q=60$，生產者剩餘為 $60 \times 20 \times \frac{1}{2} = 600$，若市場經濟不存在，則沒有所謂的生產者剩餘。故生產者剩餘從600減少為0。

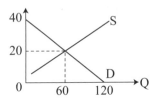

9.(C)。 已知 $Q_D=2000-50P$，$\frac{\Delta Q}{\Delta P}=-50$，當 $P=30$ 代入 $Q_D=2000-5P$，得 $Q=500$，$\varepsilon_d = \frac{-\Delta Q}{\Delta P} \times \frac{P}{Q} = \frac{50}{1} \cdot \frac{30}{500} = 3 > 1$，故富有彈性。

10.(C)。 已知 $L_S=3W-32$，$L_D=-500+96$，由 $L_S=L_D$，得 $W=16$，將 $W=18$ 代入 $L_S=3W-32$，得 $L_S=22$，將 $W=18$ 代入 $L_D=-5W+96$，得 $L_D=6$，$L_S-L_D=22-6=16$（失業）

11.(B)。 市場的供給函數是個別廠商供給函數的水平加總，
即 $q_1+q_2=-3+2P-5+3P=-8+5P$
令 $q_1+q_2=Q$，則 $q_1+q_2=-8+5P$，令 $Q=q_1+q_2$
寫成 $Q=-8+5P$，已知 $P=2$ 代入 $Q=-8+5P$，得 $Q=2$

12.(A)。 課稅前：$Q=100-P$，$Q=20+P$ 解聯立得 $P=40$，$Q=60$。
課稅後：$Q=20+P$ 改成 $P=Q-20$，$P=Q-20+10$，即 $Q=P+10$，與 $Q=100-P$ 解聯立，得 $P=45$，$Q=55$。
將 $Q=55$ 代入 $Q=20+P$，得 $P=35$，
社會福利損失：$(60-55) \times (45-35) \times \frac{1}{2} = 25$。

13.(B)。 $P_油 \uparrow \to Q_油 \downarrow$，對 $Q^d_天$ 的需求增加，天然氣的需求曲線向右移，使得 $P_天 \uparrow$，故石油和天然氣互為替代品。

14.(B)。 設定最低工資，是把工資設定在均衡工資之上，則會產生超額供給。

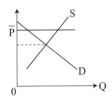

15.(D)。如圖：未限價前生產者剩餘為 $0A\overline{P}$，限價後減少為 $CA'\overline{P}$。

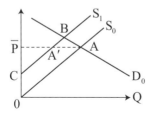

16.(B)。電動機車大幅降低價格，則電動機車的需求量增加，而對汽油機車的生產減少，即供給減少，將使生產者剩餘減少。

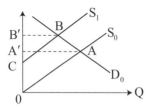

17.(D)。當 $U=ax+by$ 時，$MU_x=\dfrac{\Delta U}{\Delta X}=a$，$MU_y=\dfrac{\Delta U}{\Delta y}=b$，$a$、$b$ 為常數，$P_xx+P_yy=I$ 為預算線。

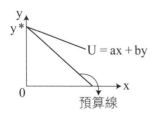

18.(C)。由 $\dfrac{MU_x}{P_x}=\dfrac{MU_y}{P_y}$，$P_xx+P_yy=100$，聯立求解，

$\dfrac{y^{0.3}0.2x^{-0.8}}{P_x}=\dfrac{x^{0.2}0.3y^{-0.7}}{P_y}$，整理得 $\dfrac{0.2y}{P_x}=\dfrac{0.3x}{P_y}$，即 $0.2P_yy=0.3xP_x$

代入 $P_xx+P_yy=100$，得 $P_yy=60$，代入 $P_xx+P_yy=100$ 得 $P_xx=40$。

19.(A)。兩要素可以完全替代，則擴張線為通過原點的垂直線。如圖：

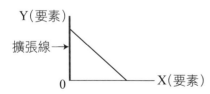

20.(C)。如圖：

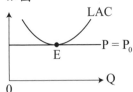

21.(A)。如圖：

A點：MRTS=$\dfrac{W}{r}$

A'點：MRTS>$\dfrac{W}{r}$

高估L的價格W。

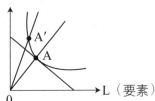

22.(A)。完全競爭市場中，個別廠商因技術提升，而降低生產的邊際成本時，個別廠商的供給曲線會向右移動。

23.(B)。替代品的價格上升，則對替代品的需求量減少，對該財貨的需求增加，則該財貨的需求曲線向右移，市場均衡的供給量增加。如圖：

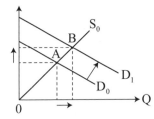

24.(B)。已知：Q=P，Q=50000-P，聯立求解，P=25000，Q=25000，設定上限為30000，因上限高於均衡價格25000，故市場的產量仍為25000。如圖：

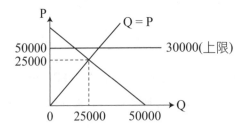

25.(C)。P · MP$_L$=W=150，則L=4。

L	Q	MP$_L$	P · MP$_L$
0	0	—	—
1	30	30	300
2	58	28	280
3	79	21	210
4	94	15	150
5	104	10	100
6	108	4	40
7	110	2	20

26.(A)。$VMP_L=\dfrac{dTR}{dL}=\dfrac{dTR}{dQ} \cdot \dfrac{dQ}{dL}=MR \cdot MP_L$。

27.(C)。

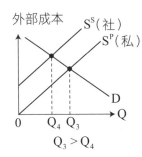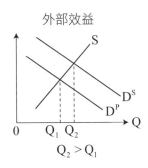

28.(B)。Lindahl均衡：是指稅收負擔比例與公共財成本達成平衡的狀態。

29.(C)。寇斯（Coaes's）定理：在沒有交易成本且對財產權有明確之規定並付諸實施下，外部效果不致於引起不恰當的資源配置。

30.(B)。電力公司以火力發電造成空氣汙染，即外部成本，如下圖：邊際社會成本曲線（S^S）位於邊際私人成本曲線（S^P）之上。

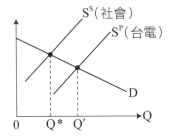

31.(D)。造成市場失靈的原因有三種情況：(1)獨占；(2)外部性；(3)公共財。

32.(D)。GNP=80+40+20+120+60+4=204。

33.(C)。旱災使穀物價格上升，將引起成本推動型的通貨膨脹。

34.(B)。$\dfrac{\Delta Y}{\Delta C}=\dfrac{1}{1-mpc}$ ，$\dfrac{12-11}{C_1-4.2}=\dfrac{1}{1-0.8}$ ，得C_1=4.4。

35.(D)。兩財貨為完全替代時，無異曲線為直線。如圖：給我美元或台幣，我都可以接受，則無異曲線為直線。

36.(C)。若國外需求下降造成本國經濟不景氣，則本國淨出口不一定下降，若進口下降幅度大於出口下降，反而使淨出口上升。

37.(D)。第二次循擴張時期是從谷底的1956年9月到高峰的1964年9月，長達9年之久。而第三次循環擴張時期是從谷底的1966年1月到高峰的1968年8月，僅3年7個月。

38.(D)。經濟不景氣發生時，經濟成長率一定下降，但不一定為負數。

39.(A)。景氣紅燈表示景氣過熱，而變數卻下降到最低點，反之，景氣藍燈表示景氣蕭條，而該變數卻上升到最高點，所以該變數與景氣循環呈反向，是屬於逆循環變數。

40.(D)。國際收支=經常帳+資本與金融帳，若採固定匯率制度，則國際收支大於、等於或小於零皆有可能，當本國居民對外投資大於外國居民的投資，則資本與金融帳大於零，即淨資本流出，則經常帳大於零（出超）或小於零（入超）皆有可能。

41.(B)。預期歐元兌台幣的匯率由35下降到33，則社會大眾將會拋售歐元，使得歐元的總合供給增加。

42.(A)。美國升息而臺灣未升息，雙方的利率差距變大，將使得外匯市場的美元將會流出，即美元的供給減少。

43.(C)。總供給大於總需求時，存貨增加，則實現的投資上升。
總供給小於總需求時，存貨減少，則實現的投資下降。

44.(D)。將使總合需求曲線往左移，造成名目GDP減少，如圖：

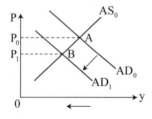

45.(B)。　窮人的消費占所得的比例高，故平均消費傾向較大。
　　　　　富人的消費占所得的比例低，故平均消費傾向較小。

46.(C)。　凱因斯學派認為短期名目工資有向下僵固性。

47.(C)。　Random walk（隨機漫步）：隨時間經過，變數的路徑是無法預測的。

48.(A)。　貨幣（money）是能夠隨時用來進行交易的資產存量。

49.(B)。　已知：通貨（C）占貨幣供給（M）的比率為20％，由M=C+D，即

$$\frac{C}{M}=\frac{C}{C+D}=0.2 ，即 \frac{C}{D}=0.25 ，令 k=\frac{C}{D}$$

$$由 m=\frac{k+1}{k+r_d+r_e}=\frac{0.25+1}{0.25+0.2+0.05}=2.5 ，$$

而M=m×B=2.5×200=500。

50.(D)。　Neutrality of money（貨幣中立性）：貨幣供給的變動不會影響實質變數的特性。

111 年 中華郵政甄試營運職／郵儲業務甲

一、請回答下列問題：

(一) 假設商品市場結構為完全競爭，請依此回答下列小題：

1. 請繪圖並說明何謂價格下限（price floor）？

2. 請在前一題所繪之圖形上標註符號，據以說明完全競爭市場的消費者剩餘及生產者剩餘面積、及實施價格下限後的消費者剩餘及生產者剩餘面積。

3. 實施價格下限後較實施價格下限前總剩餘減少的面積稱為什麼？

(二) 假設某商品為完全競爭市場，在未開放貿易之前其均衡價格比國際市場高，開放貿易後該國是國際市場價格接受者。請繪圖並說明何以自由進口貿易會使社會福利提高。

答：(一) 1. 價格下限（Floor price）：指政府為了保障某一階層人民之所得，而採用保證價格。如 $\overline{P}$

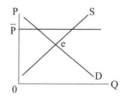

2. 設限前，消費者剩餘為 a+b+c
生產者剩餘為 d+e+h。
設限後，消費者剩餘為 a
生產者剩餘為 b+c+d+e+f。

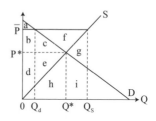

3. 設限後 - 設限前 =a+b+c+d+e+h-(a+b+c+d+e+f)=-f，減少的面積稱為社會福利損失。

(二) 自由貿易前：消費者剩餘為 a
生產者剩餘為 b+c
國內均衡價格為 P^*。
自由貿易後：消費者剩餘為 a+b+d
生產者剩餘為 c
國際價格等於國內價格 P_0。
社會福利增加 d。

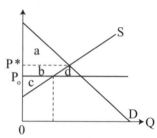

二、請以文字及貨幣市場供需圖形回答下列問題：（第 (一)～(二) 小題每一小題必須畫一圖形）

(一) 根據凱因斯的流動性偏好理論，假設貨幣數量完全由中央銀行所決定，請說明貨幣供給及貨幣需求如何決定利率水準的高低。

(二) 若貨幣需求的利率彈性無限大時，中央銀行採取擴張性貨幣政策，此將如何影響利率水準？

(三) 當經濟體系發生第 (二) 小題的情況時，凱因斯稱之為何？此時利率有何特性？

答：(一) keynes 的利息理論又稱為流動性偏好理論，keynes 認為透過貨幣供給等於貨幣需求，就可以決定市場唯一的均衡利率。

1. $M^s = \overline{M}$

2. $\dfrac{M^d}{P} = l_1(y) + l_2(r)$。

3. $M^s = M^d$，即 $\dfrac{\overline{M}}{P} = l_1(y) + l_2(r)$。

當貨幣供給由 M_0 增加為 M_1 時，利率由 r_0 下降為 r_1。

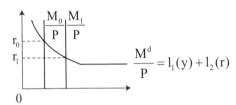

(二) 當貨幣供給由 M_0 增加為 M_1 時，利率仍維持 r_0。

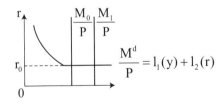

(三) 當貨幣需求函數呈現水平的階段，凱因斯稱為流動性陷阱，此時中央銀行採行的擴張性貨幣政策，皆無法使用利率降低。利率皆維持一個低的水準。

111 年 　中華郵政甄試專業職（一）／郵儲業務甲

一、請回答下列問題：

　　(一) 請說明何謂需求的價格彈性？

　　(二) 請列舉 4 項影響需求的價格彈性大小之因素並說明之。

　　(三) 請說明總收益與需求的價格彈性之關係。

　　(四) 請說明何謂需求的所得彈性？

　　(五) 請說明何謂需求的交叉彈性？

答：(一) 需求價格彈性：即一定期間內，財貨本身價格變動百分之一時，引起需求量變動的百分比。

$$\varepsilon_d = \frac{-\partial \ell nQ}{\partial \ell nP} = \frac{-dQ/Q}{dP/P} = \frac{-dQ}{dP} \times \frac{P}{Q} = \frac{-1}{斜率} \cdot \frac{P}{Q}$$

　　(二) 影響需求彈性大小之因素：

　　　　1. 替代品之多寡：愈多，彈性愈大。

　　　　2. 消費支出占所得之比例：比例愈大，彈性愈大。

　　　　3. 時間長短：愈長、彈性愈大。

　　　　4. 商品性質：必需品彈性較小，奢侈品彈性較大。

　　(三) TR：表示總收入

$$由 \frac{dTR}{dp} = \frac{d(P \times Q)}{dp} = \frac{dP}{dp} \cdot Q + \frac{dQ}{dp} \cdot P = Q(1 + \frac{dQ}{dP} \times \frac{P}{Q}) = Q(1 - \varepsilon_d)$$

$$當 \varepsilon_d > 1 \rightarrow \frac{dTR}{dp} < 0$$

$$當 \varepsilon_d = 1 \rightarrow \frac{dTR}{dp} = 0$$

$$當 \varepsilon_d < 1 \rightarrow \frac{dTR}{dp} > 0$$

(四) 需求所得彈性：指在一定期間內，所得變動百分之一時，引起需求量變動的百分比。

$$\varepsilon_1 = \frac{\partial \ell nQ}{\partial \ell nM} = \frac{dQ/Q}{dM/M} = \frac{dQ}{Q} \cdot \frac{M}{dM} = \frac{dQ}{dM} \cdot \frac{M}{Q}$$

(五) 需求交叉彈性：指在一定期間內，某種財貨 y 價格變動百分之一時，另一種財貨 x 需求量變動的百分比。

$$\varepsilon_{xy} = \frac{\partial \ell nx}{\partial \ell nP_y} = \frac{dx/x}{dP_y/P_y} = \frac{dx}{dPy} \cdot \frac{P_y}{x}$$

二、假設某一封閉經濟體系（closed economy），某年的部分總體經濟資料如下：

Y（實質國民所得）=10,000

C（實質民間消費）=6,000

T（政府稅收）=1,500

G（政府支出）=1,700

投資函數（I）為：

I=3,000-100r

r為以百分比所表示的實質利率。請回答下列問題：

(一) 該年的民間儲蓄（private saving）是多少？

(二) 該年的政府儲蓄（public saving）是多少？

(三) 該年的國民儲蓄（national saving）是多少？

(四) 該年的市場均衡時投資額是多少？

(五) 該年的均衡實質利率是多少？

答：(一) 民間儲蓄 Y-C-T=10000-6000-1500=2500。

(二) 政府儲蓄 T-G=1500-1700=-200

(三) 國民儲蓄＝民間儲蓄＋政府儲蓄=2500-200=2300

(四) 由 C+I+G=C+S+T

I+G=S+T，將 G=1700，S=2500，T=1500 代入，

I+1700=2500+1500，得 I=2300。

(五) 已知 I=2300 代入 I=3000-100r，得 2300=3000-100r，r=10%。

111 年　經濟部所屬事業機構甄試（企管類）

一、請回答下列問題：

(一)何謂購買力平價（Purchasing Power Parity）？當購買力平價成立時，其實質匯率為何？

(二)假設在長期，且其購買力平價條件成立，請利用購買力平價與貨幣市場均衡（M/P=L（i）*Y），分別回答下列問題：

1 兩國間名目匯率變動與通貨膨脹之關係。

2 名目匯率變動與經濟成長之關係。

答： (一)購買力平價（PPP）：指兩國貨幣間之匯率等於兩國物價水準之比率。

$E = \dfrac{P_d}{P_f}$，式中 E：名目匯率，P_d：本國物價水準，P_f：外國物價水準。

實質匯率 $e = E \cdot \dfrac{P_f}{P_d}$，若購買力平價（PPP）成立，

則 $e = E \cdot \dfrac{P_f}{P_d} = \dfrac{P_d}{P_f} \cdot \dfrac{P_f}{P_d} = 1$。

(二) 1. 絕對買力平價（PPP）：$E = \dfrac{P_d}{P_f}$，取自然對數再全微分，

得相對購買力平價（PPP）：$\dfrac{dE}{E} = \dfrac{dP_d}{P_d} - \dfrac{dP_f}{P_f}$。

若 $\dfrac{dP_f}{P_f} = 0$ 則 $\dfrac{dE}{E} = \dfrac{dP_d}{P_d}$ 表示名目匯率變動百分比等於物價上漲百分比。

2. 已知貨幣市場均衡 $\dfrac{M}{P} = L(i)*Y$，取自然對數再全微分，得

$\ln M - \ln p = \ln L(i) + \ln Y$

$d\ln M - d\ln p = d\ln L(i) + d\ln Y$，即 $\dfrac{dM}{M} - \dfrac{dP}{P} = \dfrac{dL(i)}{L(i)} + \dfrac{dY}{Y}$

令 $\dfrac{dM}{M}=0$，$\dfrac{dL(i)}{L(i)}=0$，則 $-\dfrac{dP}{P}=\dfrac{dY}{Y}$，即 $\dfrac{dP}{P}=-\dfrac{dY}{Y}$

由 $\dfrac{dE}{E}=\dfrac{dP}{P}$ 代入 $\dfrac{dP}{P}=-\dfrac{dY}{Y}$，得 $\dfrac{dE}{E}=-\dfrac{dY}{Y}$。

二、維尼習慣一杯可樂配一份 Pizza，他將 12,000 元花費於可樂及 PizzA 上。假
定每杯可樂 40 元，每份 PizzA 200 元，請回答下列問題：
(一)請說明維尼的消費者均衡。在此均衡下，他消費多少Pizza？多少可樂？
(二)若每杯可樂價格上漲為100元，則在新均衡下，維尼消費多少Pizza？多
少可樂？
(三)試輔以圖解說明(二)之可樂價格上升之替代效果與所得效果。

答：(一) 效用函數 $U=\min(\dfrac{C}{1}，\dfrac{Z}{1})$

預算線：$40C+200Z=12000$，式中 $P_C=40$，$P_Z=200$，$I=12000$

由 $U=\min(\dfrac{C}{1}，\dfrac{Z}{1})$，均衡時 $\dfrac{C}{1}=\dfrac{Z}{1}$，

代入 $40C+200Z=12000$，得 $C=50$，$Z=50$。

(二) $P_C=40$ 上升為 $P_C=100$，則預算線為 $100C+200Z=12000$

由 $U=\min(\dfrac{C}{1}，\dfrac{Z}{1})$，均衡時 $\dfrac{C}{1}=\dfrac{Z}{1}$，

代入 $100C+200Z=12000$，得 $C=40$，$Z=40$。

(三) 如圖：原均衡點為 A，價格變動後，
新的預算線與效用函數相切點在 B，
將新的預算線水平的向右移動，通過
原均衡點 A，可樂的均衡消費量由 50
減少為 40。即所得效果減少 10 單位。
而價格效果 = 替代效果 + 所得效果
$=0-10$，所以價格效果 -10。

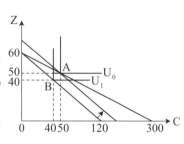

111 年　關務四等

( )　1.若一美元可換 120 日元，美國物價為 50 而日本物價為 60，則日元兌美元實質匯率等於：　(A) 每單位美國物品兌 144 單位日本物品　(B) 每單位日本物品兌 1/100 單位美國物品　(C) 每單位美國物品兌 100 單位日本物品　(D) 每單位日本物品兌 1/144 單位美國物品。

( )　2.阿花的花店藉由在完全競爭的勞動市場僱用 4 個員工來極大化她的利潤。工人們的 VMPL 分別是：阿郎 =\$40，阿美 =\$35，阿凱 =\$27，以及阿祥 =\$15。下列敘述何者正確？　(A) 在均衡時，每個工人的工資等於他（或她）的 VMPL　(B) 每個工人的工資應該等於最高的 VMPL（也就是 \$40）　(C) 每個工人的工資會等於 \$15　(D) 在分析工資之前，不需要知道產品價格。

( )　3.假設 A 國的饅頭生產力為每小時生產 1 個饅頭，背心生產力為每小時生產 1 件背心；B 國的饅頭生產力為每小時生產 3 個饅頭，背心生產力為每小時生產 2 件背心。下列敘述何者正確？　(A) 對 A 國而言，生產 1 個饅頭的機會成本為 1.5 件背心　(B) 對 B 國而言，生產 1 個饅頭的機會成本為 1.5 件背心　(C) 對 A 國而言，生產 1 件背心的機會成本為 1.5 個饅頭　(D) 對 B 國而言，生產 1 件背心的機會成本為 1.5 個饅頭。

( )　4.關於生產可能曲線的敘述，下列何者錯誤？　(A) 經濟體系的產出組合可以在生產可能曲線上　(B) 經濟體系的產出組合可以在生產可能曲線內　(C) 經濟體系的產出組合可以在生產可能曲線外　(D) 經濟體系可以生產較生產可能曲線內的產出組合更大的產出。

( )　5.在一個完全競爭市場中，市場供給函數為 Q=P，市場需求函數為 Q=20–P，其中 P 為商品價格而 Q 則是商品數量。市場均衡時的生產者剩餘為何？　(A)\$10　(B)\$25　(C)\$50　(D)\$100。

( )　6.南部水災造成水果減產，假設水果市場需求彈性小於 1，則水果市場的：　(A) 生產者剩餘下降　(B) 生產者剩餘上升　(C) 均衡價格下降　(D) 均衡交易量上升。

( ) 7.假設某物品的反市場需求函數為p=100–2q，其中p為價格，q為數量。如果因為外在的因素（如所得提高）使新的反市場需求函數變更為p'=120–2q，則當市場價格仍維持p=40固定不變時，需求彈性變動為：(A)1/6 (B)1/4 (C)1/3 (D)1/2。

( ) 8.假設某國家的香水市場需求函數是q^d=100–5p，其中p是價格，q是數量，而香水市場供給函數是q^s=–20+3p。假設政府對香水價格課徵百分之二十的貨物稅，則市場的均衡價格會增加多少？ (A)1 (B)2 (C)3 (D)4。

( ) 9.供給的短期價格彈性往往小於供給的長期價格彈性，這是： (A) 因為消費者的消費行為與慣性在短期內不易調整，在長期較容易調整 (B) 因為生產者在短期內不容易調整生產規模，在長期比較容易調整 (C) 僅對於耐久財為真 (D) 僅對於非耐久財為真。

( ) 10.根據需求法則，下列敘述何者正確？ (A) 當一產品的價格上升時，其市場需求曲線會向左平移 (B) 當一產品的價格下降時，其市場需求曲線會向右平移 (C) 一產品的市場需求曲線為負斜率 (D) 一產品的市場需求曲線為正斜率。

( ) 11.亞當史密斯（Adam Smith）認為市場上有一隻看不見的手（an invisible hand）能夠調節供給和需求，這隻看不見的手是指： (A) 政府的政策 (B) 價格機能 (C) 供給者對於市場情勢的判斷 (D) 消費者對於市場情勢的判斷。

( ) 12.商品 A 的市場需求函數為：QD=400–20P，市場供給函數為：QS=–20+10P。假設政府對商品 A 設置了供給上限 80 單位，則市場均衡的價格與數量分別是多少？ (A)P=16，Q=80 (B)P=14，Q=120 (C)P=10，Q=80 (D)P=17，Q=60。

( ) 13.鋼筋與水泥等建材價格上漲，下列敘述何者正確？ (A) 新成屋的需求上升 (B) 新成屋的供給上升 (C) 新成屋市場的均衡價格上升 (D) 新成屋的市場均衡交易量上升。

( ) 14.政府大幅提高房屋的持有成本（房屋稅），下列敘述何者正確？ (A) 均衡房屋價格一定上升 (B) 均衡房屋價格一定下跌 (C) 均衡房屋交易量一定上升 (D) 均衡房屋租金一定下跌。

( )　15.某乙對 x、y 兩樣財貨的無異曲線為際替代率應為：

$\sqrt{x} +2 \sqrt{y} =9$。假設某乙消費 x=9 時，此時 x 財貨對 y 財貨的邊

(A)1/2　(B)1　(C)3/2　(D)2。

( )　16.當一消費者效用函數為 U（x,y）=x+y 時，下列敘述何者正確？　(A) 不滿足邊際效用遞減法則　(B) 無異曲線凸向原點　(C) 兩財貨為完全互補　(D)（1,1）與（1,2）兩消費點的邊際替代率不同。

( )　17.假設一消費者消費 X 與 Y 兩種財貨，其效用極大化問題有唯一內部解。若 X 財貨價格變為 2 倍，且其他條件不變下，請問下列何者不必然發生？　(A) 最大效用值降低　(B) 最適解上 X 與 Y 兩財貨的邊際替代率變為原來的 2 倍　(C) 最適解上 X 財貨的消費量變為原來的一半　(D) 預算集合變小。

( )　18.若一消費者對 X 財貨的消費滿足 $MU_x/P_x=2$，其中 MU_X 與 P_X 分別為 X 的邊際效用及價格，請問當邊際效用遞減法則成立時，對應下列那一個結果？　(A) 無異曲線凸向原點　(B) 需求曲線為負斜率　(C) 無異曲線為負斜率　(D)X 為正常財。

( )　19.關於廠商長期與短期平均總成本之間的關係，下列何者正確？　(A) 長期平均總成本通過短期平均總成本最低點　(B) 長期平均總成本必定大於或等於短期平均總成本　(C) 短期平均總成本扣除平均固定成本即長期平均總成本　(D) 短期平均總成本必定大於或等於長期平均總成本。

( )　20.以生產要素 X 為橫軸，Y 為縱軸，若某廠商的生產要素組合在其擴張線的右下方，則成本極小化廠商該如何調整其要素使用量？　(A) 多使用 X 少使用 Y　(B) 多使用 Y 少使 X　(C) 同時減少使用 X 與 Y　(D) 同時增加使用 X 與 Y。

( )　21.小滿打算開一間小吃店，下列何者屬於他開店的沉沒成本（sunk cost）？　(A) 付給工讀生的薪資　(B) 購買廚具的費用　(C) 考廚師執照的報名費　(D) 餐廳內的水電瓦斯費。

( )　22.某廠商生產的平均成本為邊際成本的兩倍且邊際報酬遞增，下列關於該廠商成本的敘述何者正確？　(A) 若一直增產則邊際成本與平均固

定成本將會相交　(B) 若一直增產則邊際成本與平均變動成本將會相交　(C) 若一直減產則邊際成本與平均變動成本將會相交　(D) 若一直減產則邊際成本與平均固定成本將會相交。

(　) 23.如果兩個要素投入是毛互補，那麼兩個要素投入的需求交叉工資彈性將是：　(A)0　(B)1　(C) 正的　(D) 負的。

(　) 24.市場的需求函數為 Q=10–P，其中 Q 為數量，P 為價格。市場上僅有兩家廠商，其成本函數皆為 TC=2Q，其中 TC 為總成本。如果這兩家廠商決定採取聯合定價來極大化聯合利潤，一起壟斷市場。此時的市場價格為何？　(A)$2　(B)$4　(C)$6　(D)$8。

(　) 25.假設市場供給曲線是正斜率，需求曲線是負斜率。當政府對完全競爭市場課徵從量稅時，下列有關長期均衡的敘述，何者正確？　(A) 價格會上升，數量會上升　(B) 價格會下降，數量會上升　(C) 價格會上升，數量會下降　(D) 價格會下降，數量會下降。

(　) 26.當獨占廠商選擇使用完全差別取價訂價法（或是所謂的第一級差別取價訂價法）時，消費者所面對的交易價格為：　(A) 該獨占廠商的平均成本　(B) 該獨占廠商的邊際成本　(C) 該消費者對此商品的願付價格　(D) 全部消費者對此商品的平均願付價格。

(　) 27.小新擁有一間處於完全競爭市場的小花店，她正在考慮是否要多僱用一名員工，員工的工資是每週 $500，多僱用一名員工的邊際產量是每週 100 個單位，且每單位產品價格是 $10。小新應該要怎麼做？　(A) 多僱用一名員工　(B) 不要再多僱用這名員工　(C) 提高她所販售花的定價　(D) 沒有足夠的資訊來回答這個問題。

(　) 28.假如多僱用一個單位勞動所造成的產出增加量，使得＿＿＿＿的增加大於＿＿＿＿的增加，那麼這個廠商會因為增加這個勞動的僱用而提高利潤。　(A) 總成本；總收入　(B) 平均收入；平均成本　(C) 邊際成本；邊際收入　(D) 邊際收入；邊際成本。

(　) 29.下列何種情況會發生公地悲劇（tragedy of the commons）？　(A) 在私有草地養羊　(B) 在近海採集海膽　(C) 釣蝦場裏養蝦　(D) 使用圖書館裏的借書服務。

( )　30.「坐享其成」對於私人興建的遊樂園不是嚴重的問題，因為：　(A)
遊樂園是具有敵對性的商品　(B) 遊樂園園方有權禁止不付費的遊客
使用遊樂設施　(C) 遊樂園不具有外部性　(D) 私人興建的遊樂園本來
就存在坐享其成的問題。

( )　31.下列關於「契約曲線」（contract curve）之敘述，何者正確？　(A)
線上各點均滿足柏瑞圖效率（Pareto efficiency）　(B) 線上各點均可使
社會福利極大　(C) 線上各點均可使資源平均分配　(D) 線上各點必然
是競爭市場均衡。

( )　32.社會中只有兩位同質的消費者，而個別消費者由公共財所獲得之邊
際利益為 MB=20–G，此處 G 為公共財之數量。若提供每單位公共財
之成本為 10，下列何者為社會最適之公共財數量？　(A)10　(B)15
(C)20　(D)25。

( )　33.下列何者增加是造成成本推動型通貨膨脹（cost-push inflation）的原
因？　(A) 貨幣工資率（money wage rates）及原物料成本增加　(B)
實質工資率（real wage rates）及原物料成本下降　(C) 貨幣工資率及
總合需求（aggregate demand）增加　(D) 總合需求及實質工資率增加。

( )　34.已知某國國內生產毛額（GDP）與支出面資料如下：（單位：千億元）

	2016 年	2017 年
民間消費	90	80
資本形成	30	40
政府消費	30	20
商品及服務輸出	100	120
商品及服務輸入	50	60
GDP 平減指數（2011 年 =100）	100	102

2017 年此國家的名目 GDP 成長率為：
(A)1%　(B)0.5%　(C)0%　(D)– 0.5%。

( )　35.原物料的價格增加，在短期將造成：　(A) 一般物價水準及實質 GDP
均增加　(B) 一般物價水準增加及實質 GDP 減少　(C) 一般物價水準
下降及實質 GDP 增加　(D) 一般物價水準及實質 GDP 均下降。

（　）　36.下列何者為名目 GDP 與實質 GDP 的差別？　(A) 折舊　(B) 物價上漲率　(C) 失業率　(D) 生產力變動。

（　）　37.原油價格、出口、投資、生產技術、自然災害等，這 5 項的衝擊變動都可能造成景氣循環。此 5 項中屬於供給面衝擊的有幾項？　(A)1項　(B)2 項　(C)3 項　(D)4 項。

（　）　38.根據凱因斯學派，世界各國之所以會發生景氣循環，主要是因為下列何者？　(A) 政府政策失當　(B) 理性預期無法形成　(C) 技術變動　(D) 市場機能無法發揮。

（　）　39.甲、乙兩國，儲蓄率、人口成長率、資本折舊率都相同。甲國人均所得是乙國的 2 倍，但甲國人均所得的成長率卻不到乙國人均所得成長率的一半。這一個現象符合下列何種理論？　(A) 馬爾薩斯理論　(B) 新興凱因斯理論　(C) 新古典經濟成長理論 (D) 理性預期理論。

（　）　40.對於一個採取浮動匯率制度國家，若它的出口大於進口，在無統計誤差下，則該國的經常帳餘額為_____，而資本與金融帳餘額為_____。　(A) 入超：淨資本流入　(B) 出超：淨資本流出　(C) 出超：淨資本流入　(D) 出超：資訊不足無法確定是淨資本流入或淨資本流出。

（　）　41.當購買力平價成立時，若本國物價下跌，其他條件不變下，本國通貨價值_____，本國通貨兌外國通貨匯率應要_____。　(A) 低估；下跌　(B) 高估；下跌　(C) 高估；上升　(D) 低估；上升。

（　）　42.若坐擁國際貸款小國之國內可貸資金供給發生增加，均衡時，該國需要的可貸資金需求量會_____，同時該國的國際貸款會_____。　(A) 不變；增加　(B) 增加；增加　(C) 增加；不變　(D) 不變；不變。

（　）　43.根據總合供給與總合需求模型，當本國中央銀行調高其支付給銀行的準備金利率時，在其他條件不變下，本國的：　(A) 短期均衡一般物價會上漲且實質 GDP 會增加　(B) 短期均衡一般物價會下跌且實質 GDP 會增加　(C) 短期均衡一般物價會上漲且實質 GDP 會減少　(D) 短期均衡一般物價會下跌且實質 GDP 會減少。

（　）| 44.根據總合供給與總合需求模型以及流動性偏好理論（theory of liquidity preference），當政府對家戶減稅時，如果邊際消費傾向（MPC）愈大，則在其他條件不變下：　(A) 短期均衡名目利率的增幅愈大　(B) 短期均衡名目利率的增幅愈小　(C) 短期均衡名目利率的減幅愈大　(D) 短期均衡名目利率的減幅愈小。

（　）| 45.假設一國經濟原先處在長期均衡狀態下，根據總合供給與總合需求模型以及流動性偏好理論（theory of liquidity preference），在其他條件不變下，當自發性消費支出增加時，比例稅制相較於定額稅制的影響：(A) 短期均衡名目利率與一般物價水準皆較高　(B) 短期均衡名目利率與一般物價水準皆較低　(C) 短期均衡名目利率較高且一般物價水準較低　(D) 短期均衡名目利率較低且一般物價水準較高。

（　）| 46.凱因斯（John Maynard Keynes）認為產生景氣循環最主要的原因，是下列那一個變數的波動？　(A) 動物本能（animal spirits）　(B) 資本邊際效率（marginal efficiency of capital）　(C) 邊際消費傾向（marginal propensity of consumption）　(D) 流動性偏好（liquidity preference）。

（　）| 47.古典短期總合供給曲線在縱軸為物價，橫軸為所得的平面上是一條：(A) 正斜率的曲線　(B) 負斜率的曲線　(C) 垂直線　(D) 水平線。

（　）| 48.根據流動性偏好理論（theory of liquidity preference），在其他條件不變下，當實質 GDP 增加時，下列敘述何者正確？　(A) 一般物價會上漲　(B) 一般物價會下跌　(C) 利率會上升　(D) 利率會降低。

（　）| 49.下列有關加密貨幣（cryptocurrency）的敘述，何者錯誤？　(A) 以現代密碼學科技打造、存在於網際網路的虛擬貨幣　(B) 以比特幣（Bitcoin）最有名　(C) 由一個去中心化、分布在世界各地的計算機網路管理　(D) 交易價值穩定。

（　）| 50.假設名目工資率在短期是完全僵固的。根據總合供給與總合需求模型，當怯志勞動者（discouraged workers）人數增加時，在其他條件不變下，下列敘述何者正確？　(A) 短期均衡名目 GDP 會增加　(B) 短期均衡名目 GDP 會減少　(C) 短期均衡名目 GDP 不會變動　(D) 短期均衡實質 GDP 會增加。

⟶ 解答與解析

1.(C)。實質匯率＝$\dfrac{名目匯率}{兩國物價比}=\dfrac{120}{\dfrac{60}{50}}=100$。

2.(C)。完全競爭市場$VMP_L=MRP_L$，短期的利潤最大條件，$MRP_L=W$或$VMP_L=MRP_L=W$，若$VMP_L>W$則增加雇用，一直到$VMP_L=W$，故$VMP_L=15$，即每人的$W=15$。

3.(D)。B國：1小時＝3個饅頭＝2件背心，即3個饅頭＝2件背心

1件背心＝$\dfrac{3}{2}$個饅頭，故生產1件背心的機會成本為$\dfrac{3}{2}$個饅頭。

4.(C)。經濟體系的產出組合不可能出現在生產可能曲線外的。

5.(C)。將Q=P代入Q=20-P，得2Q=20，即Q=10，

消費者剩餘＝$\dfrac{10\times10}{2}=50$。

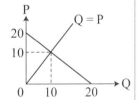

6.(B)。總合供給減少使S_0向左移到S_1，原生產者剩餘由0A'A減少為0'B'B。

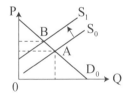

7.(A)。A點的彈性$\dfrac{\Delta Q}{-\Delta P}\cdot\dfrac{P}{Q}=\dfrac{30-0}{100-40}\cdot\dfrac{40}{30}=\dfrac{2}{3}$

B點的彈性$\dfrac{\Delta Q}{-\Delta P}\cdot\dfrac{P}{Q}=\dfrac{40-0}{120-40}\cdot\dfrac{40}{40}=\dfrac{1}{2}$

即彈性由$\dfrac{2}{3}$變動至$\dfrac{1}{2}$，變動的幅度為$\dfrac{2}{3}=\dfrac{1}{2}=\dfrac{1}{6}$。

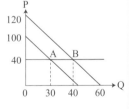

8.(A)。原課稅前q=100-5p，q=-20+3p，得p=15，q=25

課徵20%的從價稅，由q=-20+3p，改為$p=\dfrac{1}{3}(q+20)$，

稅後為$p=\dfrac{1}{3}(q+20)(1+20\%)$，得p=0.4q+8與q=100-5p，聯立求解

得，p=16，q=20，故市場的均衡價格由p=15上升為p=16。

9.(B)。 短期無法調整生產規模，長期是指生產規模皆可調整的期間。

10.(C)。 需求曲線為負斜率，表示價格和需求量呈反向關係。

11.(B)。 價格機能可以自動調整市場供需。

12.(A)。 由Q=400-20P，與Q=-20+10P聯立求解，得P=14，Q=120，將Q=80
代入Q=400-20P，得P=16，故設定供給上限後的P=16，Q=80。

13.(C)。 生產成本上升，則總合供給減少，新成屋的市場均衡價格上升。

14.(B)。 持有房屋的成本上升，則對房屋的需求減少，將使均衡價格下跌。

15.(A)。 由 $MRS_{xy} = \dfrac{-\Delta y}{\Delta x} = \dfrac{MU_x}{MU_y}$ ， $MU_x = \dfrac{1}{2} \cdot \dfrac{1}{\sqrt{x}}$ ， $MU_y = \dfrac{1}{\sqrt{y}}$ ，

故 $MRS_{xy} = \dfrac{\dfrac{1}{2} \cdot \dfrac{1}{\sqrt{x}}}{\dfrac{1}{\sqrt{y}}}$ ，

已知x=9代入 $x^{\frac{1}{2}} + 2y^{\frac{1}{2}} = 9$ ，得y=9，故將x=9，y=9，

代入 $MRS_{xy} = \dfrac{\dfrac{1}{2} \cdot \dfrac{1}{\sqrt{9}}}{\dfrac{1}{\sqrt{9}}} = \dfrac{1}{2}$ 。

16.(A)。 邊際效用遞減是指 $\dfrac{\Delta MU_x}{\Delta x} < 0$ ，由U(x,y)=x+y， $MU_x = \dfrac{\Delta U}{\Delta x} = 1$ ，

而 $\dfrac{MU_x}{x} = \dfrac{\Delta 1}{\Delta x} = 0$ ，故不滿足邊際效用遞減法則。

17.(C)。 均衡時 $MRS_{xy} = \dfrac{P_x}{P_y}$ ，

與 $P_x x + P_y y = M$ 聯立求解可得x*和y*，

但最適的x*和原來的 x^0 ，不一定減少 $\dfrac{1}{2}$ 。如圖：

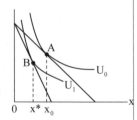

18.(B)。 $\dfrac{MU}{P} = 2$ ，即 $P = \dfrac{MU}{2}$ ，且計數分析設定為常數，Q少時，MU趨大，

P也趨高，即P、Q之間有反向關係，故需求曲線為負斜率。

19.(D)。長期平均總成本是短期平均總成本的包絡曲線。

20.(B)。生產要素組合在擴張線的右下方，表示 $\dfrac{MP_x}{P_x} < \dfrac{MP_y}{P_y}$，故要多使用

y少使用x，使 $\dfrac{MP_x}{P_x} = \dfrac{MP_y}{P_y}$。

21.(C)。沉沒成本是指已經發生的成本，是決策的非攸關資訊，其中考廚師執照的報名費是已經發生的成本，乃沉沒成本。

22.(B)。如圖：

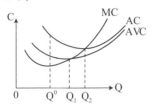

已知當$Q=Q^0$時，AC是MC的2倍，則當Q^0上升到Q_1時，MC和AVC相交，而當Q^0上升到Q_2時，MC和AC相交。

23.(D)。若 $\dfrac{dX_i}{dP_j} < 0$，則X_i和X_j為毛互補。

$$\varepsilon_{ij} = \dfrac{\dfrac{dX_1}{X_1}}{\dfrac{dP_1}{P_1}} = \dfrac{dX_j}{X_j} \cdot \dfrac{P_i}{dP_i} = \dfrac{dX_j}{dP_i} \times \dfrac{P_i}{X_j} < 0$$

24.(C)。令$Q=Q_1+Q_2$，由$P=10-Q$，則$TR=P \times Q=10Q-Q^2$，

$MR = \dfrac{dTR}{dQ} = \dfrac{d(10Q-Q^2)}{dQ} = 10-2Q$，即$MR=10-2(Q_1+Q_2)$，聯合利潤

最大條件為$MR=MC_1$，$MR=MC_2$，式中$MC_1 = \dfrac{dTC_1}{dQ_1} = \dfrac{d2(Q_1+Q_2)}{dQ_1}$

$=2$，$MC_2 = \dfrac{dTC_2}{dQ_2} = \dfrac{d2(Q_1+Q_2)}{dQ_2} = 2$

故$MR=10-2(Q_1+Q_2)$，$MC_1=2$，$MC_2=2$，則$10-2(Q_1+Q_2)=2$

得$Q_1+Q_2=4$，代入$P=10-(Q_1+Q_2)$，得$P=10-4=6$。

25.(C)。 課徵從量稅將使市場的供給曲線往左移，使得價格上升，數量下降：
如圖：

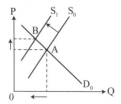

26.(C)。 採完全差別取價，是指生產者完全依照消費者所願支付的最高價格
來訂價。

27.(A)。 已知 $W=500$，$MP_L=100$，$P=10$，由 $MRP_L=MP_L \times P=100 \times 10=1000$，
而 $MRP_L > W$，故應該再多雇用員工。

28.(D)。 當 MR（邊際收入）$>$ MC（邊際成本）時，廠商應增加產量。

29.(B)。 公地悲劇是指公共資源是大家所共同擁有的，每一個人都有使用權
也沒有權利阻止他人使用，而每一個人都傾向於過度使用，到最後
造成資源的枯竭。

30.(B)。「坐享其成」是指未支付費用而享用，私有財則須付費才可以享用。

31.(A)。「契約線」線上的每一點皆滿足柏瑞圖效率。

32.(B)。 公共財的需求曲線乃垂直加線，$MB_1=20-G$，$MB_2=20-G$，
$MB=MB_1+MB_2=20-G+20-G=40-2G$，均衡時 $MB=MC$，已知
$MC=10$，則 $40-2G=10$，即 $G=15$。

33.(A)。 貨幣工資率及原物料成本的增加，是造成成本推動型的通貨膨脹的
原因。

34.(C)。 2016年的名目GDP$=90+30+30+100-50=200$，
2017年的名目GDP$=80+40+20+120-60=200$，

$$2017年的名目GDP成長率 = \frac{2017年名目GDP-2016年名目GDP}{2016年名目GDP}$$

$$\times 100\% = \frac{200-200}{200} \times 100\% = 0。$$

35.(B)。

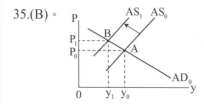

如左圖：
原物料的價格增加，
將使總合供給曲線 AS_0 向左移到 AS_1，
使物價由 P_0 上升到 P_1，產出由 y_0 減少到 y_1。

36.(B)。 實質GDP=$\dfrac{名目GDP}{國民所得平減指數}$

37.(C)。 供給面的衝擊，有原油價格供給面的衝擊，有原油價格、生產技術、自然災害等3項。

38.(D)。 凱因斯學派認為因為價格的僵固性，使得市場機能無法發揮。

39.(C)。 新古典成長理論認為：「其它條件不變，則原本較貧窮的國家成長較快，原本較富有的國家成長較慢」。

40.(B)。 浮動匯率制度下，經常帳、資本帳與金融帳的總和為零。若經常帳大於零（出超），則資本帳與金融帳將減少，即淨資本流出。

41.(A)。 購買力平價，$e=\dfrac{P_d}{P_f}$，e：名目匯率，P_d：本國物價，P_f：外國物價，若P_d下降，則匯率下降，即本國貨幣兌換外國貨幣的個數增加，本國貨幣的購買力上升。

42.(A)。 在開放經濟體系下，可貸資金供給為國民儲蓄，需求為投資加淨資本外流，即S=I+NX，若S增加，均衡時，在I不變，則NX增加。

43.(D)。 央行調高支付給商銀的準備金利率時，將使貨幣供給減少，總合需求曲線往左移，使得物價下跌，且實質產出減少。

44.(A)。 在簡單凱因斯模型中，當利率固定不變時，減稅ΔT可提高均衡所得，$\Delta T \times \dfrac{(-MPC)}{(1-MPC)}$。而所得增加會提高人們的貨幣需求，利率因而上升。而當MPC愈大則所得增加的幅度愈大，利率上升的幅度也愈大。

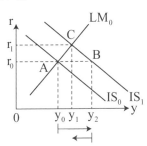

45.(B)。 比例稅的自發性消費支出乘數為：$\dfrac{\Delta Y}{\Delta C_0}=\dfrac{1}{1-b+bt}$，

定額稅的自發性消費支出乘數為：$\dfrac{\Delta Y}{\Delta C_0}=\dfrac{1}{1-b}$，

比例稅的所得增加幅度 $\dfrac{1}{1-b+bt}\times \Delta C_0$小於定額稅的所得增加幅度

$\dfrac{1}{1-b}\times \Delta C_0$。由IS-LM模型，所得增加幅度較小則利率上升的幅度較小。

由AD-AS模型，所得增加幅度較小則物價上升的幅度較小。

46.(B)。　資本邊際效率是一種貼現率，該貼現率正好使一項資本財的使用期
間內各項預期收益現值總和等於該資本財的供給價格。若資本邊際
效率大於市場利率，則投資增加，若資本邊際效率小於市場利率，
則投資減少。

47.(A)。　短期的總合供給曲線，在名目工資是固定的情況下，該供給線的形
狀是正斜率的曲線。

48.(C)。　由流動性偏好理論，$Y\uparrow \to (\frac{M}{P})^d\uparrow \to r\uparrow$，而 $Y\downarrow \to (\frac{M}{P})^d\downarrow \to r\downarrow$。

49.(D)。　加密貨幣很容易被炒作，其交易價值波動很劇烈。

50.(C)。　怯志勞動者增加，將使失業人數減少，而就業人數不受影響，短期
的總合供給線不會移動，故短期均衡的名目GDP不會變動。

112 年　關務四等

( )　1.A 國只生產稻米與電腦兩種產品，且出口稻米進口電腦。如果 A 國決定停止出口稻米，相對於稻米可以出口情況，下列何者正確？ (A)A 國稻米生產量增加　(B)A 國電腦生產量增加　(C) A 國稻米生產量不變　(D)A 國電腦生產量不變。

( )　2.已知小欣每小時可以採收橘子 80 顆或蘋果 120 顆，小李每小時可以採收橘子 90 顆或蘋果 160 顆，且兩人會進行貿易。若小李每小時可以採收橘子的數量增為 100 顆，且兩人繼續進行貿易，若與之前的貿易利得相比，則現在兩人的貿易利得會如何改變？　(A) 減少　(B) 增加　(C) 不變　(D) 無法得知。

( )　3.小明暑假到超商打工，放棄下列 4 項可能的活動，何者是小明的機會成本？　(A) 在家裡休息，沒有收入　(B) 到安親班打工，獲利 1 萬元　(C) 當 UberEats 送餐員，獲利 2 萬元　(D) 教鋼琴，獲利 3 萬元。

( )　4.理性的廠商在目前的產量下決定增加生產量，據此我們可以推論廠商增產前的情況為何？　(A) 總收益大於總成本　(B) 平均收益大於平均成本　(C) 邊際收益大於邊際成本　(D) 邊際收益大於平均成本。

( )　5.下列何者為實證經濟學（positive economics）的敘述？　(A) 政府必須提供健保讓弱勢可以獲得醫療資源　(B) 如果收入增加將會導致儲蓄增加　(C) 單一生產者商品的市場價格應該受到嚴格的管控　(D) 消除貧窮比降低通貨膨脹更為重要。

( )　6.政府提高豬肉銷售稅稅率，則會發生下列何種情況？　(A) 豬肉價格一定下跌　(B) 豬肉交易量一定上升　(C) 政府稅收一定增加　(D) 社會福利一定下降。

( )　7.如果鋼鐵的價格上漲，同時公共運輸變得更便宜且更舒適，則轎車的均衡價格和數量會發生什麼變化？　(A) 價格會下降，對數量的影響無法判斷　(B) 價格會上升，對數量的影響無法判斷　(C) 數量會減少，對價格的影響無法判斷　(D) 數量會增加，對價格的影響無法判斷。

( )   8.已知某物品的個別需求線有三個，其個別數量（D1、D2、D3）與價格（P）的關係分別如下：D1=4-3P、D2=8-6P、D3=12-9P，水平加總後可得市場需求線。當市場價格為 0.5 時，市場需求量為何？ (A)9 (B)12 (C)15 (D)18。

( )   9.考量泡沫紅茶市場，下列何者不會導致整條需求曲線移動？ (A) 泡沫紅茶價格上漲 (B) 泡沫紅茶消費者所得增加 (C) 替代產品價格下跌 (D) 泡沫紅茶消費者人數增加。

( )   10.假設政府對汽油實施價格管制，規定汽油價格為每公升 25 元，而管制前的均衡價格為 30 元。對於賣方願意以 25 元生產的最後一公升汽油，消費者最高願意支付的金額將會： (A) 大於 30 元 (B) 恰好 25 元 (C) 少於 25 元 (D) 介於 25 元到 30 元之間。

( )   11.今年的氣候比去年寒冷，使得虱目魚的平均養殖成本大增。如果今年虱目魚的需求比去年低，則相對於去年，下列敘述何者正確？ (A) 今年虱目魚的均衡價格一定較高 (B) 今年虱目魚的均衡價格一定較低 (C) 今年虱目魚的均衡交易量一定較高 (D) 今年虱目魚的均衡交易量一定較低。

( )   12.小張同時購買茶和咖啡兩種商品。小張對茶的需求彈性小於 1，但對咖啡的需求彈性大於 1。若茶和咖啡的價格同時上漲，小張的支出會有何改變？ (A) 對茶和咖啡的支出皆增加 (B) 對茶和咖啡的支出皆減少 (C) 對茶的支出增加，對咖啡的支出減少 (D) 對茶的支出減少，對咖啡的支出增加。

( )   13.當人們在既定期間內，消費一項商品的數量增加，下列敘述何者正確？ (A) 總效用與邊際效用均會減少 (B) 總效用與邊際效用均會增加 (C) 總效用會增加但邊際效用會減少 (D) 總效用會減少但邊際效用會增加。

( )   14.若無異曲線（indifference curve）凸向原點，則消費者之最適選擇為何？ (A) 預算限制線與水平軸相交之點 (B) 預算限制線與垂直軸相交之點 (C) 預算限制線上任一點 (D) 無異曲線與預算限制線相切點。

( )　15.消費者 B 的效用函數為：U=min{2X1,5X2}。X1 的價格為 20 元，X2 的價格為 30 元，B 手邊可使用的金額為 3,040 元。B 的效用最大化消費組合與效用最大化水準分別為何？
(A)（X_1, X_2）=（95,38），U=190
(B)（X_1, X_2）=（80,32），U=160
(C)（X_1, X_2）=（0,10.13），U=50.65
(D)（X_1, X_2）=（152,0），U=304。

( )　16.你承租了一家店面，賣手沖咖啡。如果因為疫情嚴重，暫時歇業，則在歇業期間，下列何者必定為零？　(A) 機會成本　(B) 固定成本　(C) 總成本　(D) 變動成本。

( )　17.一家廠商的生產函數是 Q=K2L。其中 Q 代表產量，K 和 L 分別是資本和勞動要素的使用量。這家廠商是要素市場的價格接受者，資本和勞動的價格分別是 r=40 和 w=10。為極小化生產成本，廠商應該：
(A) 全部使用資本生產　(B) 全部使用勞動生產　(C) 用 1 單位資本搭配 2 單位勞動生產　(D) 用 2 單位資本搭配 1 單位勞動生產。

( )　18.下列何者不屬於政府的收入？　(A) 公營事業盈餘　(B) 規費與罰款　(C) 租稅收入　(D) 公債利息。

( )　19.張先生每月使用行動電話的需求可用 P=12-0.1*Q 表示。其中 p 代表價格（元），Q 代表使用量（分鐘）。電話公司提供通話服務的邊際成本是每分鐘 2 元。下列何種訂價方式可以讓電話公司從張先生身上賺取最大的利潤？　(A) 免基本費，但是每分鐘通話費 7 元　(B) 每個月基本費 720 元，除此之外，免收通話費　(C) 每個月基本費 500 元，然後依通話時間每分鐘再收取 2 元通話費　(D) 每個月基本費 400 元，然後依通話時間每分鐘再收取 5 元通話費。

( )　20.承上題，李小姐也是這家電話公司的用戶。她的需求可用 P=7-0.1*Q 表示。若政府規定電話公司必需對所有顧客提供相同的方案，下列何種訂價方式可以讓電話公司賺取最大的利潤？　(A) 免基本費，但是每分鐘通話費 7 元　(B) 每個月基本費 500 元，然後依通話時間每分鐘再收取 2 元通話費　(C) 每個月基本費 400 元，然後依通話時間每分鐘再收取 5 元通話費　(D) 每個月基本費 125 元，然後依通話時間每分鐘再收取 5 元通話費。

( )　21.單一定價獨占廠商所面對的需求曲線為何？　(A) 位於邊際收益曲線之下　(B) 位於邊際收益曲線之上　(C) 就是邊際收益曲線　(D) 就是邊際成本曲線。

( )　22.推導勞動供給曲線時，所使用的效用極大化模型之一階條件為下列何者？　(A) 產品價格等於邊際成本　(B) 邊際收入等於邊際成本　(C) 要素相對價格等於邊際技術替代率　(D) 工資率等於邊際替代率。

( )　23.完全競爭市場中，廠商的售價（P）、平均收益（AR）與邊際收益（MR）三者的關係為：　(A)P=AR ＞ MR　(B)P=AR=MR　(C)MR ＞ AR=P　(D)P ＞ AR=MR。

( )　24.在要素市場同時屬於要素專買與專賣時，關於此一要素市場均衡價格的決定之敘述，下列何者正確？　(A) 滿足邊際成本定價法則　(B) 滿足邊際成本等於邊際收益的原則　(C) 由買賣雙方議價決定　(D) 由政府來訂定。

( )　25.下列何者不屬於經濟租或是經濟租等於零？　(A) 市場獨占的利潤　(B) 地租　(C) 生產者剩餘　(D) 完全競爭市場下的經濟利潤。

( )　26.當勞工的非勞動所得減少時，下列何者正確？　(A) 如果休閒是正常財，勞動供給會增加　(B) 如果休閒是正常財，勞動供給量會增加　(C) 如果休閒是劣等財，勞動供給會增加　(D) 如果休閒是劣等財，勞動供給量會增加。

( )　27.當某一商品的製造過程中會產生水污染的外部成本，此時的市場均衡價格和數量與社會最適的價格和數量相比較時，下列敘述何者正確？　(A) 市場均衡價格高於社會最適價格，市場均衡數量也高於社會最適數量　(B) 市場均衡價格高於社會最適價格，市場均衡數量則低於社會最適數量　(C) 市場均衡價格低於社會最適價格，市場均衡數量則高於社會最適數量　(D) 市場均衡價格低於社會最適價格，市場均衡數量也低於社會最適數量。

( )　28.下列有關公共財的敘述，何者錯誤？　(A) 具有非敵對性的特性　(B) 具有非排他性的特性　(C) 容易產生搭便車（free rider）的現象　(D) 只能由公部門的政府提供。

( ) 29. 假設某國只生產蔬菜和魚兩種商品,且中間投入成本微小到可以被忽略。數量的單位是公噸,價格的單位是每公噸萬元。下表是 2019 年與 2020 年,這兩種商品的產量與單位售價資料。以 2019 年為基期,在這兩年之間,GDP 平減指數(GDP deflator)上升了多少?

商品項目	2019 年		2020 年	
	數量	價格	數量	價格
蔬菜	250	$2	400	$2.5
魚	1000	$1.6	2000	$2

(A)65%　(B)42%　(C)36%　(D)25%。

( ) 30. 在新冠肺炎疫情衝擊某國經濟下,其廠商通報無薪假人數已達 1.5 萬人,若其他條件不變,該國目前有 1130.5 萬人處於就業狀態、57 萬人處於失業狀態、832.5 萬人屬於非勞動力(out of the labor force),則該國失業率(unemployment rate)是多少?　(A)5.17%　(B)4.93%　(C)4.80%　(D)4.55%。

( ) 31. 根據行政院主計總處定義,所謂沮喪勞動力(discouraged worker)是指:　(A) 曾經找工作,但一直找不到,所以就先放棄找工作的人　(B) 在工作中得不到成就感,因而離開職場的人　(C) 想找工作,且積極在找工作,但卻找不到的人　(D) 工作績效較差的人。

( ) 32. 有關國民生產毛額(gross national product,GNP)敘述,下列何者錯誤?　(A)GNP 是指一國全體人民、在一定期間內,所生產之所有最終商品與勞務(final goods and services)的名目市場價值(nominal market values)　(B) 使用市場價值(market values)來衡量 GNP 的一個問題是:有一些有用的商品和服務並沒有在市場上交易　(C) GNP 必然大於國內生產毛額(gross domestic product)　(D) 一國 GNP 愈高,其經濟福祉(economic welfare)未必愈高。

( ) 33. 在缺乏生產力成長(productivity growth)的 Solow 成長模型裡,當經濟體達到穩定狀態(steady-state)時,則:　(A) 平均每位勞工的消費(consumption per worker)仍會隨時間而變動,但資本 - 勞動比例(capital-labor ratio)是常數　(B) 平均每位勞工的消費是常數,但資本 - 勞動比例會隨時間而變動　(C) 平均每位勞工的消費與資本 - 勞動比例均是常數　(D) 資本與勞動呈現相反的變動方向。

( )　34.有關總體景氣循環典型事實（stylized facts）之敘述，下列何者正確？
(A) 居住性投資支出為順景氣循環，且領先於景氣　(B) 存貨變動投資
支出為順景氣循環，且與景氣同時　(C) 名目利率為順景氣循環，且
與景氣同時　(D) 通貨膨脹為反景氣循環，且落後於景氣。

( )　35.下列敘述何者不是造成市場失靈的可能原因？　(A) 市場不是完全
競爭市場　(B) 商品具有公共財的特性　(C) 商品具有外部性的特性
(D) 商品具有劣等財（inferior goods）的特性。

( )　36.在凱因斯模型（Keynesian model）中，使用貨幣政策或財政政策來消
除景氣衰退，這兩種政策結果的主要不同是：　(A) 相對於擴張性貨
幣政策，擴張性財政政策（expansionary fiscal policy）會造成較低的
均衡利率　(B)相對於擴張性財政政策，擴張性貨幣政策（expansionary
monetary policy）會造成較低的均衡利率　(C) 比起財政政策，貨幣政
策會更快地消除經濟衰退　(D) 比起貨幣政策，財政政策會更快地消
除經濟衰退。

( )　37.在純粹浮動匯率制度與其他條件不變下，當本國發生資本外逃時：
(A) 本國貨幣供給增加且本國利率上升　(B) 本國貨幣供給減少且本國
利率下降　(C) 本國貨幣貶值且外匯存底增加　(D) 本國貨幣貶值且外
匯市場交易量增加。

( )　38.如果總人口為 200 萬，15 歲以上的民間人口為 100 萬，非勞動力
為 60 萬，找到工作的為 25 萬，勞動參與率等於多少？　(A)12.5%
(B)20%　(C)25%　(D)40%。

( )　39.短期時，當失業率低於自然失業率時，下列敘述何者正確？
①實質產出低於充分就業產出
②實質產出高於充分就業產出
③通貨膨脹率低於預期通貨膨脹率
④通貨膨脹率高於預期通貨膨脹率
(A)①③　(B)①④　(C)②③　(D)②④。

( )　40.假設其他條件不變，在管理浮動匯率制度下，市場預期新臺幣對美元
會大幅升值，會使外匯現貨市場的：　(A) 新臺幣對美元升值且我國
的貨幣供給增加　(B) 新臺幣對美元升值且我國的貨幣供給減少　(C)

新臺幣對美元貶值且我國的貨幣供給增加 (D) 新臺幣對美元貶值且我國的貨幣供給減少。

( ) 41. 依據凱因斯理論，某經濟體系的總合需求曲線與短期總合供給曲線，相交於一個大於充分就業的產出水準。在趨向長期均衡的過程中，將有下列那些變化？
①名目工資上升
②名目工資下降
③短期總合供給曲線向右下方移動
④短期總合供給曲線向左上方移動
⑤物價水準上升
⑥物價水準下降
(A) ①③⑤　(B) ①④⑤　(C) ②③⑥　(D) ②④⑥。

( ) 42. 政府支出增加，同時增加課稅收入，此種預算稱為下列何者？ (A) 赤字預算　(B) 資本預算　(C) 零基預算　(D) 平衡預算。

( ) 43. 根據附加預期的菲力普曲線（expectations-augmented Phillips curve），當預期通貨膨脹率下降時，在其他條件不變下，名目工資的變動率會： (A) 增加　(B) 不變　(C) 減少　(D) 難以判定。

( ) 44. 在其他條件不變下，當人們調高通貨之於存款的比率時： (A) 貨幣供給會增加　(B) 貨幣供給會減少　(C) 準備貨幣會增加　(D) 準備貨幣會減少。

( ) 45. 下列那一個事件會使民眾名目貨幣需求上升？ (A) 政府宣布課徵利息所得稅　(B) 臺灣銀行宣布調高一年期定存利率至 2%　(C) 物價水準下跌　(D) 民眾所得減少。

( ) 46. 在簡單凱因斯模型內，當總合產出變動時，下列何者在短時間內是固定而且不變？ (A) 計劃消費　(B) 計劃投資　(C) 計劃進口　(D) 計劃消費和計劃進口。

( ) 47. 總體經濟學的政策延遲問題有內部延遲（inside lag）與外部延遲（outside lag）兩種，下列何者正確？ (A) 就外部延遲而言，貨幣政策長於財政政策　(B) 就內部延遲而言，貨幣政策長於財政政策　(C)

由於貨幣政策執行力較強，因此並無外部延遲問題　(D) 由於財政政策的獨立性角色，因此並無外部延遲問題。

( )　48. 下列何者非政府財政政策的目標？　(A) 維持匯率與利率穩定　(B) 促進經濟成長與發展　(C) 促進社會公平　(D) 使社會資源有效配置。

( )　49. 假設法定存款準備率為 20%，如果中央銀行發行 100 億元的定期存單，則貨幣供給：　(A) 最大的可能增加金額為 200 億元　(B) 最大的可能增加金額為 500 億元　(C) 最大的可能減少金額為 200 億元　(D) 最大的可能減少金額為 500 億元。

( )　50. 就封閉經濟體系而言，若採行增加政府購買的權衡性財政政策（discretionary fiscal policy）方式刺激經濟，下列何種模型對民間投資支出的排擠（crowding-out）效果最大？　(A)Keynesian-Cross model　(B) 一般物價水準不變下的 IS-LM model　(C) 具有水平短期總合供給曲線的 AD-AS model　(D) 具有正斜率短期總合供給曲線的 AD-AS model

➡ 解答與解析

1.(B)。　如圖：原生產點E，消費點是B，分別生產X_0（稻米），M_0（電腦），若停止出口X，則生產點為A點，消費點也為A點，則分別生產X_1（稻米），M_1（電腦），而X_0減少為X_1，M_0上升為M_1。

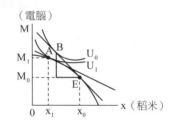

2.(A)。　小欣：一小時=80橘=120蘋，即1橘=$\frac{120}{80}$蘋=1.5蘋

小李：一小時=90橘=160蘋，即1橘=$\frac{160}{90}$蘋=1.78蘋

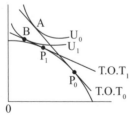

貿易條件$T.O.T_0$為1.5蘋＜$T.O.T_1$1.78蘋
若小李：一小時=100橘=160蘋，
即1橘=$\frac{160}{100}$=1.6蘋
貿易條件$T.O.T_1$為1.5蘋＜$T.O.T_1$＜1.6蘋
即貿易條件惡化，則雙方的效用皆減少，
即貿易利得下降，U_0＞U_1。

3.(D)。機會成本是放棄其他工作的最高收入。

4.(C)。$\dfrac{\Delta TR}{\Delta Q} > \dfrac{\Delta TC}{\Delta Q}$，即 MR＞MC，繼續生產。

5.(B)。實證經濟學是探討「是怎樣」，而非「應怎樣」。

6.(D)。課稅後，社會有無謂損失 $\triangle abe$。

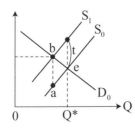

7.(C)。鋼鐵價格↑→轎車市場的S往左移，
公共運輸便捷舒適→轎車市場的D往左移，
Q↓，但P不一定。

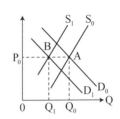

8.(C)。水平加總需求函數，即 $Q_1+Q_2+Q_3=4-3P+8-6P+12-9P$，得 $Q=24-18P$，將 $P=0.5$ 代入，得 $Q=24-9=15$

9.(A)。價格上漲（$P_0\uparrow\rightarrow P_1$），需求量減少（$Q_0\downarrow\rightarrow Q_1$）。

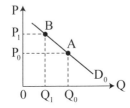

10.(A)。在 $Q=Q_0$ 時，消費者願意支付的價格為 P_0（$P_0>30$）。

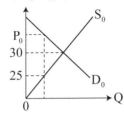

11.(D)。養殖成本提高，將使 $\bar{S}$，
需求減少，將使 $\bar{D}$，Q_0 減少，
但 P_0 不一定。

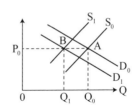

12.(C)。 茶$\varepsilon_d < 1$，由$\frac{\Delta TE}{\Delta P} = Q(1-|\varepsilon_d|)$，則$\frac{\Delta TE}{\Delta P} > 0$，即P↑→TE↑。

咖啡$\varepsilon_d > 1$，由$\frac{\Delta TE}{\Delta P} = Q(1-|\varepsilon_d|)$，則$\frac{\Delta TE}{\Delta P} < 0$，即P↑→TE↓。

13.(C)。 邊際效用：MU，總效用：TU，x：消費數量

$MU = \frac{\Delta TU}{\Delta x} > 0$，$\frac{\Delta MU}{\Delta x} < 0$，邊際效用遞減。

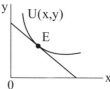

14.(D)。 消費者最適選擇，如右圖：
E點，預算線和無異曲線相切的點。

15.(A)。 由$\begin{cases} 2x_1 = 5x_2 \\ 20x_1 + 30x_2 = 3040 \end{cases}$，得$x_1 = 95$，$x_2 = 38$，代入$U = \min(2x_1, 5x_2)$得，

$U = \min(2 \times 95, 5 \times 38) = \min(190, 190)$，故$U = 190$。

16.(D)。 停止歇業點是P=AVC，或左式等號左右同乘Q，即QP=QAVC，得
TR=TVC，而TFC=0。

17.(C)。 由$\frac{MP_L}{w} = \frac{MP_K}{r}$，$\frac{K^2}{10} = \frac{2KL}{40}$，得1L=2K，即L：K=2：1。

18.(D)。 公債的利息是政府的支出。

19.(C)。 將P=2代入P=12-0.1Q，
得Q=100，基本費是斜線面積，

即$(12-2) \times 100 \times \frac{1}{2} = 500$。

每分鐘通話費，P=MC，即P=2。

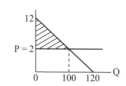

20.(B)。 將P=2代入P=7-0.1Q，
得Q=50，基本費是斜線面積，

即$(12-2) \times 100 \times \frac{1}{2} = 500$，

每分鐘通話費，P=MC，即P=2。

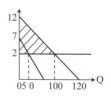

21.(B)。

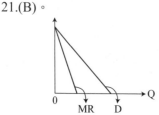

22.(D)。由 Max U=U(Y,S)

s.t：Y=W(H-S)+A，式中 Y：所得，S：休閒，W：工資率，H-S：工時，A：非勞動所得

消費者均衡是預算線的斜率：$\dfrac{\Delta Y}{\Delta H}=\dfrac{\Delta[W(H-S)+A]}{\Delta H}=W$，U 的斜率是 MRS 兩者斜率相等，故 W=MRS。

23.(B)。完全競爭市場，TR=P×Q，AR=$\dfrac{TR}{Q}$=P，

MR=$\dfrac{\Delta TR}{\Delta Q}=\dfrac{\Delta(P\times Q)}{\Delta Q}$=P，故 P=AR=MR。

24.(C)。要素市場的買方是獨買，而賣方是獨賣，稱為「雙邊獨占」，則要素市場的均衡價格是由雙方協商決定的。

25.(D)。經濟租的意義：一物的報酬超過機會成本的部分，也就是生產者剩餘。

經濟利潤＝會計利潤-隱藏成本＝會計利潤-正常利潤。

完全競爭市場長期的經濟利潤等於零。而短期經濟利潤大於、等於、小於零皆有可能。

26.(A)。由 Max U=U(Y,S)，s.t：Y=W(H-S)+A，式中 Y：所得，S：休閒，W：工資率，H-S：工時，A：非勞動所得，當非勞動所得由 A_0 減少到 A_1 時，S_0 下降到 S_1，而工作時數由 H-S_0 上升到 H-S_1。

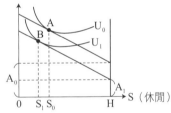

27.(C)。有外部成本則市場價格（P_P）低於社會最適價格（P_S），市場均衡數量（Q_P）高於社會最適數量（Q_S）。

28.(D)。公共財不一定只由公部門的政府提供。

29.(D)。由 $\dfrac{名目 GDP}{實質 GDP}$=GDP 平減指數，

$\dfrac{2000\times 2+400\times 2.5}{400\times 2+2000\times 1.6}$=1.25，

即兩年之間 GDP 平減指數上升了 1.25-1=0.25。

30.(C)。失業率＝$\dfrac{失業人口}{勞動力}=\dfrac{失業人口}{失業人口＋就業人口}=\dfrac{57}{57+1130.5}$=0.048。

31.(A)。沮喪勞動力是指曾經找工作，但一直找不到，所以就先放棄找工作的人。

32.(C)。GNP=GDP+國外要素淨所得，即GNP-GDP=國外要素淨所得，若國外要素淨所得<0，則GNP-GDP<0，即GNP<GDP。

33.(C)。式中$k=\dfrac{K}{L}$，δ：折舊率，s：儲蓄率。

當$\Delta k=0$時，$k=k^*$，即資本-勞動比例是固定常數，將k^*代入f(k)和δk得f(k^*)和δk^*，而$c^*=f(k^*)-\delta k^*$，即平均每位勞工的消費也是常數。

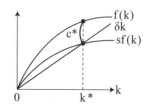

34.(A)。來自供給面的下降，造成物價與利率水準上升，產出、消費及投資則減少。

35.(D)。劣等財的定義是所得增加，對該商品的需求量減少。

36.(B)。

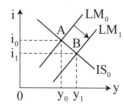

擴張性的貨幣政策
使$i_0\downarrow\rightarrow i_1$，$y_0\uparrow\rightarrow y_1$。

擴張性的財政政策
使$i_0\uparrow\rightarrow i_2$，$y_0\uparrow\rightarrow y_2$。

37.(D)。本國發生資金外逃，將使$D_0\uparrow\rightarrow D_1$，利率由$r_0\uparrow\rightarrow r_1$，$e_0\uparrow\rightarrow e_1$，$NX_0\uparrow\rightarrow NX_1$。即匯率上升，外匯市場交易量增加。

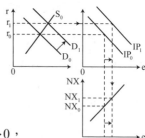

38.(D)。勞動參與率$=\dfrac{勞動力}{15足歲以上}=\dfrac{100-60}{100}=40\%$

39.(D)。由$y=y_n+\alpha(P-P^e)$，$\alpha>0$，當$u<u_n$，即$y-y_n>0$，而$y=y_n+\alpha(P-P^e)$，$y-y_n=\alpha(P-P^e)>0$，故$P-P^e>0$，即$P>P^e$。

40.(A)。大眾若預期臺幣會升值，則大眾會拋售美元，S_0向右移到S_1，將使匯率下降，央行為了維持匯率在某一水準，則買入美元，使得

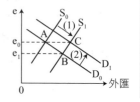

匯率維持原來的水準，同時在本國的貨幣市場釋放出臺幣，即貨幣供給增加。

41.(B)。當 $AD_0\uparrow\to AD_1$，$y_0>y_n$，
物價由 $P_0\uparrow\to P_1$，$SRAS_0$ 往上移到 $SRAS_1$，y_0 減少到 y_n。

如圖：

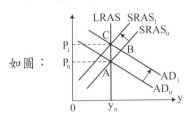

42.(D)。政府支出（G）增加的幅度等於稅收（T）增加的幅度，即 $\Delta G=\Delta T$，稱為平衡預算。

43.(C)。由 $W=\omega\times p^e$，取自然對數全微分，改成 $\widehat{W}=\widehat{\omega}+\widehat{p^e}$，若 $\widehat{p^e}$ 下降時，$\widehat{W}$ 也下降。

44.(B)。由 $M=m\cdot B$，$m=\dfrac{1+k}{k+r}$，若 $k\uparrow$ 則 $m\downarrow$，在 B 不變的情況下，M 減少。

45.(A)。假設對民眾而言，債券和貨幣互為替代品，當政府宣布對債券的利息所得課稅時，對債券的需求減少，而對貨幣的需求上升。

46.(B)。當總合產出變動時，假設投資在短期內不受產出的影響，且是固定不變的。

47.(A)。政策的效果，就外部延遲而言，貨幣政策大於財政政策。

48.(A)。維持匯率與利率的穩定，這是中央銀行的目標。

49.(D)。由 $M^S=\dfrac{1}{r}\times B$，式中 r：法定準備率，B：貨幣基底（或貨幣基數）

已知 r=20%，B=100，則 $M^S=\dfrac{1}{20\%}\times100=500$。

50.(D)。IS-LM 模型中政府支出使得利率上升，減少了私人的投資，所以其產出小於簡單凱因斯模型的政府支出所增加的產出。
AD-AS 模型中又考慮物價的因素，所以其產出又小於 IS-LM 模型的政府支出所增加的產出，因此 AD-AS 模型對民間投資支出的排擠效果最大。

一試就中，升任各大
國民營 企業機構
高分必備，推薦用書

共同科目

2B811121	國文	高朋・尚榜	590元
2B821131	英文	劉似蓉	650元
2B331131	國文(論文寫作)	黃淑真・陳麗玲	470元

專業科目

2B031131	經濟學	王志成	620元
2B041121	大眾捷運概論（含捷運系統概論、大眾運輸規劃及管理、大眾捷運法 👑 榮登博客來、金石堂暢銷榜	陳金城	560元
2B061131	機械力學(含應用力學及材料力學)重點統整＋高分題庫	林柏超	近期出版
2B071111	國際貿易實務重點整理+試題演練二合一奪分寶典 👑 榮登金石堂暢銷榜	吳怡萱	560元
2B081131	絕對高分! 企業管理(含企業概論、管理學)	高芬	650元
2B111081	台電新進雇員配電線路類超強4合1	千華名師群	650元
2B121081	財務管理	周良、卓凡	390元
2B131121	機械常識	林柏超	630元
2B161131	計算機概論(含網路概論) 👑 榮登博客來、金石堂暢銷榜	蔡穎、茆政吉	630元
2B171121	主題式電工原理精選題庫	陸冠奇	530元
2B181121	電腦常識(含概論) 👑 榮登金石堂暢銷榜	蔡穎	590元
2B191121	電子學	陳震	650元
2B201121	數理邏輯(邏輯推理)	千華編委會	530元
2B211101	計算機概論(含網路概論)重點整理+試題演練	哥爾	460元

編號	書名	作者	定價
2B251121	捷運法規及常識(含捷運系統概述) 👑 榮登博客來暢銷榜	白崑成	560元
2B321121	人力資源管理(含概要)　👑 榮登金石堂暢銷榜	陳月娥、周毓敏	590元
2B351101	行銷學(適用行銷管理、行銷管理學) 👑 榮登金石堂暢銷榜	陳金城	550元
2B421121	流體力學（機械）・工程力學（材料）精要解析	邱寬厚	650元
2B491121	基本電學致勝攻略　👑 榮登金石堂暢銷榜	陳新	690元
2B501131	工程力學(含應用力學、材料力學) 👑 榮登金石堂暢銷榜	祝裕	630元
2B581111	機械設計(含概要)　👑 榮登金石堂暢銷榜	祝裕	580元
2B661121	機械原理(含概要與大意)奪分寶典	祝裕	630元
2B671101	機械製造學(含概要、大意)	張千易、陳正棋	570元
2B691121	電工機械(電機機械)致勝攻略	鄭祥瑞	590元
2B701111	一書搞定機械力學概要	祝裕	630元
2B741091	機械原理(含概要、大意)實力養成	周家輔	570元
2B751111	會計學(包含國際會計準則IFRS) 👑 榮登金石堂暢銷榜	歐欣亞、陳智音	550元
2B831081	企業管理(適用管理概論)	陳金城	610元
2B841131	政府採購法10日速成👑 榮登博客來、金石堂暢銷榜	王俊英	近期出版
2B851121	8堂政府採購法必修課：法規+實務一本go！ 👑 榮登博客來、金石堂暢銷榜	李昀	500元
2B871091	企業概論與管理學	陳金城	610元
2B881131	法學緒論大全(包括法律常識)	成宜	近期出版
2B911131	普通物理實力養成	曾禹童	650元
2B921101	普通化學實力養成	陳名	530元
2B951131	企業管理(適用管理概論)滿分必殺絕技	楊均	630元

以上定價，以正式出版書籍封底之標價為準

歡迎至千華網路書店選購

服務電話(02)2228-9070

千華網路書店

更多網路書店及實體書店

博客來網路書店　PChome 24hr書店　三民網路書店

MOMO 購物網　金石堂網路書店　誠品網路書店

查詢實體書店

一試就中，升任各大

國民營企業機構

高分必備，推薦用書

題庫系列

2B021111	論文高分題庫	高朋 尚榜	360元
2B061101	機械力學(含應用力學及材料力學)重點統整＋高分題庫	林柏超	430元
2B091111	台電新進雇員綜合行政類超強5合1題庫	千華 名師群	650元
2B171121	主題式電工原理精選題庫	陸冠奇	530元
2B261121	國文高分題庫	千華	530元
2B271121	英文高分題庫 　　　　　👑榮登金石堂暢銷榜	德芬	570元
2B281091	機械設計焦點速成＋高分題庫	司馬易	360元
2B291111	物理高分題庫	千華	530元
2B301121	計算機概論高分題庫	千華	550元
2B341091	電工機械(電機機械)歷年試題解析	李俊毅	450元
2B361061	經濟學高分題庫	王志成	350元
2B371101	會計學高分題庫	歐欣亞	390元
2B391121	主題式基本電學高分題庫	陸冠奇	600元
2B511121	主題式電子學(含概要)高分題庫	甄家灝	550元
2B521091	主題式機械製造(含識圖)高分題庫	何曜辰	510元

2B541131	主題式土木施工學概要高分題庫	林志憲	630元
2B551081	主題式結構學(含概要)高分題庫	劉非凡	360元
2B591121	主題式機械原理(含概論、常識)高分題庫 榮登金石堂暢銷榜	何曜辰	590元
2B611131	主題式測量學(含概要)高分題庫 榮登金石堂暢銷榜	林志憲	450元
2B681131	主題式電路學高分題庫	甄家灝	近期出版
2B731101	工程力學焦點速成＋高分題庫	良運	560元
2B791121	主題式電工機械(電機機械)高分題庫	鄭祥瑞	560元
2B801081	主題式行銷學(含行銷管理學)高分題庫	張恆	450元
2B891131	法學緒論(法律常識)高分題庫	羅格思 章庠	570元
2B901111	企業管理頂尖高分題庫(適用管理學、管理概論)	陳金城	410元
2B941121	熱力學重點統整＋高分題庫 榮登金石堂暢銷榜	林柏超	470元
2B951131	企業管理(適用管理概論)滿分必殺絕技	楊均	近期出版
2B961121	流體力學與流體機械重點統整＋高分題庫	林柏超	470元
2B971111	自動控制重點統整＋高分題庫	翔霖	510元
2B991101	電力系統重點統整＋高分題庫	廖翔霖	570元

以上定價，以正式出版書籍封底之標價為準

歡迎至千華網路書店選購
服務電話(02)2228-9070

千華網路書店

更多網路書店及實體書店

 博客來網路書店　 PChome 24hr書店　三民網路書店

MOMO 購物網　金石堂網路書店　誠品網路書店

查詢實體書店

關務特考/升等專用書

權威名師精編，上榜最佳選擇！！

【各科目用書齊全，歡迎免費索取書目】

| 共同科目 |

2V021131	國文(作文與測驗)焦點複習	駱英、歐恩	近期出版
2V031131	法學知識與英文(包括中華民國憲法、法學緒論與英文)		
		龍宜辰、許願、劉似蓉等	近期出版
2V041112	關務英文👑榮登博客來暢銷榜	王英、吳慶隆	620元

| 專業科目 |

2V351081	國際貿易實務輕鬆讀	吳怡萱	490元
2V361131	經濟學[關務特考]	王志成	620元

以上定價，以正式出版書籍封底之標價為準

千華會員享有最值優惠!

立即加入會員

會員等級	一般會員	VIP 會員		上榜考生
條件	免費加入	1. 直接付費 1500 元 2. 單筆購物滿 5000 元		提供國考、證照相關考試上榜及教材使用證明
折價券	200 元	500 元		
購物折扣	·平時購書 9 折 ·新書 79 折 (兩周)	·書籍 75 折	·函授 5 折	
生日驚喜		●		●
任選書籍三本		●		●
學習診斷測驗(5科)		●		●
電子書(1本)		●		●
名師面對面		●		

facebook

公職 · 證照考試資訊

專業考用書籍 | 數位學習課程 | 考試經驗分享

f **千華公職證照粉絲團**

按讚送E-coupon

Step1. 於FB「千華公職證照粉絲團」按讚
Step2. 請在粉絲團的訊息,留下您的千華會員帳號
Step3. 粉絲團管理者核對您的會員帳號後,將立即回贈e-coupon 200元。

千華 Line@ 專人諮詢服務

☑ 有疑問想要諮詢嗎?歡迎加入千華LINE@!

☑ 無論是考試日期、教材推薦、勘誤問題等,都能得到滿意的服務。

☑ 我們提供專人諮詢互動,更能時時掌握考訊及優惠活動!

千華影音函授

打破傳統學習模式，結合多元媒體元素，利用影片、聲音、動畫及文字，達到更有效的影音學習模式。

○ 自我安排學習時段
○ 循序漸進厚植實力
○ 節省通勤時間
○ 提升準備效率

課程品質
業界No.1

2014、2017 獲頒學習科技金質獎

自主學習彈性佳
・時間、地點可依個人需求好選擇
・個人化需求選取進修課程

補強教學效果好
・獨立學習主題　・區塊化補強學習
・一對一教師親臨教學

嶄新的影片設計
・名師講解重點　　・簡單操作模式
・趣味生動教學動畫　・圖像式重點學習

優質的售後服務
・FB粉絲團、 Line@生活圈
・專業客服專線

系統化學習流程

04 STEP 考前衝刺期
實力養成期 01 STEP
03 STEP 能力檢驗期
專業強化期 02 STEP

四大關鍵階段
學習安排，
突破國考重重難關！

超越傳統教材限制，
系統化學習進度安排。

推薦課程

■ 公職考試　　■ 特種考試
■ 國民營考試　■ 教甄考試
■ 證照考試　　■ 金融證照
■ 學習方法　　■ 升學考試

影音函授包含：
・名師指定用書+板書筆記
・授課光碟・學習診斷測驗

原來這樣會違規！

適用於考選部舉辦之考試

試場規則

扣考

若發生以下情形，應考人不得繼續應考，其已考之各科成績不予計分。

- 把小抄藏在身上或在附發之參考法條中夾帶標註法條條次或其他相關文字之紙張。

- 考試試題註明不可以使用電子計算器時，使用電子計算器(不論是否為合格型號)。

- 在桌子上、椅子、墊板、原子筆、橡皮擦、修正帶、尺、手上、腿上、或入場證背面等刻寫小抄。

- 電腦化測驗時，因為題目不會寫，憤而破壞電腦設備。

依試場規則第4條第1項第5、7、10款；第5條第1項第1、5款規定處理。

不予計分

- 混合式試題考試結束時誤將試卷或試卡夾在試題上攜出試場。

- 非外國文科目，使用外國文作答。（外國文科目、專有名詞及有特別規定者，不在此限）。

依試場規則第4條第2項、第10條規定處理。

-20分

- 考試開始45分鐘內或規定不得離場時間內，就繳交試卷或試卡，未經監場人員同意，強行離開試場。

- 電腦化測驗僅能用滑鼠作答，自行使用鍵盤作答。

依試場規則第5條第1項第1、6款規定處理。

-5分 視以下情節輕重,扣除該科目成績5分至20分。

- 坐錯座位因而誤用別人的試卷或試卡作答。
- 裁割或污損試卷（卡）。
- 在試卷或試卡上書寫姓名、座號或不應有文字。
- 考試時用自己準備的紙張打草稿。
- 考試前沒有把書籍、筆記、資料等文件收好,並放在抽屜或桌子或椅子或座位旁。
- 考試時,行動電話放在衣服口袋中隨身攜帶,或放在抽屜或桌子或椅子或座位旁。
- 考試開始鈴響前在試卷或試卡上書寫文字。
- 考試結束鈴聲響畢,仍繼續作答。
- 使用只有加減乘除、沒有記憶功能的陽春型計算器,但不是考選部公告核定的電子計算器品牌及型號。

依試場規則第6條第1、2、4、6、7、8、9款。

-3分 視以下情節輕重,扣除該科目成績3分至5分。

- 攜帶非透明之鉛筆盒或非必要之物品,經監場人員制止而再犯。
- 考試時間結束前,把試題、答案寫在入場證上,經監場人員制止,仍強行帶離試場。

依試場規則第6條第1、2、4、6、7、8、9款。

千華數位文化股份有限公司
新北市中和區中山路三段136巷10弄17號
TEL: 02-22289070　FAX: 02-22289076

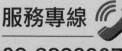

學習方法 系列

如何有效率地準備並順利上榜，學習方法正是關鍵！

榮登金石堂暢銷排行榜

—— 連三金榜 黃瑋 ——

翻轉思考 破解道聽塗說	適合的最好 調整習慣來應考	一定學得會 萬用邏輯訓練

三次上榜的國考達人經驗分享！

運用邏輯記憶訓練，教你背得有效率！

記得快也記得牢，從方法變成心法！

作者線上分享

網路書店

作者在投入國考的初期也曾遭遇過書中所提到類似的問題，因此在第一次上榜後積極投入記憶術的研究，並自創一套完整且適用於國考的記憶術架構，此後憑藉這套記憶術架構，在不被看好的情況下先後考取司法特考監所管理員及移民特考三等，印證這套記憶術的實用性。期待透過此書，能幫助同樣面臨記憶困擾的國考生早日金榜題名。

最強校長 謝龍卿

榮登博客來暢銷榜

作者線上分享

經驗分享＋考題破解

帶你讀懂考題的know-how！

open your mind！

讓大腦全面啟動，做你的防彈少年！

108課綱是什麼？考題怎麼出？試要怎麼考？書中針對學測、統測、分科測驗做統整與歸納。並包括大學入學管道介紹、課內外學習資源應用、專題研究技巧、自主學習方法，以及學習歷程檔案製作等。書籍內容編寫的目的主要是幫助中學階段後期的學生與家長，涵蓋普高、技高、綜高與單高。也非常適合國中學生超前學習、五專學生自修之用，或是學校老師與社會賢達了解中學階段學習內容與政策變化的參考。

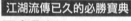

［國民營事業］ 經濟學

編 著 者：王 志 成

發 行 人：廖 雪 鳳
登 記 證：行政院新聞局局版台業字第 3388 號
出 版 者：千華數位文化股份有限公司
　　　　　地址／新北市中和區中山路三段 136 巷 10 弄 17 號
　　　　　電話／ (02)2228-9070　　傳真／ (02)2228-9076
　　　　　郵撥／第 19924628 號　千華數位文化公司帳戶
　　　　　千華公職資訊網：http://www.chienhua.com.tw
　　　　　千華網路書店：http://www.chienhua.com.tw/bookstore
　　　　　網路客服信箱：chienhua@chienhua.com.tw

法律顧問：永然聯合法律事務所
編輯經理：甯開遠
主　　編：甯開遠
執行編輯：廖信凱
校　　對：千華資深編輯群
排版主任：陳春花
排　　版：邱君儀

出版日期：2023 年 11 月 20 日　　　第十三版／第一刷

本書如有勘誤或其他補充資料，
將刊於千華公職資訊網　http://www.chienhua.com.tw
歡迎上網下載。